suhrkamp taschenbuch
wissenschaft 99

W0095137

Aaron V. Cicourel ist Professor für Soziologie an der University of California at La Jolla.

Die quantitative Erfassung dessen, was Max Weber als »soziales Handeln« beschrieben hat, ist nach wie vor für die Soziologie problematisch. Die Schwierigkeit in verschiedenen Bereichen soziologischer Forschungstechnik, die Cicourel untersucht, beruht unter anderem darauf, daß der Sozialwissenschaftler bei der Anwendung seiner Methoden – Inhaltsanalyse, Befragung, teilnehmende Beobachtung usw. – »aus der Rolle des kommunizierenden Mitspielers nicht ganz heraustreten kann« *(Habermas)*. Nach Habermas ist es Cicourels Verdienst, die Probleme von Methode und Messung nicht auf die Ebene der Forschungstechnik abgeschoben, sondern erkenntnistheoretisch ins Bewußtsein gehoben zu haben. Unter dem Einfluß von Schütz erkennt Cicourel, daß die Analyse der Strukturen der Alltagswelt im Hinblick auf Handeln und Sprache unabdingbare Voraussetzung für die Umformung dieser Strukturen in gemessene Daten ist. Die ausführliche Darstellung der in der Soziologie gebräuchlichen Meßverfahren gerät so nicht zum Selbstzweck, ist aber für den Sozialwissenschaftler unabdingbares Wissen über sein Handwerkszeug.

Aaron V. Cicourel
Methode und Messung
in der Soziologie

Suhrkamp

Titel der Originalausgabe »Method and Measurement in Sociology«.
© 1964 by The Free Press of Glencoe, A devision of the Macmillan
Company. Aus dem Amerikanischen von Frigga Haug.

suhrkamp taschenbuch wissenschaft 99
Erste Auflage 1974
© dieser Ausgabe Suhrkamp Verlag Frankfurt
am Main 1970
Suhrkamp Taschenbuch Verlag
Alle Rechte vorbehalten, insbesondere das des
öffentlichen Vortrags, der Übertragung durch
Rundfunk oder Fernsehen und der Überset-
zung, auch einzelner Teile.
Druck: Nomos, Baden-Baden.
Printed in Germany.
Umschlag nach Entwürfen von
Willy Fleckhaus und Rolf Staudt.

Inhalt

Für Merryl

Vorwort

Im folgenden habe ich versucht, einige der Vorstellungen und Probleme niederzuschreiben, die mich während meiner letzten Studienjahre, meiner Lehrtätigkeit in einem Einführungskurs über Methodologie und meiner Forschungserfahrungen beschäftigten. Das Buch versucht systematisch Material aufzubereiten und vorzulegen, das den Methodologen und denjenigen, die sich mit der Messung sozialer Prozesse befassen, zwar bekannt ist, das jedoch selten publik gemacht wird. Das typische Problem der Messung ist zum einen ein Problem impliziter Theorien mit unbestimmten Eigenschaften und Vorgängen, die in unbekannter Weise mit den Messungsverfahren verknüpft sind, welche zum anderen explizite quantitative Eigenschaften haben, in denen die erlaubten Verfahren prägnant bestimmt werden können.

Das Buch mutet programmatisch an, denn es bietet keine »Lösung« in dem Sinn, daß es genau zeigte, wie bessere Messungsverfahren konstruiert werden könnten. Jenen Lesern, die gegen programmatische Erklärungen sind, antworte ich, daß eine praktische Lösung bestimmte theoretische und metamethodologische Klärungen erfordert, nicht ausschließlich programmatische Klärungen, die mit den konkreten Methoden der Sozialforschung explizit verbunden sind. Ich habe versucht, die Probleme zu spezifizieren, die sich die Soziologie stellen muß, wenn die Wissenschaftler ein fundiertes Interaktionsniveau zwischen Theorie, Methode und Daten erreichen sollen. Anstatt »bessere« und »genauere« Messungstechniken zu fordern, sollte man lieber eine ganze Reihe soziologischer Messungsversuche eliminieren und eine Verständigung über die Theorien und Begriffe suchen, um zu klären, welche zahlenmäßigen Eigenschaften – wenn überhaupt – von den derzeitigen soziologischen Theorien angeboten werden oder hervorgebracht werden können. Eine Klärung der soziologischen Theorie gegenüber korrespondierenden arithmetischen Eigenschaften, Beziehungen und Verfahren muß verbunden sein mit einer Entmischung der von den Forschern gebrauchten soziologischen Sprache von der Sprache und den Bedeutungen des gesunden Menschenverstandes, die von der Person, von der der Soziologe handelt, und dem »Mann auf der Straße« benutzt werden. Die derzeitigen Datenkategorien werden unabhängig von expliziten Verbindungen zu Theorien geordnet und/oder quantifiziert, während sich unsere Methoden gleichzeitig auf Bedeutungen und Verfahren des gesunden Menschenverstandes verlassen, um post factum Verbindungen zwischen Theorie und Daten zu erlangen.

Meine ersten Anregungen für dieses Buch erhielt ich als Schüler von W. S. Robinson an der University of California in Los Angeles. Seine Vorlesungen über Methodologie waren grundlegend für die Ansichten, die in den folgenden Kapiteln geäußert werden. Besonders anregend waren für mich die Vorlesungen über Gültigkeit und Zuverlässigkeit, wegen der generellen Aussage, daß sich der Soziologe bei seinem Objekt auf »das Begriffsvermögen des Volkes«, auf die Bewertungen des Experten oder Kodifizierers und auf seine eigenen persönlichen Interpretationen der Vorkommnisse und Daten verlassen muß, um in die Resultate »einen Sinn hineinzubringen« und irgendeine Art systematischer Kodifizierung zu erreichen. Die von Robinson mitgeteilte Beobachtung, daß wir mit den derzeitigen Forschungstechniken selten zugleich Gültigkeit und Zuverlässigkeit erhöhen können, weckte mein Interesse, explizitere Bindeglieder zwischen Theorie und Messung zu suchen. Eine zweijährige Zusammenarbeit mit Harold Garfinkel führte mich in das Werk von Alfred Schütz ein und klärte mein Verständnis der Rolle der Theorie in Methode und Messung im Bereich der Soziologie. Diese Zusammenarbeit lehrte mich begreifen, wie formale soziologische Theorien mehrdeutig mit der Sprache und dem Denken des gesunden Menschenverstandes sowohl des Forschers als auch des Forschungsobjekts verknüpft sind. Was ich dem Werk von Schütz und den Ausführungen Garfinkels verdanke, wird auf den folgenden Seiten offenbar werden. Die vorliegende Arbeit begann ich nach meiner Verbindung mit Garfinkel, und sie mag von seinen eigenen Vorstellungen über dieses oder ähnliche Themen bedeutend abweichen. Leider mußte ich auf eine kritische Beurteilung von seiner Seite verzichten, aber ich habe versucht, seine Gedanken aus veröffentlichten und unveröffentlichten Arbeiten verkürzt in Fußnoten anzugeben, da mir nicht erlaubt war, direkt zu zitieren.

Anregungen erhielt ich aus Diskussionen mit weiteren Kollegen der Northwestern University, und mein besonderer Dank gilt Donald T. Campbell, Scott Greer, Mitchell Harwitz, Herberg Hochberg (jetzt an der Indiana University), John Kitsuse und Norton Long. Im Riverside Campus der University of California profitierte ich von Diskussionen mit Egon Bittner, Thomas Morrison, Stanley Stewart und Howard Tucker. In den Sommern im Berkeley Campus der University of California lernte ich viel durch die Gespräche mit John Gumpertz, David Matza, Sheldon Messinger, William Peterson, June Rumery und Harvey Sacks. Viele Personen lasen verschiedene Teile und Fassungen des Manuskripts, und ihre hilfreichen Ratschläge wurden in die letzte Fassung eingearbeitet. Besondere Anerkennung verdient die Hilfe von Howard S. Becker, Gerald Berreman, John Gumperz, Michell Harwitz, David Harrah, Peter McHugh, William Petersen, Stanley Stewart, Arthur Stinchcombe, Howard Tucker und Robin M. Williams jun. William Petersens verheerende aber immer konstruktive und wertvolle Kritik war besonders wichtig für die Abänderung der Kapitel I und IX und regte auch eine allgemeine Überarbeitung des Manuskripts an.

Ich möchte der Dora and Randolph Haynes Foundation danken für ein Stipendium im Sommer 1961, das mich in die Lage versetzte, einige der einleitenden Kapitel des Manuskripts abzufassen. Ebenso möchte ich den verschiedenen Verlegern und Autoren danken für die Erlaubnis, aus ihren veröffentlichten Arbeiten zu zitieren.

Buenos Aires   *A. V. C.*
Januar 1964

Einleitung

Wer sich für die Grundlagen der sozialwissenschaftlichen Forschung interessiert, sollte auf kontinuierliche Prüfung und Nachprüfung ihrer Hauptprinzipien drängen. In diesem Buch hoffe ich, die soziologische Forschung dadurch zu stärken, daß ich die Grundlagen von Methode und Messung in der Soziologie, insbesondere auf der Ebene des sozialen Prozesses, einer kritischen Prüfung unterziehe. Dabei teile ich die von R. M. MacIver in seinem Buch *Social Causation* geäußerte Annahme, daß »die Sozialstruktur zum größten Teil etwas Geschaffenes ist«. »Ungleich dem physischen Nexus« existiert der kausale Nexus im sozialen Bereich »nicht getrennt von den Zielen und Motiven der sozialen Wesen« und erfordert eine methodologische Strategie, die der Eigentümlichkeit sozialen Geschehens angemessen ist.[1] Daher befasse ich mich mit den Problemen von Methode und Messung, die dann auftreten, wenn Soziologen das, was Max Weber als »sinnhaftes Verhalten« oder »soziales Handeln« beschreibt, zu erforschen suchen.[2]

Als erstes nehme ich an, daß methodologische Entscheidungen in der Sozialforschung immer ihre theoretischen und substantiellen Entsprechungen haben; zweitens, daß die theoretischen

1 R. M. MacIver, *Social Causation*, Boston 1942, p. 20–21.
2 Max Weber, *Wirtschaft und Gesellschaft*, Studienausgabe, Köln u. Berlin 1964, S. 3 f. Zwei ausgezeichnete Erörterungen des Werks von Weber und seiner Bedeutung für Theorie und Methode in der Soziologie sind: Peter Winch, *Die Idee der Sozialwissenschaft* . . ., Theorie 2, Frankfurt 1966, insbesondere die Kapitel II, IV und V; und John Rex, *Key Problems of Sociological Theory*, London 1961, insbesondere die Kapitel I, V, VI, IX und X. Das Buch von Rex enthält eine glänzende Diskussion der Differenzen in den substantiellen Grundlagen von sozialer Theorie und Forschung. Meine eigene, in den folgenden Kapiteln auf soziologische Theorie zielende Diskussion wird sich selten mit den Arten und Verschiedenheiten substantieller theoretischer Fragen befassen, wie sie von Rex aufgeworfen wurden; ihr primäres Anliegen wird »grundlegende Theorie« sein, die, wie ich annehme, all den verschiedenen substantiellen Theorien, die Rex beschreibt, wohl zugrundeliegt.

Voraussetzungen von Methode und Messung in der Soziologie nicht getrennt von der Sprache, die die Soziologen in ihrer Theorienbildung und Forschung gebrauchen, betrachtet werden können. Meine Grundannahme ist, daß die Klärung der soziologischen Sprache deshalb wichtig ist, weil Sprachstruktur und Sprachgebrauch die Interpretation und Beschreibung der Welt durch die Menschen affizieren. Da die Soziologen ihre eigenen theoretischen Terminologien entwickelt haben und in diesen oft variierenden Begriffen einerseits die Sprache und den Gegenstand ihrer jeweiligen Theorien und andererseits die Sprache von Personen im Alltagsleben, deren Verhalten sie erklären und voraussagen wollen, erörtern, ist es sehr wahrscheinlich, daß Syntax und Bedeutung dieser beiden Sprachen sich verheddern.[3] Soziologische Forschung und Messung erfordern so etwas wie eine »Theorie der Instrumentation« und eine Theorie der Daten, so daß wir Anwesenheit und Verfahren des Beobachters auseinanderhalten können vom Material, das er als »Daten« bezeichnet. Die Vermengung der soziologischen Sprache über soziologische Theorien und soziales Geschehen mit der Sprache, die von den Untersuchungsobjekten benutzt wird, ist ein Hauptproblem der Feldforschung und anderer Forschungsmethoden, etwa der Inhaltsanalyse und der Laboratoriumsexperimente. Die Rolle der Sprache in der Sozialforschung, insbesondere der Alltagssprache und para-linguistischer Formen der Kommunikation, ist ein Hauptpunkt meines Buches.

Ein anderer Brennpunkt ist die Infragestellung mathematischer Systeme und Messungstechniken, wie sie gegenwärtig in der Sozialforschung angewandt werden. Ich möchte nicht behaupten, daß sozio-kulturelle Ereignisse nicht mit vorhandenen mathematischen Methoden gemessen werden können, doch

---

[3] Alltagssprache wie auch Syntax und Bedeutung, die mit dem Commonsense-Vokabular verbunden sind, sind für die Routine-Kommunikation im täglichen Leben grundlegend. Die entscheidende Annahme ist, daß Personen, die eine solche Sprache verwenden, voraussetzen, daß sie qua definitione wissen, worüber jeder spricht. Präzisere Definitionen werden in den Kapiteln 2 und 9 gegeben.

sollten die Grundphänomene sozialen Handelns aufgeklärt werden, bevor man ihnen Messungspostulate auferlegt, die ihnen möglicherweise nicht gemäß sind. Bei der Erörterung dieses Punktes bin ich häufig idealisierend vorgegangen: indem ich Messungsbedingungen verlangte, die bei unserem derzeitigen Wissensstand selten erreichbar sind.

Schließlich versucht das Buch eine vorläufige Spezifizierung der Elemente sozialen Handelns vorzulegen, die in vielen methodologischen Entscheidungen, welche die Soziologen im Verlauf der Sozialforschung machen, vorausgesetzt werden.

Eine kurze Inhaltsübersicht

Im ersten Kapitel wird das Problem der Messung einigermaßen detailliert aufgenommen. Die Schwierigkeiten, Äquivalenzklassen in der soziologischen Theorienbildung und Forschung zu etablieren, werden erörtert, und einige der spezifischen Probleme, welche die Messung sozio-kultureller Ereignisse mit sich bringt, werden hervorgehoben. Im Mittelpunkt steht die These, daß die derzeitigen Messungseinrichtungen nicht einwandfrei sind, weil sie zahlenmäßige Verfahren auferlegen, die sowohl der beobachtbaren sozialen Welt, die von Soziologen empirisch beschrieben wird, als auch den *begrifflichen Generalisierungen,* die auf diesen Beschreibungen basieren, äußerlich sind. Ins Extrem getrieben, scheint diese These die Ansicht zu vertreten, daß wir nicht wissen können, nach welchen zahlenmäßigen Eigenschaften wir in den korrelativen beobachtbaren Objekten, was immer sie sein mögen, suchen sollen, weil die Begriffe, auf denen soziologische Theorien basieren, inhärent keine zahlenmäßigen Eigenschaften haben.

Eine Durchsicht der Kapitel II bis VIII wird zeigen, daß ich die eben beschriebene extreme Position nicht einnehme. Die Kapitel über teilnehmende Beobachtung, Interview, vorfixierte Fragebogen, demographische Methode, Inhaltsanalyse, experimentelle Forschung und Sprache schlagen nicht vor, daß die Soziologen mit aller weiteren Forschung und Messung aufhören sollten, bis die grundlegenden Kategorien des täglichen Lebens geklärt und ihre zahlenmäßigen Eigenschaften axiomatisch bestimmt sind. Die Kapitel über verschiedene Forschungsmethoden suchen statt dessen eine Klärung soziologischer Äquivalenzklassen auf der Ebene einer grundlegenden und substantiellen Theorie, nicht »bessere« Messungssysteme. Meine Bemühungen finden sich in Übereinstimmung mit derzeitigen Versuchen, die methodologischen Grundlagen soziologischer Forschung zu untermauern. Es sind zwei Strategien aufgetaucht, die wie folgt vorgehen:

1. Die gegenwärtige Theorienbildung und Forschungstätigkeit suchen die theoretischen und die Messungsgrundlagen der Disziplin dadurch zu klären, daß sie jedes Forschungsprojekt und jede theoretische Schrift gleichermaßen als substantielles Bemühen und als Versuch, Theorie und Messung zu explizieren, behandeln.[4]

2. Miniaturmodelle werden entwickelt für einzelne Interessenbereiche (wie zum Beispiel Kleingruppenforschung), die axiomatisiert werden können; und aus solchen Projekten in kleinem Maßstab suchen wir zu erfahren, ob ein abgegrenzter Bereich zahlenmäßige Behandlung ertragen kann, ohne total verzerrt zu werden.[5]

Keines der beiden Programme kann einer impliziten Spezifizierung eines Modells des Handelnden entraten, das in der Formulierung und Ausführung der Forschung vorausgesetzt wird. Das zweite Programm erfordert eine explizite Beachtung dessen, was echte Messung in der Soziologie im Gegen-

4 Siehe die interessante Schrift von James F. Short, Jr., Fred L. Strodtbeck und Desmond S. Cartwright, »A Strategy for Utilizing Research Dilemmas«, *Sociological Inquiry*, 32 (Frühjahr 1962), 185–202.

5 Ein wichtiger Versuch, Verhalten in kleinen Gruppen mit formalen Modellen zu betrachten, ist zu finden in J. Berger, B. P. Cohen, J. L. Snell und M. Zelditch, Jr., *Types of Formalization in Small Group Research*, Boston 1962. Unglücklicherweise wird die Frage, ob die entwickelten Modelle die zur Untersuchung stehenden grundlegenden oder substantiellen Eigenschaften entstellen, in diesem Buch nicht adäquat gestellt.

satz zu willkürlicher Messung konstituiert.6 Wenn die Soziologen sich die erste Methode aneignen, wird die Messung vage und selten genau sein, weil die meisten Bemühungen der Klärung von Alltagssprache und Ausdruck, von soziologischer Sprache über Alltagsleben und einer Metasprache über Begriffe, die von der soziologischen Sprache über das tägliche Leben handeln, gelten werden.

Kapitel IX stellt einige Elemente sozialen Handelns vor und meine Auffassung dessen, was das Modell, das sich der Soziologe vom Handelnden macht, anfänglich einschließen sollte, d. h. bevor er das substantielle Untersuchungsproblem spezifiziert. Dieses letzte Kapitel – das einige Leser vielleicht lieber als erstes lesen, weil vieles daraus im Laufe dieses Buches vorausgesetzt wird – soll also versuchen, die Arten »grundlegenden« theoretischen Materials zu fassen, die in methodologischen Entscheidungen vorausgesetzt sind.

Messung, Wissenschaft und soziologische Forschung

Durch meine nachdrückliche Behauptung, daß die Soziologen dem Studium »subjektiver« Variablen, insbesondere jener, die zum kontingenten Charakter des Alltagslebens beitragen, nicht genügend Aufmerksamkeit widmen, hoffe ich den Stellenwert zu unterstreichen, den die Konstruktion von Modellen sozialen Handelns besitzt – von Modellen (wie sie ursprünglich von Weber herstammen), die typische Motive, Werte und Handlungsverlaufstypen innerhalb des Kontextes einer Objektwelt mit Common-sense-Eigenschaften spezifizieren. Eine solche Formulierung sieht ein Modell der handelnden Person vor, das soziales Handeln nicht auf psychologische Variable reduziert, und setzt voraus, daß Äquivalenzklassen zumindest

6 Echte Messung bezieht sich auf eine exakte Übereinstimmung zwischen den zur Untersuchung stehenden substantiellen Elementen und Beziehungen und den geordneten Elementen und Beziehungen des Messungssystems. Willkürliche Messung ist eine beliebige oder erzwungene Übereinstimmung zwischen Elementen, Beziehungen und Operationen.

auf der Begriffsebene spezifiziert werden können, wobei das Problem der Messung offengelassen wird. Vorausgesetzt wird, daß es möglich ist, auf der Begriffsebene Äquivalenzklassen auszumachen, die mit Korrelaten einer beobachteten Umwelt korrespondieren.

Ich habe die Frage angeschnitten, ob die Soziologie eine »Wissenschaft« ist und ihr Gegenstand sich definitiv für irgendeine Art der Quantifizierung eignet, wobei ich stillschweigend voraussetzte, daß beides vernünftige Ziele seien. Meine Gründe sind folgende: Da wir augenblicklich über keine theoretischen Systeme verfügen, die sinnvoll axiomatisiert werden können, so daß sie zahlenmäßige Eigenschaften hervorbringen, die zum Beispiel den Ganzen oder Reellen Zahlen entsprechen (und mit ihnen isomorph sind), können wir soziale Ereignisse selten genau messen. Ich werde darlegen, daß die derzeitige Bemühung der Soziologie um das Etikett »Wissenschaft« und ihr Bestehen auf »quantitativen Ergebnissen« jede einigermaßen bedeutungsvolle Vorhersage und Erklärung verdunkelt, weil Messung willkürlich durchgeführt wird. Wenn der Physiker ähnlich virulente Messungsprobleme hat, kann er auf wiederholbare Experimente verweisen, die zu nicht unbedeutender Verifikation wichtiger Vorhersagen führen. Die theoretischen Begriffe der Soziologie dagegen bleiben zweideutig und ihrer Messung in Forschungssituationen entrückt. Die gegenwärtige Messung in der soziologischen Forschung kann von Wert sein für die Ermöglichung intuitiven Wissens über die Struktur der Theorie und die besonderen Beziehungen zwischen den Elementen der Theorie, aber die Messungen und die Theorien, zu denen sie in Bezug gesetzt werden sollen, bleiben zweideutig, weil sie nicht durch das aufeinander bezogen sind, was Nagel »explizite Maßstäbe der Entsprechung« genannt hat.[7] Statt soviel Zeit und Geld auf Studien zu verwenden, die nur willkürliche Messung erreichen, sollten wir lieber mehr Zeit darauf verwenden, unsere Theorien zu klären und nach Korre-

7 Ernest Nagel, *The Structure of Science*, New York 1961, insbesondere Kapitel VI, »The Cognitive Status of Theories«.

laten in einer Welt von Beobachtbarem zu suchen. Der vorgeschlagene Weg würde empirische Forschung nicht aufheben; er würde Feststellungen vermeiden, die bloß deshalb für lohnend gehalten werden, weil sie in einen kategorialen Apparat gezwungen werden, der »skaliert« oder ein Prüfungsverfahren für Signifikanz liefert.

Argumente dafür, ob Soziologie eine »Wissenschaft« sei, oder ob ihre Theorien und Ergebnisse quantifizierbar seien, sind verfrüht, wenn wir uns nicht darüber einigen können, was Theorie ist und ob unsere Theorien so aufgestellt werden können, daß sie zahlenmäßige Eigenschaften erbringen, die in einer beobachtbaren Welt Korrelate haben.

I. Messung und Mathematik

Die Forschungstechniken und Messungsskalen jeder Wissenschaft können als ein Problem der Wissenssoziologie betrachtet werden. Zu jeder Zeit hängt Wissen von dem besonderen Stand der benutzten Methoden ab; zukünftiges Wissen wird von der Entwicklung der heutigen Methoden abhängen. Es ist wichtig, danach zu fragen, ob die Forderungen an das Wissen auf Methoden basieren, die mit den Theorien und den gesammelten Daten übereinstimmen, oder ob die Forschungstechniken und Messungsskalen, auf denen diese Forderungen basieren, wenig mehr als einen metaphorischen oder synekdochischen Bezug zu diesen Theorien und Daten haben.[1] Wenn unser empirisches Interesse an dem Problem der sozialen Ordnung

1 Die Ausdrücke metaphorisch oder synekdochisch und ihr Gebrauch an dieser Stelle wurden von Harold Garfinkel vorgeschlagen. Ein synekdochischer Gebrauch bezieht sich hier auf die Praxis von Soziologen, theoretische und empirische Feststellungen für ein größeres Ganzes einstehen zu lassen, ohne zu spezifizieren, wie der Teil sich in die übrige Theorie oder den Rest der Ergebnisse fügt. In dem gegenwärtigen Kontext bedeutet es, daß Messungstheorien häufig so benutzt werden, daß sie »anstelle« einer angemessenen Beweisführung der Übereinstimmung zwischen den Elementen der vorausgesetzten Theorie und den durch das Messungssystem geschaffenen empirischen Elementen »stehen«, wenn tatsächlich eine solche Übereinstimmung nicht erbracht worden ist. Statt dessen wird nur *eine* Seite gezeigt. Dies ist insbesondere dann der Fall, wenn Daten analysiert werden, ohne Spezifikation, wie die Theorie zu der folgenden Interpretation beiträgt. Das Verfahren ist, sich auf die Methode der Analyse zu konzentrieren und vorauszusetzen, daß für das Übrige, ohne weitere Anstrengung von seiten des Forschers, irgendwie Sorge getragen wird. Im Fall des metaphorischen Gebrauchs werden mathematische Systeme häufig von Soziologen als irgendeinem theoretischen System analog verwendet, oder eine Messungstheorie wird benutzt, die eher eine »Ähnlichkeit« mit den gesammelten Daten hat als für eine beweisbare Übereinstimmung zwischen ihren Elementen, Beziehungen und den erlaubten Operationen einsteht. Der entscheidende Punkt ist hier der, daß Soziologen in ihrer Forschung häufig theoretische Feststellungen neben empirische stellen und erwarten, daß der Leser die Übereinstimmung erklärt, die vom Forscher nur unterstellt ist, da er nicht präzis spezifiziert, welche Elemente, Relationen und Operationen in Beziehung gesetzt sind.

von solchen Methoden abhängt, und wenn solche Methoden fahrlässig angewandt werden, dann wird die *Untersuchung* der Forschungstechniken und Messungsskalen für das Verständnis dessen entscheidend, was einmal als »Wissen« betrachtet werden wird. Es stellen sich folgende Fragen:

1. Welche theoretischen Voraussetzungen sind in den Methoden der soziologischen Erhebung enthalten, die die Eigenschaften sozialen Handelns zu messen suchen?

2. Schaffen die theoretischen Voraussetzungen meßbare Eigenschaften, die den durch die gegebenen methodologischen Verfahren hervorgebrachten Phänomenen angemessen sind?

3. Welches sind die notwendigen Bedingungen echter und strenger Messung bei der Untersuchung des sozialen Prozesses?

Diese drei Fragen verweisen auf das Grundthema des Buches: die Beziehung von Methodologie und Messung zur Theorie. Jeder Versuch, die theoretischen Implikationen von Methode und Messung in der Soziologie aufzuzeigen, erfordert einen Exkurs in die gegenwärtigen Vorstellungen über Messung. Der Exkurs ist notwendig, weil die Sozialwissenschaftler eine viel weitere und oft abgeschwächte Form der Messung verwenden als die Naturwissenschaftler. Daher erfordert die Untersuchung der Messung in der Soziologie einige vorbereitende technische Hintergrundinformationen, denen die soziologischen Praktiken gegenübergestellt werden sollen.

Technischer Hintergrund

Wir beginnen mit einigen Bemerkungen über axiomatische Systeme.[2] Es ist zweckdienlich, zwischen *uninterpretierten* und *interpretierten* axiomatischen Systemen zu unterscheiden. Ein abstraktes, formalisiertes axiomatisches System, das nur lo-

2 Siehe Herbert Hochberg, »Axiomatic Systems, Formalization, and Scientific Theories«, und May Brodbeck, »Models, Meaning, and Theory«, in L. Gross (Hrsg.), *Symposium on Sociological Theory*, Evanston 1959.

gische Begriffe wie »oder«, »und«, »nicht« und willkürlich gewählte Zeichen wie $, %, § enthält, heißt ein uninterpretiertes System.[3] Solche Systeme sind nützlich, weil sie Deduktionen und Beweise in expliziten Schritten erlauben und dabei vor Fehlern bewahren, die oft den Gebrauch deskriptiver (interpretierter, inhaltlicher) Begriffe begleiten.[4] Mathematische Systeme bestehen, wenn sie uninterpretiert sind, aus bloßen Zeichen, logischen Wahrheiten oder Tautologien. So ist ein formalisiertes axiomatisches System eines, das keine notwendige Beziehung zur empirischen Welt hat.

Ein interpretiertes axiomatisches System enthält deskriptive ebenso wie logische Begriffe. Die Ersetzung der Zeichen und logischen Wahrheiten eines abstrakten, uninterpretierten axiomatischen Systems durch deskriptive Begriffe und empirische Feststellungen führt zu einem interpretierten System.[5] Die Axiome und Postulate eines uninterpretierten axiomatischen Systems können in einem interpretierten System wissenschaftliche Gesetze werden. So erfordern interpretierte axiomatische Systeme, daß eine Entsprechung zwischen den Elementen, Beziehungen und Operationen der betreffenden mathematischen und konkreten Systeme bewiesen wird. Die empirischen Konsequenzen machen es erforderlich, daß die meßbaren Eigenschaften der theoretischen Ereignisse spezifiziert werden. Zum Beispiel besagt Zetterbergs Veranschaulichung eines axiomatischen Systems, welches eine Anordnung von Eigenschaften enthält, daß in Durkheims Theorie vom Selbstmord die substantiellen Eigenschaften auf die ordinalen Eigenschaften des Messungssystems beschränkt sind.[6] Wenn solche Restriktionen schon in ihrer Beschränkung auf die benutzte Messungsskala schwerwiegend sein können, werfen sie zudem noch die Frage auf, ob solch eine Skala zur Messung des sozialen Prozesses, die in Durkheims Theorie intendiert war, geeignet ist.

3 Hochberg, *ibid.*, p. 424.
4 *Ibid.*, p. 424–425.
5 Brodbeck, *op. cit.*, p. 376–378.
6 Hans Zetterberg, *On Theory and Verification in Sociology*, New York 1954.

Implizite und explizite Theorien. Nicht alle Theorien sind ihrer Natur nach axiomatisch. Wenn eine Theorie aus einem Satz von Gesetzen und Definitionen besteht, die gegenseitig deduktiv aufeinander bezogen sind, ist sie ein axiomatisches System.[7] Nicht alle axiomatischen Systeme sind Theorien. Es ist zweckdienlich, zumindest zeitweilig zwischen zwei Arten von Theorien zu unterscheiden. Der erste Typus: implizite Theorie, läßt sich allgemein definieren als ein Satz deskriptiver Feststellungen und Definitionen, der der Form nach nicht axiomatisch ist und deshalb nicht als ein Satz aufeinander bezogener Gesetze gesehen werden muß. Dies besagt nicht, daß solche Theorien keine Gesetze enthalten oder daß wechselseitige Bezüge zwischen ihren deskriptiven Feststellungen und Definitionen nicht existieren. Der springende Punkt ist, daß verschiedene implizite Theorien unbekannte Mengen von Ungewißheit enthalten können, »unbekannt«, wenn sie nicht von demjenigen, der sie entwickelt oder benutzt, anderweitig indiziert werden. Die Ungewißheit ist auf den Mangel an Systematik innerhalb der Begriffsstruktur und auf Kriterien von außerhalb zurückzuführen. Die »Sophisterei« vieler impliziter Theorien in der Soziologie beruht auf dem Gebrauch verschiedener Arten von Typologien, Paradigmen und ähnlichen Kunstgriffen. Die Theorien in der Soziologie sind überwiegend von impliziter Mannigfaltigkeit – mit gelegentlichen Inseln von Systematik und Messung. Eine explizite Theorie ist ein interpretiertes axiomatisches System, wie oben definiert.[8] Explizite Theorien existieren in der Soziologie eigentlich nicht. Jedoch gibt es verschiedene Versuche, solche Theorien zu »simulieren«.[9]

Zusammenfassend notieren wir, daß mathematische Systeme

---

7 Hochberg, *op. cit.*, p. 376–378.

8 Die Begriffe »explizite« und »implizite« Theorie wurden von Hochberg in privaten Gesprächen angeregt.

9 Siehe Herbert Simon, »A Formal Theory of Interaction in Social Groups«, *American Sociological Review*, 17 (April 1952), 202–211. Joseph Berger, Bernard P. Cohen, J. Laurie Snell und Morris Zelditch, Jr., *Types of Formalization in Small-Group Research*, Boston 1962.

per se uninterpretierte (abstrakte, formalisierte) axiomatische Systeme sind, die uninterpretierte Zeichen und Symbole und tautologische Feststellungen enthalten, während einige theoretische Systeme empirische axiomatische Systeme oder explizite Theorien enthalten. Wenn die Axiome eines mathematischen Systems die gleiche Struktur wie die Gesetze einer expliziten Theorie haben, solcherart, daß (1) die Axiome des mathematischen Systems in die Gesetze der expliziten Theorie »übertragen« werden können, so daß es (2) zwischen den Termini der zwei Systeme und ihren Aussagen eine eindeutige Beziehung gibt und (3) die logischen Verbindungen zwischen den Axiomen und den Gesetzen erhalten bleiben, dann sind die zwei Systeme *isomorph*. Die relevante Frage ist hier die: wie weit werden solche Isomorphismen von Soziologen, die »mathematische Modelle« und »Messungsmodelle« mit impliziten Theorien entwerfen und gebrauchen, vorausgesetzt, und was folgt daraus für Theorie und Methode? Können wir aus impliziten Theorien Lehrsätze ableiten, die genauer Messung zugänglich sind? Bedarf Messung axiomatischer Theorien? Auf diese Fragen habe ich keine expliziten Antworten, aber ich werde in der anschließenden Erörterung auf sie zu sprechen kommen.

Messung. Vieles von dem, was über die Messung in Psychologie und Soziologie geschrieben wurde, ist der Arbeit des Physikers Norman Campbell entnommen. Neuere Bücher von Torgerson, Churchman und Ratoosh[10] bieten eine ausgezeichnete Übersicht über verschiedene Diskussionen über Messung und ihre mathematischen Grundlagen. Ein großer Teil der Arbeit über die Messung in der Soziologie erfolgte in den Bereichen, die gemeinhin Sozialpsychologie und Demographie genannt werden, und konzentrierte sich auf die Entwicklung oder den Gebrauch mathematischer Systeme zur Beschreibung von Kleingruppen-Interaktion, zur Messung von Verhaltensweisen und zur Analyse von demographischen Daten.

10 Warren Torgerson, *Theory and Method of Scaling*, New York 1958; C. West Churchman und P. Ratoosh, *Measurement*, New York 1959.

Campbell definiert Messung so, daß Zahlen (oder allgemeiner Ziffern) »die Aufgabe erhalten, Eigenschaften zu bedeuten«.[11] Nagel bezeichnet Messung als »die Korrelation von Entitäten, die keine Zahlen sind, mit Zahlen«.[12] Stevens zeigt auf, daß es sich allgemein gesprochen um »die Zuweisung von Ziffern zu Objekten oder Ereignissen nach Regeln handelt. Und die Tatsache, daß Ziffern nach unterschiedlichen Regeln zugeordnet werden können, führt zu verschiedenen Arten von Skalen und verschiedenen Messungsarten.«[13] Für Coombs »bedeutet Messung in den Naturwissenschaften gewöhnlich die Zuordnung von Zahlen zu Beobachtungen (ein Prozeß, der ›Abbildung‹ genannt wird), und die Analyse der Daten besteht darin, daß man mit diesen Zahlen manipuliert oder rechnet. Der Sozialwissenschaftler hat, da er die Naturwissenschaften zu seinem Modell macht, häufig versucht, ebenso zu verfahren. Ich behaupte, . . . daß der Sozialwissenschaftler, der solch einem Verfahren folgt, manchmal seinen Daten Gewalt antun wird.«[14] Torgerson vertritt den Standpunkt,

daß Messung Eigenschaften von Objekten betrifft, und nicht die Objekte selbst. Demnach ist ein Stock in unserer Verwendung des Begriffs nicht meßbar, während *Länge, Gewicht, Durchmesser* und *Festigkeit* des Stockes es wohl sind . . .
Die Messung einer Eigenschaft schließt also die Zuordnung von Zahlen zu Systemen ein, um diese Eigenschaft zu repräsentieren. Damit diese Eigenschaft repräsentiert wird, muß ein Isomorphismus, d. h. eine eineindeutige Beziehung zwischen bestimmten Charakteristiken des betreffenden Zahlensystems und den Beziehungen zwischen verschiedenen Quantitäten (Fällen) der Eigenschaft bestehen, die gemessen werden soll.
Das Wesentliche des Verfahrens ist die Zuordnung von Zahlen solcherart, daß diese eineindeutige Korrespondenz zwischen diesen

11 Norman Campbell, *What is Science?*, New York 1952, p. 110.
12 Ernest Nagel, »Measurement«, *Erkenntnis*, 2 (1931), 313–333.
13 S. S. Stevens, »Mathematics, Measurement, and Psychophysics«, in S. S. Stevens (Hrsg.), *Handbook of Experimental Psychology*, New York 1951, p. 1.
14 Clyde Coombs, »Theory and Methods of Social Measurement«, in L. Festinger and D. Katz (Hrsg.), *Research Methods in the Behavioral Sciences*, New York 1953, p. 472.

Charakteristiken der Zahlen und den korrespondierenden Beziehungen zwischen den Quantitäten widergespiegelt wird.[15]

Ziffern können einfach eine geordnete Menge von Elementen in einer eineindeutigen Korrespondenz mit dem Zahlensystem sein. Zahlen und Ziffern sind nicht immer austauschbar, wie es in den Zitaten von Campbell und Stevens stillschweigend unterstellt wird. Reese bemerkt, daß »Ziffern, mit denen einfach eine Gruppe vereinbarter Zeichen auf einem Stück Papier gemeint ist, ihre Ordnung durch Übereinkunft erhalten«.[16] Viele Autoren lassen es an einer Klärung des Unterschieds zwischen Ziffern und Zahlen fehlen, wenn sie Messung diskutieren. Zu diesem Punkt zitiert Reese Campbell:

Wenn wir die Zuordnung von Ziffern diskutieren, sollte man wohl betonen, daß es Ziffern, nicht Zahlen sind, die zugeordnet werden. Wie Campbell sagt, ». . . würde es schwierig sein, den Eindruck zu vermeiden, daß es dabei um die Bedeutung als Zahl und die Gesetze der Arithmetik ginge. Natürlich sind sie mit Messung eng verbunden; aber wenn wir nicht erkennen, daß sie nicht wesentlich sind, werden wir die Verbindung nicht verstehen.«[17]

Diese Unterscheidung ist wichtig, um die Bedeutung der Zuordnung von Ziffern zu Objekten zu klären, ohne zu spezifizieren, welche Rechenregeln gelten. Es ist möglich, ein mathematisches System zu entwickeln, das Ziffern benutzt, um ein substantielles theoretisches System darzustellen, aber nicht spezifiziert, ob die im System entwickelten oder implizierten mathematischen Operationen sich auf irgendein bestimmtes Zahlensystem beziehen.

Das mathematische System kann entwickelt werden, ohne ein Zahlensystem zu spezifizieren, wobei die Frage nach den Anforderungen der Messung unklar bleibt. Ein formales mathematisches Modell, ein interpretiertes System kann entwickelt werden, das nichts darüber aussagt, wie die beobachtbaren Ereignisse, die dem interpretierten System entstammen,

15 Torgerson, op. cit., p. 14–15.
16 T. W. Reese, »Application of the Theory of Physical Measurement to the Measurement of Psychological Magnitudes with Experimental Examples«, Psychol. Monogr., 55 : 3 (1943), 8.
17 Reese, ibid., p. 9–10.

gemessen werden würden. Viele formale Anwendungen mathematischer Systeme haben mit einer empirischen Sozialwissenschaft wenig gemein. Wenn keine nützlichen Deduktionen, die zu empirischen Konsequenzen führen, gemacht werden können, bleiben solche Konstruktionen intellektuelle Übungen von fraglicher und unbekannter Bedeutung.

Das allgemeine Problem der Messung wurde von Churchman dargelegt:

Die qualitative Zuordnung von Objekten zu Klassen und die Zuordnung von Zahlen zu Objekten sind zwei Mittel, die dem Messenden zur Verfügung stehen, um allgemein anwendbare Information hervorzubringen. Aber welches Mittel ist besser? Die zwingende Konsequenz dieser These ist, daß Messung eine Entscheidungs-Aktivität ist und als solche durch Entscheidungs-Kriterien bewertet werden muß.

In diesem Sinne, d. h. wenn Messung als eine auf Entscheidung angelegte Aktivität zur Erreichung eines Zieles genommen wird, haben wir bis jetzt noch keine Theorie der Messung. Wir wissen nicht, warum wir tun, was wir tun. Wir wissen nicht einmal, warum wir überhaupt messen. Es ist kostspielig, Messungen anzustellen. Ist die Anstrengung den Preis wert?[18]

Ein ernsteres Problem wurde von Coombs aufgeworfen. Nehmen wir die folgende Äußerung:

Die Methode der Analyse *definiert* also, was die Information ist, und kann diese Information mit bestimmten Eigenschaften ausstatten oder nicht. Eine »zwingende« Methode der Analyse stattet die Daten mit Eigenschaften aus, die erlauben, daß die Information in den Daten benutzt wird, um zum Beispiel eine eindimensionale Skala zu konstruieren. Es liegt wiederum auf der Hand, daß man nicht folgern kann, eine solche Skala sei ein Charakteristikum des in Frage stehenden Verhaltens, wenn sie eine *notwendige* Konsequenz der Methode der Analyse ist.

Daher wird es wünschenswert, die Methoden der Datensammlung im Hinblick auf die Menge und Art von Information zu studieren, die jede Methode über das in Frage stehende Verhalten *enthält*, gegenüber jener, die sie auferlegt. Ähnlich wird es wünschenswert, die verschiedenen Methoden der Analyse von Daten zu studieren im Hinblick auf Charakteristika und Eigenschaften, die jede Methode

18 C. West Churchman, »Why Measure?«, in Churchman und Ratoosh, *op. cit.*, p. 84.

der aus den Daten gewonnenen Information auferlegt als eine notwendige Vorbereitung dafür, sie zu gewinnen.19

Diese Darlegung von Coombs steht im Widerspruch zu der folgenden von Torgerson, der bei der Diskussion verschiedener Arten von Messung bemerkt:

Ein zweiter Weg, auf dem diese Charakteristiken einigermaßen Bedeutung erhalten könnten, führt einfach über beliebige Definition. Wir könnten dies *willkürliche Messung* nennen. Gewöhnlich hängt sie von *mutmaßlichen* Verbindungen zwischen Beobachtungen und der interessierenden Vorstellung ab. Eingeschlossen in diese Kategorie sind die Indizes, die in den Sozial- und Verhaltenswissenschaften so oft gebraucht werden. Aller Wahrscheinlichkeit nach kommt diese Art Messung immer dann vor, wenn wir eine vorwissenschaftliche oder eine Common-sense-Vorstellung haben, die a priori wichtig zu sein scheint, von der wir aber nicht wissen, wie wir sie direkt messen können. Daher messen wir irgendeine andere Variable oder einen Mittelwert anderer Variablen, von denen wir annehmen, daß sie in Relation dazu stehen. Als Beispiele könnten wir die Messung des *sozio-ökonomischen* Status erwähnen, oder der *Erregung* durch den Gebrauch von GSR, oder der *Lernfähigkeit* gemäß der Anzahl von Versuchen oder Fehlern, die eine Versuchsperson machen muß, um ein bestimmtes Lernkriterium zu erreichen.20

Torgersons Darstellung sanktioniert eben die Praxis, vor der uns Coombs warnt. Jedoch findet sich in Coombs Arbeit implizit die Annahme, daß einige Formen der Skalierungsmethoden angemessen sind. Diese Annahme setzt eine vorher angegebene Definition von Messung voraus. Coombs nimmt implizit an, daß soziopsychologische Ereignisse zugänglich sind für Messung mittels der Axiome der Arithmetik oder irgendeiner Ableitung davon. Die Annahme kann wie folgt bestimmt werden: die Ereignisse, die für den Soziologen von Interesse sind, haben mathematisch die gleichen Eigenschaften, die physikalische Ereignisse haben; daher sind soziale Ereignisse für die gleichen Arten von Messungstheorien zugänglich, wenn nur die »richtige« Kombination oder Ableitung der Axiome der Arithmetik gefunden werden kann, zusammen mit

19 Coombs, *op. cit.*, p. 471–472.
20 *Torgerson, op. cit.*, p. 21–22.

»adäquaten« Daten, die dem benutzten Modell angemessen sind. In der folgenden Darlegung hat Coombs ein gut Teil dieses Problems genau beschrieben:

Nahezu jedermann ist bereit zu sagen, daß jede gegebene Menge von Daten einige Fehler enthält, aber eben das, was als Fehler klassifiziert werden soll, hängt weitgehend von der Ebene der Messung ab, von der man annimmt, daß sie die Daten liefert.
Der Sozialwissenschaftler sieht sich seinem Dilemma gegenüber, wenn er wählt zwischen dem Abbilden seiner Daten in einer einfachen Ordnung und dem *Befragen* seiner Daten, ob sie einer einfachen Ordnung genügen. Wenn er ein System wählt, das zwingend genug ist, kann es dem Sozialwissenschaftler immer gelingen, eine eindimensionale Messungsskala auszuarbeiten, gemeinhin eine Intervallskala, wodurch ein Teil der Daten notwendig als Fehler klassifiziert wird. Wenn er kein zwingendes System *fordert,* überläßt es der Sozialwissenschaftler den Daten, darüber zu entscheiden, ob eine einfache, eindimensionale Lösung adäquat ist. Hierdurch kann augenfällig nicht erwiesen werden, daß Eindimensionalität, erlangt durch eine Methode der Analyse, die sie garantiert, ein Charakteristikum des in Frage stehenden Verhaltens ist. Dies ist lediglich ein Spezialfall des allgemeineren Prinzips, daß keine Eigenschaft von Daten als stichhaltig bezeichnet werden kann, es sei denn, die Methoden der Datensammlung und Analyse lassen es zu, daß sich alternative Eigenschaften selbst zeigen. Das Problem des Sozialwissenschaftlers ist grob gesprochen dies, ob er weiß, was er will, oder ob er wissen will.[21]

Die Bemerkungen von Torgerson und Coombs weisen auf das Dilemma des Soziologen hin: (1) Wenn seine theoretischen Begriffe nicht präzis genug sind, ihm anzugeben, welche Formen von Messungssystemen für die Messung seiner Daten adäquat sind, mag er sich leicht Illusionen hingeben, indem er Methoden anwendet, die seiner Theorie und seinen Daten unangemessene Beziehungen und falsche Interpretationen aufzwingen; und (2) sind eben die angewandten Messungsvorrichtungen durch die Art ihrer Konstruktion unangemessen und führen so eher zu willkürlicher als zu echter Messung.
Beispiele für solche Messung sind zahlreich. Im Grunde genommen sind alle Skalierungseinrichtungen, wie es Torgersons

21 Coombs, *op. cit.,* p. 486–487.

Erläuterungen besagen, willkürlicher Messung unterworfen, zum Beispiel bei der Messung von Einstellungen in Studien über Wahlverhalten, Massenmedien, Vorurteile etc.

Messung in der Soziologie

Welches sind die angemessenen Grundlagen für die Messung in der Soziologie? Die oben erörterte Literatur impliziert, daß strenge Messung (in dem wörtlichen Sinn, welcher beim Gebrauch expliziter theoretischer Systeme Geltung hat) bei unserem augenblicklichen Wissensstand in der Soziologie für Eigenschaften des sozialen Prozesses nicht erzielt werden kann. Die präzise Messung des sozialen Prozesses erfordert zunächst das Studium des Problems der Bedeutung im alltäglichen Leben. Die Sozialforschung beginnt mit der Bezugnahme auf die Welt des Common-sense im Alltagsleben. Die Bedeutungen, die durch den Gebrauch gewöhnlicher alltagssprachlicher Kategorien und die nicht-sprachlichen gemeinsamen kulturellen Erfahrungen übermittelt werden, erfüllen jede soziale Handlung und vermitteln die für präzise Messung erforderte Übereinstimmung (in einer Weise, die begrifflich bestimmt und empirisch beobachtet werden kann). Die genaue Messung sozialer Handlungen (die impliziert, daß begriffliche Strukturen zahlenmäßige Eigenschaften erzeugen, die existierenden oder konstruierbaren Messungssystemen entsprechen) erfordert den Gebrauch sprachlicher oder nicht-sprachlicher Bedeutungen, die nicht als gegeben angenommen werden können, sondern als Studienobjekte betrachtet werden müssen. Mit anderen Worten, die Messung setzt ein enges Netz gemeinsamer Bedeutungen voraus, d. h. eine Theorie von Kultur. Der Naturwissenschaftler definiert sein Beobachtungsfeld allein, aber in der Sozialwissenschaft beginnt der Forschungsbereich gewöhnlich mit den vorgewählten und vorinterpretierten kulturellen Bedeutungen des Forschungsobjektes. Weil der Beobachter und das Forschungsobjekt gewöhnlich kulturelle Bedeutungen miteinander teilen, welche mit dem Sprachsystem, das beide zur Kommunikation verwenden, verwoben sind, bilden die gemeinsamen Alltagsbedeutungen und die besondere vom Soziologen verwandte Sprache ein Grundelement der Messung sozialer Handlungen. Die »Regeln«, die angewandt werden, um Gegenständen und Ereignissen sowie ihren Eigenschaften Signifikanz zuzuschreiben, sollten die gleichen sein, d. h., die Sprachsysteme sollten in irgendeiner Art von Übereinstimmung miteinander stehen. Aber in der soziologischen Rede sind die »Regeln« selten explizit, mag man sich auch um präzise Definitionen und Operationskriterien bemühen. Die »Regeln«, die den Gebrauch von Sprache und die durch sprachliche wie nichtsprachliche Äußerungen und Gesten vermittelten Bedeutungen beherrschen, sind unklar und bleiben für die empirische Forschung ein fast unberührtes Problem. Wenn aber die »Regeln«, die den Gebrauch der Sprache zur Beschreibung von Gegenständen und Ereignissen im Alltagsleben und in der soziologischen Rede beherrschen, unklar sind, dann wird auch die Zuordnung von Ziffern oder Zahlen zu Eigenschaften von Gegenständen und Ereignissen gemäß irgendeinem relativ kongruenten Satz von Regeln einen Mangel an Klarheit widerspiegeln.

In den Schriften von Paul Lazarsfeld können wir ein implizites Eingeständnis des Mangels an genauer Messung in der Soziologie finden, wenn er bemerkt, daß das Problem, relevante Eigenschaften auszuwählen, ein Hauptproblem ist und durch die Sprache, die wir verwenden, um Eigenschaften *per se* zu kennzeichnen, enthüllt wird.[22] Die Eigenschaften von sozialen Gegenständen und Ereignissen werden manchmal lieber »Aspekte« oder »Attribute« genannt als »Variable«. Lazarsfeld weist auf die Ungenauigkeit von Messung in der Soziologie hin, wenn er sagt, daß »die Zuschreibung von Eigenschaften austauschbar Beschreibung, Klassifizierung oder Mes-

22 Paul F. Lazarsfeld, »Evidence and Inference in Social Research«, in D. Lerner (Hrsg.), *Evidence and Inference*, New York 1959, p. 108.

sung genannt wird«.[23] Er spezifiziert dann vier Schritte in der Festsetzung von »Variablen« bei der Messung komplexer sozialer Gegenstände: »ein anfängliches Bild des Begriffs, die Spezifizierung der Dimensionen, die Auswahl der beobachtbaren Indikatoren und die Kombination von Indikatoren zu Indices«.[24]

Der Ausdruck »Bild« spielt an auf eine vage Vorstellung oder Gedankenkonstruktion, die der Forscher sich von einer Reihe von Gesetzmäßigkeiten macht, die er zu erklären oder zu verstehen sucht. Es kann auch die Perzeption verschiedenartiger Phänomene sein, von denen der Analytiker glaubt, daß es gemeinsame ihnen zugrunde liegende Charakteristika gibt. Die Versuche, den Begriff zu definieren oder abzugrenzen, bewegen sich dann von dem Bild zu einer Spezifikation seiner »Komponenten«, seiner »Aspekte« oder »Dimensionen« oder Ähnlichem. Lazarsfeld sagt, daß »sich der Begriff eher als Zusammensetzung einer komplexen Kombination von Phänomenen denn als einfaches und direkt beobachtbares Einzelelement erweist«.[25] Als wesentlich für die Übersetzung des Begriffs in irgendeine Art Operation oder Messung betrachtet er seine Aufspaltung in eine »vernünftige« Anzahl von Dimensionen.

Nachdem er die Dimensionen, die der Begriff annehmen wird, gewählt hat, muß der Forscher angemessene Indikatoren finden. Lazarsfeld liefert keine Regeln für die Auswahl von Indikatoren. Im Fehlen solch expliziter Regeln spiegelt sich der inadäquate Stand der soziologischen Theorie, und die Reduktion, die zur Übersetzung abstrakter theoretischer Feststellungen in Begriffe mit spezifizierbaren Dimensionen erforderlich ist, ist wahrscheinlich die schwierigste Aufgabe, die sich forschungsorientierten Soziologen stellt. Um diese Schwierigkeit zu veranschaulichen, legt Lazarsfeld Begriffe vor, von denen angenommen wird, daß sie dem Leser ein-

23 *Ibid.*
24 *Ibid.*, p. 109.
25 *Ibid.*

leuchten und kaum begrifflicher Klärung im Hinblick auf einen weiteren theoretischen Kontext bedürfen (z. B. die Effizienz eines Produktionsteams im Management), und demonstriert die vielen Bedeutungen, die diese haben können. Der entscheidende Punkt in Lazarsfeld Behandlung der Indikatoren und ihrer Auswahl ist der, daß der Forscher, indem er den Begriff in eine Reihe von »Bedeutungen« »aufspaltet«, gezwungen ist, seine theoretischen Vorstellungen zu klären.

Bei der Diskussion des Aufbaus der Indizes muß Lazarsfeld wieder voraussetzen, daß unser Wissen von den theoretischen Begriffen, die wir messen wollen, präzis genug ist, um uns zu befähigen, über die Wahrscheinlichkeitsrelation jeden individuellen Indikators zu dem, »was wir wirklich wissen wollen«, sinnvolle Aussagen zu machen. Seine Erörterung der Relevanz von Theorie für die Kombinierung von Indikatoren bescheidet uns folgendermaßen: »Anders gesagt, wir brauchen eine Menge Untersuchungen, wenn wir wissen wollen, was ein Mensch wirklich tun kann, oder welchen Standpunkt er« in bezug auf einen Sachverhalt »wirklich einnimmt.«[26] Die Diskussion verlagert sich dann auf die Frage, wie wir viele Indikatoren in einen Index zusammenziehen können, und wie sich diese Indikatoren aufeinander beziehen. Diese Diskussion ist mehr auf den Mechanismus der Kombinierung von Indikatoren orientiert als auf die Relevanz von Theorie für die Spezifizierung ihrer Kombination und Wechselbeziehungen. Lazarsfeld befaßt sich damit, mathematische Vorstellungen von den Wechselbeziehungen der Indikatoren abzuleiten, so daß wir von dem »Vermögen eines Indikators im Vergleich zu einem anderen, zu einer spezifischen Messung, die man machen möchte, beizutragen«, sprechen können.[27]

Indem er zur Erörterung der Austauschbarkeit von Indizes fortschreitet, offenbart Lazarsfeld ein grundlegendes Arbeitsverfahren, das im Laufe dieses Buches kontinuierliche Dis-

26 *Ibid.*, p. 112.
27 *Ibid.*, p. 113.

kussion erfordern wird: daß Antworten auf Einzelfragen eher als eine explizite Theorie die Basis für die Entscheidung über die Relevanz von Indikatoren liefern. Die Tatsache, daß der größte Teil von Lazarsfelds Arbeit und von seinen Vorstellungen über Messung in der Soziologie von seiner Interessenbindung an die Methoden der Umfrageforschung herstammt – besonders da ja diese Methoden Sprache und Bedeutung als selbstverständlich nehmen –, kann nicht außer acht gelassen werden, wenn wir verstehen wollen, wie sehr sich die Messungsprobleme in der Soziologie an die konventionellen Messungsverfahren in den Naturwissenschaften angelehnt und mit ihnen vermengt haben.

Die allgemeinen Verfahren, auf die Lazarsfeld hinweist, sind den Bedingungen der Feldforschung besonders gut angepaßt, bei welcher der Untersucher nicht in der Lage ist, klar und präzis zu spezifizieren, welche Variablen relevant sind für die Übertragung seiner Begriffe in eine Menge operationaler Handlungen, die Daten hervorbringen werden, die seine Vermutungen stützen oder verwerfen. Schreitet man vom anfänglichen Bild zur Entwicklung von Indizes fort, werden sowohl implizite als auch explizite Eingriffe und Deduktionen gemacht, die zum Teil auf den allgemeinen Arten von Daten basieren, zu denen das Bild den Forscher führt, und mehr noch auf der spezifischen Weise, in der die Daten manipuliert werden durch verschiedene Klassifizierungen und mehrdimensionale Tabulierungen, die dann zu kontinuierlichen Schlußfolgerungen über die Substruktur des anfänglichen Bildes führen. Die letzteren Eingriffe liefern dem Feldforscher sowohl eine erweiterte Form des Bildes oder des theoretischen Rahmens als auch den Sinn seiner Daten, d. h. ihre Relevanz für das benutzte theoretische Bild. Wie Lazarsfeld bemerkt, »werden Klassifizierungen in der Sozialforschung hauptsächlich zur Feststellung von Relationen zwischen einer Anzahl von Variablen gebraucht. Die entscheidende Frage ist daher die, ob diese Relationen, der empirische Tatbestand, den wir suchen, stark beeinflußt werden, wenn wir einen annehmbaren Index gegen einen anderen austauschen.«[28] Was hier nicht deutlich wird, ist die Frage, ob das theoretische Bild die anfänglichen Relationen diktiert und der Versuch, irgendeine Art von Messung aufzuerlegen, die in Frage kommenden »Variablen« kristallisiert, oder ob die Klassifizierung von Antworten durch einige willkürliche Kodifizierungsgesetze oder »natürliche« Einschnitte in den Resultaten den quantitativen Sinn der »Variablen« produziert und auch das anfängliche Bild erfüllt. Wahrscheinlich müßten unsere »Variablen« durch theoretische Übertragungen unserer Konzeptionen spezifiziert werden, so daß ihr Relevanzbereich, die Variationsbreite der Werte und die zahlenmäßigen Eigenschaften, die sie annehmen sollten, alle von der Theorie herleitbar sind. Außer in Fällen, wo Daten von Agenturen der Gesellschaft für ihre eigenen Buchführungszwecke hergestellt werden (und gelegentlich natürliche zahlenmäßige Eigenschaften annehmen), involviert die meiste soziologische Forschung, die Kontakte mit Versuchspersonen erfordert, immer implizite Theorien, die weit vom Hypothesentest ante factum entfernt sind. Unsere oft willkürlichen Klassifizierungen von Daten werden die Basis zur Festsetzung irgendeiner Form von Quantifizierung. Da ja die Klassifizierung post factum geschieht, ist die Gültigkeit unserer Messung relativ zu der willkürlichen Klassifizierung und derzeit noch weit entfernt von der Möglichkeit der Wiederholung und von exakt erlangtem Wissen. Die gewichtigsten Probleme der Messung erheben sich also, wenn wir uns mit qualitativen »Variablen« befassen.

Anspielungen auf »qualitative Variable« unterstellen, »daß es eine direkte logisch kontinuierliche Linie gibt von qualitativer Klassifizierung zu den strengsten Messungsformen über dazwischenliegende Kunstgriffe wie systematische Bewertungen, Stufenskalen, mehrdimensionale Klassifizierungen, Typologien und einfache quantitative Indizes«.[29] Dies setzt wiederum

---

28 *Ibid.*, p. 115.
29 Paul F. Lazarsfeld und Allen H. Barton, »Qualitative Measurement in the Social Sciences«, in D. Lerner und H. D. Lasswell (Hrsg.), *The Policy*

voraus, daß erstens die willkürlich und verschiedenartig gefüllten Klassifizierungen, die der Soziologe verwendet, operationale Näherungswerte sind für schwer definierbare Begriffe, deren Eigenschaften durch direkte Untersuchung bei unserem derzeitigen Entwicklungsstand nicht leicht ermittelbar sind; daß zweitens die Materialien, die wir als »Daten« bezeichnen, und denen entweder eine dichotome oder eine verfeinerte Messung zugeordnet wird, den Begriffen in der Untersuchung entsprechen. Darüber hinaus muß die soziologische Forschung, indem sie Materialien durch Feldforschung zu ordnen sucht, voraussetzen, daß die willkürliche Messung, geschaffen durch gegenwärtig gebrauchte Verfahrensregeln, für jedes Forschungsprojekt eindeutige Klassifizierungen bedeutet und daß außerdem ihre Berechtigung letztlich in den theoretischen Begriffen ausgemacht werden muß, die zur Erklärung der Ergebnisse gebraucht werden. Schließlich wird implizit vorausgesetzt oder angenommen, daß solche Begriffe die gleiche Struktur haben wie die naturwissenschaftlichen Begriffe, welche zahlenmäßige Eigenschaften hervorbringen, die den Messungssystemen, die von den Naturwissenschaften erfolgreich angewandt werden, entsprechen.

Wenn wir vor die Wahl gestellt sind, Messungssysteme zu benutzen, die den Naturwissenschaften, oder solche, die einfacher Beschreibung nachgeformt sind, sollten wir in beiden Fällen über die Abfolge der Schritte, die zu »akzeptierbaren« Messungsverfahren führen, informiert sein. Durch sorgfältige retrospektive Überprüfung der Voraussetzungen, die in die Klassifizierungsverfahren eingebaut und unseren Begriffen auferlegt sind, können wir besser das Ausmaß ermessen, in dem unsere Messungsbemühungen, unsere theoretischen Entwicklungen und allgemeinen unabhängigen und invarianten Ergebnisse sich wechselseitig entstellen oder klären. Die Tatsache, daß wir eine präzise oder garantierte Entsprechung zwischen bestehenden Messungssystemen und unseren theoreti-

Sciences: Recent Developments in Scope and Method, Stanford 1951, p. 155.

schen und substantiellen Begriffen nicht beweisen können, sondern das Bindeglied willkürlich festsetzen müssen, bedeutet, daß wir es uns nicht erlauben können, die Forschungsverfahren und daher die Konklusionen, die auf ihnen basieren, als erwiesen anzunehmen.

Durch Voraussetzung einer tatsächlichen Entsprechung der fundamentalen Ereignisse und Begriffe der Soziologie zu bestehenden mathematischen und Messungsverfahren können Lazarsfeld und Barton zum Hauptproblem fortschreiten, irgendeine Reihe von Erfahrungen oder identifizierbaren Objekten unter irgendeine Kategorie zu subsumieren. Zum Beispiel:

Wie geht man in erster Linie bei der Bildung solcher Kategorien vor? Warum wählt man bestimmte Elemente der Situation aus und nicht andere? Warum verbindet man sie in eben diesen Kategorien?
Es kann richtig argumentiert werden, daß man keine Menge handlicher Instruktionen für die Kategorisierung sozialer Phänomene festlegen kann: solche Instruktionen wären nichts Geringeres als ein allgemeines Programm für die Entwicklung sozialer Theorie. Man kann nicht in der gleichen Weise ein Handbuch über das Thema »Wie bildet man fruchtbare theoretische Begriffe« schreiben, wie man Handbücher über die Stichprobenauswahl oder den Aufbau von Fragebogen schreibt.30

Idealiter erfordert also die Kategorisierung sozialer Phänomene die Entwicklung einer allgemeinen sozialen Theorie, aber dies kann nach Lazarsfeld und Barton in der Soziologie heute nicht geleistet werden. Die Autoren empfehlen eine Reihe brauchbarerer Verfahren, beginnend mit den folgenden, wesentlich begrenzten Fragen, die sich auf Beschreibungen dessen konzentrieren, was in gegebenen Situationen geschieht. Zum Beispiel: »Was tun junge Leute, wenn sie sich für eine Berufslaufbahn entscheiden? Wie reagieren die Menschen auf Arbeitslosigkeit? Welches sind die Informationskanäle für aktuelle Fragen in einer amerikanischen Gemeinde?«31 Die praktikable Lösung erfordert demnach, daß der Forscher allge-

30 *Ibid.*, p. 156.
31 *Ibid.*

meine Fragen zu spezifischen substantiellen Problemen stellt, Fragen, die operational sowohl in theoretisch relevante als auch in Common-sense-Gedankengänge übertragen werden können. Das Fehlen einer entwickelten sozialen Theorie zwingt alle Forscher in der Soziologie, Common-sense-Begriffe zu verwenden, die allgemeines Wissen widerspiegeln, welches sowohl den Soziologen als auch den »durchschnittlichen« Mitgliedern der Gemeinschaft oder Gesellschaft bekannt ist. Indem man gleich von Anfang an voraussetzt, daß der Sozialwissenschaftler und seine Versuchspersonen eine gemeinsame Kultur bilden, die jeder in mehr oder weniger der gleichen Art versteht, werden die »augenfälligen« Bedeutungen der eingesetzten Einzelfragen, auf denen die Indikatoren basieren, Eigenschaften verkörpern, die in der Sozialtheorie nur vage definiert sind, deren Relevanz für das Forschungsprojekt aber nichtsdestoweniger als erwiesen angenommen wird.

Solcherart wird von Lazarsfeld und Barton in der Diskussion qualitativer Messung eine Kultur, die dem Soziologen und der Versuchsperson gemeinsam ist, und eine Theorie der sozialen Ordnung unterstellt. Zum Beispiel erwähnen sie vier »Erfordernisse« als notwendig für ». . . ein gutes Klassifizierungssystem für freie Antworten . . .« Die Autoren behaupten, daß die Erfordernisse – »Artikulation«, »logische Stimmigkeit«, »Anpassung an die Situationsstruktur« und »Anpassung an den Bezugsrahmen des Befragten« – naheliegende Verfahrensregeln nach sich ziehen, die auf der Hand liegen.[32] Die zahlreichen Entscheidungen, die getroffen werden müssen, setzen eine implizite Übereinstimmung zwischen folgendem voraus:

1. zwischen den Indikatoren, durch die der Mann auf der Straße bedeutsame Objekte identifiziert, und den Indikatoren, die vom Sozialwissenschaftler zur Identifizierung bedeutsamer Objekte und Ereignisse verwandt werden;

2. zwischen dem Standpunkt der handelnden Person – der Sprache und den Bedeutungskategorien, die der Handelnde

32 *Ibid.*, p. 156–157.

benutzt, um Beobachtungen und Erfahrungen zu beschreiben und zu subsumieren – und dem Standpunkt des Beobachters – der Sprache und den Bedeutungskategorien, die der Beobachter benutzt, um Beobachtungen, Antworten und Dokumente über die soziale Szene zu beschreiben und zu subsumieren;

3. zwischen den normativen Regeln, die beim Handelnden Wahrnehmung und Interpretation seiner Umgebung bestimmen, und den theoretischen und methodologischen Regeln, die beim Beobachter Wahrnehmung und Interpretation der gleichen Objektwelt bestimmen.

Den praktischen Verfahren, die von Lazarsfeld und Barton beschrieben werden, liegen kulturelle und subkulturelle Differenzen zugrunde, die nach ihrer Annahme leicht determinierbar und handhabbar sind. Die Notwendigkeit, sich auf eine Common-sense-Definition von der Welt zu verlassen, die der Beobachter mit dem Handelnden teilt, wird in folgendem Zitat offenbar:

Angenommen, wir wollen die Gründe klassifizieren, warum Frauen eine bestimmte Art von Kosmetika kaufen. Frauen haben sehr viele Erklärungen für ihre Gründe, die schwer einzuordnen sind, wenn man sie für bare Münze nimmt. Aber man vergegenwärtige sich eine Frau beim Kauf und Gebrauch von Kosmetika. Sie erhält Ratschläge von Leuten, die sie kennt, durch Anzeigen und Artikel in Massenmedien; und zusätzlich richtet sie sich nach ihren eigenen Erfahrungen. Sie hat ihre Motive und Bedürfnisse: sie benutzt Kosmetika, um verschiedene Aussehenswerte zu erlangen, um andere Menschen zu beeindrucken – man könnte herausfinden, wen – und vielleicht, um sich selbst zu beeindrucken. Die Kosmetika haben verschiedene technische Qualitäten, die zu diesen gewünschten Resultaten in Beziehung stehen. Sie kann sich auch Gedanken machen über mögliche schlechte Auswirkungen auf Gesundheit oder Erscheinung. Es gibt Probleme der Anwendung von Kosmetika. Und schließlich gibt es die Kosten. Alle Erklärungen der Frauen dürften also auf das folgende Schema bezogen werden: »Informationskanäle«, »gewünschte Aussehenswerte«, »prospektives ›Publikum‹«, »schlimme Folgen«, »technische Qualitäten«, »Anwendungsprobleme« und »Kosten«. Der Grund für die mögliche Stimmigkeit der Erklärungen ist der, daß das Klassifizierungsschema den aktuellen Prozessen, die beim Kauf und Gebrauch von Kosmetika infrage kommen, entspricht. Dies sind die Prozesse, aus denen die Befragte selbst ihre Erklärungen abgeleitet hat; die Klassifizierung bringt die Erklärungen sozusagen dahin zurück, woher sie kommen.33

Die beschriebenen Klassifizierungsprobleme werden von den Autoren durch die Verwendung der Common-sense-Bedeutungen, die sie zu klassifizieren suchen, leicht gelöst. Der Forscher verläßt sich auf seine Common-sense-Kenntnis dessen, wie Personen antworten würden, und setzt voraus, daß ihre tatsächlichen Antworten den auf dieser Common-sense-Kenntnis basierenden Erwartungen entsprechen. Die angenommene Entsprechung versorgt ihn mit einem impliziten Modell des Handelnden. Zur Definition des Problems beginnt der Beobachter mit unausgesprochenen Common-sense-Verfahren, dann verläßt er sich auf operationelle Maßzahlen von formalisierten Common-sense-Kategorien zur Erlangung seiner Indikatoren (indem er die Versuchspersonen befragt und ihre »Antworten« und »Erklärungen« klassifiziert), um die »auf der Hand liegenden«, d. h. offensichtlich selbstverständlichen und leicht zu verstehenden Antworten der Versuchspersonen als wörtliche Widerspiegelung ihrer Wahrnehmung und Interpretation ihrer Umwelt zu behandeln. Dann setzt er weiterhin voraus, daß jede Versuchsperson auf die gleiche Umwelt und die gleichen Stimuli reagiert, und unter dieser Voraussetzung beginnt er Indikatoren zu verbinden, sie in Tabellen und zusammenfassende Maßzahlen zu ordnen.

Die besondere Sensitivität und Intuition des Forschers für die Welt rings um ihn liefert die grundlegenden Anhaltspunkte für seinen Erfolg in der Aufstellung von Fragen und möglichen Antwortmustern. Die »Regeln«, die diese Sensitivität und Intuition beherrschen, sind für den Forscher kein Problempunkt und sind nicht enthalten in expliziten Entwürfen methodologischer Verfahren, etwa in jenen vier, die von Lazarsfeld und Barton zur Aufstellung eines »guten« Klassifizierungssystems gegeben werden. Unser Mangel an methodologischer Verfeinerung bedeutet, daß die Entscheidungsverfahren zur Kategorisierung sozialer Phänomene in

33 *Ibid.*, p. 160.

impliziten Common-sense-Voraussetzungen über den Handelnden, über konkrete Personen und über die eigenen Ansichten des Beobachters über das Alltagsleben verborgen sind. Die Verfahren scheinen intuitiv »richtig« oder »vernünftig«, weil sie im Alltagsleben verwurzelt sind. Oft beginnt der Forscher seine Klassifizierung mit recht weiten Dichotomien, von denen er erwartet, daß seine Daten »auf sie passen«, und arbeitet dann diese Kategorien aus, wenn sie offenbar durch seine »Daten« gerechtfertigt werden. Schließlich kann er Klassifizierungsverfahren verwenden, die der von Lazarsfeld und Barton erwähnten Progression gehorchen (von Bewertungs- und Rangskalen zu Intervall- oder Verhältnismaßzahlen). Obwohl für den Entwurf jeder Klassifizierungsebene einige »Regeln« existieren, erlaubt es uns unser derzeitiges Wissen selten, Kategorie und Gegenstand theoretisch und substantiell gerechtfertigten Ableitungen gemäß zu verbinden; statt dessen basiert die Verbindung zwischen Kategorie und Beobachtung oft auf etwas, was als »offenkundige« »Regeln« betrachtet wird, die jeder »intelligente« Kodifizierer oder Beobachter »leicht« ver- und entschlüsseln kann. Jede Klassifizierungsebene wird eine raffiniertere Messungsvorrichtung zur Transformierung von Common-sense-Deutungen und impliziten theoretischen Vorstellungen in akzeptable »Evidenz«. Die erfolgreiche Anwendung klassifizierender Operationen produziert »Daten«, die die Form konventioneller Messungsskalen annehmen.

Der augenblickliche Stand soziologischer Methode erschwert das Festhalten an Coombs früheren Bemerkungen über das Abbilden von Daten in einfachen oder strengen Messungssystemen, weil die Übereinstimmung zwischen Messungsskala und beobachteten und interpretierten Objekten oder Ereignissen auferlegt ist, ohne daß wir in der Lage sind zu fragen – geschweige denn zu bestimmen –, ob sie angemessen ist. Einmal auferlegt, »überträgt« oder »transformiert« die Messungseinrichtung die Common-sense-Antworten in »Daten«. Die Logik der Messungsoperationen sichert die notwendige

Transformation zur Herstellung des gewünschten Produkts. Vorfixierte Auswahlfragen, die den Befragten gestellt werden, sind dazu bestimmt, Common-sense-Meinungen aus der Versuchsperson herauszulocken und auch eine automatische Grundlage zu bieten zur Hervorbringung von Antworten, die in zwei- oder mehrwertige Kategorien passen. Die Art der Frage ist ein integraler Teil der darauf folgenden Klassifizierungsverfahren. Derart haben wir eine Formalisierung von Fragen und Antworten durch »auf der Hand liegende« und »vernünftige« Verschlüsselungsverfahren, und dadurch bewerkstelligen wir es, durch fortschreitende Klassifizierungsoperationen, ein Bein in der Common-sense-Welt des Alltags und das andere in quasi-akzeptierbaren (im praktischen Sinn) Messungsverfahren zu behalten. Die Realitäten der Messung in der Soziologie beinhalten kurzfristige praktische Schwierigkeiten und langfristige Hoffnungen. Das folgende Zitat von Lazarsfeld und Barton veranschaulicht die Schwierigkeiten, um die es geht:

Es sollte möglich sein, das Klassifizierungsverfahren in soziologischen Begriffen zu systematisieren, so daß (1) die Forscher in einer angemessen kurzen Zeit darin ausgebildet werden können, die Klassifizierung mit einem hohen Maß von Übereinstimmung durchzuführen, daß (2) Forschungsverfahren anderen mitgeteilt werden können und (3) Untersuchungen wiederholt und fortgesetzt werden können. In jeder gegebenen Situation kann der Forscher, der systematische Verfahren anwendet, unfähig sein, mit dem naturbegabten und lang-erfahrenen »Feldartisten« zu konkurrieren; auf lange Sicht jedoch sollte uns die Anhäufung und Verfeinerung des Forschungswissens über Artistik und Intuition hinausbringen.[34]

Lazarsfeld und Barton geben zu, daß es schwierig ist, die Indikatoren mitzuteilen, auf denen die Entscheidungen des Klassifizierenden basieren. Mit den Worten der Autoren: wir operieren jetzt wahrscheinlich mit den »naturbegabten« und »langerfahrenen Artisten« und werden hoffnungsvoll zur »objektiven« Sozialwissenschaft fortschreiten, die idealiter ». . . einen komplexen Begriff zu solch klaren und unzwei-

34 *Ibid.*, p. 166.

deutigen Indikatoren reduzieren wird, daß das Klassifizierungsverfahren praktisch mechanisch werden kann; jeder mit der gleichen Menge an Instruktionen könnte dann die Beobachtungen und Urteile jedes anderen Beobachters noch einmal herstellen.«[35] Zur weiteren Veranschaulichung dieses Punktes bringen die Autoren die Beurteilung von Zugpferden als Analogie:

Der Leser, der mit der Beurteilung von Zugpferden nicht vertraut ist, wird gewahr werden, daß es kaum Instruktionen gibt, denen jedermann folgen könnte, um zu den gleichen Beurteilungen zu kommen; die Regeln funktionieren nur da, wo ein allgemeines Einverständnis darüber herrscht, was mit den verschiedenen Termini gemeint ist, und was gute und schlechte Eigenschaften vorstellt. Nichtsdestoweniger erzielt die Aneignung dieser Aufteilung eine Übereinstimmung bis auf ein oder zwei Punkte bei erfahrenen Taxierern, die die vollständige 100-Punkte-Skala anwenden.[36]

Für die Systematisierung der Entsprechung zwischen empirisch begründeten Indikatoren und theoretisch abgeleiteten Kategorien ist Verlaß auf einen »allgemeinen Verständigungskern« vonnöten. Anfängliche noch offene Pretests bieten dem Forscher Anhaltspunkte zur Aufstellung von Kategorien für die Subsumierung von vorfixierten Auswahlfragen und Antworten, von denen angenommen wird, sie hätten ihre Grundlage in »augenfällig« allgemein vertretenen Meinungen. Tatsächlich stellen die Autoren fest, daß detailliertere Indikatoren für einen gegebenen Bereich zu größerer Zuverlässigkeit und weniger Verlaß auf einen »nicht bestimmten allgemeinen Wissensinhalt« führen können. Aber sie fügen hinzu: »Wenn es jedoch selten irgendeine ernsthafte Meinungsverschiedenheit über einen Indikator gibt, kann man ihn ohne weitere Definition belassen. Irgendwann einmal muß man aufhören, seine Begriffe zu definieren, und sich auf ein allgemeines Sprachverständnis verlassen.«[37] Die Messung – oder passender: die Beobachtung, Klassifizierung und Etikettierung – in der So-

35 *Ibid.*
36 *Ibid.*, p. 167.
37 *Ibid.*

ziologie wurzelt in dem »allgemeinen Verständigungskern« und dem »allgemeinen Sprachverständnis« des Alltagslebens. So müssen die Soziologen »vom Inneren« der Gesellschaft her operieren, indem sie deren eigene Sprache (Syntax und Vokabular) und ihre vielen undefinierten kulturellen Bedeutungen verwenden. Das Erlangen des Standpunktes eines »insiders« bedeutet das Erlernen oder Annehmen der einheimischen gemeinsamen Kultur. Unter den Soziologen gibt es aber eine starke Tendenz, die gemeinsame Kultur und Sprache als selbstverständlich gegeben anzunehmen, insbesondere dann, wenn sie ihre eigene Gesellschaft studieren. Die Schwierigkeiten, die dadurch entstehen, daß man Sprache und kulturelle Bedeutungen als selbstverständlich gegeben annimmt, werden abgeblendet, aber nicht eliminiert, wenn den »Daten« willkürlich ein Messungssystem auferlegt wird, in das Sprachgebräuche, implizite und explizite grammatische Regeln und kulturelle Bedeutungen eingeschlossen sind, deren Übereinstimmung mit den Messungseigenschaften unbekannt ist. Da fast jede soziologische Messung, insbesondere bei der Erforschung sozialen Handelns, willkürlich ist, können wir es uns nicht leisten, die drei Medien – Sprache, kulturelle Bedeutungen und Eigenschaften des Messungssystems – zu ignorieren, durch die wir theoretisch abgeleitete oder *ad hoc*-Kategorien formulieren und mit beobachtbaren Eigenschaften von Objekten und Ereignissen verbinden. So verlangt jedes ernsthafte Interesse an soziologischer Messung die Erforschung separater und untereinander zusammenhängender Elemente von Sprache, kulturellen Bedeutungen und Messungspostulaten.

Bei der Definition und Aufnahme bestimmter Formen von »Daten« wirkt jedes dieser drei Medien für den Beobachter als ein »Gitter«.[38] Für das, was wir dann wahrnehmen und als Beleg interpretieren, seine Signifikanz und seinen logischen

38 Die Vorstellung von Sprache als »Filter« stammt von Kenneth L. Pike. Siehe seine Arbeiten *The Intonation of American English*, Ann Arbor 1945, und *Language in Relation to a Unified Theory of the Structure of Human Behavior*, Glendale 1955.

Status als ein Datum, wird jedes »Gitter« ein »Filter«. Jedes »Gitter« formt oder beeinflußt unsere Perzeption und Interpretation unserer wissenschaftlichen und Common-sense-Erfahrungen.[39] Wir beginnen mit der Vorstellung von Messung als einem »Gitter« oder »Filter«. Das Problem, die für die Messung notwendigen Äquivalenzklassen festzusetzen, kann nicht unabhängig von den Problemen der Sprache und der kulturellen Bedeutungen dargestellt werden. Logische Äquivalenz, als eine entscheidende Vorbedingung für die Messung, hat ihre eigenen Sprachformen, aber sie ist auch mit der Sprache und den Bedeutungen des Alltagslebens und folglich soziologischer Untersuchung verbunden. Wenn wir verstehen wollen, wie implizite Theorie und Methode in den Status formaler Messung transformiert werden, müssen wir das Bindeglied zwischen allgemeiner Sprache und der Sprache logischer Äquivalenz erforschen.

Die Sprache der Messung

Die derzeitigen Messungssysteme haben ihre Grundlagen in formaler Logik, Mengenlehre und Folgerungen daraus. Ein Verständnis der Axiome und Definitionen, die zur Konstruktion von Messungsskalen verwandt werden, kann in den weiter oben zitierten Hinweisen gefunden werden. Hier werde ich auf ein paar elementare Eigenschaften von Messungssystemen zu sprechen kommen, um zu veranschaulichen, wie unsere Beschreibung und Erforschung sozialer Ereignisse von der Sprache der Messung beeinflußt werden.
Die Progression von dichotomen Wahrheitswerten zu Reellen Zahlen (von nominalen Skalen zu Verhältnisskalen) bildet die Basis für die herkömmlich bekannte Messung. Durch den

---

39 Der Leser wird erkennen, daß mein Gebrauch des Ausdrucks »Filter« eine andere Art ist, die Hypothese von Sapir-Whorf zu formulieren. Weitere Erklärungen und ihre Konsequenzen können am Ende des Kapitels und im gesamten Buch gefunden werden.

Gebrauch einer binären Operation kann gezeigt werden, wie Verbindungen gebildet werden können, so daß zusätzlich zu p oder q, separat genommen, auch p-und-q, zusammengenommen, gebildet werden kann, zusammen mit verschiedenen anderen Verbindungen. Vorstellungen wie Eigenschaftsraum oder Attributraum können sich entweder als einfache Feststellungen erweisen oder als aus elementaren Aussagen und dem Gebrauch von binären Verbindungen oder Verbindungen höherer Ordnung zusammengesetzte Aussagen. So können zwei Attribute, X und Y, mit der An- oder Abwesenheit einiger Eigenschaften oder Dichotomien verbunden werden wie hohes oder geringes Einkommen, große oder geringe Religiosität. Die Dichotomie kann natürlich, wie oben aufgezeigt, verallgemeinert werden zu einem Klassifizierungstyp mit vielen Eigenschaften, die mit der p-wertigen Logik und mehrdimensionalen Attributen übereinstimmen. Dies läuft auf die Aufstellung einer Übereinstimmung zwischen den Gesetzen des Aussagenkalküls und sozio-kulturellen Ereignissen hinaus. Zwei Vorstellungen dieses logischen Systems sind für die Frage, wie die Messung in die Soziologie eingeführt ist, besonders entscheidend. Die *erste* betrifft die zusammengesetzte Aussage, weil die Aussage selbst »wahr« sein kann, ohne Rücksicht auf den Wahrheitswert der sie konstituierenden Teile. Zum Beispiel sind die Aufstellung einer Klasse von Objekten, die durch irgendein Attribut wie »republikanische Gesinnung« oder »demokratischer Standpunkt« bezeichnet wird, und die Plazierung von Objekten oder Personen in die Kategorie, obwohl bekannt ist, daß sie nicht homogen sind, nicht identisch mit der Frage, wie »republikanisch« sie sind, d. h. wie sehr sie »glauben an« oder »vertrauen auf« die »Prinzipien« oder die »Politik« der Republikanischen Partei. Die *zweite* Vorstellung ist augenfällig eine Ausweitung der ersten. Sie ermöglicht die Vorstellung von *logischer Äquivalenz* oder einfach *Äquivalenz*.[40] Die Aufstellung von Äqui-

40 In der Logik ist eine Äquivalenzrelation durch die folgenden drei Axiome definiert: Reflexivität (A ist äquivalent zu A); Symmetrie (A

valenzklassen konkretisiert die Objektwelt, indem sie voraussetzt, daß ihre Grenze und daher ihre Elemente bekannt sind; aber die Aufstellung von Äquivalenzklassen erlaubt uns auch anzuordnen, daß die Ereignisse gezählt, beschrieben, klassifiziert oder gemessen werden. Unsere Alltagssprache ist voll von angenommenen Äquivalenzklassen. Wenn wir zum Beispiel von Personen als von sozialen Typen sprechen, gebrauchen wir oft solche Termini wie »langweilig« oder »interessant«, »aufregend« oder »ermüdend«, »prima« oder »doof« und so weiter. Der Gebrauch solcher Termini besagt, daß die Klasse von Objekten, die »Personen« genannt werden, in eine Menge von Äquivalenzklassen aufgeteilt werden kann, gemäß einiger Kriterien oder »Regeln«. Die Verfahren von Lazarsfeld und Barton nehmen an, daß es sinnvoll ist, eine Übereinstimmung zu formulieren zwischen den von den Versuchspersonen verwandten sozialen Kategorien und den logischen Beziehungen, die bei der Aufstellung der für die Klassifizierung und Messung notwendigen Äquivalenzklassen eingesetzt werden. Man erinnere sich an Lazarsfelds und Bartons Annahme einer »logischen Kontinuität von quantitativer Klassifizierung zu den strengsten Messungsformen«. Die Eigenschaften alltäglicher sozialer Interaktion entsprechen laut Lazarsfeld und Barton den in Logik und Mengenlehre angenommenen Lehrsätzen. Zum Beispiel:

1. Wenn wir Lehrsätze entwickeln wollen, die den Arten entsprechen würden, in denen die handelnden Personen ihre täglichen Angelegenheiten bewältigen (d. h. die »Regeln« und Werte, die ihr Verhalten bestimmen, die Prozesse, welche die Übernahme der Rolle des anderen involvieren, und die Definition der Situation), dann müssen wir zeigen, daß die drei

äquivalent zu B impliziert B äquivalent zu A); und Transitivität (A äquivalent zu B und B äquivalent zu C impliziert A äquivalent zu C). Zwei endliche Mengen (M und N) sind einander äquivalent *(gleichmächtig)*, ». . . wenn ihre Elemente so zueinander in Beziehung gesetzt werden können, daß jedem Element von M ein und nur ein Element von N entspricht und umgekehrt.« Joseph Breuer, *Introduction to the Theory of Sets* (Übers. von H. F. Fehr), Englewood Cliffs, N. Y., 1958, p. 13.

Eigenschaften, die logische Äquivalenz definieren (Reflexivität, Symmetrie und Transitivität), auf die alltäglichen sozialen Beziehungen anwendbar sind, ohne ihren theoretischen und substantiellen Sinn zu entstellen.

2. Unsere Theorien sollten die logischen Eigenschaften erzeugen, die vermutlich mit logischen Äquivalenzklassen übereinstimmen können. Die Kategorien, die wir zur Klassifizierung der empirischen Eigenschaften unserer konstruierten Handelnden benutzen, sind begrenzte (in bezug auf endliche alles-oder-nichts-deterministische) Werte, die sie annehmen können. Die logischen Eigenschaften, die als auf Konzeptionen und Daten anwendbar angenommen und ihnen auferlegt werden, definieren die Grenzen des »Wahrheitswertes« oder die Signifikanz einer gegebenen Eigenschaft, die dem Handelnden zuschreibbar ist.

3. Die drei für die Äquivalenz notwendigen Gesetze determinieren die Bedingungen, unter denen es uns erlaubt sein kann zu zählen. Sie geben die Bedingungen an, unter denen die Äquivalenz von Objekten und Ereignissen in den Sozialstrukturen angenommen und daher in Entsprechung zu den natürlichen Zahlen gesetzt werden kann, so daß eine Zähloperation möglich ist.

4. Aber die drei Annahmen für Äquivalenz stellen den temporären Charakter soziokultureller Objekte und Ereignisse nicht in Rechnung. Gleicht A invariant A unter den Bedingungen einer sich wandelnden sozialen Szene, einer sich verändernden sozialen Umwelt, einer sich ändernden Definition der Situation? Die Uhrzeit ist von der erfahrenen Zeit abhängig in dem Sinne, daß die Uhrzeit t_1 und die Uhrzeit t_2 von den Handelnden der sozialen Szene verschieden definiert werden können, auch wenn ein außenstehender Beobachter die zwei Situationen mit Bezug auf irgendeine Menge struktureller und lokationaler Variablen als identisch definieren mag.

5. Definitionen, Zählungen, Messungen der Anzahl von Geburten, Sterbefällen, Eheschließungen, Scheidungen, Verbrechen eines bestimmten Typs setzen alle die drei logischen,

für Äquivalenzklassen notwendigen Annahmen voraus, und diese logischen Beziehungen werden in dem offiziellen Registrieren einer Menge von sozialen Handlungen, die unter eine soziolegale Kategorie subsumiert sind, vorausgesetzt. Die soziologische Relevanz dieser Kategorien sollte auf theoretischen und methodologischen Grundlagen entschieden werden; ihr Status als Daten ist nicht automatisch. Dennoch ist es klar, daß Bedingungen existieren, unabhängig vom Soziologen und von seinen Theorien und Methoden, durch die soziolegale Kategorien im Alltagsleben Äquivalenzbeziehungen und genaue Zähloperationen erlauben. Diese Bedingungen setzen einiges Wissen über und/oder einigen Verlaß auf eine gemeinsam geteilte allgemeine Kultur voraus.

6. Aber die Ereignisse und Objekte, die in soziolegalen Kategorien gezählt werden, sind zusammengesetzte Aussagen in dem Sinne, daß nicht alle Elemente in ihrer zusammengestellten Form identisch sind, d. h. den gleichen Wahrheitswert haben, und dies gilt insbesondere für Eheschließungen, Scheidungen und Verbrechen. Es ist eine Tatsache, daß wir jede Eheschließung, Scheidung und einige Verbrechen unter begrenzten Bedingungen als äquivalent behandeln können, wenn auch viele den theoretischen und substantiellen Nutzen bestimmter Kombinationen oder Gruppierungen infrage stellen würden. Die Soziologen erkennen klar, daß eine zweiwertige Logik inadäquat ist. Sie beginnen zu fragen, ob das Alter der Paare oder Missetäter unterschiedlich ist. Gibt es Unterschiede in der Religion, Beschäftigung, Erziehung und so weiter? Diese zusätzlichen Fragen qualifizieren die anfängliche Äquivalenzbeziehung, die dadurch verhängt wurde, daß man jede Scheidung oder Eheschließung oder jedes Verbrechen für die Zählzwecke in soziolegalen Handlungen als identisch behandelte. Aber ohne explizitere theoretische und substantielle Ideen zur Leitung unserer Handlungen zwingt uns die Sprache der Messung, Äquivalenzklassen in Anspruch zu nehmen, die unsere Ideen und willkürlichen Ergebnisse konkretisieren oder entstellen können.

7. Wenn wir annehmen, daß die Perzeption des Handelnden und seine Interpretation irgendeiner Menge von Ereignissen oder einer Objektwelt aufgrund der einzigartigen und vorgeprägten Bedingungen sozialer Begegnungen und aufgrund des Übernehmens der Rolle des anderen während des Interaktionsverlaufs variieren, dann können wir nicht automatisch in unserer Theorie und in den Daten die Existenz von Äquivalenzklassen annehmen, die den Gesetzen der Reflexivität, Symmetrie und Transitivität genügen. Die Vorstellung, daß Rollenübernahme sowohl eine Funktion dessen ist, was der Handelnde in die soziale Szene hineinbringt, als auch irgendeiner Menge von Kontingenzen, die sich im Verlauf sozialen Handelns entfalten, macht es notwendig, daß wir unterscheiden zwischen Äquivalenzklassen, die eine statische Qualität haben (z. B. bei Fragebogen-Studien, die Daten über Abstammung, Beruf, Einkommen usw. ermitteln) und sich abspielenden Prozessen (z. B. Ideen und Handlungsabläufe, die im Verlauf sozialen Handelns selbst produziert werden und nach den sich entfaltenden Bedingungen der sozialen Szene kontrolliert werden). Eine allgemeine Bindung an Ideen, Werte oder Ideologien des Common-sense kann während des ganzen Handlungsverlaufs vorkommen, aber diese Bindungen spiegeln möglicherweise weder die privaten Gedanken des Handelnden wider noch werden sie in den Antworten reflektiert, die vermittels eines vorfixierten Auswahl-Fragebogens hervorgebracht werden können. Ein übliches Verfahren ist es, strukturelle und lokationale Variable mit Attributen des sozialen Prozesses zu korrelieren; zum Beispiel Alter, Geschlecht, Wohnort, Einkommen oder Ausbildung auf der einen Seite mit Verhaltensweisen gegenüber ethnischen Gruppen oder mit politischer Vorliebe auf der anderen. Nicht die theoretischen Begriffe sind es, die die notwendigen Äquivalenzklassen auferlegen, dies geschieht vielmehr durch die Sprache der Messung (in ihrem generischen Sinn).

8. *Eine* gefährliche Konsequenz willkürlicher Messung ist die, daß die Messungsskalen logische Verbindungen voraussetzen,

die mit unseren impliziten Theorien nicht übereinstimmen mögen. Idealiter hätten wir gern, daß unsere Theorien zahlenmäßige Eigenschaften hervorbrächten, die den Messungsskalen und ihren Postulaten entsprechen würden. Unsere impliziten Theorien schaffen nur dann zahlenmäßige Eigenschaften, wenn sie zuvor in explizite Theorien umgewandelt worden sind: wenn die Sprache der Messung ihnen irgendeine Messungsskala oder eine Menge logischer Verbindungen oder irgendeine Menge willkürlicher oder semi-theoretischer Kategorien auferlegt hat.

9. Eine andere Konsequenz gegenwärtiger Klassifizierungsverfahren und der Auswahl und Kombination von Indikatoren ist in der fortschreitenden Verfeinerung von Klassifizierungskategorien und Indikatoren zu finden, solcherart, daß die Daten progressiv umgewandelt werden oder ihnen ein quantitatives Aussehen gegeben wird. Jede Operation zielt darauf ab, die Daten in eine komparative Menge von Äquivalenzklassen zu verwandeln, welche – in der Sprache der Umfrageforschung – »geteilt« werden können; einige »Variable« können »ausgemerzt« werden und dergleichen. Das Vokabular ist dazu bestimmt, die Vorstellung von strenger Messung zu vermitteln, mag sich auch der Forscher gewöhnlich ihres willkürlichen Charakters völlig bewußt sein. Es bleibt jedoch die Gefahr, daß das Vokabular die Suche nach dem theoretischen Prinzip für die Klassifizierung verdrängen wird, das Reflexivität, Symmetrie, Transitivität und die anderen für die Messungssysteme grundlegenden Eigenschaften voraussetzt. Jede methodologische Entscheidung nimmt im voraus irgendein theoretisches Äquivalent an, wenn auch unser gegenwärtiger Wissenstand nicht dafür hinreichend sein mag, präzis zu determinieren, welches die Übereinstimmung ist.

Die Messung sozialer Fakten versus soziales Handeln

Die Soziologen unterscheiden gewöhnlich zwischen Struktur gegenüber Prozeß, sozialer Struktur gegenüber sozialem Handeln, institutionalisierten Normen gegenüber sich verändernden Definitionen der Situation und dergleichen. Attribute wie zum Beispiel Alter, Geschlecht, Geburten, Todesfälle, Einkommen, Ausbildung, Größe der Stadt, geographische Streuung von Industrie oder Agrikultur oder Bevölkerung, die Höhe von Ein- und Auswanderung und so weiter werden gewöhnlich als »handgreiflich« und leicht analysierbar betrachtet, wenn auch Probleme technischer Natur variierende Fehlermengen hervorbringen können. Ähnlich erforscht der Anthropologe häufig Verwandtschaft, insbesondere in ihrem formalen Sinn, als schematische soziale Organisation; sie wird als »handgreiflich« und leicht analysierbar angenommen. Man betrachtet auch bestimmte Arten »dominanter« Werte und Normen oder »Themen« oder Glaubenssysteme als vorgeprägt und ziemlich beständig, so daß ihre Klassifizierung in bezug auf die Bedingungen sozialen Handelns nicht als problematisch gesehen wird. Die empirische Determination von Verwandtschaft und dominanten Werten und Normen ist oft eine Funktion von Fragen, die in statischen Termini gestellt werden, welche den Charakter von Normen und Werten, wie sie praktiziert und in Kraft gesetzt sind, nicht problematisch machen.

Ernsthafte Messungsprobleme entstehen dann, wenn das Interesse des Soziologen an den leichter zu messenden Variablen mit dem Interesse gekoppelt ist, die Beziehung zwischen den strukturellen oder lokationalen Variablen und kulturellen Attributen aufzuzeigen (denen man nur schwer Zahlen zuweisen und sie danach ordnen kann). Schwierigkeiten tauchen dann auf, wenn er versucht, die Messungsskalen, die in Untersuchungen der Verteilung und Veränderung von Geburten oder Todesfällen, chronologischem Alter, Einkommen usw. gebraucht wurden, zu verwenden für die Untersuchung etwa folgender Fragen: Bezugsgruppen, Rollenübernahme, Einstellungen, vom Handelnden vertretene Werte, Beurteilung der Situation durch den Handelnden, seine politische Ideologie, Werte und Ideologie eines Kollektivs, verbale und Verhaltensattribute von Konformität, Einstellungen gegenüber der Familiengröße, Auffassungen über Mobilität oder einen Wohnort und dergleichen. In Lazarsfelds Arbeit wird angenommen, daß das, was für leichter quantifizierbare Variable gilt, auch für die qualitativen oder kulturellen Attribute gilt. Wenn man zur Messung der Eigenschaften von sowohl qualitativen als auch quantitativen Objekten und Ereignissen auf konventionellen Messungsskalen insistiert, gibt es wenig Zweifel, daß Lazarsfeld recht hat und daß seine Ideen ein wesentlicher Teil soziologischer Forschung sind.

Messungsprobleme treten auch dann auf, wenn sich der Soziologe entscheidet, bestimmten tatsächlichen Bedingungen den Status kultureller Attribute zuzuweisen. Zum Beispiel können wir Alter als ein Attribut betrachten wollen, das von einem oder mehreren Handelnden irgendeinem anderen Handelnden zugeschrieben wird, wobei die Zuschreibungen auf physischer Erscheinung, verbalen und nicht-verbalen Gesten und kulturellen Definitionen von Jugendlichkeit basieren. Einkommen könnten wir auf die gleiche Weise betrachten: als ein Attribut, das anderen zugeschrieben oder als persönliches Streben projiziert wird. Das gleiche kann gesagt werden für Erziehung, Sexualität (Zuschreibungen von Virilität oder Homosexualität), Intelligenz, Rasse, Farbe, für die Wahrnehmung der Bevölkerungsdichte, den Wohnort, Illegitimität, Inzest und so weiter.

Die Messung sozialer Fakten setzt häufig voraus, daß bestimmte ideologische oder Verhaltens- oder Wertattribute wirksam sind. So nehmen wir an, daß die mehrdimensionale Tabulierung von Freundeswahl (Primärgruppenmitgliedschaft) mit dem politischen Wahlverhalten von Individuen den Einfluß des ersten auf das letzte zeigen wird. Wir können auch Einkommen mit Wahlverhalten korrelieren, Religion mit Wahlverhalten, Einkommen mit Fruchtbarkeit, Alter mit Religion, irgendein Klassenverhältnis mit ideologischen Bindungen, geäußerten Werten oder Wünschen oder mit Indikatoren vorgeprägten sozialen Handelns, dessen Status nicht problematisch ist. Die Annahme, daß soziale Fakten mit sozialem Handeln korreliert werden können, ist unter einer Reihe von Forschungsbedingungen sowohl vernünftig als auch notwendig. Anderes anzunehmen würde jede Form systematischer Untersuchung ausschließen. Andererseits könnte es zu bestimmten Zwecken nützlich sein, die Annahme aufzugeben und faktischen oder strukturellen oder lokationalen Variablen oder Bedingungen einen problematischen Status zuzuschreiben. So wird zum Beispiel in Bennet Bergers Schrift »How Long is a Generation?«[41] chronologisches Alter als ein kulturelles Attribut betrachtet, wobei eine neue Reihe von Problemen auftaucht. Eine wichtige logische Grundlage für das Aufgeben der *apriorischen* Annahme vorgeprägten oder invarianten sozialen Handelns als Determinante faktischer oder struktureller oder lokationaler Variablen ist die, daß, je komplexer und verschiedenartiger eine Gesellschaft oder ein System sozialer Beziehungen ist, desto pluralistischer ihre Werte oder Ideologien oder Normen sind und desto weniger wahrscheinlich solche Variablen in deterministischer Weise operieren werden. Dies ist insbesondere bedeutsam, wenn die akzeptablen Messungssysteme eine deterministische axiomatische Basis voraussetzen.

Wenn wir annehmen, daß faktische Bedingungen als (empirisch erforschbares) vorgeprägtes soziales Handeln mit invarianten Eigenschaften oder invarianten biologischen Eigenschaften beschrieben werden können, und wenn wir strukturelle oder lokationale Variable als Produkte dieses (empirisch erforschbaren) vorgeprägten sozialen Handelns betrachten können – Produkte also, deren Wiederholungswahrscheinlichkeit sehr hoch ist –, dann können wir der Hinwendung auf die theoretischen, methodologischen und empirischen Bedingungen nicht entgehen, unter denen wir annehmen, daß

41 *British Journal of Sociology*, XI (March 1960), 10–23.

tatsächlichen, strukturellen, lokationalen und kulturellen Variablen entweder ein deterministischer Status (was den probalistischen einschließen würde) oder ein sich entwickelnder Status zugewiesen werden soll. Es mag angemessen sein zu fragen, ob es eine größere Klasse von Messungssystemen gibt, die ihre Basis nicht in logischen oder mengentheoretischen Operationen haben würden, bei denen aber diese letzteren Arten deterministischer Bedingungen eine Teilmenge irgendeiner mehr allgemeinen Konzeption von Messung wäre.

Logische Systeme und höhere Mathematik setzen, wenn sie es mit endlichen Strukturen zu tun haben, die *Regel vom Widerspruchsbeweis* und die *Regel vom ausgeschlossenen Dritten* oder das, was Weyl kurz »*finite rule*« nennt, voraus.[42] Die Basis für die Messung in den Naturwissenschaften liegt in mathematischen Strukturen, die *Konsistenz* in den Axiomen voraussetzen (also nicht erlauben, daß sowohl *a* als auch nicht-*a* wahr ist) und *Vollständigkeit* fordern (daß entweder *a* oder nicht-*a* wahr ist), aber, so sagt Weyl, für diese Strukturen ist Vollständigkeit nicht einfach eine Sache ». . . der Einsetzung solcher Verfahrensgesetze der Beweisführung, die beweisbar zu einer Lösung für jedwedes zugehörige Problem führen würde«[43]. Statt dessen muß das deduktive Verfahren entdeckt werden, und es muß sich auf Konstruktion verlassen; es ist nicht vorherbestimmt. Aber wie steht es mit mathematischen Systemen, die nicht aus Symbolen in einem Spiel, das nach festen Regeln gespielt wird, bestehen?

Die Möglichkeit alternativer mathematischer Systeme oder allgemeinerer Theorien, von denen der axiomatische Ansatz nur eines unter vielen Systemen sein könnte, wurde von Brouwer in seiner Arbeit über »Intuitionismus« versus »Formalismus«[44] eröffnet. Nehmen wir folgende Äußerungen von Weyl:

42 Herman Weyl, *Philosophy of Mathematics and Natural Science*, Princeton, N. J., 1949, p. 15.
43 *Ibid.*, p. 24.
44 *Ibid.*, p. 50–54, 65. Siehe auch Weyls Kapitel »The Ghost of Modality« in M. Farber (Hrsg.), *Philosophical Essays in Memory of Edmund Husserl*, Cambridge 1940, p. 278–303.

Die klassische Aussagenlogik, wie sie von G. Frege und später von Russell und Whitehead in den *Principia Mathematica* formalisiert wurde, basiert auf der Annahme, daß eine Aussage eine Frage an irgendein Gebiet der Realität stellt, dessen Fakten mit einem eindeutigen Ja oder Nein antworten, wonach die Aussage entweder wahr oder falsch ist. Bis zur Zeit der *Principia Mathematica* glaubte jeder, oder hoffte es wenigstens, daß mathematische Aussagen diese Natur hätten und dabei keinen Raum ließen für Unbestimmtheiten, ausgedrückt durch die modalen Wörter »möglicherweise«, »vielleicht« und dergleichen.45

Die grundlegende Annahme der strikten Alternative von wahr und falsch, die für die klassische Logik charakteristisch ist, läßt für die Überbrückung des Abgrunds durch »vielleicht« oder »möglicherweise« keinen Raum. Jedoch ist der größere Teil unserer Äußerungen in unserem Alltagsleben, die für uns und unsere Kommunikanten von wesentlicher Bedeutung sind, nicht von dieser rigorosen Art. Eine gegebene Farbe mag *mehr oder weniger* grau sein, anstatt pechschwarz oder rein weiß. Wir können es als willkürlich oder gar unmöglich empfinden, exakte Grenzen in ein Kontinuum zu setzen. Die wichtigsten Beispiele werden bei weitem durch Äußerungen über die *Zukunft* geliefert. Eine Frage dieser Art – zum Beispiel: »Wird ein europäischer Krieg großen Ausmaßes innerhalb des nächsten Jahres ausbrechen?« – weist nicht auf eine Verifikation durch irgendeine Realität, und wird nichtsdestoweniger eher unter solchen Aspekten wie möglich, wahrscheinlich, unvermeidlich diskutiert und eben jetzt beurteilt, als unter wahr oder falsch.46

Indem er den Satz vom ausgeschlossenen Dritten infrage stellt, bietet Brouwer eine Basis dafür, über ein vollständig formalisiertes mathematisches System hinauszugehen und dennoch die Entwicklung von Modellen zu erlauben, die den Unbestimmtheiten des Alltagslebens entsprechen würden. Weyl erörtert die Möglichkeit, verschiedene mathematische Systeme zu gebrauchen, die von der Struktur der – in diesem Fall – physikalischen Welt abhängen. Er führt das Beispiel der Quantenphysik an:

Wieder begegnen wir in dem symbolischen Aufbau einer Disziplin, hier der Quantenphysik, einem bestimmten Teil, von dem man

45 »The Ghost of Modality«, *loc. cit.*, p. 278.
46 *Ibid.*, p. 287.

gerechterweise sagen kann, er sei ihre *Logik*. Jeder Wissensbereich scheint, wenn in eine formale Theorie kristallisiert, seine innere Logik mit sich zu führen, die Teil ist des formalisierten symbolischen Systems, und diese Logik wird, allgemein gesprochen, in verschiedenen Bereichen differieren.47

Wenn die Geschichte jemals reif wird für die Stufe theoretischer symbolischer Konstruktion, würde es nicht überraschen, wenn in symbolischer Form diese, eben unserer Existenz inhärente Möglichkeit, bei der ich im zweiten Abschnitt verweilte und deren Tiefe in dem letzten Zitat von Heidegger anklang (»Die Möglichkeit als Existenzial ist die ursprünglichste und letzte positive ontologische Bestimmung des Daseins«), eine ausschlaggebende Rolle in einer inneren »Logik der Geschichte« spielen würde. Aber das Beispiel der Quantenphysik sollte uns vor jedem Versuch warnen, *a priori* vorherzusagen, wie eine symbolische Logik der Geschichte aussehen wird – wenn ihre Zeit jemals kommt.

Man kann auch erwarten, daß sich die gesamte Situation ändert, wenn man von einer Aussagenlogik zu einer wahren Logik der Kommunikationen schreitet. Die Aussagen sind entweder unpersönlich oder sie involvieren nur ein Ego, von dem sie ausstrahlen; Kommunikationen spielen zwischen einem existenziellen Ich und Du. Versprechen, Fragen, Befehle werden in einer solchen Logik behandelt werden müssen.48

Meine kurze Diskussion der Modalitäten und des allgemeinen Problems, faktische, strukturelle, lokationale und kulturelle Variable als deterministisch oder undeterministisch zu betrachten, zielt darauf ab, die Aufmerksamkeit der Soziologen auf die möglichen Wirkungen der Modalitäten zu lenken als einer Basis für Messung, wenn unsere Theorien implizit bleiben und soziales Verhalten bedingt ist durch den Verlauf des Handelns selbst. Auf der anderen Seite können wir die der Auferlegung deterministischer Messungssysteme auf implizite theoretische Begriffe inhärenten Gefahren nicht vermeiden. Die Betrachtung von Variablen als quantitativ, weil verwendbare Daten in numerischer Form ausgedrückt werden, oder weil es als

47 *Ibid.*, p. 229.
48 *Ibid.*, p. 303. Einen Typus der Anwendung modaler Logik auf die Untersuchung der formalen Eigenschaften von Normen findet man bei A. R. Anderson und O. K. Moore, »The Formal Analysis of Normative Concepts«, *American Sociological Review*, 22 (Februar 1957), 9–17.

»wissenschaftlicher« angesehen wird, liefert keine Lösung für die Probleme der Messung, sondern entgeht ihnen zugunsten willkürlicher Messung. Willkürliche Messung ist kein Ersatz für die Prüfung und Nachprüfung der Struktur unserer Theorien, damit unsere Beobachtungen, Deskriptionen und Messungen der Eigenschaften sozialer Objekte und Ereignisse eine genaue Übereinstimmung haben mit dem, was wir für die Struktur der sozialen Realität halten.

Konklusion

Ich begann dieses Kapitel mit der Vorstellung von Messung als einem Problem der Wissenssoziologie. Zur Darstellung dieser Konzeption von Messung gibt es mehrere Wege. Sprache und kulturelle Bedeutungen können als Probleme der Wissenssoziologie betrachtet werden, welche die Bedingungen für die genaue Messung in der Soziologie setzen. Sie bleiben relativ unerforschte Medien, wodurch einige Übereinstimmung erreicht wird zwischen irgendeiner Gruppe von Beobachtungsobjekten, einer Gruppe von Messungskategorien und theoretischen Begriffen. Im Kapitel VIII wird eine detailliertere Diskussion von Sprache und kulturellen Bedeutungen, betrachtet als eine weitere Gruppe soziologischer Methoden, vorgelegt. An dieser Stelle möchte ich meine Erörterung auf die mögliche Signifikanz der Hypothese von Sapir-Whorf für die Betrachtung der Messung als Problem der Wissenssoziologie beschränken.

Der zentrale Gedanke der Hypothese von Sapir-Whorf ist der, daß die Sprache nicht einfach als ein Instrument zum Beschreiben von Erfahrung funktioniert, sondern auch und signifikanter als eine Weise, Erfahrung für ihre Sprecher zu definieren. Sapir sagt zum Beispiel (1931 : 578):
»Die Sprache ist nicht bloß eine mehr oder weniger systematische Inventur der verschiedenen Erfahrungselemente, die für das Individuum relevant scheinen, wie es so oft naiv angenommen wird, sondern sie ist auch eine in sich abgeschlossene, kreative symbolische

Organisation, die sich nicht nur auf weithin ohne ihre Hilfe erworbene Erfahrung bezieht, sondern aktuell Erfahrung für uns definiert wegen ihrer formalen Vollständigkeit und wegen unserer unbewußten Projektion ihrer impliziten Erwartungen in den Erfahrungsbereich. In dieser Hinsicht ist die Sprache annähernd so wie ein mathematisches System, welches auch Erfahrung im wahrsten Sinne des Wortes nur in den rohsten Anfängen aufzeichnet, aber im Fortgang zu einem in sich abgeschlossenen Begriffssystem entwickelt wird, welches jede mögliche Erfahrung in Übereinstimmung mit bestimmten akzeptierten Einschränkungen voraussieht . . . Wegen des tyrannischen Griffs, den die linguistische Form auf unsere Weltorientierung hat, [werden Bedeutungen] in der Erfahrung kaum als ihr unterstellte entdeckt.«

Whorf entwickelt die gleiche These, wenn er sagt (1952 : 5):

». . . daß das linguistische System (mit anderen Worten die Grammatik jeder Sprache nicht bloß ein Reproduktionsinstrument zum Aussprechen von Ideen ist, sondern eher der Gestalter von Ideen selbst, das Programm und der Führer für die geistige Aktivität des Individuums, für seine Analyse von Eindrücken, für seine Synthese seines geistigen Kapitals . . . Die Natur zerlegen wir nach Grundsätzen, die durch unsere Muttersprache vorgeschrieben sind. Die Kategorien und Typen, die wir von der Welt der Phänomene isolieren, finden wir dort nicht, weil sie jedem Beobachter deutlich vor Augen stehen; im Gegenteil, die Welt erscheint als eine kaleidoskopische Flut von Eindrücken, die durch unseren Kopf organisiert werden muß – und dies bedeutet weitgehend durch das linguistische System in unserem Kopf.«

Aus diesen Äußerungen wird, wenn sie zwingend sind, evident, daß die Sprache in der Totalität der Kultur eine große und signifikante Rolle spielt. Weit entfernt davon, einfach eine Technik der Kommunikation zu sein, ist sie selbst eine Art und Weise, die Perzeptionen ihrer Sprecher zu dirigieren, und sie gibt ihnen habituelle Formen zum Analysieren von Erfahrung in signifikante Kategorien an die Hand.49

Die Hypothese von Sapir-Whorf weist darauf hin, daß wir die Sprache der Messung als eine Derivation unserer Konzeption der physischen Welt und der Natur logischer und mathematischer Systeme betrachten. Derart bieten die Wissenschaft und die wissenschaftliche Methode als Mittel der Beurteilung

49 Harry Hoijer (Hrsg.), *Language in Culture*, Chicago 1954, p. 93–94. Siehe auch B. J. Whorf, *Language, Thought and Reality*, herausgegeben von J. B. Carroll, New York 1956.

und Wissenserlangung über die Welt um uns denen, die ihre Grundsätze akzeptieren, eine Grammatik, die nicht nur ein Reproduktionsinstrument ist zur Beschreibung dessen, was die Welt rings umher ist, sondern die auch unsere Vorstellungen dessen, was die Welt ist, formt, oft unter Ausschluß anderer Weisen, die Welt zu betrachten. Die Sprache mit den kulturellen Bedeutungen, die sie kundtut, deformiert demnach und vernichtet; sie funktioniert als ein Filter oder Gitter für das, was als Wissen in einer gegebenen Epoche angenommen werden wird. Ähnlich haben kulturelle Meinungen über ein zukünftiges Leben, über Ursächlichkeit, Naturereignisse, soziale Ereignisse, biologische Ereignisse, Schönheit, Häßlichkeit, Schmerz, Vergnügen und dergleichen ihre eigene Grammatik, die durch die Sprache ausgedrückt und/oder beeinflußt sein kann.

Warren O. Hagstrom hat auf konkretere Art aufgezeigt, wie die Wissenschaft ein Problem der Wissenssoziologie werden und das, was als Messung gilt, beeinflussen kann.[50] Wenn wir Hagstroms Besorgnis teilen, daß Wissenschaft die Gedanken der Wissenschaftler kontrolliert vermittels der Beeinflussung von Entscheidungen durch Kollegen über solche Dinge wie: welche Probleme der Untersuchung wert erachtet werden, welche Techniken übernommen werden sollten, wie Ereignisse zu messen sind und wie man sie sich vorzustellen hat, wie Resultate berichtet und publiziert werden sollen und welche Resultate und Theorien akzeptierbar sind, dann konstituiert wissenschaftliches Wissen eine Grammatik unter vielen zur Beschreibung und sinnlichen Wahrnehmung der Welt. Aber dies bedeutet auch – wenn man sich entschließt, innerhalb der wissenschaftlichen Gemeinschaft zu operieren –, daß die Art der Wahl, die getroffen werden soll, durch die Arten der Kontrolle, die Hagstrom beschreibt, begrenzt ist. Sozialwissenschaftler, die innerhalb der wissenschaftlichen Gemeinschaft operieren, oder wenigstens jene, die sich mit ihren Zielen und

50 »Social Control in Modern Science«, unveröffentlichte Dissertation, Department of Sociology, University of California, Berkeley, 1963.

Kontrollmethoden identifizieren, können eine andere Gemeinschaft von Gelehrten als unakzeptierbar betrachten und versuchen, sie von der Zugehörigkeit auszuschließen oder ihre Schriften zu diskreditieren. Hier liegt eine Gefahr der Wissenschaft, die viele Autoren (unter anderen Hagstrom) beschrieben haben: die Kontrolle wissenschaftlicher Aktivitäten und wissenschaftlichen Denkens kann bestimmten Arten von Theorien, Methoden und Entdeckungen Grenzen setzen wegen der vorherrschenden Kontrollmethoden und der unvollkommenen Organisation der Wissenschaft als eines sich selbst korrigierenden und offenen Denksystems.

Noch durch eine andere Reihe von Handlungen wird die Messung in der Soziologie durch Wissenschaft und moderne Technologie direkt affiziert. Man bedenke dies: Die Struktur der modernen Gesellschaft reflektiert die Rationalisierung des Alltagslebens mit Hilfe ihrer bürokratischen Institutionen. Die idealisierten Ziele von Effizienz und Rationalität entsprechen der logisch-mathematisch-physikalischen Sicht der Welt; die Registriersysteme und Automationsanlagen moderner Bürokratien geben eine gedrängte Darstellung dieser Ziele. Es ist daher kein Zufall, daß die von den Soziologen benutzten Messungssysteme ihre intensivste Verwendung dort finden, wo sie auf die von den modernen Bürokratien geschaffenen Daten angewandt werden. Eben die Bedingungen für das Ordnen und Darstellen der Daten von sozietalen Aktivitäten größeren Ausmaßes haben in sie die Voraussetzungen eingebaut, welche ein quantitatives Produkt sicherstellen ohne Rücksicht auf die Struktur der sozialen Handlungen, die ursprünglich beobachtet und interpretiert wurden. Die sozialen Bedingungen unserer Zeit liefern den Bürokraten eine Reihe von – vornehmlich durch Überlegungen der Effizienz und Praktikabilität diktierten – Definitionen, um die Erfahrungen ihrer täglichen Arbeitsaktivitäten zu organisieren.

Diese Definitionen stecken auch in konventionellen Messungssystemen, die mit einfachem Vorhandensein oder Nichtvorhandensein beginnen und zu Reellen Zahlen und Verhältnisskalen fortschreiten. Die meisten der Daten, die die Soziologen als »gegeben« erachten, sind daher weitgehend das Produkt bürokratisch organisierter Aktivitäten, zum Beispiel von Volkszählungsämtern, Standesämtern, Straforganen, Wohlfahrtsstellen und Gewerbeaufsichtsämtern. Die vielfältigen Perzeptionen und Interpretationen, die in die Zusammenstellung dieser Daten eingingen, kann der Leser oder Benutzer solchen Materials nie mehr herauslösen. Die quantitativen Merkmale müssen autoritativ akzeptiert werden. Die Tatsache, daß selbst faktische Daten Perzeptionen und Interpretationen unterworfen sind, die variieren können mit der Biographie des Handelnden, mit der Gelegenheit des Berichtens, den expliziten oder impliziten Regeln, die zur Bestimmung des Sinns der kategorisierten Objekte oder Ereignisse verwandt werden, und mit der ausgesprochenen Sprache und den unausgesprochenen Bedeutungen, die für den jeweiligen Beobachter relevant waren, bedeutet, daß dies Variable sind, die bei der Einschätzung der Relevanz und Bedeutung solcher Daten in Betracht gezogen werden müssen. Sogar wenn diese Daten vom Organisationspersonal als »gegeben« benutzt werden – wie zum Beispiel, wenn Schulräte oder Verwalter Testwerte und Klassenzensuren berücksichtigen, wenn sie die Gesamtleistung eines Schülers in der Schule auswerten, als Basis dafür, ihn als geeignet für ein College oder eine Universität zu empfehlen –, geht das signifikante Interesse des Soziologen nicht bloß dahin, welche Korrelationen oder allgemeinen Beziehungen unter den »objektiven« Daten existieren, sondern wie das bürokratische Personal sie interpretierte *und auf sie einwirkte*. Genau die Reihe von Regeln, die zur Interpretation solcher Information verwandt wurde, würde die Signifikanz dieser Daten zur Hervorbringung konzertierten Handelns demonstrieren. Jedwelche aktuellen Korrelationen können Artefakte der auferlegten Quantifizierungsverfahren sein. Die Tatsache, daß bürokratisch organisierte Aktivitäten beständig ein Klassifizierungs- und Ordnungssystem anwenden, welches von zwei-wertiger oder p-wertiger Logik herstammt, bedeutet, daß wir schon ein Messungssystem auferlegt haben, ohne Rücksicht darauf, was solche Daten »bedeuten« könnten, wenn diese Auferlegung unterblieben wäre. In der bündigen Sprache von Coombs: wir sind gefangen in dem »Dilemma« des Sozialwissenschaftlers, der ein strenges Messungssystem auferlegt, selbst wenn er nicht sicher ist, ob es gerechtfertigt ist. Der Forschungssoziologe hat sich – absichtlich oder unabsichtlich – hinter der Fassade einer Reihe von Bedingungen – bürokratischer Organisation – verschanzt, welche sicherstellt, daß quantitative Daten produziert werden. Indem er solche Daten als selbstverständlich gegeben annimmt und sie um ihrer selbst willen schätzt, untergräbt der Soziologe seine Theorien zugunsten von »Genauigkeit«, von der er annimmt, sie folge automatisch und vor allem aus seinem Respekt vor solchen »Daten«. Dies ist ein seltsames Problem für die Wissenssoziologie. Gerade die Merkmale einer säkularisierten Gesellschaft, die Rationalisierung des Alltagslebens, sind Untersuchungsobjekt für den Soziologen geworden, aber auch ein Gefängnis für ihn. Er ist in der sonderbaren Position, die Bedingungen des Alltagslebens zu studieren, aber seine Daten sind das Produkt dieser Bedingungen.

Zusätzlich zur Sprache und zu kulturellen Bedeutungen, zu den Messungssystemen selbst oder den durch die Organisation der modernen Wissenschaft ausgeübten Kontrollen, gibt es noch ein anderes Problem, das viele Soziologen sofort zurückweisen würden. Ich frage mich, ob die Wissenssoziologie selbst von wissenschaftlichen Verfahrensregeln gelenkt wird, oder ob wir sie als eine weitere Art von Ideologie betrachten müssen. Wir können religiöses Dogma und Wissenschaft sowohl als Ideologien wie auch als Wissensverkörperungen betrachten, jede mit ihren eigenen theoretischen Voraussetzungen, Methoden und Gesetzen zur Zulassung von Aussagen in ihren jeweiligen Wissenskörper.[51] Die Probleme der Messung können also aus der Perspektive der Wissenssoziologie betrachtet werden:

51 Für eine Erörterung des Wissenschaftskörpers siehe Felix Kaufmann, *Methodology of the Social Sciences*, New York 1941.

Die Welt der Beobachtungsobjekte ist nicht einfach »dort draußen«, um beschrieben und mit den Messungssystemen der modernen Wissenschaft gemessen zu werden, sondern der Gang historischer Ereignisse und die Ideologien einer gegebenen Epoche können beeinflussen, was »dort draußen« ist und wie diese Objekte und Ereignisse wahrgenommen, beurteilt, beschrieben und gemessen werden sollen.

Der weitere Teil dieses Buches konzentriert sich auf die Probleme der Alltagssprache, auf kulturelle Bedeutungen und die Sprache der Messung beim Ausführen soziologischer Forschung; insbesondere auf die Übereinstimmung zwischen irgendeiner Reihe von Beobachtungsobjekten und theoretischen und Messungskategorien. Indem ich verschiedene Methoden untersuche, umgehe ich das Problem, ob sie bestimmte Ideologien oder Gedankensysteme, die wissenschaftlich oder unwissenschaftlich sind, repräsentieren, und betrachte statt dessen jede Methode als ein pragmatisches Mittel, irgendeine Art von Wissen über die soziale Welt zu erlangen.

II. Theorie und Methode in der Feldforschung

Die Forscher in den Sozialwissenschaften werden mit einem einmaligen Problem konfrontiert; eben die Bedingungen ihrer Forschung konstituieren eine wichtige komplexe Variable für das, was als die Ergebnisse ihrer Erhebungen gilt. Die Feldforschung, die für aktuelle Ziele teilnehmende Beobachtung und Befragung einschließt, ist eine Methode, bei welcher die Aktivitäten des Untersuchers in den erhobenen Daten eine entscheidende Rolle spielen. Dieses Kapitel wird einen Überblick geben über einige Literatur über Feldforschung und wird die Probleme von Theorie und Methode kritisch untersuchen. Bei der Diskussion der Literatur werde ich voraussetzen, daß irgendeine ideale Form von Feldforschung erreichbar ist. Das Verfahren beabsichtigt keine Kritik der Literatur wegen ihrer Mängel, sondern bloß einen erklärenden Entwurf zur Empfehlung einiger in der Sozialforschung ziemlich schwierig durchzusetzender Ideale. Ich hoffe, daß ich jene Art von Grundtheorie aufzeigen kann, die für den Beobachter von Nutzen sein und gleichzeitig in der Feldforschung erprobt werden kann. Auch möchte ich die Aufmerksamkeit auf einige der methodologischen Probleme lenken, die bei Vorschriften für wissenschaftliche Erhebung in der Feldforschung auftauchen, und ich möchte einige vorgeschlagene Lösungen einer Überprüfung unterziehen. Dieses Kapitel wird teilnehmende Beobachtung zum Thema haben; Kapitel III wird sich auf das Interview konzentrieren.

Ein Literaturüberblick

Die Anthropologen, die die Techniken der Feldforschung benutzen, haben eine beträchtliche Menge von Literatur über verschiedene Kulturen zusammengetragen. Trotz der langen

Geschichte der Feldforschung und trotz der vielen Lehrgänge, die in Feldtechniken abgehalten wurden, hat man sich jedoch wenig darum bemüht, die verschiedenen Forschungen zu kodifizieren.

Die Differenz zwischen der Arbeit in der eigenen Gesellschaft und der in einer fremden liefert einen grundlegenden Ausgangspunkt für die Bedingungen, innerhalb derer die Wahrnehmungen und Interpretationen des Beobachters Bedeutung annehmen.

Der Soziologe, der seine Arbeit auf seine eigene Gesellschaft beschränkt, wertet seinen persönlichen Erfahrungshintergrund konstant als eine Wissensbasis. Bei der Aufstellung strukturierter Interviews zieht er sein Wissen über Bedeutungen heran, das er aus der Partizipation an der sozialen Ordnung, die er studiert, gewonnen hat. Er kann von einem Mindestmaß erfolgreicher Kommunikation schon deswegen überzeugt sein, weil er in der gleichen Sprache und dem gleichen symbolischen System handelt wie seine Befragten. Diejenigen aber, die mit strukturierten Techniken in nicht-westlichen Gesellschaften und Sprachen gearbeitet haben, werden die Schwierigkeit bezeugen, auf die sie bei der Anpassung ihrer Deutungen an die üblichen Deutungen der erforschten Gesellschaft stießen, eine Tatsache, die das Ausmaß, in dem der Soziologe fast in seiner ganzen Arbeit ein spezifischer Beobachter ist, gründlich beleuchtet.1

Die Differenzen zwischen der Arbeit in der eigenen Gesellschaft und in irgendeiner anderen können auch zu Differenzen in der anfänglichen Kontaktaufnahme führen. Die Erläuterungen von Benjamin Paul veranschaulichen die Probleme anfänglichen Kontakts:

Es gibt keine Vorschrift, wie der richtige Zugang zu einer neuen Gemeinschaft zu finden ist. Es hängt vom Entwicklungsgrad der Gemeinschaft ab und davon, welches Ausmaß von Vorausinformation der Untersucher bekommen kann. Häufig kann er mit einer Reihe von Einführungen rechnen, die ihn wenigstens an die Schwelle seiner Gruppe führen. Zu dem Zeitpunkt, an dem er ein Provinzzentrum oder einen Handelsposten in der Nähe seines Bestimmungsortes erreicht, hat er wahrscheinlich die Namen der Leute erfahren,

1 Arthur J. Vidich, »Participant Observation and the Collection and Interpretation of Data«, *American Journal of Sociology*, LX (January 1955), 355.

die mit den Eingeborenen Kontakt haben. Hier an der Peripherie kann er Informationsbruchstücke auflesen, die ihm zur Orientierung dienen werden. Der Neuling, der eifrig darauf bedacht ist, die völlige Akzeptierung seitens der Eingeborenen zu erhalten, geht manchmal an regionalen Administratoren vorbei, aus Furcht, seine Rezeption mit einem Vorurteil zu bezahlen. Aber es wird ihm wenig nützen, von den Eingeborenen gut aufgenommen zu werden, nur um dann von höheren Autoritäten behindert zu werden, deren Hauptbeschäftigung es ist, den Bewegungen Fremder zu folgen.

Bei der Durchführung unserer Erhebungen in einer modernen Gemeinschaft oder in einer industriellen Organisation wurde es zweckdienlich und manchmal wesentlich gefunden, die anfänglichen Kontakte mit jenen Leuten zu begründen, die in der Gemeinschaft beherrschenden Einfluß haben. Dies können Männer sein, die einen Status in der Machthierarchie innehaben, oder Menschen in informellen Positionen, die Respekt gebieten. Ihre Billigung des Projekts kann entscheidend sein, und sie können als Mittelsmänner nützlich sein. Dies Verfahren gilt in gleicher Weise in der nicht-okzidentalen Gemeinschaft.[2]

Paul bemerkt, wie wichtig es ist, jene, die beobachtet werden sollen, davon zu überzeugen, daß der Forscher ihnen nicht schaden wird. Jene, die beobachtet werden sollen, können Mitglieder irgendeines entfernten Stammes sein oder Angestellte in einer industriellen Organisation. Der Forscher muß auch vermeiden, irgendeine potentiell wichtige Person geringschätzig zu behandeln, indem er es versäumt, sie um Mitwirkung zu bitten. Wie Paul warnend feststellt, kann dies zur Herstellung von Gerüchten von seiten der beleidigten Parteien führen und dem Forscher beträchtliche Schwierigkeit bringen.

Ein üblicher Punkt, der von den Feldforschern hervorgehoben wird, ist die Notwendigkeit, innerhalb der zu untersuchenden Gruppe eine Rolle anzunehmen. Paul sagt dazu: »Zum Teil bestimmt der Feldforscher seine eigene Rolle; zum Teil wird sie für ihn bestimmt durch die Situation und durch die Anschauungsweise der Eingeborenen. Seine Strategie ist die eines Spielers in einem Spiel. Er kann die genauen Spielbewegungen,

2 Benjamin D. Paul, »Interview Techniques and Field Relationships«, in A. L. Kroeber *et al., Anthropology Today,* Chicago 1953, p. 430–431.

die die andere Seite vollführen wird, nicht voraussagen, aber er antizipiert sie so gut er kann und vollführt seine Bewegungen dementsprechend.«[3] Das Problem, eine Rolle oder verschiedene Rollen innerhalb oder zwischen Gruppen zu bestimmen, wirft die allgemeine Frage auf, was teilnehmende Beobachter tun und welche Rollenarten sie im Verlauf ihrer Forschung entwickeln. Schwartz und Schwartz bieten die folgende Definition:

Für unsere Zwecke definieren wir teilnehmende Beobachtung als einen Prozeß in dem die Anwesenheit des Beobachters in einer sozialen Situation zum Zwecke wissenschaftlicher Erhebung unterhalten wird. Der Beobachter steht in unmittelbarer persönlicher Beziehung zu den Beobachteten, und indem er mit ihnen an ihrem natürlichen Lebensbereich partizipiert, sammelt er Daten. So ist der Beobachter Teil des unter Beobachtung stehenden Kontextes, und er modifiziert nicht nur diesen Kontext, sondern wird auch von ihm beeinflußt.[4]

Eine unmittelbare Konsequenz der Partizipation am Gruppenleben ist, daß der Forscher unvermeidlich aufgefordert wird, bei Arbeitsentscheidungen mitzuwirken, was die Aktivitäten der Gruppe verändern wird. Obgleich viele Forscher den Neuling davor warnen, in der Untersuchungsgruppe »sehr aktiv« zu werden, lassen die praktischen Umstände des Forschungsrahmens dem Beobachter oft keine große Wahl. Häufig ist das Beste, was er tun kann, sorgfältig die Details der Veränderungen, die er beeinflußt hat, aufzuzeichnen und zu versuchen, ihre Konsequenzen für seine Untersuchungsobjekte zu verstehen. Wie vorher angemerkt, können viele Forscher sich so in ihre Partizipation verstricken, daß sie »verkaffern«.[5] Jede Schrift über Feldforschung erwähnt das Problem, in welcher Weise der Forscher von den Eingeborenen definiert wird. Die Bedeutung dieses Punktes rührt offenbar von der Tat-

3 *Ibid.*, p. 431.
4 Morris S. Schwartz und Charlotte Green Schwartz, »Problems in Participant Observation«, *American Journal of Sociology*, LX (January 1955), 344.
5 Eine informative Darstellung vollständiger Partizipation findet der Leser in W. F. Whytes *Street Corner Society*, Chicago 1955, insbesondere im methodologischen Appendix.

sache her, daß die Arten von Aktivitäten, denen der Forscher ausgesetzt ist, mit seinen Beziehungen in der untersuchten Gruppe sich verändern werden. Die meisten Autoren betonen das Thema des von den Eingeborenen »Akzeptiertseins«.

Bald fand ich heraus, daß die Leute ihre eigene Erklärung entwickelten: Ich schriebe ein Buch über Cornerville. Dies könnte als eine allzu vage Erklärung erscheinen, und doch genügte sie. Ich fand heraus, daß meine Akzeptierung im Distrikt weit mehr von den persönlichen Beziehungen, die ich entwickelte, als von allen möglichen Erklärungen, die ich hätte geben können, abhing. Ob es gut war, ein Buch über Cornerville zu schreiben, hing gänzlich von den Meinungen ab, die die Leute über mich persönlich hatten. Wenn ich in Ordnung war, dann war auch mein Projekt in Ordnung; wenn ich nichts taugte, dann konnte keine noch so große Anzahl von Erklärungen sie davon überzeugen, daß das Buch ein guter Gedanke sei.[6]

Die Betonung dessen, daß der teilnehmende Beobachter als »Person« akzeptiert werden müsse, kann in vielen Quellen gefunden werden:

Man wird als teilnehmender Beobachter mehr akzeptiert wegen der Art Person, als die sie man sich aus der Sicht der Feldkontakte erweist, als um der vermeintlichen Art der Forschung wegen. Diejenigen, zu denen man Feldkontakte hat, möchten immer wieder versichert sein, daß der Forschungsarbeiter ein »netter Kerl« ist und man sich darauf verlassen kann, daß er »einen nicht hereinlegen wird« mit dem, was er herausfindet. Das Prinzip der Studie interessiert sie gewöhnlich überhaupt nicht.[7]

Schwartz und Schwartz beziehen ähnliche Standpunkte in der Frage der Gewinnung maximalen Kontakts mit den zu untersuchenden Personen. Eine der Schwierigkeiten, solchem Rat zu folgen, liegt im Fehlen spezifischerer Verfahrensregeln für die Erreichung des Ziels, »akzeptiert zu sein«. Die täglichen Entscheidungen, die die Forscher während der Feldarbeit treffen, etwa darüber, wer eine »gute Person« zu sein scheint, an die man sich wegen bestimmter Information wenden kann, oder wie man sich selbst verhält im Verlauf einer Vielzahl auf-

6 *Ibid.*, p. 300.
7 John P. Dean, »Participant Observation and Interviewing«, in John T. Doby (Hrsg.), *Introduction to Social Research*, Harrisburg, Penn., 1954, p. 233.

tauchender Situationen, die kontinuierlich entstehen, würden
instruktivere Information für den Neuling liefern. Das Problem ist, sein Äußeres und sein Handeln vor anderen darstellen zu können. Die Lösungen, die diese Autoren anbieten, sind
Spezifikationen für Rollenverhalten gegenüber anderen im
Feld. Die folgenden Äußerungen werden diesen Punkt veranschaulichen: »Die Variable im Kontinuum der Rollenaktivität ist der Grad, bis zu dem der Beobachter an der Forschungssituation partizipiert, wobei die Skala sich von ›passiver‹
Partizipation bis zu ›aktiver‹ Partizipation erstreckt.«[8]
Schwartz und Schwartz charakterisieren den »passiven« teilnehmenden Beobachter als jemandem ähnlich, der hinter einem
Schirm beobachtet. Gedacht ist dabei an so wenig Interaktion
mit den Eingeborenen wie möglich, in der Annahme, daß solches Verhalten die Gruppenaktivitäten in geringem Maße beeinflussen und eine natürlichere Beobachtung der Ereignisse
liefern wird. Der »aktive« teilnehmende Beobachter dagegen
schließt sich im wesentlichen der Gruppe, die er untersucht, bis
zu dem Ausmaß an, daß sie ihn nach seinem Empfinden als
Gruppenangehörigen akzeptiert. Häufig bedeutet dies, auf den
Ebenen zu partizipieren, die Schwartz und Schwartz »einfache menschliche Ebene« und »geplante Rollenebene« nennen,
d. h. als Einheimischer *und* als Wissenschaftler. Sie bieten ein
Beispiel für das Versagen dieses doppelten Rollensystems:
». . . wir fanden heraus, daß der Beobachter, ohne sich dessen
seinerzeit bewußt zu werden, dahin tendierte, sich zurückzuziehen, wenn ein Patient zurückhaltend wurde. Ähnlich entdeckte der Forscher, daß auch er weniger effektiv arbeitete,
wenn eine niedrige Moral ein dominanter Aspekt des Abteilungsklimas war.«[9]
Das Problem verschiedener Rollenarten, die übernommen
werden könnten, wurde von Gold mehr formallogisch erörtert: »Buford Junker verwies auf vier theoretisch mögliche
Rollen für Soziologen, die Feldforschung durchführen. Diese

8 Schwartz und Schwartz, *op. cit.*, p. 347.
9 *Ibid.*, p. 350.

reichen vom vollständig Partizipierenden am einen Extrem zum vollständig Beobachtenden am anderen. Zwischen diesen, aber näher dem ersteren, ist der Teilnehmer-als-Beobachter; näher dem letzteren ist der Beobachter-als-Teilnehmer.«[10] Die vier Rollentypen werden wie folgt definiert:

Die wahre Identität und Absicht des vollständig Partizipierenden in der Feldforschung sind jenen, die er beobachtet, nicht bekannt. Er interagiert mit ihnen so natürlich wie möglich in all ihren Lebensbereichen, die ihn interessieren und die für ihn als Situationen, in denen er notwendige tägliche Rollen erfolgreich spielen oder zu spielen lernen kann, erreichbar sind. Er kann zum Beispiel in einer Fabrik arbeiten, um etwas über die Zusammenhänge informeller Gruppen zu erfahren. Nachdem er Akzeptierung, wenigstens als Neuling, erwarb, kann ihm zugestanden werden, nicht nur an Aktivitäten und Verhaltensweisen der Arbeit teilzuhaben, sondern auch am privaten Leben der Arbeiter außerhalb der Fabrik.
Rollenvorspiegelung ist in diesen Aktivitäten ein grundlegendes Thema. Es macht wenig aus, ob der vollständig Partizipierende in einer Fabriksituation aus einem oberen Unterklassenmilieu kommt und vielleicht einige Fabrikerfahrung hat, oder ob er aus einem oberen Mittelklassenmilieu kommt, das von der Fabrikarbeit und den Normen solcher Arbeiter ganz getrennt ist. Was wirklich zählt, ist, daß er weiß, daß er vorgibt, ein Kollege zu sein. Ich möchte damit behaupten, daß der entscheidende Wert, was das Forschungsergebnis betrifft, mehr in der Selbstorientierung des vollständig Partizipierenden liegt als in seinem oberflächlichen Rollenverhalten, wenn er seine Studie beginnt.[11]

Die Studie von White veranschaulicht Golds Kernpunkt, weil er mehrere Vorkommnisse beschreibt, in denen seine soziale Mittelklassenherkunft sich radikal unterschied von der der Gruppe, die er untersuchte. So mußte er zum Beispiel seinen Hut abnehmen, wenn nur Männer anwesend waren; in einem anderen Fall ging es um die Regeln des Geldverleihs an Mitglieder der Bande. In beiden Situationen, und in zahlreichen anderen, halfen ihm Rollenvorspiegelung und ein sehr wichtiger Schlüsselinformant. Gold beschreibt die anderen drei Rollen so:

10 Raymond l. Gold, »Roles in Sociological Field Observations«, *Social Forces*, 36 (März 1958), 217.
11 *Ibid.*, p. 219.

Obwohl sie der Rolle eines vollständig Beobachtenden grundlegend ähnlich ist, unterscheidet sich die Rolle des Teilnehmenden-als-Beobachter signifikant darin, daß sowohl der Feldforscher als auch der Informant sich dessen bewußt sind, daß sie eine Feldbeziehung zueinander haben. Diese wechselseitige Bewußtheit läßt Probleme der Rollenvorspiegelung gering werden; dennoch führt die Rolle zahlreiche Gelegenheiten mit sich, Fehler und Dilemmas abzufächern, die für den vollständig Partizipierenden typische Belastungen sind.

Am häufigsten wird diese Rolle wahrscheinlich in Gemeinschaftsstudien gebraucht, bei denen ein Beobachter nach und nach Beziehungen zu Informanten entwickelt und es angemessen ist, mehr Zeit und Energie auf das Partizipieren als auf das Beobachten zu verwenden. Zuweilen beobachtet er informell – zum Beispiel, wenn er Parties beiwohnt ...

Die Rolle des Beobachtenden-als-Teilnehmenden wird gebraucht in Studien, die Interviews mit einmaligem Besuch in sich schließen. Sie fordert relativ mehr formale Beobachtung als entweder informale Beobachtung oder Partizipation irgendeiner Art. Sie birgt auch ein kleineres Risiko »zu verkaffern« als die Rolle des vollständig Partizipierenden wie auch die des Partizipierenden-als-Beobachter. Weil jedoch der Kontakt des Beobachtenden-als-Partizipierenden mit einem Informanten sehr kurz und vielleicht oberflächlich ist, neigt er eher als die anderen beiden dazu, den Informanten falsch zu verstehen und von ihm falsch verstanden zu werden ...

Die Rolle des vollständig Beobachtenden entfernt einen Feldforscher gänzlich von sozialer Interaktion mit Informanten. Hier versucht der Feldforscher, Menschen in Bereichen zu beobachten, in denen es unnötig für sie ist, ihn in Betracht zu ziehen, weil sie nicht wissen, daß er sie beobachtet oder daß sie ihm in irgendeiner Hinsicht als Informanten dienen. Von den vier Feldforschungsrollen ist diese allein fast niemals die dominierende. Manchmal wird sie als eine der untergeordneten Rollen gebraucht, um die dominierenden zu vervollständigen.12

Die verschiedenen beschriebenen Rollen können in Beziehung gebracht werden zu der Wichtigkeit, die Beschaffenheit der Gruppenerfahrungen zu erlernen. Intensivere Partizipation hat den Vorteil, den Beobachter in höherem Maße sowohl der Routine als auch den ungewöhnlichen Aktivitäten der untersuchten Gruppe auszusetzen. Es besteht die Annahme, daß, je intensiver die Partizipation, desto »reicher« die Daten auf

12 *Ibid.*, p. 221.

der einen Seite, und desto größer auf der anderen Seite die
Gefahr zu »verkaffern« und – als Konsequenz der Übernahme
der Art und Weise, in der die Gruppe die Umwelt wahrnimmt
und interpretiert – ein Blindwerden gegenüber vielen Punkten
von wissenschaftlicher Bedeutung. Die Lösung, die nach meinem Dafürhalten aus der Literatur hervorgeht, ist eine von
Marginalität, d. h., daß man sich der gespielten Rollen genau
bewußt ist und für Gelegenheiten sorgt, »die Bühne zu verlassen«, um periodisch zu überprüfen, was geschehen ist und
wohin die Forschung sich bewegt. Bis hierher ist sich der Leser
vermutlich der Schwierigkeiten bewußt, die die Aufstellung
einer Reihe klarer Verfahrensregeln für die Arbeit in der Feldforschung mit sich bringt. Die analytische Beschreibung formaler Rollen bietet dem Forscher einen Leitfaden und eine
Reihe von Kategorien zur Auswertung seiner Arbeit. Die
aktuellen konkreten Rollen, die er wählen wird, müssen augenfällig mit dem Forschungsrahmen variieren. Bestimmte
Informationsarten werden Forschern, die zu sehr am Rande
der Alltagsarbeiten der untersuchten Gruppe verbleiben, nicht
zugänglich sein. Intensive Partizipierung kann die Überprüfung der Hypothese sehr schwierig machen, aber sie kann hilfreich dabei sein, die Sprache der untersuchten Gruppe, die
Deutungen, die von der Gruppe gegeben werden, wenn Fremde
da sind, aufzudecken. So können Partizipierung und Interviewen im Feld schwierig sein, unabhängig davon, ob man in
seiner eigenen Gesellschaft oder in einer fremden arbeitet.
Dies Problem wirft viele andere auf. Eines der entscheidend-
sten und dasjenige, mit dem wir unsere Literaturübersicht
beenden werden, ist das der Schlußfolgerung und des Beweises
in der Feldforschung.
Die Aufnahme von Information und die Überprüfung von
Fingerzeigen und Winken während intensiver partizipierender
Beobachtung ist eine schwere und zeitraubende Arbeit. Die
Gruppenaktivitäten lassen das Aufzeichnen von Ereignissen
manchmal erst zu, wenn seit der Beobachtung schon eine beträchtliche Zeit verstrichen ist. Wenn die wahre Identität des

Forschers der Gruppe nicht bekannt ist, kann er es für notwendig erachten, irgendeine andere akzeptierbare Beschäftigung auszuüben oder andere Aktivitäten zum Zwecke der Informationsaufnahme zu beginnen. Solche Bedingungen belasten offenkundig den Hypothesentest, denn viele der beobachteten Aktivitäten mögen nur im Prozeß der Beobachtung bekannt werden. Um die Hypothesen zu testen, würde der Forscher einen ziemlich extensiven theoretischen Rahmen und detaillierten Plan benötigen. Es ist jedoch selbst während intensiver Partizipation möglich, Versuchspersonen in eine Unterhaltung über die für den Hypothesentest relevanten Gegenstände zu verwickeln. Das größte Problem, das es hier zu überwinden gilt, ist das des Zeitintervalls zwischen Beobachtung und Aufzeichnung. Folgende Äußerungen von Schwartz und Schwartz sind instruktiv:

Was in dem Zeitintervall zwischen dem Ereignis und seiner endgültigen Aufzeichnung geschieht, ist von höchster Bedeutung. In retrospektiver Beobachtung schafft der Untersucher das soziale Feld in seiner Vorstellung neu oder versucht es neu zu erschaffen in all seinen Dimensionen auf einer perzeptualen und emotionalen Ebene. Er übernimmt die Rolle aller anderen Menschen in der Situation und versucht, in sich die Gefühle, Gedanken und Handlungsweisen zu erwecken, die sie zu der Zeit, als das Ereignis stattfand, hervorbrachten ... Was geschieht, ist eine Art von Neuschaffung der Darbietung des anfänglich beobachteten Phänomens ... In dieser Neuschaffung können die vorhergehenden Daten unverändert aufrechterhalten werden; sie können ergänzt oder verändert werden; signifikante Aspekte des Ereignisses können zum Vorschein kommen, die vorher übergangen wurden; und Verbindungen zwischen Segmenten des Ereignisses und zwischen diesem Ereignis und anderen können sichtbar werden, die vorher nicht erkannt wurden.[13]

Retrospektive Beobachtung macht den Hypothesentest ante factum unmöglich. Aber ein grundlegendes Erfordernis wird in dem obigen Zitat nicht erwähnt, welches retrospektive Beobachtung demgemäß als eine Notwendigkeit in der Feldforschung erscheinen läßt: Die Autoren nehmen nicht an, daß eine Theorie verfügbar sein könnte, die sie darüber informiert,

13 Schwartz und Schwartz, *op. cit.*, p. 345–346.

welche Objekte beobachtet werden sollten, und über die Bedingungen, die den Beobachtungen an zeitlich verschiedenen Punkten zugrunde liegen. Ohne einige vorgängige explizite Annahmen über die Natur einer jeden Gruppen und die sorgfältige Protokollierung von Ereignissen während ihres Ablaufs läuft man Gefahr, wegen der Retrospektion Veränderungen infolge der Übernahme des Gruppenstandpunkts nicht als Veränderungen zu behandeln. Vidich beschreibt dieses Problem genau:

Der Partizipierende, der als Beobachter Veränderung studiert, muß daher eine Perspektive außerhalb und unabhängig von der Veränderung aufrechterhalten. Nicht-Verwicklung hilft, die Änderung von Gedächtnisstrukturen zu verhindern, und erlaubt dem Beobachter, kumulative Veränderungen zu sehen.

Um sein Gedächtnis aufzufrischen, kann sich der partizipierende Beobachter seinen Aufzeichnungen zuwenden, aber wenn sich seine Perspektive im Laufe der Zeit geändert hat, mag er frühe Notizen und Eindrücke außer acht lassen oder nur teilweise mitzählen zugunsten der später gewonnenen. Feldnotizen aus zwei verschiedenen Perioden in einem Projekt können tatsächlich eines der wichtigeren Mittel sein zur Untersuchung von Veränderung. Was statt dessen wahrscheinlich geschieht, ist, daß der Feldarbeiter dadurch Veränderung verbirgt, daß er seine Daten behandelt, als ob alles zur gleichen Zeit geschehen sei. Dies läuft auf eine Beschreibung aus einer einzigen Perspektive hinaus, gewöhnlich der, die unmittelbar vorm Verlassen des Feldes eingenommen wurde, aber durch das Wiederlesen der Notizen neu bestimmt ist.[14]

Die Verknüpfung von Nicht-Verwicklung mit dem Studium der Veränderung und vermutlich dem Prüfen von Hypothesen wirft uns zurück auf das Dilemma der »Reichhaltigkeit« als etwas, das durch intensive Partizipierung offenbart wird, oder der »Objektivität« als etwas, das durch Nicht-Verwicklung erlangt wird. Eine mögliche Lösung könnte es sein, während des ersten Teils der Forschung intensiv zu partizipieren und die notwendigen Details für den Hypothesentest genau aufzuzeichnen und dann spätere Ereignisse, die hier zum Teil als Wiederkehr vergangener Ereignisse angenommen werden, als Basis für das Prüfen von Hypothesen zu benutzen. Die

14 Vidich, op. cit., p. 360.

entscheidende Frage ist hier die, ob der Beobachter in der Lage sein würde, sich für die späteren Beobachtungen loszulösen, und ob seine Verwicklung ihn daran hindern würde, die für den Hypothesentest notwendigen Beobachtungen zu machen. Wenn die Rolle des Beobachters angemessen strukturiert ist, dann könnte er formale Interviews zu irgendeinem späteren Datum durchführen. Die Forschungsbedingungen, die im Feld entstehen, erlauben solche vorgeschlagenen Lösungen nicht immer. Eine irgendwie ähnliche Lösung würde notwendig sein, wenn wir die für das Testen von Hypothesen benötigte Formalisationsebene erreichen sollen. In einem Versuch, die notwendige Formalisierung zu klären, gab Howard S. Becker einigen dieser Probleme Ausdruck:

Gewöhnlich benutzen die Soziologen diese Methode [partizipierende Beobachtung], wenn sie besonders daran interessiert sind, eher eine bestimmte Organisation oder ein substantielles Problem zu verstehen, als Relationen zwischen abstrakt definierten Variablen aufzuzeigen. Sie versuchen ihre Forschung theoretisch bedeutungsvoll zu machen, aber sie nehmen an, daß sie über die Organisation *a priori* nicht genug wissen, um relevante Probleme und Hypothesen zu identifizieren, und daß sie diese im Laufe der Forschung entdecken müssen. Obwohl partizipierende Beobachtung dazu benutzt werden kann, *apriorische* Hypothesen zu testen, . . . geschieht dies gewöhnlich nicht. Meine Erörterung bezieht sich auf die Art von Untersuchung mittels partizipierender Beobachtung, welche Hypothesen sowohl zu entdecken als auch zu testen sucht.15

Becker stellt vier Stufen in der partizipierenden Beobachtung fest: (1) die Auswahl von Problemen, Begriffen und Indizes und ihre Definition; (2) irgendeine Schätzung der Häufigkeit und Verteilung der Phänomene, die zu untersuchen sind; (3) die Verbindung individueller Ergebnisse mit einem Modell der Organisation, die untersucht wird; und (4) Probleme der Schlußfolgerung und des Beweises.

Auf der ersten Stufe werden Entscheidungen über Probleme, Begriffe und Indikatoren getroffen. Becker unterscheidet drei

15 Howard S. Becker, »Problems of Inference and Proof in Participant Observation«, *American Sociological Review*, 23 (Dezember 1958), 652–653.

Tests, die zur Prüfung von Evidenzkriterien angewandt werden. Der erste ist die »Glaubwürdigkeit von Informanten«; er prüft, ob der Informant Grund hat, zu lügen, Information zu verheimlichen oder seine Rolle in dem Ereignis oder seine Haltung ihm gegenüber falsch anzugeben, und ob der Informant tatsächlich dem Ereignis beiwohnte oder seine Beschreibung auf andere Informationskanäle stützt. Kurz gesagt, wichtig ist die Perspektive des Handelnden. Ein zweiter Test wird »unaufgeforderte oder befohlene Angaben« genannt. Er fragt nach der Spontaneität der Antworten, ob sie gegeben werden, um mit den Interessen des Beobachters übereinzustimmen, und in welchem Ausmaß die Anwesenheit oder die Fragen des Beobachters die Äußerungen des Befragten beeinflußt haben. Der dritte Test, »die Gleichung Beobachter-Informant-Gruppe«, zieht die Rolle des Beobachters in der Gruppe in Betracht – ob er seine Forschung inkognito ausführt oder als ein intensiv Partizipierender – und wie dies das, was er als Beobachter sehen und hören wird, beeinflussen könnte.

Auf der zweiten Stufe bestimmt der Forscher die Häufigkeit und Verteilung von Daten, die zu Problemen, Begriffen und Indikatoren in Beziehung stehen, und determiniert, was Evidenz konstituieren wird. Er versucht, das Typische seiner Beobachtungen, ihre Häufigkeit und Bedeutung in der untersuchten Gruppe nachzuweisen. Quantitative Erfassungen der Organisation sind auf dieser Stufe möglich.

Die dritte Stufe integriert die verschiedenen Ergebnisse in ein verallgemeinertes Modell der zur Untersuchung stehenden Ereignisse. Becker bemerkt, daß der Beobachter auf dieser Stufe ein Modell sucht, das zu den Daten, die er gewonnen hat, am besten paßt.[16]

Auf der vierten Stufe überprüft der Beobachter das Modell und gestaltet es, wo es notwendig ist, in Übereinstimmung mit seinen Daten. Hier muß er sich entscheiden, wie er seine Ergebnisse vorlegen will. Wie Becker anmerkt, ist das Problem der Datenvorlegung nach der Feldforschung für die Sozial-

16 *Ibid.*, p. 657.

wissenschaftler seit langem beschwerlich gewesen. Er schlägt folgende Lösung vor: Man lege eine Beschreibung der natürlichen Geschichte der Konklusionen vor, die es dem Leser erlaubt, der Evidenz, wie sie dem Beobachter im Laufe der Forschung aufgegangen ist, zu folgen, und wie das in Untersuchung stehende Problem konzipiert und mit der Zeit neu konzipiert wurde. Die Vorstellung einer »natürlichen Geschichte« bedeutet nicht, daß alle Daten, sondern daß die allgemeinen Arten von Daten, die während jeder Stufe der Forschung gewonnen wurden, mitgeteilt werden. Signifikante Abweichungen in den Daten und ihre Übereinstimmung mit den benutzten theoretischen Konzeptionen würden enthalten sein. Der entscheidende Punkt in Beckers Vorschlägen liegt darin, dem Leser die Möglichkeit zu geben, die Details der Analyse zu kontrollieren und ihm die Gelegenheit einzuräumen, die Basis für jede erzielte Konklusion zu überprüfen.[17]

Es gibt drei untereinander zusammenhängende Hauptpunkte, die nach meinem Dafürhalten zum Abschluß dieses Abschnitts betont werden müssen. Der erste ist die Bedeutung der direkten Verknüpfung der Probleme, denen man in der Feldforschung begegnet, mit der Darstellung der Ergebnisse. Ein solches Verfahren erlaubt dem Leser zu erkennen, welche Probleme das Sammeln welcher Information umgaben und wie sie die Konklusionen über die einzelnen Ergebnisse beeinflußten. Der zweite ist der augenfällige Mangel an Äußerungen derjenigen, die über Feldforschung geschrieben haben, bezüglich der Bedeutung von theoretischen Voraussetzungen, die explizit *vor dem* Sich-Einlassen in die Feldforschung gemacht werden, und der Tatsache, daß gerade der Prozeß erfolgreicher Feldforschung die grundlegenden theoretischen Begriffe und den sozialen Prozeß beziehungsweise die substantiellen Theorien testet, an deren Erklärung und Vorhersage wir interessiert sind. Der dritte Punkt folgt aus dem zweiten, insofern er sich auf das Problem bezieht, was die Bedingungen für das Testen von Hypothesen in der Feldforschung konstituiert. Diese drei

17 *Ibid.*, p. 660.

Punkte werden in den übrigen Abschnitten dieses Kapitels erörtert werden.

Methodologische Probleme und »objektive« Daten

Die Probleme, denen man bei der Beobachtung, Interpretation, Aufzeichnung und Bestimmung der Tragweite von Daten für eine relevante Theorie begegnet, erheben sich in der Feldforschung, weil der Beobachter Teil des Handlungsfeldes ist. Ein entscheidendes methodologisches Problem, das hier auftaucht, ist eine Konsequenz der Differenz zwischen physikalischer Realität, wie sie von dem Naturwissenschaftler beschrieben wird, und sozialer Realität, wie sie vom Sozialwissenschaftler beschrieben wird. Schütz bestimmt diese Differenz im folgenden Passus:

Diese Sachlage hat ihren Grund in der Tatsache, daß ein wesentlicher Unterschied besteht zwischen der Struktur der gedachten Objekte oder geistigen Konstrukte, die von den Sozialwissenschaften, und jenen, die von den Naturwissenschaften hervorgebracht werden. Dem Naturwissenschaftler, und ihm allein, kommt es zu, in Übereinstimmung mit den Verfahrensregeln seiner Wissenschaft sein Beobachtungsfeld zu bestimmen und die Tatsachen, Daten und Ereignisse in ihm, die für seine Probleme oder vorgegebene wissenschaftliche Zwecke relevant sind, zu determinieren. Diese Fakten und Ereignisse sind weder vorab ausgewählt, noch ist das Beobachtungsfeld im voraus interpretiert. Die Welt der Natur, wie sie von den Naturwissenschaftlern erforscht wird, »bedeutet« für die Moleküle, Atome und Elektronen in ihr nichts. Das Beobachtungsfeld des Sozialwissenschaftlers jedoch, nämlich die soziale Realität, hat für die menschlichen Wesen, die in ihr leben, agieren und denken, eine spezifische Bedeutungs- und Relevanzstruktur. Durch eine Reihe von Common-sense-Konstrukten haben sie diese Welt, die sie als die Realität ihres täglichen Lebens erfahren, vorab ausgewählt und vorab interpretiert. Diese ihre gedachten Objekte sind es, die ihr Verhalten determinieren, indem sie es motivieren. Die gedachten Objekte, die von den Sozialwissenschaftlern konstruiert werden, um diese soziale Welt zu fassen, müssen auf den gedachten Objekten beruhen, die vom Common-sense-Denken der Menschen, die ihr tägliches Leben in ihrer sozialen Welt leben, konstruiert werden.18

18 Alfred Schütz, »Concepts and Theory Formation in The Social Sciences«, *Journal of Philosophy*, LI (April 1954), 266–267.

Wenn der Beobachter nicht Teil des Handlungsfeldes ist, sondern bloß ein »gleichgültiger« Wissenschaftler, dann fordert, wie Schütz anmerkt, das kognitive Interesse des Wissenschaftlers, daß er seine persönliche biographische Situation durch eine wissenschaftliche Situation ersetzt.[19] Der Sozialwissenschaftler muß die Bedeutung der Taten des Handelnden gleichzeitig erfassen und gegenüber dem Handelnden und der Aktionsszene ein gleichgültiges Verhalten beibehalten. Es gibt kein Ineinandergreifen von Motiven, die seine Beziehung zu dem Handelnden oder den Handelnden der Aktionsszene, die er beobachtet, beherrschen. Dieser Punkt unterstreicht die Ansicht von Schütz, daß der Sozialwissenschaftler achten muß auf die Bedeutungsstrukturen, die von den Handelnden der Szene, die er beobachten und beschreiben will, verwandt werden, während er gleichzeitig solche Bedeutungsstrukturen in Konstrukte übersetzt, die mit seinen theoretischen Interessen konsistent sind. Dem Naturwissenschaftler stellt sich dieses Problem nicht. Wir haben aber die ideale Situation eines sorgfältig geplanten Experiments oder einer Beobachtungssituation erörtert, die die Partizipation des Beobachters im Aktionsfeld nicht erfordert. Wie affiziert diese komplizierte Situation den Beobachter, der Teil des Aktionsfeldes ist?

Bevor wir den Versuch machen können, uns dieser Frage zuzuwenden, muß noch eine grundlegendere erwähnt werden: ». . . die Erforschung der allgemeinen Prinzipien, nach denen der Mensch im täglichen Leben seine Erfahrungen organisiert und besonders jene der sozialen Welt«.[20]

Der Beobachter als Teil des Aktionsfeldes bringt ein System von Bedeutungs- und Relevanzstrukturen mit sich, das seine Interpretation von jedwelcher in seinem Gesichtsfeld befind-

19 *Ibid.*, p. 270.
20 *Ibid.*, p. 267. Für weitere Details über diesen Punkt siehe Alfred Schütz, »The Problem of Rationality in the Social World«, *Economica*, 10 (1943), 130–149; »On Multiple Realities«, *Philosophy and Phenomenological Research*, 5 (1945), 533–575; »Common-Sense and Scientific Interpretation of Human Action«, *ibid.*, 14 (1953), 1–38; Harold Garfinkel, »The Rational Properties of Scientific and Common-Sense Activities«, *Behavioral Science*, 5 (Januar 1960), 72–83.

lichen Objektumwelt bestimmt. Unter solchen Bedingungen stellen sich ihm folgende Probleme:

1. Er muß die Handlungen seiner Versuchspersonen (oder ihre Berichte über ihre Handlungen) gemäß den Relevanzstrukturen des Alltagslebens interpretieren. Sein Modell des Handelnden, die typischen Handlungsmuster, mit denen er seinen Handelnden ausstattet, müssen mit den beobachteten Ereignissen (oder denen, die ihm von dem Handelnden erzählt wurden) koordiniert werden.[21]

2. Er muß eine theoretische Perspektive, die die Relevanzstrukturen des Handelnden in Betracht zieht, aufrechterhalten, und gleichzeitig ein separates System von Relevanzen unterhalten, die es ihm erlauben, mit dem Handelnden zu interagieren. Dies bedeutet, daß der Beobachter ein System von Motiven unterhält, die es ihm gestatten, eine Sequenz von interpersonellen Aktionen durchzuführen.

3. Doch der Beobachter, wie Schütz bemerkt, »kann niemals als ein Teilhaber in einem Interaktionsmuster mit einem der Handelnden die soziale Szene betreten, ohne zumindest zeitweilig seine wissenschaftliche Stellung aufzugeben. Der teilnehmende Beobachter oder Feldforscher verwirklicht den Kontakt mit der untersuchten Gruppe als ein Mensch unter Mitmenschen; nur sein Relevanzsystem, welches als das Schema seiner Selektion und Interpretation dient, wird durch die wissenschaftliche Haltung determiniert, zeitweilig fallengelassen, um wieder eingenommen zu werden.«[22]

So muß unser Beobachter als Teil des Aktionsfeldes (a) irgendein Modell des Handelnden haben, das die Bedeutungsstrukturen des Handelnden als Teil seiner Theorie sozialer Ordnung enthält; (b) eine Reihe von Verfahrensregeln[23] anwenden, die mit den theoretischen Konstrukten seines Modells konsistent sind; (c) sein Wissen über seine eigene Alltagserfahrung (die

21 Schütz, »Common-Sense and Scientific Interpretation . . .«, op. cit., p. 31.
22 Ibid.
23 Eine Erörterung der Verfahrensregeln gibt Felix Kaufmann, Methodology of the Social Sciences, New York 1941.

ihm vermutlich die Basis für sein Modell geliefert hat) und die des Handelnden benutzen, um sich in interpersonelle Handlungen, die für das Sammeln seiner Daten notwendig sind, einzulassen; (d) zeitweilig seinen Gebrauch wissenschaftlicher Rationalitäten fallenlassen, jedoch die wissenschaftliche Haltung aufrechterhalten, wenn er die Handlungen des Handelnden beschreibt (oder die Handlungen, die von dem Handelnden beschrieben wurden).

Wie aber behält der Beobachter diese beiden verschiedenen Perspektiven? Nach Schütz muß der Beobachter die Commonsense-Konstrukte des Alltagslebens, mit deren Hilfe der Handelnde seine Umwelt interpretiert, irgendwie in den Griff bekommen. Der Feldforscher kann nicht anfangen, ein soziales Ereignis zu beschreiben, ohne irgendeine Spezifikation seiner wissenschaftlichen Theorie, d. h. seiner Theorie der Objekte, seines Modells des Handelnden oder der Art der vorausgesetzten sozialen Ordnung. Anders vorzugehen würde zu einem schwierigen theoretischen und methodologischen Problem führen; wie nämlich würde er wissen, ob die Beschreibung des Beobachters einer Aktionsszene auf den Commonsense-Konstrukten basierte, die der Beobachter bei der Partizipation in dieser Szene benutzte, oder ob seine Beschreibung auf irgendeiner Theorie basierte, die wissenschaftliche Konstrukte verwendet? Harold Garfinkel nennt dies das Problem, »die Gesellschaft von innen her zu sehen«.[24]

Wenn der Beobachter dieses Problem nicht angeht, kann er nicht gewährleisten, daß seine Ergebnisse auf wissenschaftlichen Grundlagen beruhen. Statt dessen gibt er sich der Kritik preis, daß seine Ergebnisse nicht notwendig überhaupt verschieden sind von jenen eines Laienspielers in der Gesellschaft. Die Aussage, man wolle den Standpunkt des Handeln-

24 Dieser Punkt wurde in einer auf dem vierten Weltkongreß für Soziologie in Mailand, Italien 1959, vorgetragenen Arbeit mit dem Titel »Common-Sense Knowledge of Social Structures« erörtert. Ferner wird dieses Thema in einem Aufsatz von Karl Mannheim behandelt: »Beiträge zur Theorie der Weltanschauungs-Interpretation«, in Karl Mannheim, *Wissensoziologie*, Berlin und Neuwied 1964.

den in Betracht ziehen oder, wie Malinowski erklärt, die Kultur durch die Augen ihrer Mitglieder sehen lassen, bedeutet nicht, daß die Evidenzregeln des Handelnden angewandt werden sollen. Die methodologische Sackgasse sollte klar sein; indem er seine Theorie des Handelnden spezifiziert, so bemerkt Schütz, liefert der Beobachter die methodologische Basis für die Etablierung der Regeln für Evidenz, Wissen und korrekten Beweis. Er etabliert die Basis für eine Übereinstimmung zwischen seiner Theorie des Handelnden und den Ereignissen, die er beobachtet und beschreibt. Indem er die Alternative zu den Evidenzregeln des Handelnden sich aneignet, löst er das Problem nicht, wenn er nicht die Eigenschaften solcher Regeln spezifizieren kann. Aber wie bestimmt er die Eigenschaften?

Wenn wir die Behauptung akzeptieren, daß es die erste Aufgabe des Soziologen ist, die Regeln, die vom Handelnden zur Handhabung seiner täglichen Angelegenheiten verwandt werden, zu entdecken, kann der Leser wohl folgende Frage aufwerfen: Bedeutet dies, daß wir uns nicht in Sozialforschung einlassen können, bis diese Aufgabe erfüllt worden ist? Die Antwort ist ein qualifiziertes »ja«. Die Tatsache, daß Forscher jeden Tag dennoch Forschungen durchführen, ist keine genügende Evidenz für die Einnahme der Position, die Durchführung einer Reihe von logischen und empirischen Operationen konstituiere signifikante Forschung. Die angewandten Verfahrensregeln müssen untersucht werden. Partizipierende Beobachtung, unstrukturiertes und strukturiertes Interviewen und Fragebogenerhebungen setzen gewöhnlich eine Gemeinschaft zwischen Handelnden und Beobachter voraus, was den Gebrauch von Common-sense-Konstrukten erforderlich macht. Obwohl die Existenz solcher Regeln oder Konstrukte uneingestanden bleiben mag, sind sie nichtsdestoweniger Variable in der Durchführung des Forschungsprojektes. Aus dem Vorangegangenen geht hervor:

1. Selbst wenn die Interpretationsregeln des Common-sense, wie sie im Alltagsleben angewandt werden, dem Forscher nicht bekannt sind, kann er dadurch, daß er sich ihrer Existenz

bewußt ist, und durch den Versuch, ihre Eigenschaften und ihren Einfluß in seiner Forschung zu untersuchen, zu seinem besonderen Projekt, zur allgemeinen Theorie und Methodologie in der Soziologie einen Beitrag liefern.

2. Durch die Untersuchung der Basis für den Zugang zu einer Forschungssituation, für die erforderten Handlungen, die Art von Gedanken, die von Versuchspersonen hervorgebracht werden, wenn sie über ihre Aktivitäten befragt werden, und die Verfahrensregeln, die sie selbst als Beobachter anwenden, können die Forscher gleichzeitig einen gegebenen Problembereich untersuchen und auf die Natur von Konstrukten des Common-sense einiges Licht werfen.

3. Die Spezifizierung der unausgesprochenen Details unstrukturierter Fragen, der Auswahlfragebogen mit vorgegebenen Antworten und gelegentlicher Unterhaltungen, welche die vom Beobachter »Daten« genannte Information hervorlocken, wird eine Basis für das Verstehen der Elemente von Konstrukten des Common-sense.

4. Das Wissen um die Schritte, die zur Sicherstellung von Daten benutzt werden, ist für den Forscher nicht neu, aber in der sozialwissenschaftlichen Forschung erhält man die Information über solche Schritte erst lange, nachdem eine der wichtigsten Ereignisabfolgen stattgehabt hat; nämlich die soziale Beziehung, die notwendig ist, um irgendeine Art von Gemeinschaft zwischen Handelndem und Beobachter zu etablieren.

Die Anthropologen haben die Bedeutung dieses Punktes längst aufgezeigt. Die anthropologischen Feldberichte offenbaren sehr wenig über die anfänglichen Erfahrungen oder über die Verfahren, die zur Bestimmung der Bedeutung eines gegebenen Ereignisses benutzt wurden. Eine nähere Prüfung solcher Aktivitäten könnte wohl offenbaren, daß sich der Forscher, selbst wenn er eine ganz fremde Kultur untersucht, beträchtlich auf seine Erfahrungen in seiner eigenen Kultur verläßt, um den Sinn der Ereignisse, deren Zeuge er ist, zu bestimmen. Wenige aber berichten detailliert über das Wie ihres Eintritts in die Forschungssituation, geschweige denn darüber, wie sie ihre Arbeit durchführen und schließlich beenden. Eine der informativsten neueren Studien ist eine Monographie von Dalton.[25] Sein methodologischer Appendix ist, obwohl er die reichen Details, auf die er sich offenbar stützt, vermissen läßt, einer der aufschlußreichsten, weil er die Arten sozialer Beziehungen in Betracht zieht, die jenen vergleichbar wären, in die ein Anthropologe im Feld verstrickt sein könnte, und vergleichbar den Felderfahrungen bestimmter Soziologen oder Politikwissenschaftler. Die Überprüfung der von den Forschern bei der Erhebung ihrer Daten aufgedeckten Probleme würde demonstrieren, daß die soeben aufgeworfenen Fragen übersehen wurden oder daß ihnen geringe Aufmerksamkeit geschenkt wurde. Der springende Punkt ist, daß die Forscher lieber die herkömmlichen Erklärungen abgeben über die Gestaltung »objektiver« Beobachtungen und die Natur des angesprochenen »wissenschaftlichen« Problems, als daß sie solche Bedingungen als problematisch anerkennen. Nur gelegentlich findet man Hinweise auf die bei der Erhebung der Daten angewandten Verfahren.

Was die Sozialwissenschaftler mit allen Forschungsarten einschließlich partizipierender Beobachtung gemacht haben, ist eine solche Prämiierung von »Objektivität«, daß die Bedingungen des gegenwärtigen Forschungsstandes in den Sozialwissenschaften nicht nach ihrem theoretischen und methodologischen Potential erforscht sind, sondern als Vehikel zur Erhebung substantieller Daten. Die Sorge um substantielle Resultate hat die Tatsache in den Schatten gestellt, daß solche Resultate nur so gut sind wie die zugrundeliegende Theorie und die Methoden, die zu ihrer »Auffindung« und Interpretation benutzt wurden. Die aktuelle Forschungssituation, insbesondere im Falle partizipierender Beobachtung und ähnlicher Methoden, bildet eine wichtige Datenquelle, denn sie ist der Vorhersage und Erklärung geradeso unterworfen wie die gesuchten substantiellen Resultate. Wenn man eine Regierungsbehörde untersuchen soll und teilnehmende Beobachtung

25 Melville Dalton, *Men Who Manage*, New York 1959.

zusammen mit extensiven strukturierten und unstrukturierten Interviews verwendet, dann sind die Verschaffung eines Zugangs zu den Versuchspersonen in ihren täglichen Aktivitäten, die Entwicklung der notwendigen sozialen Beziehung mit denjenigen, die interviewt werden sollen, die Einschätzung der Tragweite inoffizieller und offizieller Datenquellen allesamt problematische Grundzüge der Forschungssituation, von deren Untersuchung ein Beitrag erwartet werden kann sowohl für unser Methodologiewissen als auch für die theoretischen Eigenschaften sozialer Organisation. Die Betrachtung der aktuellen Probleme, denen die Forscher in ihren Aktivitäten begegnen, bietet die angemessene Basis für eine Diskussion dessen, daß die Forschungssituation ebenso eine Datenquelle wie auch selbst ein Datum vergleichender Methodologie werden kann.

Theoretische und praktische Überlegungen

Eine große Auswahl wichtiger Probleme wird in Daltons methodologischem Appendix erörtert, was für die Behandlung vorgängiger Äußerungen ähnlicher Art einen umfassenden Ausgangspunkt bietet. Ein Problem, das er aufwirft, ist das der Gestaltung der Forschungssituation. Dalton hält nicht viel von formaler Annäherung an die höheren Autoritäten irgendeiner Organisation, die untersucht werden soll, weil das Management der Forschung Einschränkungen auferlegen könnte. Dieses Problem ist sehr komplex. Die Erörterungen darüber, wie der Zugang zur Forschungssituation am besten zu gewinnen sei, können wie folgt dargelegt werden:
1. Wenn formale Kanäle benutzt werden (wir wollen zunächst annehmen, daß der Forscher überhaupt keinen besonderen Einfluß auf äußere oder innere Gruppen hat), dann besteht die Gefahr, daß die Untersuchung des Forschers eingeschränkt wird oder daß ihm die Möglichkeit, überhaupt zu untersuchen, verweigert werden könnte.

2. Der Gebrauch inoffizieller Kanäle hat den augenfälligen Vorteil, die Erforschung von Bereichen zu gestatten, über die höhere Autoritäten Restriktionen verhängen könnten. Offizielle Kontakte können wertvoll sein (selbst Dalton erklärte, daß sie sich ihm als hilfreich erwiesen hätten), indem sie Anhaltspunkte und Winke geben, die andernfalls verborgen bleiben könnten.

3. Der Gebrauch formaler Kanäle gestattet es dem Leser, den Schritten bei der Eröffnung des Zugangs zu der Forschungssituation zu folgen, aber dies ist ebenso bei einer sorgfältig aufgezeichneten inoffiziellen Annäherung möglich. Die Streitfrage ist wirklich eine ethische. Zu fragen ist: Sollte die Forschung sowohl für die wissenschaftliche Gemeinschaft des Forschers öffentlich sein (unter der Voraussetzung, daß die Anonymität der Versuchspersonen gewahrt bleibt) als auch für die sozietale Gemeinschaft, aus der die Daten gewonnen werden? Die Wissenschaft als ein System von Verfahrensregeln für die Zulassung und Eliminierung von Behauptungen in einem Wissensgebäude[26] ist nicht betroffen, solange der Forscher den von seiner wissenschaftlichen Gemeinschaft akzeptierten Erhebungsvorschriften folgt. Dann scheint es klar zu sein, daß das ethische Problem des Forschers in bezug auf diese besondere Situation von seiner Mitgliedschaft in der Laiengemeinschaft herrührt.

4. Die formalen Restriktionen, die die Autoritäten über die Aktivitäten des Forschers verhängen mögen, können durch ein Forschungsmodell überwunden werden, das die Restriktionen in Rechnung stellt, indem es sie als Variable identifiziert, die als Ergänzung oder Qualifikation der substantiellen behandelt werden müssen.

5. Beim Gebrauch inoffizieller Kanäle kann sich der Forscher auf einen kleinen Kreis von Versuchspersonen verlassen müssen, die nur in beschränktem Rahmen oder nur so informell befragt werden können, daß das Sammeln systematischer Daten, welche das Testen von Hypothesen erlauben würden,

26 Eine Erörterung dieses Punktes gibt Kaufmann, *op. cit.*

ausgeschlossen ist. Diese Beschränkung hat für Forscher, die sich partizipierender Beobachtung verschrieben, bei der Untersuchung komplexer Organisationen zu einer ziemlich großen Anzahl von »Voruntersuchungen« geführt. Die aus solchen Studien beigebrachten Daten bleiben impressionistisch. Für viele Soziologen sind die Begriffe »impressionistische Daten« und »partizipierende Beobachtung« synonym geworden. Dalton benutzte tatsächlich eine Kombination von Verfahren partizipierender Beobachtung, indem er einen offiziellen Status in der Organisation erwarb, der es ihm erlaubte, an Ort und Stelle zu sein. Dann benutzte er die offizielle Position als Basis für die Durchführung seiner inoffiziellen Erhebungen.

6. Indem er an die Daten auf dem Wege über inoffizielle Quellen »quasi von hinten herangeht«, versucht der partizipierende Beobachter die Restriktionen, die höhere Autoritäten über seine Aktivitäten verhängen können, zu überwinden. Was sollen wir von den obigen Äußerungen halten? Eine Kodifizierung der Verfahren könnte helfen. Verfahren, die vom Forscher benutzt werden, sollten gleich vorab offengelegt werden. Er sollte die Bedingungen (z. B. die Anzahl der erforderlichen Versuchspersonen, die Art von Fragen, die für das Hervorlocken einzelner Informationsarten notwendig sind, usw.) zur Bestimmung des faktischen Charakters seiner Ergebnisse *a priori* festlegen. Daltons Erläuterungen und die von anderen zeigen einige der Komplikationen auf, die in der Erhebung von Daten über inoffizielle Kanäle enthalten sind. Indem er die Nuancen inoffizieller Kontakte expliziert, kann der partizipierende Beobachter einen Beitrag liefern zu der Formulierung allgemeinerer Fragen von Theorie und Methode. Theoretisch würde uns seine Arbeit sagen, in welchen Rollen man Erfolg haben würde bei der Gewinnung inoffizieller Information von mißtrauischen Versuchspersonen. Zum Beispiel Information darüber, wie er sich die Versuchsperson als Basis für die Initiierung sozialen Handelns vorstellte, wie die Versuchsperson antwortete, der Einfluß von Geschlecht, Alter, ethnischer Herkunft, sozio-ökonomischen Differenzen,

persönlichen Einflüssen und so weiter. Die Sozialwissenschaftler haben die Bedeutung solcher Faktoren seit langem anerkannt, aber wir müssen sie als möglichen Beitrag nicht nur für ihre Theorie, sondern auch für ihre Methode betrachten. Daltons sorgfältiger und reicher Nachweis seiner Forschungsaktivitäten und das höchst informative Material, das er liefert, sind nicht solcherart vorgelegt, daß der Leser den Einfluß der Operationen, die er zur Erhebung seiner Daten verwandte, einschätzen kann: seine Annahmen darüber, wann er das Vertrauen der Versuchsperson hatte, wann er etwas trinken mußte, um die Versuchsperson sich entspannen zu lassen, welche Art Fragen oder Unterhaltungen welche Antworten hervorbrachten, wie er entschied, daß bestimmte Antworten als »Daten« zu akzeptieren seien und andere als irreführend, oder wie viele Versuchspersonen als Basis für eine Verallgemeinerung genommen wurden, auf welcher Art Antworten sie gründen, und so weiter. Material über den Kontext von Interaktion zwischen dem Forscher und seiner Versuchsperson ist äußerst schwierig zu erhalten und genau aufzuzeichnen, aber es würde auch eine wichtige Datenquelle liefern zur Dokumentierung der sozialen Prozesse, die Dalton als wichtig für den Aufstieg auf der Karriereleiter erwähnt, für die Machtkämpfe am Fließband, Beziehungen zwischen Angestellten und Arbeitern und so weiter. So begegnen alle Sozialwissenschaftler, die sich mit partizipierender Beobachtung und Befragung beschäftigen, Schwierigkeiten bei der Erlangung und Aufrechterhaltung des Zugangs zu Versuchspersonen und bei der Aufdeckung von Anhaltspunkten und inoffiziellen Faktoren. Trotzdem sind diese inoffiziellen Faktoren häufig die Datenbasis, werden aber nicht als solche wiedergegeben, sondern laufen neben den Materialien her, über welche die Forscher berichten, um Behauptungen über das Arbeiten komplexer Organisationen zu dokumentieren.

Daltons Bemühungen, in seinem Appendix einige dieser Probleme aufzuzeigen, sind eben deswegen ein wichtiger methodologischer Beitrag, weil er das liefert, was andere Studien häufig – ob absichtlich oder unabsichtlich – bei der Wiedergabe ihrer Ergebnisse verbergen. Der Forscher sieht sich dem Problem gegenüber, die »Fakten« objektiv mitzuteilen, wenn er keine systematische Basis für die Beschreibung seiner Beobachtungen, ihrer Erlangung und Interpretation, hat. Solcherart kann er das oben erörterte Problem, »die Gesellschaft von innen her zu sehen«, nicht lösen. Von einem methodologischen Standpunkt her können seine Feststellungen nur mit jenen des Journalisten oder des Mannes auf der Straße verglichen werden. Damit man zu vergleichbaren Daten kommt, müssen die Methoden zur Gewinnung solcher Daten bekannt und vergleichbar sein. Eben diesen Methoden wandte sich Dalton als nächstes zu.

Er bemerkt, daß er wenig interviewte, um dem Problem auszuweichen, seinen Versuchspersonen erklären zu müssen, worauf er hinaus wollte und warum.[27] Jedoch zeigt er verschiedene Verfahren auf zur Überprüfung der Äußerungen des Informanten und zur Untersuchung, ob sie beide die gleiche Grammatik oder die gleichen Sprachgewohnheiten verwandten. Weiter schreibt er: »Im Prozeß der Rekonstruktion von Interviews notierte ich hervorgehobene Betonungen, Gesichtsausdrücke, Zeichen von Unruhe und Erleichterung und andere Gesten – wohl wissend, daß sie irreführen könnten – als mögliche Schlüssel für grundlegendere Dinge.«[28] Dalton sagt dem Leser nicht genau, wie solche Faktoren wie Grammatik, Sprachgewohnheiten, Gesichtsausdrücke, Zeichen der Unruhe und dergleichen seine Beziehungen zu seiner Versuchsperson affizierten und in die Interpretation dessen, was er beobachtete, eingingen. Es ist unwahrscheinlich, daß sich irgend jemand immer solcher Information erinnern oder auch nur ihrer vollkommen gewahr werden könnte. Ein Beispiel dafür kann man in der folgenden kurzen Darstellung eines entscheidenden Problems finden, das sowohl in Daltons Forschungsverfahren als auch in seiner Erklärung der Ergebnisse auftaucht:

27 Dalton, *op. cit.*, p. 277.
28 *Ibid.*

Das Thema Freimaurertum war bei Milo so heikel, daß selbst einige Vertrauensleute davor zurückschreckten, ihre Hand bei der Feststellung der genauen Mitgliedschaft und der Anzahl von Katholiken, die Freimaurer geworden waren, im Spiele zu haben. Was einfach durchzuführen schien, erweckte Furcht und entfremdete mir einige meiner oberflächlicheren Bekannten, von denen ich fälschlicherweise Hilfe erwartet hatte, und so erfuhr ich nun, daß sie selbst der Untersuchung wert waren. Diese Menschen mieden mich nun und ließen mich um den Erfolg der Studie fürchten. Später begriff ich, daß sie sowohl fürchteten, mir zu helfen, als auch es nicht zu tun aus Angst davor, daß einige meiner Vertrauensleute ihnen Unannehmlichkeiten bereiten könnten. (Was soll der Forscher tun, wenn er die Situation aufrührt, die er still halten möchte?) Da die Freimaurer in zahlreiche Logen gegliedert waren, mußte ich, um die Mitgliedschaft zu ermitteln, schließlich Listen von mutmaßlichen Meistern an siebzehn Vertrauensleute unter den Freimaurern übergeben.[29]

Die Feldforschung könnte für andere, die sich mit partizipierender Beobachtung befassen, noch nützlicher sein, wenn die Probleme des Zugangs, der Interpretation und dergleichen anstelle von Erörterungen in den Text Eingang fänden. Auf der einen Seite benutzen viele Forscher bei Bezugnahmen auf Kontakte mit Versuchspersonen häufig Jargonausdrücke, die dem Leser nicht erklärt werden, und breiten Material aus, ohne daß deutlich würde, wie die Äußerungen der Versuchspersonen interpretiert wurden. Auf der anderen Seite sprechen viele Forscher darüber, daß ihre Versuchspersonen etwas »denken« oder »meinen«, ohne die Dokumentation für solche Angaben zu liefern. Solche Art Deskription »auf Distanz« macht den Vergleich der Daten verschiedener Forscher schwierig.

Bei der weiteren Behandlung unseres Themas wird wieder das Material wichtig, das Dalton über seine Bemühungen und Erfolge bei der Etablierung von Kontakten mit verschiedenen Versuchspersonen in den untersuchten Organisationen schriftlich fixiert hat. Die Äußerungen sind freilich, wenn auch enthüllend, zu sehr verkürzt, um aufzuzeigen, welche Daten

29 *Ibid.*, p. 279–280.

durch welche Art Kontakte gewonnen wurden, und sie sind nicht integriert in die tatsächliche Berichterstattung. Der folgende Passus von Dalton bezeichnet eine bedeutende Annäherung an das Ideal partizipierender Beobachtung:

Da ich für gewöhnlich mit Zurückhaltung rechnen mußte, suchte ich, wenn möglich, die Menschen in entscheidenden Situationen oder nahe daran zu erwischen und im voraus zu erfahren, wann wichtige Treffen bevorstanden und welchen Bezug sie auf die inoffiziellen Aspekte verschiedener Fragen haben würden. Die Erfahrungen mit widerrufenden Informanten (siehe unten) veranlaßten mich, Äußerungen oder Gesten irgendeiner Art von bestimmten Leuten zu bekommen, bevor ihre Gefühle sich abkühlten oder sie vorsichtig wurden. Beim »Interviewen« war ich gewöhnlich bestrebt, einer Liste von Punkten zu folgen. Aber wenn das Reden des Befragten Ereignisse von anscheinend größerer Bedeutung offenbarte, ließ ich meine vorbereiteten Fragen aus oder paßte sie an. Dann, oder bei einem späteren Treffen, wenn ich die geplanten Fragen für einen gegebenen Teil der Forschung erschöpfend behandelt hatte, und wenn mir die Vertrauensperson sicher war, stellte ich belastete Fragen in verschiedene Richtungen und folgte vielversprechenden Antworten.[30]

Indem er präzis aufzeigt, an welchen Punkten spezifische Fragen an die Befragten gestellt wurden, welche Antworten sie gaben, wie Ereignisse von anscheinend größerer Bedeutung zur Sprache gebracht wurden, wie all dies auf seiten des Beobachters das Verständnis von den Ereignissen und ihre Interpretation affizierte, nähert sich der Forscher einem experimentellen Rahmen an. Die Ansprüche an partizipierende Beobachtung sind offenbar viel größer als die, die an andere Forschungsformen gestellt werden, vorausgesetzt, daß der Forscher daran interessiert ist, den idealen Vorschriften wissenschaftlichen Verfahrens zu entsprechen oder vielmehr ihnen nahezukommen. Die Erwartung, daß solchen idealen Verfahren entsprochen werde, mag zu groß sein, aber die *tatsächlichen* Verfahren sollten deutlich dargelegt werden, so daß die Basis für eine Schlußfolgerung über eine Reihe von Ereignissen anderen Forschern mitteilbar wird, eine Vergleichsbasis und

30 *Ibid.*, p. 280–281.

Nachbildungen ermöglicht werden und die Verfahren verbessert werden können.

Einige wenige Bemerkungen sollten über die faktischen Umstände gemacht werden, die man wahrscheinlich in der Feldforschung gewärtigen muß, aber solche »how-to-do-its« sollten innerhalb eines Rahmens gefaßt werden, der die grundlegenden Merkmale sozialer Interaktion betont, im wesentlichen einige grundlegende Eigenschaften der sozialen Ordnung.

Der Zugang zu der Organisation oder Gruppe, die untersucht werden soll, erfordert eine Einschätzung der Position des Beobachters relativ zu den zu untersuchenden Personen, der Zugangsmittel und wie der Zugang die Beziehungen zu den Personen affizieren wird. Wie stellt man sich vor anderen dar? Dies wird eine grundlegende Frage. Wie gewinnt der Beobachter seinen anfänglichen Kontakt mit den Personen, die ihm Zugang verschaffen, mit den zu untersuchenden Personen, kurz mit jeder Person, die Gegenstand seiner Studie wird? Neben anderen betrachtet Goffman diese Frage als entscheidend für jede soziale Interaktion.

Wenn sich ein Individuum in die Gegenwart anderer begibt, suchen sie gemeinhin Information über es zu gewinnen oder Information, die sie schon über es besäßen, ins Spiel zu bringen. Sie werden an seinem sozio-ökonomischen Status interessiert sein, an seinem Selbstbild, seiner Haltung ihnen gegenüber, seiner Kompetenz, seiner Zuverlässigkeit usw. . . . Wenden wir uns nun von den anderen zum Standpunkt des Individuums, das sich vor ihnen präsentiert. Es kann wünschen, daß sie von ihm eine hohe Meinung haben; oder daß sie denken, es habe von ihnen eine hohe Meinung; oder daß sie wahrnehmen, wie es tatsächlich ihnen gegenüber empfindet; oder daß sie keinen eindeutigen Eindruck gewinnen; es kann wünschen, sich genügender Harmonie zu versichern, so daß die Interaktion aufrechterhalten werden kann; oder die anderen zu betrügen, sie loszuwerden, sie zu verwirren, irrezuführen, zu reizen oder zu beleidigen.[31]

Goffmans theoretisches Material befaßt sich damit, wie sich Personen im Alltagsleben bemühen, ihre Gegenwart vor an-

31 Erving Goffman, *The Presentation of Self in Everyday Life*, Garden City, N. Y., 1959, p. 1,3.

deren zu »managen«. Seine Monographie und verwandte Schriften liefern einen Rahmen zur Beschreibung eines weiten Systems sozialer Aktivitäten, die vorkommen, wenn Personen sich am sozialen Handeln beteiligen. Das folgende Zitat verweist auf einen möglichen Zugang zu vielen der schon erörterten Probleme, indem es eine mehr analytische Basis für die Verfahren des Feldforschers präsentiert:

Jeder sozialen Interaktion scheint eine fundamentale Dialektik zugrunde zu liegen. Wenn ein Individuum sich in die Gegenwart anderer begibt, wird es den Situationssachverhalt aufdecken wollen. Sollte es diese Information besitzen, so könnte es wissen und in Betracht ziehen, was geschehen wird, und es könnte den anderen soviel Gerechtigkeit widerfahren lassen, wie mit seinem aufgeklärten Ich-Interesse vereinbar ist . . . Eine vollständige Information dieser Art steht selten zur Verfügung; deshalb neigt das Individuum dazu, Substitute zu verwenden – Fingerzeige, Versuchsballons, Andeutungen, ausdrucksvolle Gesten, Statussymbole usw. – als Mittel der Voraussage. Kurz gesagt: da die Realität, mit der das Individuum zu tun hat, augenblicklich nicht wahrnehmbar ist, muß statt dessen auf Erscheinungen gebaut werden. Und je mehr das Individuum paradoxerweise mit einer Realität, welche der Wahrnehmung nicht zugänglich ist, zu tun hat, desto mehr muß es seine Aufmerksamkeit auf Erscheinungen konzentrieren.[32]

In früheren Schriften vertrat Schütz ziemlich den gleichen Standpunkt wie Goffman, aber er hatte die analytische Seite der konstitutiven Merkmale des Alltagslebens im Auge. Schütz zeigt explizit auf, daß wir als wissenschaftliche Beobachter ein Modell des Handelnden, seiner typischen Motive, typischen Handlungen, typischen Vorlieben und Abneigungen etc. konstruieren müssen als grundlegende Bedingung für das Beobachten und Interpretieren des Verhaltens des Handelnden gemäß den theoretischen und Verfahrensregeln unserer Disziplin.

Auf den folgenden Seiten vertreten wir die Auffassung, daß die Sozialwissenschaften es zu tun haben mit menschlichem Verhalten und seiner Common-sense-Interpretation in der sozialen Realität, was die Analyse des gesamten Systems von Projektionen und Motiven, von Relevanzen und Konstrukten zur Folge hat, um die es

32 *Ibid.*, p. 249.

in den vorangegangenen Abschnitten ging. Eine solche Analyse verweist mit Notwendigkeit auf den subjektiven Standpunkt, nämlich auf die Interpretation des Handelns und seiner Hintergründe in den Begriffen des Handelnden. Da dieses Postulat subjektiver Interpretation, wie wir gesehen haben, ein allgemeines Prinzip der Konstruktion von Handlungsmodellen in der Common-sense-Erfahrung ist, muß jede Sozialwissenschaft, die danach strebt, »soziale Realität« zu erfassen, auch dieses Prinzip übernehmen.[33]

Die Schriften von Goffman und Schütz veranschaulichen ein fundamentales Ziel in der Soziologie: die Suche nach den grundlegenden Prinzipien sozialer Interaktion. Der Feldforscher ist demnach nicht ohne ein Modell des Handelnden, das ihn in seinen Beobachtungen leitet. Er kann tatsächlich an zwei Punkten zum Wissen beitragen, wenn er die grundlegenden Prinzipien sozialer Interaktion als problematisch behandelt: erstens liefert er einen Test für die grundlegende Theorie; zweitens behandelt er solche Thesen als »gegeben« und benutzt solche »Prinzipien« als Basis für den Eintritt in Sozialbeziehungen mit den »Eingeborenen« und bei der Einrichtung seiner anfänglichen Kontakte sowie der Entwicklung von Rollen und Interaktion.

Wenn es richtig ist anzunehmen, daß Personen im Alltagsleben ihre Umwelt ordnen, Objekten Bedeutungen oder Relevanzen zuweisen, ihre sozialen Handlungen auf die Rationalitäten des Common-sense basieren, dann kann man sich nicht in Feldforschung einlassen oder irgendeine andere Forschungsmethode in den Sozialwissenschaften benutzen, ohne das Prinzip subjektiver Interpretationen in Betracht zu ziehen. Während der wissenschaftliche Beobachter Versuchspersonen im Laufe der Feldforschung in die Unterhaltung zieht, in der Interviewsituation unstrukturierte oder strukturierte Fragen an sie stellt oder einen Fragebogen benutzt, muß er die von dem Handelnden im Alltagsleben verwandten Common-sense-Konstrukte in Rechnung stellen, wenn er die Sinngebungen erfassen will, die vom Handelnden seinen Fragen zugewiesen

33 Alfred Schütz, »Common-Sense and Scientific Interpretation . . .«, *op. cit.*, p. 27.

werden, unabhängig davon, in welcher Form sie ihm vorgelegt werden. Diesen Punkt zu ignorieren hieße sowohl die Fragen (oder Gespräche) als auch die erhaltenen Antworten zu problematischen und/oder bedeutungslosen zu machen. Ohne seine Objekttheorie – sein Modell des Handelnden – zu spezifizieren, würde der Forscher für seine Aussagen nicht mehr Berechtigung beanspruchen können als irgendein Laie, der an den gleichen Ereignissen interessiert ist oder bloß »eine Meinung« über sie hat.

Zusammenfassend ist zu diesem letzten Punkt zu sagen, daß der wissenschaftliche Beobachter eine Theorie benötigt, die ein Modell des Handelnden bietet, der an einer Objektwelt mit Common-sense-Merkmalen orientiert ist. Der Beobachter muß unterscheiden zwischen den wissenschaftlichen Rationalitäten, die er zur Bestimmung seiner Theorie und seiner Ergebnisse benutzt, und den Rationalitäten des Common-sense, die er den untersuchten Handelnden beimißt. Beide Systeme von Konstrukten – das wissenschaftliche und das des Common-sense – sind Konstruktionen des Wissenschaftlers, denn, wie Schütz bemerkt:

Er beginnt mit der Konstruktion typischer Muster von Handlungsweisen, die den beobachteten Ereignissen entsprechen. Darauf koordiniert er zu diesen typischen Handlungsmustern einen persönlichen Typus, nämlich das Modell eines Handelnden, den er sich als mit Bewußtsein ausgestattet vorstellt. Doch ist es ein Bewußtsein, das darauf beschränkt ist, nichts zu enthalten außer all den für die Erfüllung der Handlungsweisen, die unter Beobachtung stehen, relevanten Elementen, die damit zugleich relevant sind für die zur Untersuchung stehenden Probleme des Wissenschaftlers. So schreibt er diesem fiktiven Bewußtsein eine Reihe typischer »um-zu-Motive« zu, die den Zwecken der beobachteten Handlungsweisen entsprechen, und typischer »weil-Motive«, auf denen die »um-zu-Motive« fußen. Beide Motivarten werden als im imaginierten Modell des Handelnden invariant vorausgesetzt.

Doch sind diese Modelle des Handelnden keine menschlichen Wesen, die innerhalb ihrer biographischen Situation in der sozialen Welt des Alltags leben. Streng genommen haben sie überhaupt keine Biographie oder Geschichte, und die Situation, in die sie gesetzt sind, ist keine von ihnen bestimmte Situation, sondern bestimmt von ihrem Schöpfer, dem Sozialwissenschaftler. Er hat diese Marionetten oder Homunculi erschaffen, um sie für seinen Zweck zu manipulieren. Der Wissenschaftler legt ihnen ein bloß scheinbares Bewußtsein bei, welches solcherart konstruiert ist, daß sein vorausgesetztes, vorhandenes Wissensrepertoire (einschließlich des zugeschriebenen Systems invarianter Motive) daraus herrührende Handlungen subjektiv verständlich machen würde, vorausgesetzt, daß diese Handlungen von wirklichen Handelnden innerhalb der sozialen Welt vollführt wären. Aber die Marionette und ihr künstliches Bewußtsein ist den ontologischen Bedingungen menschlicher Wesen nicht unterworfen. Der Homunculus wurde nicht geboren, er wächst nicht auf und er wird nicht sterben. Er hat keine Hoffnungen und keine Befürchtungen; er kennt das Verlangen als das Hauptmotiv all seiner Taten nicht. Er ist nicht frei in dem Sinn, daß sein Tun die Grenzen überschreiten könnte, die sein Schöpfer, der Sozialwissenschaftler, vorherbestimmt hat. Er kann daher keine anderen Interessenkonflikte und Motive haben als diejenigen, die der Sozialwissenschaftler ihm zugeschrieben hat. Er kann nicht irren, wenn irren nicht seine typische Bestimmung ist. Er kann nicht wählen, außer zwischen den Alternativen, die der Sozialwissenschaftler ihm als seine Wahlmöglichkeit vorgelegt hat.[34]

Die Äußerungen von Schütz weisen darauf hin, daß die gleiche Logik, die der Naturwissenschaftler verwendet, auch vom Sozialwissenschaftler angewandt wird bei der Bestimmung, was Wissen ist, obwohl die Verfahrensregeln unterschiedlich sein mögen. Was dabei verschieden ist, wurde bereits zitiert, rechtfertigt aber eine Wiederholung:

. . . die Struktur der gedachten Objekte oder geistigen Konstrukte, die von den Sozialwissenschaften, und jene, die von den Naturwissenschaften hervorgebracht werden. Dem Naturwissenschaftler, und ihm allein, kommt es zu, in Übereinstimmung mit den Verfahrensregeln seiner Wissenschaft sein Beobachtungsfeld zu bestimmen und die Tatsachen, Daten und Ereignisse in ihm, die für seine Probleme oder vorgegebene wissenschaftliche Zwecke relevant sind, zu determinieren. Diese Fakten und Ereignisse sind weder vorab ausgewählt, noch ist das Beobachtungsfeld im voraus interpretiert. Die Welt der Natur, wie sie von den Naturwissenschaftlern erforscht wird, »bedeutet« für die Moleküle, Atome und Elektronen in ihr nichts. Das Beobachtungsfeld des Sozialwissenschaftlers jedoch, nämlich die soziale Realität, hat für die menschlichen Wesen, die in ihr

34 *Ibid.*, p. 31–32.

leben, agieren und denken, eine spezifische Bedeutung und Relevanzstruktur. Durch eine Reihe von Common-sense-Konstrukten haben sie diese Welt, die sie als die Realität ihres täglichen Lebens erfahren, vorab ausgewählt und vorab interpretiert. Diese ihre gedachten Objekte sind es, die ihr Verhalten determinieren, indem sie es motivieren. Die gedachten Objekte, die von den Sozialwissenschaftlern konstruiert werden, um diese soziale Welt zu fassen, müssen auf den gedachten Objekten beruhen, die vom Common-sense-Denken der Menschen, die ihr tägliches Leben in ihrer sozialen Welt leben, konstruiert werden.[35]

Es sollte jetzt klar geworden sein, warum Schütz darauf insistiert, daß die erste Aufgabe der Sozialwissenschaften die Erforschung der Grundprinzipien ist, nach denen der Mensch seine Erfahrungen im täglichen Leben organisiert. Der Feldforscher hat keine Wahl, ob er für die Einordnung seiner Beobachtungen und die Bestimmung ihrer Bedeutung – implizit oder explizit – ein Modell des Handelnden haben will oder nicht. Einiges ist über die Modellarten, die zur Verfügung stehen, bekannt, und wir wissen auch etwas über die grundlegenden Merkmale, die für jedwedes Modell in Betracht gezogen werden müssen. Hier ist nicht der Ort, dem Begriff der Common-sense-Konstrukte oder den Bedingungen nachzugehen, die ihren Gebrauch umgeben, aber einige Erläuterungen über die »Anwendung« dieser Begriffe sind relevant.
Ein wichtiger Teil der Feldarbeit hat zu tun mit den Problemen der Identifizierung, Gewinnung und Erhaltung der Kontakte, die der Feldforscher herstellen muß. Wenn zum Beispiel seine Wahl der Rolle oder der verschiedenen Rollen, die er gegenüber verschiedenen Versuchspersonen annimmt oder ihnen zuschreibt, feststeht, welche Art Vertraulichkeiten sollte er dann pflegen? Mit welcher Art Personen sollte er Kontakt aufnehmen? Wie sollte er die Kontakte herstellen? Wie sollte er sie unterhalten? Wie affizieren sie die Daten, die er gewinnt? Wie könnten einzelne Kontakte bestimmte Daten ausschließen? Das ist nur ein Bruchteil der Fragen, die der Feldforscher erwägen muß. Um diesen Punkt zu veran-

35 Schütz, »Concept and Theory Formation . . .«, op. cit., p. 266–267.

schaulichen, könnte es sich als instruktiv erweisen, die Äußerungen eines erfahrenen Feldforschers, der über die methodologischen Probleme partizipierender Beobachtung schreibt, den Darlegungen von jemandem gegenüberzustellen, der sich mit der Beschreibung der grundlegenden Merkmale des täglichen Lebens befaßt.

Dean[36] bietet eine wichtige Diskussion verschiedener Arten von Informanten, die er für hilfreicher als die »durchschnittliche« Person hält. Er unterscheidet zwischen denjenigen, die für Einsichten in den Problembereich empfindlicher sind, und jenen, die als »eher willens auszuplaudern« betrachtet werden. Die erste Gruppe sind:

– Der *Außenstehende*, der die Dinge im Lichte einer anderen Kultur, sozialen Klasse, Gemeinschaft etc. sieht.
– Der *»Anfänger«*, der über das, was vor sich geht, überrascht ist und die als-selbstverständlich-angenommenen Dinge, die den Akklimatisierten entgehen, wahrnimmt. Vielleicht hat er auch noch kein *Interesse* im System zu verteidigen.
– Der Status-*Neuling*, die Person beim Übergang von einer Rolle zu einer anderen oder von einem Status zu einem anderen, wo die Spannungen neuer Erfahrungen noch unverarbeitet und deshalb fühlbar sind.
– Die *»natürliche«* Person, d. h. die selten vorkommende reflektierende, objektive Person im Feld. Auf sie kann manchmal von anderen intelligenten und reflektierenden Personen hingewiesen werden.[37]

Die zweite Gruppe ist wie folgt charakterisiert:

– Der *naive Informant*, der nicht weiß, wovon er spricht: entweder (a) naiv gegenüber dem, was der Feldforscher darstellt, oder (b) naiv gegenüber seiner eigenen Gruppe.
– Die *frustrierte Person* (rebellisch oder unzufrieden), insbesondere diejenige, die ausdrücklich um die Blockierung ihrer Triebe und Impulse weiß.
– Die *»outs«*, d. h. diejenigen, die nicht an der Macht sind, aber »Bescheid wissen« über die »ins«, die Etablierten, und ihnen kritisch gegenüberstehen – darauf erpicht, negative Fakten über sie zu enthüllen.

36 John P. Dean, »Participant Observation and Interviewing«, *op. cit.*, p. 225–252.
37 *Ibid.*, p. 235.

– Der *Habitué* oder »*Altgediente*«, »Inventar an diesem Ort«, der kein Interesse mehr hat oder so akzeptiert ist, daß er durch die Preisgabe dessen, was andere sagen oder tun, nicht bedroht ist.
– Die »*bedürftige*« *Person,* die sich auf den Interviewer stürzt, weil sie der Aufmerksamkeit und Hilfe bedarf. Solange der Interviewer dies Bedürfnis spürt, wird sie sprechen.
– Der *Untergeordnete,* der sich Höheren anpassen muß. Im allgemeinen entwickelt er Einblicke, um den Druck von Autorität abzuschwächen; er kann auch feindlich sein und bereit, »in die Luft zu gehen«.38

Die Zitate von Dean enthüllen eine Mischung von Commonsense-Konstrukten der sozialen Typen, die von Personen im täglichen Leben gebraucht werden, und den Kategorien des Beobachters für den Umgang mit sozialen Typen, die die gleichen sein können wie die von den untersuchten Handelnden benutzten oder auch nicht. Wenden wir uns nun Goffmans Diskussion der Personen zu, die »Abteilungsgeheimnisse« erfahren und die Selbstdarstellungen diskreditieren oder sprengen könnten, die eine Gruppe kultivieren möchte. Personen, die solche Information besitzen, nennt er Personen, die »diskrepante Rollen« innehaben.

Erstens gibt es die Rolle des »Denunzianten«. Der Denunziant ist jemand, der den Darstellern gegenüber vorgibt, ein Mitglied ihres Teams zu sein, der hinter die Bühne kommen und destruktive Information erwerben darf, und dann dem Publikum offen oder heimlich die Show verrät . . .
Zweitens gibt es die Rolle des »Lockvogels«. Ein Lockvogel ist jemand, der agiert, als wäre er ein gewöhnliches Mitglied des Publikums, der aber in Wirklichkeit im Bündnis mit den Darstellern ist . . .
Wir betrachten nun einen anderen Schwindler im Publikum, aber diesmal einen, der seine unsichtbare Fälschung im Interesse des Publikums, nicht der Darsteller benutzt. Dieser Typus kann durch die Person veranschaulicht werden, die dazu angeheuert ist, die Standards genau zu prüfen, die die Darsteller aufrechterhalten, um sicherzustellen, daß der gewünschte Schein in gewisser Hinsicht nicht zu weit von der Realität entfernt ist . . . [Für diese diskrepante Rolle benutzt Goffman den Terminus »spotter«- »Nestbeschmutzer«.]

38 *Ibid.,* p. 236.

Im Publikum gibt es noch einen anderen seltsamen Burschen. Er ist derjenige, der einen unbemerkten, bescheidenen Platz im Auditorium einnimmt und mit ihm den Ort verläßt, aber wenn er geht, begibt er sich zu seinem Auftraggeber, einem Konkurrenten des Teams, dessen Vorstellung er gesehen hat, um zu berichten, was er gesehen hat. Er ist der professionelle Ladenbesucher, dieser Mann von Gimbel bei Macy und dieser Mann von Macy bei Gimbel; er ist der Modespion und der Fremde bei National-Air-Treffen. . . .
Eine andere diskrepante Rolle ist die, die häufig die vermittelnde oder Mittlerrolle genannt wird. Der Vermittler erfährt die Geheimnisse jeder Seite und gibt jeder Seite den falschen Eindruck, daß er ihr gegenüber loyaler ist als der anderen gegenüber.[39]

Wenn die beiden Gruppen von Sozialtypen, die von Dean und Goffman beschrieben wurden, auch nicht Punkt für Punkt übereinstimmen, zeigen sie doch identische Anliegen auf: das des partizipierenden Beobachters, der daran interessiert ist, »gute« Kontakte im Feld zu gewinnen, und das des Sozialwissenschaftlers, der daran interessiert ist, die grundlegenden Muster sozialer Interaktion zu studieren. Der partizipierende Beobachter, der daran interessiert ist, ethnische Beziehungen in einer Gemeinschaft, Konflikte zwischen Leitung und Belegschaft in industriellen Betrieben, die Sozialisation von Ärzten und so weiter zu studieren, muß nicht nur das Modell des Handelnden, das in seiner Forschung angewandt werden soll, explizieren, sondern sollte auch bereit sein, unter Umständen grundlegende theoretische Begriffe zu untersuchen, während er von den Mechanismen seiner Forschung in Anspruch genommen ist, denn beide sind entscheidend bei der Beobachtung und Interpretation des substantiellen Bereichs, der untersucht wird. Sich der in verschiedenen Arten von Gruppen vorherrschenden sozialen Typen bewußt zu sein, zu wissen, wie man sie identifiziert, Beziehungen zu ihnen anknüpft und ihre Hilfe in Anspruch nimmt, befähigt den Feldforscher, den Rahmen der Möglichkeiten in seinem Forschungsvorhaben einzuschränken, kurz gesagt, den Versuch zu machen, zu spezifizieren und relevante Hypothesen zu testen. Deans Schrift bietet einige ausgezeichnete Vorschläge zur Identifizierung, Gewinnung

39 Erving Goffman, *op. cit.*, p. 145–149.

und Aufrechterhaltung von Kontakten. Goffmans Schriften legen eine Fülle an Material vor, das von Feldforschern benutzt werden kann zum Verständnis der deskriptiven Details dessen, wie sich Personen vor anderen geben und ihr Erscheinen im täglichen Leben managen.[40]

Der letzte Punkt, den ich in diesem Abschnitt erörtern möchte, hat mit dem Abschließen der Forschung zu tun. Die zwischenmenschlichen Beziehungen, die sich während der Feldforschung entwickeln, werden nicht leicht durch Verlassen des Aktionsfeldes beendet. Der Forscher muß selbst entscheiden über die Arten »sozialer Verträge« – um Durkheims Ausdruck zu benutzen –, die er einlösen will. Dies um so mehr, weil solche »Verträge« unausgesprochene oder nicht-vertragsmäßige Bedingungen einschließen. Es gibt das Problem, ob das Material, das von dem Forscher beschrieben werden soll, die untersuchten Personen nachteilig affizieren wird. Es gibt das weitere Problem, die Forschungsumgebung intakt zu verlassen, damit andere Sozialwissenschaftler nicht entmutigt werden, die Szene zu betreten. Die Verpflichtungen – angenommen, sie werden als solche ausgelegt –, die dem Forscher in diesen Dingen obliegen, sind weit entfernt davon, kodifiziert zu sein.[41]

Wenn jegliche Bemühung vollbracht ist, um dem Leser vollständige Berichterstattung zu garantieren über die Details des Anknüpfens, Aufrechterhaltens und Aufgebens sozialer Beziehungen während der Feldforschung, wird dem Forscher beträchtliches Material zur Verfügung stehen zur Entscheidung, wann die Forschung zu beenden ist. Einige Forscher haben darauf hingewiesen, daß viele Feldstudien zu Beziehungen führen, die auf unbestimmte Zeit fortdauern. Die augenfälligen Schattenseiten sind die Möglichkeit, durch »Verkafferung« den Wert der Forschung vollständig zu verwi-

40 Besonders relevant ist hier für den Leser die Arbeit von H. G. Barnett, *Innovation*, New York 1953. Barnetts Interesse an den kulturellen Typen, die am wahrscheinlichsten kulturelle Veränderung herbeiführen, bringt es mit sich, daß er die von Dean und Goffman erörterten Typen von Handelnden benutzt.
41 Dem Leser wird nahegelegt, die informative Darstellung dieser Punkte in W. F. Whytes *Street Corner Society* nachzulesen.

schen oder eine Weigerung des Beobachters, seine Ergebnisse zu berichten, bis hin zu Variationen von Zurückhaltung von Information wegen ihres möglichen Schadens für die Versuchspersonen. Viele Forscher haben gefunden, daß eben die Erfordernisse für die Ausführung der Forschung den Gebrauch bestimmter Daten ausschließen. Die klare, aber nicht sehr hilfreiche Konklusion heißt, beim Treffen der notwendigen Entscheidungen so explizit wie möglich zu sein. Die verschiedenen Beschreibungen des Eintritts in die Feldforschung, ihrer Weiterführung und Beendigung sind gewöhnlich innerhalb des Rahmens der von irgendeinem Beobachter gemachten Studie vergraben und nicht explizit diskutiert, oder sie sind so abstrakt, daß nur wenige, wenn überhaupt irgendwelche Verfahrensoperationen vorgestellt werden.

Feldforschung und Hypothesentest

In diesem Abschnitt möchte ich die relativen Vorteile und Nachteile partizipierender Beobachtung als einer Methode von Sozialforschung in den Mittelpunkt stellen. Ich befasse mich mit ihrer Brauchbarkeit in Relation zu anderen Methoden.

In einer Schrift von Becker und Geer und in dem Begleittext von Trow werden die relativen Vorzüge partizipierender Beobachtung und des Interviewens erörtert.[42] In der Feldforschung würden die zwei Verfahren idealiter komplementär sein. Intensive Partizipation schränkt die Standardisierung ein, die das Interviewen erlaubt, aber Partizipation verschafft eine intimere Sicht des sozialen Prozesses. Ohne irgendeine Art systematischer Sondierungen und Fragen während der partizipierenden Beobachtung würde die Methode für das Testen von Hypothesen von begrenztem Wert sein. Die Bedeu-

---

42 Howard S. Becker und Blanche Geer, »Participant Observation and Interviewing: A Comparison«, *Human Organization*, 16, Nr. 3 (Herbst 1957), 28–32; Martin Trow, »Comment on Participant Observation and Interviewing: A Comparison«, *ibid.*, p. 33–35.

tung systematischer Theorie wird hier deutlich, wenn der Forscher über seine Aktivitäten als partizipierender Beobachter eine Kontrolle haben soll. Andernfalls läuft diese Methode auf eine kontinuierliche »Voruntersuchung« hinaus.

Die gegenwärtigen Anwendungen von partizipierender Beobachtung und Interview in der Feldforschung bleiben primär aposteriorische Berichterstattung. Eine neuere Ausnahme kann man in einer Studie finden, in der explizite Thesen zur Prüfung in der Feldforschung formuliert wurden. Dies ist die Studie einer Gruppe von Psychologen und Anthropologen über die Praktiken der Kindererziehung in verschiedenen Kulturen.[43] Die weiter oben angeführten Schriften indizieren eine wachsende Bewußtheit der Notwendigkeit, daß die Sozialwissenschaftler die Feldtechniken so verbessern, daß Hypothesen getestet werden können. Das Haupthindernis bleibt das Fehlen präziser Theorie oder zumindest eine Bereitschaft von seiten des Forschers, seine theoretischen Annahmen zu explizieren.

Eine mögliche Position würde sein, daß wir unsere Theorie und Forschungsmethode durch Studien aufgrund partizipierender Beobachtung nicht verbessern, sondern einfach eine große Anzahl deskriptiver Beobachtungen von zweifelhafter Gültigkeit und zweifelhaftem Wert zu der Sammlung sozialwissenschaftlichen Wissens hinzufügen. Natürlich könnte man sagen, daß nichts Verkehrtes an solch deskriptivem oder impressionistischen Wissen ist und daß jede junge Wissenschaft in ähnlicher Weise verfuhr. Ein solches Argument aber ist bedeutungslos, wenn nicht bewiesen werden kann, daß wir keine genügend präzise Theorie haben, um unsere Hypothesen vor unserer Forschung zu spezifizieren, und daß es weiterhin für die Forscher in partizipierender Beobachtung und beim Interviewen unmöglich ist, systematische Methoden zur Erlangung von Information anzuwenden (d. h. standardisierte Fragen, die der Situation nach flexibel wären und zur gleichen Zeit erlaubten, daß irgendein Muster erkannt wird). Aber

43 Siehe Beatrice B. Whiting (Hrsg.), *Six Cultures*, New York 1963.

kein solcher Beweis wurde erbracht. Im Gegenteil, die oben angeführten Schriften indizieren, daß ein ziemlich großer Fortschritt in Richtung auf die Bewußtheit der praktischen und methodologischen Schwierigkeiten von partizipierender Beobachtung und Interview gemacht wurde, daß aber sehr wenig getan wurde in Richtung auf die Spezifizierung von Theorie, so daß sie in operationelle Verfahren übertragen werden könnte, die vor der Erhebung der Daten angewandt werden.

Im Falle des Interviews wurde bemerkenswerte Arbeit dadurch geleistet, daß man die Aufmerksamkeit des Forschers auf die Gefahren und Hilfsmittel beim Gebrauch dieser Methode lenkte. Aber trotz einer Verbesserung der Interviewtechniken wurde wenig getan, um die sozialwissenschaftliche Theorie in die Methodologie zu integrieren. Die Feinheiten, mit denen die Methodologen den Interview-Neuling bekannt machen, können gelesen werden als Eigenschaften, die in der täglichen Interaktion zwischen Mitgliedern einer Gesellschaft gefunden werden sollen. So können die Prinzipien »guten und schlechten Interviews« gelesen werden als die grundlegenden Merkmale sozialer Interaktion, die der Sozialwissenschaftler zu erforschen sucht. Jeder Forscher muß, zumindest implizit, bis zu einem gewissen Grade über die grundlegenden theoretischen Merkmale von Interaktion verfügen, wenn er sie beobachten und anderen gegenüber interpretieren soll. Die Schwierigkeiten, denen man bei der Erhebung von Daten durch partizipierende Beobachtung und Interviewen begegnet, sind – obwohl ohne deren Forschungsimplikation – nicht anders als jene, denen Personen, die ihr tägliches Leben führen, begegnen würden, wenn sie in eine vergleichbare Situation gestellt wären. Der Umzug in eine neue Nachbarschaft, der Arbeitsbeginn in einer neuen Stellung, die Bewerbung um eine neue Arbeit, der Schulbeginn, die Begegnung mit Gruppen, deren Gebräuche und Sprache von der eigenen verschieden sind, der Versuch, sich mit jemandem anzufreunden, um eine bestimmte Information zu erhalten, der Versuch, einem Kunden irgendeinen

Artikel zu verkaufen, der Versuch, die Bekanntschaft eines Mädchens zu machen – jede Anzahl ähnlicher und divergierender sozialer Prozesse schließt die gleichen Merkmale ein, die in der Feldforschung zu finden sind. Die in den oben angeführten Schriften diskutierten Probleme verschaffen uns zwei Informationsreihen: eine Reihe von Aussagen über soziale Interaktion als sozialen Prozeß und eine Reihe von Regeln für das Suchen nach Daten unter den verschiedenen Bedingungen der Feldforschung.

In dem Ausmaß, in dem ein Feldforscher seine Daten beobachten und aufzeichnen kann, während er sich der oben erwähnten Schwierigkeiten bewußt ist, würde er in der Lage sein, die Gründe für seine Schlußfolgerungen zu spezifizieren. Zusammenfassend ist zu sagen:

1. Der Feldforscher sollte so explizit wie möglich formulieren, was er in seinem Forschungsunternehmen durchzuführen sucht, er sollte einige allgemeine theoretische Aussagen studieren, spezifische Hypothesen testen, vorher unbekanntes Territorium für zukünftige Forschung und Hypothesentests darstellen und dergleichen.

2. Auch jede Kenntnis der Forschungssituation, unabhängig von der, die in der aktuellen Feldarbeit gewonnen werden könnte, sollte, wenn möglich, beschafft werden. Dies bedeutet Heranziehung der relevanten Literatur, Kontaktaufnahme mit Quellen, die über das zu untersuchende Problem informieren könnten, das Suchen nach Information über den Feldhintergrund, in dem die Untersuchung stattfinden wird, und so weiter.

3. In dem Ausmaß, in dem das zu untersuchende oder zu erforschende Problem es erlaubt, sollte der Forscher genau darlegen, welche Informationsarten notwendig sein würden, um sein Ziel zu erreichen. Dies kann variieren von der Formulierung spezifischer Fragen, die den Befragten gestellt werden sollen, bis hin zum einfachen Aufzeigen des Fehlens von Vorherwissen über das, was gefragt werden soll, oder auch nur, wie der Kontakt aufgenommen werden soll.

4. Beckers Hinweis auf die »natürliche Geschichte« kann – unabhängig davon, wieviel bekannt ist – sehr hilfreich sein. Führt man sorgfältige Notizen über jede Forschungsstufe, sollten Verfahrensdiskrepanzen oder Kongruenz offenbar werden zwischen (1) explizitem oder implizitem Vorhaben, (2) Theorie und Methodologie und (3) der mit der Zeit erfolgten Änderung der Positionen. Wenn man nicht spezifizieren kann, was in einem gegebenen Bereich unbekannt ist, ist es schwierig zu sehen, was und wie man irgend etwas in diesem Bereich kennenlernen kann. Nur durch die Explikation dessen, was sie wissen, was sie annehmen und woran sie interessiert sind, können Feldforscher und andere ihre Versuche, Hypothesen zu testen, abschätzen.

5. Jeder Schritt in der »natürlichen Geschichte« kann formal behandelt werden, wenn das Problem präzis genug gestellt wird. Die *Sequential Analysis*[44] von Abraham Wald bietet eine formale Richtschnur zum Testen von Hypothesen, wenn die Forschung sich über längere Zeit hin erstreckt und wenn Hypothesen kontinuierlich getestet, neu formuliert und wieder geprüft werden. Jeder Schritt würde Daten produzieren, die zu späteren Daten in Beziehung gebracht werden könnten, um die Theorie und die Methodologie zu verbessern, die substantiellen Probleme zu klären und, wie Becker und Vidich gesagt haben, zu unserem Wissen über die Veränderung im sozialen Prozeß beizutragen.

6. Während ein Forscher mit einem sehr dürftigen Forschungsplan und vagen Vorstellungen über das zur Untersuchung stehende Problem begonnen haben mag, kann er vermittels einer detaillierten Spezifikation seiner methodologischen Verfahren wie auch ihrer Grenzen dahin gelangen, einige sehr spezifische Hypothesen zu testen, wenn es die Bedingungen der Umgebung erlauben. Ausgestattet mit der natürlichen Geschichte der Studie kann der Wissenschaftler von der Kenntnis der Fehler des Untersuchenden profitieren und kann die ganze oder irgendeinen Teil der Arbeit replizieren.

44 Abraham Wald, *Sequential Analysis*, New York 1947.

Wir haben eine ideale Reihe von »Rezepten« für Feldforschung kurz beschrieben. Einige der Realitäten sind:

1. Der Forscher hat eine Vorstellung von einem Problem und sogar von dem, was er zu finden erwartet. Dies kann bedeuten, daß er implizit an seine Forschung solcherart herangeht, daß er genau die Information findet, die seine anfänglichen Vorstellungen bestätigt, wie vage sie auch gewesen seien. Es ist *eine* Sache, solche Vorstellungen zu publizieren, zum Beispiel in vorläufiger Form, und eine andere, sie geheimzuhalten, bis die Forschung eingehend berichtet wird. Das Vorhaben im voraus zu spezifizieren, erfordert, daß alternative Interpretationen geboten werden, aber solche Information geheimzuhalten, versetzt den Forscher in die Lage zu sagen, er habe »es die ganze Zeit gewußt«, oder »dies ist so, wie es in erster Linie gedacht war«.

2. Viele partizipierende Beobachter begeben sich also mit einigen vagen Vorstellungen über frühere Ergebnisse verschiedener Studien in die Feldsituation, und können jene als Basis benutzen, auf der sie erhaltene Information »falsch verstehen«. Dieser Punkt wird in der oben angeführten Literatur häufig erwähnt. Es wird oft als Vorzug partizipierender Beobachtung hervorgehoben, daß der Forscher kontinuierlich in der Lage ist, frühe Konzeptionen und Resultate, die häufig für weniger korrekt als spätere Beobachtungen gehalten werden, im Lichte nachheriger Erfahrungen zu modifizieren. Wie Becker bemerkt hat, liegt die Bedeutung des Aufzeichnens der »natürlichen Geschichte« und die Wiedergabe von Daten und Schlußfolgerungen darin, dem Forscher eine Basis zu liefern für die genaue Untersuchung der Veränderungen in seinen Ansichten, seinen Daten, seinen Methoden und seinen mit der Zeit gezogenen Schlußfolgerungen.

3. Die meisten Feldforscher legen ihre Ergebnisse so vor, daß die Hauptpunkte ihrer Studie möglichst deutlich herausgestellt werden. Dies bedeutet häufig die Vernachlässigung der nach und nach erfolgten Veränderungen in den Perspektiven der Versuchspersonen und des Forschers. Die Tatsache, daß grö-

ßere Akzeptierung durch die untersuchte Gruppe oft zu sehr viel detaillierterer oder zu neuer, vorher unzugänglicher Information führt, kann auch den Forscher davon abhalten, entscheidende Unterschiede oder Aktivitäten zu bemerken. Unterschiede, die früher bemerkt worden sein können, werden nicht mitgezählt. Die Ergebnisse werden präsentiert, als ob die Probleme des Zugangs, des Kontakthaltens und des Kontaktbeendens das Ergebnis und die Interpretation von Daten nicht beeinflußt hätte. Der Bericht hat, wie Vidich sagt, »zeitlose« Qualität.

4. Der nachträglich erstellte Bericht wird von späteren Lesern und Forschern als »endgültiges« Wissen über die untersuchte Gruppe honoriert. Statt den problematischen Charakter solcher Resultate zuzugeben und zu versuchen, grundlegende Prinzipien zu verbessern oder unser Wissen zu vergrößern und vergleichende Studien möglich zu machen, wird es eher üblich, daß jeder nachfolgende Forscher seine eigene einmalige Szene sucht. Dieses Verfahren bezeugt zwar den relativen Beitrag des jeweiligen Forschers, aber es tendiert auch dahin, die Ansicht zu bekräftigen, daß jede Gruppe einzigartig *ist*, daß jede einmalige Methoden, einmalige theoretische Interpretationen und einen einmaligen Beobachter erforderlich macht. All dies trotz der Regelmäßigkeiten, die von den gleichen Forschern bei der Diskussion gewisser Begriffe für partizipierende Beobachtung behauptet werden.

5. Die Tendenz ging bisher dahin, konkrete Ergebnisse, nicht die Entwicklung grundlegender Theorie, zu betonen. »Allgemeine Theorie« besteht häufig aus ein paar allgemeinen Aussagen, die schwer in Verfahrensregeln zu übertragen sind und insoweit als »konstant« behandelt werden, als sie in der Feldforschung nicht problematisiert, sondern einfach »angewandt« werden sollen, um die Ergebnisse der Studie zu erklären.

Zusammenfassung

Die wachsende Literatur über partizipierende Beobachtung, Interview und Feldarbeit im allgemeinen hat dazu gedient, unser Wissen über diese Forschungsmethoden zu kodifizieren. Die berichtete Information bietet eine Reihe instruktiver »how-to-do-its« (wie zu verfahren ist) und »what-to-look-out-fors« (worauf zu achten ist) in der Feldforschung. Ich habe die Methode des Interviews nur flüchtig behandelt und mir detailliertere Erläuterungen für das folgende Kapitel vorbehalten. Die Literatur enthält eine Anzahl wichtiger Darlegungen über die Herstellung von Kontakt mit der zu untersuchenden Gruppe, über die Identifizierung relevanter Versuchspersonen, über das Anknüpfen sozialer Beziehungen, über zu enge Beziehung mit den Versuchspersonen, über das Wiedergeben von Daten, Überprüfen von Ergebnissen und so weiter. Ich habe nachdrücklich hervorgehoben, daß die Durcharbeitung dieser reichen Information über Feldforschung die Elemente grundlegender Begriffe der Sozialwissenschaft erbringt. Der Feldforscher entwickelt seine »Theorie« oft während der Studie oder nachdem die Daten gesammelt wurden und während er die Ergebnisse aufschreibt, anstatt die Forschungsszene mit einem expliziten theoretischen Schema und Plan zu betreten. Ich habe zu zeigen versucht, daß sehr viel von dem, was über die Probleme der Feldforschung bekannt ist, im Material über grundlegende Theorie gefunden werden kann. Wenn die vorausgesetzten Annahmen in seinen Interpretationen dessen, was beobachtet wird, nicht spezifiziert sind, kann der Forscher auf keine andere Art den Tatsachencharakter seiner Ergebnisse empfehlen als im Namen des Common-sense. Demgemäß gebraucht er häufig seinen eigenen Common-sense zur Interpretation seiner Beobachtungen. Der Forscher, der einerseits angibt, daß er wissenschaftlichen Verfahren folgt, aber andererseits betont, daß für die Ausführung von Feldforschung keine Theorie zur Verfügung steht, verrät, daß er die Grundlagen seiner Beobachtungen und Interpretationen nicht explizieren möchte. Ohne solche Spezifikationen kann der Leser nicht unterscheiden zwischen der wissenschaftlichen Beschreibung einer Reihe von Ereignissen und den Beschreibungen, die durch Rücksprache mit jedwedem Laienmitglied der untersuchten Gruppe erhalten worden sein könnten. Die Tatsache, daß die Common-sense-Konstrukte des Alltagslebens für jede Untersuchung sozialer Ordnung grundlegend sind, macht es erforderlich, daß diesem Problem explizite Aufmerksamkeit geschenkt wird. Schließlich liefert die Feldforschung einen ausgezeichneten Rahmen sowohl für die Anwendung als auch für die Prüfung grundlegender Theorie und für die Untersuchung dessen, wie solche Theorie in unser Wissen über substantielle Bereiche eindringt.

III. Das Interview

Die Sozialforscher geben zu, daß jede soziale Begegnung potentiell eine Interview-Situation ist, und daß das Interviewen eine weite Skala von Antworten hervorrufen oder anregen kann. Zur Orientierung des Interviewers über die Interview-Person sind derzeitig mannigfaltige Strategien im Gebrauch. Es ist hier nicht mein Interesse, alle diese Strategien zu katalogisieren, vielmehr will ich die theoretischen Voraussetzungen, die in ihnen impliziert sind, als einen Komplex erörtern und einige kurze Bemerkungen über zwei hervorragende neuere Arbeiten über den Gegenstand vorlegen. Eine Erörterung der theoretischen Voraussetzungen, die den Interview-Strategien zugrunde liegen, bringt es mit sich, daß gezeigt wird, wie solche methodologischen Entscheidungen bei der Anwendung des Interviews mit theoretischen Voraussetzungen korrespondieren.

Die verschiedenen Formen des Interviews können unter drei Rubriken diskutiert werden. Diese Rubriken werden bestimmt durch das jeweilige Ausmaß, in dem die Interviews (1) der Prüfung von Hypothesen nahekommen können; in dem (2) ihre erfolgreiche Anwendung ein Wissen von variablen und invarianten Elementen grundlegender und substantieller soziologischer Theorie voraussetzt; und in dem (3) ihre Anwendung kumulative Tests grundlegender Theorie konstituiert. Mit grundlegender Theorie meine ich jene Eigenschaften von Handlungsszenen, ohne die Kommunikation nicht stattfinden könnte und die den substantiellen Merkmalen der Umgebung oder den bestimmten anwesenden Handelnden gegenüber invariant sind.

Interview und sozialer Prozeß

Zu fragen, wie die Interviewsituation die Daten beeinflußt infolge der schwierigen sozialen Begegnungen, in die sich

Interviewer und Befragte begeben müssen, heißt die Relevanz von Common-sense-Wissen für allgemeine soziale Interaktion suchen. Die Beobachter, die sich damit befassen, das Interview zu einem präziseren und verläßlicheren Instrument der Sozialforschung zu machen, suchen häufig eine Anzahl unvereinbarer Ziele zu erreichen. Zum Beispiel standardisierte Fragen und Antworten, jedoch zentrierte und nichtzentrierte Rückfragen; »guten Kontakt«, jedoch Abstand von der sozialen Bedeutung des Interviews auf seiten des Befragten und des Interviewers; das Vermeiden von Rollenvorschriften und Rollenkonzeptionen, die für die Daten irrelevant sind, aber notwendig, um das Interview auszuführen; die Annahme, daß die Ideologie des Interviewers niemals die Antworten der Versuchsperson affizieren darf und so weiter. Der Versuch, das Interview zu einem begründeteren und verläßlicheren Instrument zu machen, kann nicht ohne Betrachtung grundlegender Theorie vollbracht werden, weil solche Theorie ein jedem Interview einwohnendes Merkmal und daher in seiner bloßen Durchführung vorausgesetzt ist. Drei bekannte Bücher, die das Interview zu einem begründeteren und verläßlicheren Instrument zu machen suchen, sind *The Focused Interview, Interviewing in Social Research* und *The Dynamics of Interviewing*.[1] Diese Bücher beschreiben die Feinheiten des Interviewens und sind lesenswert wegen ihrer Darstellungen des zugrundeliegenden sozialen Prozesses, wenngleich ihr primäres Interesse der Perfektionierung des Interviews als eines Instruments der Sozialforschung gilt. Versuche, das Interview zu vervollkommnen, nehmen an, daß diese Form der Datensammlung den genauen Hypothesentest erreichen kann. Primär geht es ihnen um die Beschreibung und Verbesserung der Schwierigkeiten dieses besonderen Werkzeugs der Sozialforschung. Den theoretischen Voraussetzungen seiner Anwendung oder der Frage, inwiefern gerade seine Verfahrensregeln einen Test für grundlegende Theorie konstituieren, wird nicht immer Aufmerksamkeit geschenkt.

1 R. K. Merton, M. Fiske und P. Kendall, *The Focused Interview,* New York 1956; H. Hyman *et al., Interviewing in Social Research*, Chicago

Hyman *et al.* beginnen ihr Buch über das Interviewen mit einem Kapitel, das dem Interviewer-Fehler gewidmet ist. Sie führen viele Studien an, die das Fehlerausmaß bestätigen, das den Interviews erfahrener Sozialforscher eigen ist. Die Evidenz scheint überzeugend. Der Fehler muß als Beweismittel genommen werden nicht nur für geringe Zuverlässigkeit, sondern auch für »normale« zwischenmenschliche Beziehungen; für die Art, in der Personen sich im Verlaufe sozialer Interaktion gegenseitig als soziale Objekte interpretieren. Das Unvermögen einer jeden Reihe von Interviews, identische oder konsistente Resultate zu liefern, könnte als Beweis dienen für die Situationsindeterminanz sozialer Interaktion, wie sie in den Kapiteln I und II beschrieben wurde. Solche »Fehler« lassen sich als Fälle deuten, in denen Situationsfaktoren die idealen Kriterien oder Standards veränderten, die formal den Austausch beherrschen sollten. Ein hoher Grad statistischer Zuverlässigkeit kann erzielt werden, während die Bedingungen, unter denen die Resultate erlangt wurden, die Verfahrensweisen, die bestimmte Antworten und soziale Beziehungen hervorbrachten, unausgesprochen bleiben. Anders gesagt: verschiedene Interviewer brachten mit verschiedenen Methoden trotz des Problems des Interviewer-Fehlers »irgendwie« ähnliche Antworten von verschiedenen Versuchspersonen hervor. Damit wird die Frage zu einer Frage der Determination dessen, was invariant war, oder präziser, wie invariante Meinungen trotz solcher Variationen kommuniziert wurden.

Wenn Goode und Hatt sagen, daß das Interview »ein Prozeß sozialer Interaktion«[2] ist, und wenn Hyman *et al.* anmerken, daß die im Interview gewonnenen Daten »aus einer zwischenmenschlichen Situation abgeleitet« sind, werden wir wiederum daran erinnert, daß grundlegender sozialer Prozeß notwendig ein Teil allen Interviewens ist. Diese und andere Autoren betonen die Bedeutung der »Perzeption« des Interviewers oder

1954; R. L. Kahn und C. F. Cannell, *The Dynamics of Interviewing*, New York 1957.

2 W. J. Goode und P. K. Hatt, *Methods in Social Research*, New York 1952, p. 186.

seines Wahrnehmungsvermögens, seines »Erkennungsvermögens«, seiner Art, irgendeine Rolle zu spielen, seiner Kontaktfähigkeit und so weiter. Der Interviewer muß durch seine Intuition eine Gemeinschaft mit dem Befragten entwickeln, die ihn in die Lage versetzen wird, mit den Fragen der Studie offene Antworten hervorzulocken. Der Interviewer muß die Fähigkeit haben, Stimmungen und Gefühle wie Angst, Argwohn und Aufrichtigkeit zu beurteilen, um die Versuchsperson nicht zu »verlieren«. Eine doppelte Verantwortlichkeit wird dem Interviewer zugeschrieben: er muß spontane Partizipation simulieren und gleichzeitig die Ansichten der Versuchsperson in bezug auf das Interview, den Beobachter und ihre Beziehung beurteilen. Inzwischen tut der Befragte das gleiche oder etwas Ähnliches, aber er mag nicht so darauf bedacht sein, die Interaktion aufrechtzuerhalten, und kann daher die vorteilhaftere Position haben. Eine oft implizierte Lösung für diese schwierige Aufgabe ist, die Handlungen des Interviewers im voraus zu »programmieren«; ihm einen Interview-Leitfaden oder eine standardisierte Vorlage zu geben, die ihm sagt, wie Stimmungen, Angst, Feindseligkeit und so weiter zu antizipieren sind. Diese Ansicht nimmt an, daß »Natürlichkeit« immer in irgendeinem Sinne fingiert ist und daher Gefahr läuft, durchschaut zu werden. Die »Programme« sind für das Auftreten von Kontingenten entworfen, aber die Interpretation solcher problematischer Situationen verbleibt dem Interviewer. Die »Natürlichkeit« der Umwelt der Versuchsperson wird durch die Bedingungen des formalen Interviews affiziert. Die Augenblicks-Interpretationen, die der Interviewer machen muß, während er zur gleichen Zeit versucht, ein positives, »freundliches«, »aufrichtiges« Verhältnis zu kommunizieren, gefährden ihn am Anfang. Die Versuchsperson kann ihre Zeit dazu nutzen, den Interviewer auf seine »Aufrichtigkeit«, »Freundlichkeit«, Meinung und dergleichen hin zu »prüfen«, während der Beobachter unmittelbar ein vorbehaltloses Interesse an dem Befragten demonstrieren muß. Eine solche Interaktion kann mit der zwischen einem Autoverkäufer und einem prospektiven Käufer oder der zwischen dem Hausierer und der Hausfrau verglichen werden, weil sie nicht auf Gegenseitigkeit beruht. Die sozialen Positionen des Interviewers und des Befragten werden insofern einen variablen Status annehmen, als die Versuchsperson die Interview-Situation als eine Situation betrachtet, die sie zu verfolgen wünscht oder nicht, während der Beobachter es vermeiden muß, irgendein Bewußtsein von Statusungleichheit im Verlauf des Interviews zu kommunizieren. Mit Ausnahme vielleicht der Erhebung von Angaben zur Person ist das Interviewen komplex und schwierig, weil es die Darbietung, Einsetzung und Aufrechterhaltung von angemessenen und möglicherweise widerstreitenden Rollen notwendig macht. Die Skala möglicher Beziehungen ist in der Tat breit: wir dürften alles finden, angefangen mit dem Verhältnis zweier »Fremder« bis zu dem zweier potentieller »Liebender«.

Der weitere Teil des Kapitels wird kritisch und einigermaßen detailliert Material aus den Büchern von Hyman *et al.* sowie Kahn und Cannel als Beispiele für Daten über grundlegende soziale Interaktion im täglichen Leben und für die Probleme der Anwendung des Interviews als Forschungsinstrument darbieten. Diese Diskussion des Interviews sowohl als Methode wie auch als Objekt von Sozialforschung – von der theoretischen Orientierung dieses Buches her – wird zu zeigen versuchen, wie das Common-sense-Wissen und die Alltagssprache und -bedeutung in den Rollenübernahmeprozeß des Interviews Eingang finden; wie Common-sense-Interpretationen vom Interviewer als technisches Wissen angewandt werden müssen, damit er entscheiden kann, wie die vom Befragten erhaltene Information interpretiert werden muß.

Das Problem

Fehler entstehen beim Interviewen, weil sowohl der Forscher potentiell falsch interpretiert als auch die aktuellen Fragen potentiell falsch interpretiert werden. Die Beschäftigung mit der Zuverlässigkeit betont das Instrument als invariant für den Forscher und die Daten als invariant für die Perzeption des Befragten und die Interpretation des Interviewers. Hyman *et al.* weisen auf ein allgemeineres Problem hin: »ob sich nun Interviewer in den Resultaten, die sie erheben, unterscheiden oder nicht, – es gibt darüber hinaus das Problem, ob irgendeiner oder sie alle fehlerhafte Resultate erzielen, Resultate, die einem wahren Wert nahekommen«.[3] In ihrer Diskussion der Einstellungen zum Interviewen und der Strategien, die eingesetzt werden, um geringer Zuverlässigkeit und Gültigkeit zu entgehen, konstatieren Hyman *et al.*:

Bei der Entwicklung eines Verfahrensmodells für das Interview muß man die Vorteile irgendwie ausbalancieren: man reduziert die Variabilität unter den Interviewern, die von der Standardisierung herrührt, um den Preis eines möglichen Verlusts an Gültigkeit, die sich der Inflexibilität der Verfahren für den Bereich der Möglichkeiten verdankt; man reduziert die Beschränkungen, die der Einsicht des Interviewers gesetzt sind, um den Preis eines Verlusts an Ungezwungenheit. Man kann verschiedene Betrachtungsarten in der Literatur nach dem Kontinuum von Freiheit ordnen, die dem Interviewer gestattet ist. Von der Position dieses Kontinuums her bemerkt man, daß die Komponente der Gültigkeit wahrscheinlich durch die Ausübung großer Freiheit beim Interviewen maximiert worden ist oder daß die Komponente der Zuverlässigkeit durch Standardisierung des Verfahrens maximiert worden ist. Man kann auch vermerken, ob *alternative* Verfahrensweisen entwickelt wurden oder nicht, um zu erfassen, welche Komponente jeweils vernachlässigt worden ist.[4]

Das Problem ist klar. Je mehr der Interviewer versucht, eine Beziehung zur Versuchsperson derart zu unterhalten, daß sie zu – nach seinem Gefühl – wohlbegründeten Antworten führt, desto mehr empfindet er das Interview als »erfolgreich«. Je standardisierter die Interviewer in ihren Beziehungen zur Versuchsperson sind, desto zuverlässiger werden voraussichtlich die Daten. Hyman *et al.* schlagen die übliche Lösung vor: in den Untersuchungsplan eingebaute systematische Kontrol-

3 *Interviewing in Social Research, op. cit.*, p. 20.
4 *Ibid.*, p. 30.

len, um zu vermeiden, daß der Interviewer die Last der Behandlung der Probleme von Zuverlässigkeit und Gültigkeit zu tragen hat. Dies würde durch Forschungspläne gelöst werden, die Situationen von »tieferer Bedeutung« und »schwieriger Beziehung« antizipieren. Probleme wie das Bewältigen von Rollenbeziehungen, Fälle der Intimität in der Befragung und so weiter könnten möglicherweise dadurch gelöst werden, daß man die Interviewer standardisierte Mimik, Sprechtönung und physische Distanz für alle Interviews an den Tag legen läßt. Diese Probleme setzen voraus, daß Interviewer dazu ausgebildet werden können, sich in standardisierter Weise zu präsentieren. Aber dies garantiert nicht, daß die notwendigen Reaktionen vom Interviewer und Interviewten immer zum Vorschein kommen werden. Die allgemeine Lösung für das Problem von Zuverlässigkeit und Gültigkeit, die von Hyman *et al.* diskutiert wird, nimmt folgende Gestalt an:

Die Notwendigkeiten, heimlich zu sein, den Forschungszweck nicht merken zu lassen, den Reichtum einer komplexen Einstellungsstruktur zu beschreiben, brauchen den Launen des Interviewers nicht anvertraut zu werden. Solchen Erfordernissen kann man innerhalb des Rahmens standardisierter Verfahren durch systematische Behandlung Genüge tun. Projektive Fragen und versteckte Methoden können *routinemäßig* übernommen werden und lösen das Problem, daß die fehlende Tarnung Berichten über private Gefühle nicht dienlich ist. Offene Fragen oder komplexe Folgen aufeinander abgestimmter und sich ergänzender Meinungsfragen (Fragenbatterien) können von jedem Interviewer systematisch angewandt werden und bieten die Gewähr, daß weder Gültigkeit noch Zuverlässigkeit geopfert werden.[5]

Zweifellos sind Hyman *et al.* in einem Dilemma: sie verfechten eine hochentwickelte und systematische Lösung für die Probleme von Zuverlässigkeit und Gültigkeit und setzen gleichzeitig eine Theorie des Handelnden voraus, die es schwierig werden läßt, einen getreuen Hypothesentest zu erreichen. Obwohl die zugrundeliegende Theorie niemals explizit aufgezeigt wird, kommt sie in bestimmten allgemeinen Bemerkungen und Erwähnungen zum Vorschein. Die erzielte Lösung

5 *Ibid.*, p. 32.

hat keine Gültigkeit für eine Gruppe von Fällen, die für statistische Zwecke als »identisch« behandelt werden könnten, aber sie fördert die Zuverlässigkeit und Gültigkeit jedes einzelnen Interviews. Ihre implizite Voraussetzung ist die, daß die vorgängig angenommene Theorie aufgeschrieben und direkt auf das ausgezeichnete Material, das sie gesammelt, und die vorzüglichen Verfahren, über die sie berichtet haben, angewandt werden könne. Das entscheidende Material für die Lösung von Hyman *et al.* findet sich in ihrem Kapitel über »Die Definition der Interview-Situation« und dem dazugehörigen Appendix. Dieses Material ist wichtig, weil es (1) Anspielungen auf eine implizite Theorie über den Handelnden und zwischenmenschliche Handlungen enthält, und (2) einige gedankenreiche Beschreibungen von Versuchen vorlegt, erfahrene Interviewer und ihre üblichen Fehler zu untersuchen, Fehler, die in Forschungsberichten selten expliziert werden. Der Leser sollte die Ähnlichkeit beachten zwischen der Interaktion Interviewer-Versuchsperson und der Interaktion zwischen dem Methodologen und den professionellen Interviewern, wie sie von Hyman *et al.* beschrieben wird, und schließlich der allgemeinen sozialen Interaktion, wie sie in Kapitel II dieses Buches beschrieben wird.

Hyman *et al.* beginnen mit der Frage, die vielleicht die wichtigste überhaupt ist: Welches ist das implizite oder explizite Modell (oder die entsprechende Theorie), das in bezug auf die Interview-Situation benutzt oder vorausgesetzt wird? Sie bemerken richtig, daß dieses Modell (oder diese Theorie) die Basis bildet für das, was als Fehler erkannt werden kann. Wenn das Modell unsere Aufmerksamkeit nur auf bestimmte Dinge richtet, dann können viele Fehler unermittelt bleiben und andere können »Daten« genannt werden, dies alles, weil das Modell sie nicht als solche in Rechnung stellt. Das Ausmaß, in dem das Modell oder die Theorie unklar, nicht-expliziert bleibt, ist auch das Ausmaß, in dem viele Fehler unentdeckt, in dem Daten nutzlos oder unbekannt bleiben; denn Fehler können sowohl nicht entdeckt als auch, wenn einmal entdeckt, in ihrer Bedeutung nicht erkannt werden. Die Autoren fragen, wie ein solches Modell zu erlangen wäre. Sie untersuchen ein paar verfügbare implizite Modelle und verweisen auf einige ihrer grundlegenden Schwierigkeiten, wie zum Beispiel, daß sie überhaupt keine empirische Basis oder logische Kohärenz haben. Dann führen sie das ein, was auf eine *Methode* hinausläuft, Interviews zu prüfen. Die vorgeschlagene Methode ist der von MacLeod[6] beschriebene phänomenologische Zugang.

Was indizieren Hyman *et al.* als den Wert des »phänomenologischen Zugangs«? In ihrer einleitenden Erörterung, die zu einer Erwähnung »phänomenologischer Befragung« im Interview überleitet, führen sie aus:

Kognitive Faktoren im Interviewer, die aus anderen Quellen herstammen, zum Beispiel seiner Meinung über die wahren Gefühle des Befragten, wurden nicht bemerkt, weil solche Vorstellungen in einflußreichen Theorien weniger im Vordergrund standen. Die vorherrschende Theorie und die Vorstellungen über das Interview müssen zumindest zeitweilig außer acht gelassen werden, solange wir uns mit der Untersuchung der Situation in ihrer Komplexität befassen. Bei der Erörterung der Interview-Methode bemerkt Lundberg richtig, daß »es hier nicht möglich ist, eine detaillierte Betrachtung der verwickelten gegenseitigen Stimulierung und Reaktion zu beginnen, die Struktur und Inhalt des Interviews sind. Tatsache ist, daß sehr wenige wissenschaftliche Daten über die Versuchsperson zur Verfügung stehen, obwohl die Forschung auf diesem Gebiet für die Soziologie fundamental ist.« Eine vernünftige Konzeption des Interviews, die wiederum zukünftige Forschung über Interviewer-Effekte in angemessene Richtungen lenken würde, scheint durch empirische Untersuchung am besten erreichbar. Dann könnten wir prüfen, ob das Interview tatsächlich unserer vorgefaßten Meinung entspricht, und ob es unsere Ansichten, wo es notwendig wird, erweitert, damit sie mit der Realität übereinstimmen.[7]

Dies Zitat kommt der Ansicht von Schütz nahe, daß es die erste Aufgabe des Sozialwissenschaftlers ist, die Denkkategorien des Common-sense im Alltagsleben zu untersuchen. Das

6 R. B. MacLeod, »The Phenomenological Approach to Social Psychology«, *Psych. Review*, LIV (1947), 193–210.
7 *Interviewing in Social Research, op. cit.,* p. 36.

wohldurchdachte Interview, so komplex es sein mag, muß seine Wurzeln in den Denkkategorien des Common-sense haben, denn ohne eine Kenntnis solcher Wurzeln könnte der Interviewer nicht die zur Durchführung seiner Forschung notwendige Gemeinschaft etablieren. Dies bedeutet, daß man erkennt und versteht, wie die Interaktion Befragter-Interviewer ineinander übergreifende soziale Welten involviert. Nach Schütz werden die Relevanzen, die für die Synchronisierung von Bedeutung notwendig sind, vorausgesetzt. Der vorhandene Wissensstand des Befragten und des Interviewers und ihre Definition der Situation werden ihre wechselseitige Reaktion auf die gestellten Fragen determinieren. Die Relevanzen, die zu der Substanz des Interviews *per se* keinen Bezug haben, werden auch die auftretende Menge von »Außer-Interview«-Verzerrungen und Fehlern bestimmen. Das ist eine notwendige Konsequenz dessen, daß man einander nicht nur als Objekte für rationale Betrachtung behandelt; ihre Sympathie oder Antipathie füreinander, ihre körperliche Erscheinung, ihre soziale, psychische und Rollendistanz, sie alle bringen *natürlicherweise* Verzerrungen und Fehler hervor, weil diese für die Struktur des alltäglichen Verhaltens grundlegend sind. Wenn es das Ziel des Interviews ist, irgendein Maß von »Natürlichkeit« zu erreichen, dann kann Zuverlässigkeit nicht für alle Versuchspersonen durch die gleichen Verfahren erlangt werden, sondern nur für jede Versuchsperson getrennt genommen. Standardisierte Interviews werden durch die Forderungen nach Gültigkeit verändert, und die erhaltenen Daten sind nicht uniform in dem Sinn des idealen Experiments, wo jedem Subjekt der gleiche Stimulus gegeben wird, oder es gleicherweise und gleichzeitig dem gleichen Stimulus ausgesetzt ist. Empirische Untersuchungen »erfolgreicher« und »erfolgloser« sozialer Interaktion sind notwendig, wenn wir beurteilen sollen, wie die Kommunikation des den gleichen Leitfaden verwendenden Interviewers mit verschiedenen Versuchspersonen den standardisierten Charakter von Fragen ändern kann.

Unsere Beweisführung (die auf Seite 116 f. beginnt) scheint zu indizieren, daß jeder Fall ein einzigartiges Ereignis ist. Eine sorgfältig angelegte Untersuchung sollte es ermöglichen, über einige der unvermeidlichen situationsgebundenen Faktoren, die alles soziale Geschehen durchdringen, hinauszugelangen und die Art und Weise invarianter Eigenschaften, aber auch einige der situationsgebundenen Variablen vorherzusagen. Wir mögen nicht in der Lage sein, präzise Voraussagen zu treffen; exakte Ergebnisse genau zu bestimmen, mag bei unserem gegenwärtigen Wissen über den sozialen Prozeß schwierig oder unmöglich sein. Was wir zur Zeit vom sozialen Prozeß wissen, macht es schwierig, über präzise Messung zu sprechen, weil wir die Struktur sozialen Handelns nicht gut genug kennen, um auch nur vorherzusagen oder zu indizieren, welche Gestalt die Maße annehmen würden. Jede Sozialforschung schließt eine unbekannte Anzahl impliziter Entscheidungen ein, die in den benutzten Messungsverfahren nicht widergespiegelt werden. Der Abstraktionsprozeß, der zur Beschreibung einer Reihe von Eigenschaften, unabhängig vom Messungssystem, notwendig ist, auferlegt automatisch ein gewisses Maß an Konkretisierung. Der Effekt von Konkretisierung kann jedoch »kontrolliert« werden, wenn man weiß, daß er statthat, und anzugeben vermag, wie er die Daten transformiert. In diesem Falle würde die Konkretisierung eine direkte Konsequenz dessen sein, daß man Daten Messungseigenschaften aufzwingt, die durch Common-sense-Bedeutungen produziert sind, denen ein »selbstverständlicher« Status gegeben wurde.

Jedes Interview konstituiert ein einzigartiges Ereignis in dem Sinn, daß die identischen Bedingungen, welche die Eigenschaften hervorbringen, die Daten genannt werden, nicht wieder existieren werden. In einem statistischen Sinn schließt die Einmaligkeit solcher Ereignisse aus, daß wir eine Reihe von Daten identische Maße der gleichen Eigenschaft verschiedener Objekte nennen. Die Einmaligkeit des einzelnen Interviews oder der einzelnen Beobachtung bedeutet, daß gerade der

Prozeß der Messung die Vergleichbarkeit *auferlegt,* die es erlaubt, jede Häufigkeit in einem gegebenen Feld als identisch und daher statistischer Manipulation zugänglich zu behandeln. Der Messungsprozeß auferlegt die Konkretisierung als eine notwendige Bedingung, die für vergleichende oder statistische Analyse erforderliche Information zu extrahieren.

Das Fehlen allgemeiner oder standardisierter Nenner für die Messung sozialer Ereignisse in Feldsituationen rührt von unserer Unfähigkeit her, die Struktur von Common-sense-Bedeutungen im Alltagsleben zu spezifizieren und sie in ein Modell einzubauen, das auch für ihre Beobachtung und Transformation in theoretisch relevante Daten sorgt. Um die Einmaligkeit von Interviews in der Feldforschung zu überwinden, ist es erforderlich, daß wir unsere Fälle auf invariante Eigenschaften hin überprüfen, die durch den unvergleichbaren Charakter laufender Entscheidungen der Zuweisung von Bedeutungen zu Beobachtungen und der Erhebung der Daten nicht ungünstig affiziert werden. Das Modell für die Bestimmung dessen, was beobachtet ist und was die Beobachtung innerhalb des Rahmens unserer Theorie für uns bedeutet, muß einen gewissen Teil der Welt des Alltags als ein System invarianter Relevanzstrukturen betrachten. Untersuchungen der Interview-Verfahren und der Common-sense-»Regeln« des Alltagslebens sind im wesentlichen Untersuchungen über die gleichen Phänomene: das gleiche Modell wird die Daten beider Arten von Untersuchung erklären.

Zwei Auffassungen über das Interviewen

Ein Verzeichnis von Merkmalen, die universell als »notwendig« für das Interviewen betrachtet werden, kann man in keiner Arbeit finden. Es gibt kein einheitliches System von Aussagen, denen jeder zustimmen würde. Jedoch zeigt eine Durchsicht der methodologischen Lehrbücher einige Übereinstimmung in einer weiten Skala von Faktoren, die vermeintlich mit »gutem« Interviewen verbunden sind. Die folgende Erörterung ist auf die oben zitierte Arbeit von Hyman *et al.* begrenzt. Das Material beabsichtigt keine Vollständigkeit. Der Ausgangspunkt ist eine Reihe von Problembereichen bei der Durchführung von Interviews, die Hyman *et al.* entnommen sind.

Das Heraustreten des Befragten und des Interviewers aus dem sozialen Einfluß des Interviews[8]

Die Autoren beschreiben die Reaktionen erfahrener Interviewer auf ihre Befragten, um die negativen Gefühle zu zeigen, die existieren können, obwohl die Interviewer jede Anstrengung machen, Interesse und positive Gefühle zu vermitteln. Nichts wird darüber gesagt, wie die Interviewer nach ihrem Dafürhalten den Befragten erschienen, aber man erzählt uns, daß eine Befragte einen Interviewer freundlich beurteilte und dem Forscher sagte, daß sie ihn »gut leiden« könne. In einem Fall schließen die Autoren, daß der Befragte die vom Interviewer ihm gegenüber empfundene unterschwellige Feindseligkeit nicht gewahr wurde, und daß das Interview durch diese negativen Gefühle nicht affiziert wurde. In anderen Fällen wiesen Interviewer darauf hin, daß es private Gedanken gab, die sehr feindselig waren, oder negativ, die aber den Befragten niemals offenbart wurden. Der Befragte kann augenfällig auch das offenbaren, was notwendig scheint, aber mit dem zurückhalten, was nach seinem Dafürhalten als feindselig oder in anderer Weise unfreundlich betrachtet werden könnte. Der Interviewer mag die Oberhand haben, da er in dieser Art des Austauschs wahrscheinlich erfahrener ist und gelernt hat, emotionale Ausbrüche zu kontrollieren, weil er, sollte er darin versagen, mehr zu verlieren hat. Interviewer und Befragte werden in dem Ausmaß variieren, in dem sie sowohl öffentlich als auch privat Haltung zeigen. Goffman

8 *Ibid.*, p. 37.

beschreibt dieses Phänomen in *The Presentation of Self in Everyday Life*[9] als »Eindrucksmanagement«. Der Gedanke der Trennung öffentlicher und privater Dialoge ist in den Schriften von Schütz enthalten und kann in anderen Arbeiten innerhalb und außerhalb der Sozialwissenschaften gefunden werden. Interviewer und Befragte sollten beide Erfahrungen darin gehabt haben, die Loslösung vom sozialen Einfluß des Interviews aufrechtzuerhalten, weil dies während vieler Interaktionsformen im Alltagsleben erwartet wird. Das folgende Zitat von Hyman *et al.* – Bruchstücke aus dem Bericht eines erfahrenen Interviewers – veranschaulicht diesen Punkt:

Natürlich lächelte ich einfach – ich glaube nicht, daß ich meine Reaktion zeigte. Das stört mich – die Notwendigkeit, die ganze Zeit honigsüß zu bleiben – ich bin kein Stück Holz. Ich bin eine Person mit sehr starken eigenen Meinungen. Ich muß einige Mühe aufwenden, um mich herauszuhalten (aus dem Interview). Ich habe mich geschult. Wenn die Person eine Meinung äußert, sehe ich, gleichgültig was es ist, so aus, als stimmte ich zu. Man kann nicht ausdruckslos bleiben – das ist unmöglich . . .[10]

Im Alltagsleben werden die Menschen kontinuierlich mit Situationen konfrontiert, die der oben beschriebenen ähnlich, wenn nicht mit ihr identisch sind. Abhängig von den behandelten Gegenständen im beiläufigen Austausch zwischen zwei Personen oder einem Interviewer und dem Befragten kann das Verhältnis zur Selbstenthüllung ungeheuer variieren. Es ist schwierig zu wissen, ob der Befragte nicht das gleiche Spiel spielt wie der Interviewer – Gefühle und Vorstellungen sowohl über den anderen als auch über die behandelten Gegenstände zurückhält. Die folgende Wiedergabe eines Gesprächs zwischen einem der Befragten und einem der Autoren über die wiederholte Befragung bezeichnet einen auffallenden Gebrauch von Interpretationen des Common-sense.

Er begann die Sitzung mit einigen negativen Bemerkungen zur Interviewerin über Meinungsforschung. Als er später gefragt wurde, warum er dem Interview zustimmte, sagte er: »Ich wollte nicht interviewt werden. Aber wenn sie sich die Füße wund läuft, will

9 Goffman, *The Presentation of Self in Everyday Life*, New York 1959.
10 *Interviewing in Social Research, op. cit.*, p. 40.

ich ihr natürlich aushelfen.« Doch er fügte hinzu: »Nicht, daß ich irgendeinen Sinn in dem Interview gesehen hätte.« Dieses offenbare Sympathiezeichen für die Interviewerin ist die einzige Andeutung irgendeiner positiven Reaktion auf sie als Person.

Der Zynismus, die Feindseligkeit und die vollständige Distanz können am besten in seiner Zusammenfassung der Erfahrung aufgezeigt werden. Er sagte: »Diese Interviewsache hier ist ein Haufen von –. Ich glaube, es ist eine hinterhältige Art, Information für ein kommerzielles Unternehmen zu bekommen. Ein Abgeordneter stimmt noch immer für den, für den er will.«

Was den Einfluß der Erfahrung betrifft:

Dies wird am besten aufgezeigt durch seine Antwort auf die ihm einige Tage später gestellte Frage, ob er sich an das Interview einigermaßen gut erinnere. Er antwortete: »Habe es fast vergessen« und erläuterte: »Ich weiß nicht – es ging zu einem Ohr rein und zum anderen raus – eine Unterhaltung wie jede andere. Ich würde nichts dabei lernen, wenn ich versuchte, mich zu erinnern.« Als er gefragt wurde, was ihn am meisten an der Tatsache, interviewt zu werden, beeindruckt habe, antwortete er: »Daran beeindruckte mich überhaupt nichts. Sie kam zu einer Zeit, wo wir viel zu tun hatten, und ich mußte zwischen den Kunden antworten auf Fragen, über die ich sechs Monate nachdenken müßte.«

Was den Einfluß des Interviewers betrifft:

In Beantwortung einer Frage, ob die Interviewerin einen anfänglich günstigen oder ungünstigen Eindruck erweckte, sagt er: »Weder-noch, keinen Eindruck« und bemerkt, »ich war nicht beeindruckt. Ich habe schon besser aussehende Damen gesehen.«[11]

Unter Bezugnahme auf diese letzte zitierte Wiederholungs-befragung konstatieren die Autoren, daß der Interviewer den Befragten nicht solcherart beeinflußt zu haben scheint, daß seine Antworten verzerrt wurden, und fügen hinzu, daß, wenn man die Feindseligkeit des Befragten als Verzerrung betrachtet, diese weitverbreitet ist und auch bei jedem anderen Interviewer vorhanden sein würde. Es bleibt noch die Frage nach der Gültigkeit. Die Autoren unterstellen, daß die Antworten des Befragten wegen des Fehlens einer Interviewer-Verzerrung noch verwertet werden könnten, aber die Frage, ob die Ant-

11 *Ibid.*, p. 44.

worten bei einem männlichen Interviewer, mit dem der Befragte sich besser hätte verstehen können, oder bei einem weiblichen Interviewer, der den Befragten aus »anderen« Gründen hätte interessieren können, anders ausgefallen wären, bleibt ein unerforschtes Thema. Das von Hyman *et al.* gesammelte, ausgezeichnete Material zeigt nicht nur die Wichtigkeit von Common-sense-Entscheidungen während des Interviews, sondern auch, daß eine Anzahl von Interviews so eingeteilt sein könnte wie die Mannigfaltigkeit zwischenmenschlichen Austauschs, der im Alltagsleben geschieht. Zum Beispiel:

1. Haben die Handelnden einander absichtlich oder unabsichtlich private Gefühle offenbart?

2. Waren die privaten und öffentlichen Vorstellungen und Gefühle versteckt, und wenn ja, durchschaute der eine oder der andere sie?

3. Gibt es irgendeinen Ausweg für den Befragten oder den Interviewer, wenn der eine oder der andere fühlt, daß die »Wahrheit« nicht offenbart wird und daß die andere Partei nicht »ehrlich« ist? (Dies wird vielleicht in dem letzten, oben zitierten Fall von Hyman *et al.* exemplifiziert, wo sie anmerken, daß der Befragte »auf die explizite Frage, ob die Interviewerin mit seinen Antworten zufrieden schien, antwortete: ›Ja, sie mußte es.‹«)

4. Wenn sich freundschaftliche Beziehungen entwickeln, die sowohl der Versuchsperson als auch dem Beobachter erlauben, sich während der Befragung »entspannt zu fühlen«, affiziert dies die Art, Substanz und Länge der Antworten?

5. Entwickeln sich feindselige Beziehungen, die den Interviewer dazu bringen, das Interview so schnell wie möglich durchzuführen und einige Fragen überhaupt nicht oder zu genau zu prüfen? Kann das gleiche von dem Interviewten gesagt werden?

6. Ist es für den Befragten und den Interviewer möglich, zuinnerst oder auf spontane Art weder freundschaftlich noch feindselig zu sein, sondern die Fragen als Routine zu betrach-

ten, weder als mehr noch als weniger, solange die Themen »vernünftig« erscheinen? Beschreibungen des Interviewers und des Befragten als »vernünftig«, »entspannt«, »kühl«, »interessiert«, »wahrhaftig« usw. sind Äußerungen des Common-sense, insofern sie weder explizit definiert noch mühelos klassifiziert werden als eindimensionale Charakterzüge oder beobachtbare Entitäten.

Um bessere Gültigkeit zu erzielen, könnte der Interviewer sich, sein Verhalten und seine Methode kontrollieren, wenn er die Rollen innerhalb jeder Stufe des Interviews oder mit jeder neuen Interview-Gelegenheit ändern würde. Man achte darauf, was dies bedeuten würde. Jede Versuchsperson könnte das Interview (oder irgendeinen Teil davon) als eine neue Situation wahrnehmen, und dies würde voraussichtlich eine neue Rolle fordern. Abhängig von der Vielseitigkeit des Interviewers, können solche Verfahren die meisten Interviews beherrschen. Nichtsdestoweniger wird die Vergleichbarkeit schwierig sein, wenn der Interviewer nicht die gleichen Stimuli und die gleiche Situationsdefinition dem gesamten Sample von interviewten Versuchspersonen präsentiert. Die Evidenzregeln, denen der Befragte folgt, sind ebenso wichtig wie die, die vom Interviewer angewandt werden zur Entscheidung dessen, was als nächstes gesagt werden wird, wie es gesagt werden wird, wieviel Information gegeben werden wird und in welcher Weise sie vorgelegt werden wird. Die von Hyman *et al.* vorgeschlagene »Phänomenologie des Interviews« ist ein ausgezeichneter Schritt zum Verständnis der Natur des Interviewens, aber sie sollte eine Theorie einschließen, welche sich an die Evidenzregeln der Versuchsperson und die des Interviewers innerhalb des gleichen Begriffsschemas wendet.

»Guter Kontakt« und der Prozeß der Meinungsbildung

Hyman *et al.* betrachten den eben beschriebenen Fall als abweichend von traditionellen Vorstellungen über das, was »gutes« Interviewen sein sollte, und als die Art, wie Verzerrungen eingeführt und vermittelt werden. Dies trotz der extensiven Erfahrung der Interviewer. Bei der Beschreibung des Kontaktproblems präsentieren sie eine Situation, in der alles fast ideal erscheint.

Die Zuneigung wurde definitiv erwidert. Beide Parteien berichteten, daß sie sich gerne besser kennen würden. Die Interviewerin sagte von der Befragten, sie »war so liebenswürdig und freundlich, sie dachte überhaupt nicht daran, ein Geplauder mit einer Fremden zu verweigern«. Ferner äußerte sie über die Befragte: »Wenn sie auch nicht geistig anregt, sind ihre angeborene Güte und ihr Optimismus überaus attraktiv.« Bei der Beschreibung ihrer anfänglichen Reaktion und ihrer Motive beim Interview sagt die Befragte: »Weil sie halt an die Tür kam und eine nette Person zu sein schien und mir einige Fragen zu stellen hatte.«[12]

Weitere Zitate offenbaren positiven Kontakt als gut verwirklicht, aber nicht bis zu dem Punkt, wo er das Interview zu verzerren scheint. Dann bringen die Autoren etwas vor, was darauf hindeuten könnte, daß es doch eine gewisse Verzerrung gab:

Den Äußerungen der Interviewerin zufolge gab es keine Verzerrungen: »Sie fragte mich danach, was ich darüber dächte, Lebensmittel nach Rußland zu schicken. Ich gab meine Meinung nicht preis.« Aber wenn die Befragte auch sagte: »sie *versuchte* nicht, meine Meinung zu ändern«, sagte sie doch auch: »Ab und an fragte ich sie, wie sie etwas empfand, und wir schienen in unseren Empfindungen übereinzustimmen.« Sie berichtete auch, daß die Interviewerin mit ihren Meinungen übereinstimmte, was »eben durch ihre Redeweise« angezeigt wurde. »Es kann natürlich sein, daß sie es nicht tat, aber sie ließ das nicht durchblicken.«[13]

Die Autoren bemerken, daß dieser Fall alle traditionellen Tugenden »korrekten Interviewens« zu haben schien. Was für sie bedeutet:

. . . keine erkennbare Ungleichheit in der Gruppenzugehörigkeit, ausgezeichneter Kontakt, keine Feindseligkeit oder scharfe Divergenz in der Ideologie, bemerkenswerte soziale Interaktion, Bereit willigkeit der Befragten, ihre Rolle und die Anforderungen der Erhebung ernsthaft auf sich zu nehmen, außerdem keine besondere

12 *Ibid.*, p. 46.
13 *Ibid.*, p. 47.

Unsicherheit in ihren Meinungen, explizite Mitteilung verzerrender Tendenzen und einsichtsvolle Handhabung durch die Interviewerin [doch zusammenfassend bemerken sie:] Was ist dann daran falsch? Es war zu gut! Die Identifizierung mit dem Interviewer war zu groß; der Kontakt war zu groß, und die Befragte scheint dahingehend beeinflußt worden zu sein, ihre Antworten mit den Meinungen der Interviewerin in Einklang zu bringen.14

Die Autoren berichten ferner, daß Verzerrungen durch Überidentifizierung vorkommen, weil wir traditionell dahin tendierten, das Problem des »Kontakts« überzubetonen und ihn mit »Liebe« verwechselten. Die Interviewer haben wahrscheinlich auf den Wert des Kontakts zuviel Gewicht gelegt und sollten vielleicht einen etwas größeren Akzent auf eine »geschäftsmäßige« Haltung oder etwas Ähnliches legen. Während wir in diesem wichtigen Punkt sicherlich übereinstimmen können, mag es sein, daß der Befragte in einigen Situationen einem sehr distanzierten Interviewer einfach nicht zu antworten vermag. Aber wir haben keine Vorstellung davon, wie die Verteilung der Typen von Befragten sein würde, wenn wir die Frage stellten: wieviele »Liebe« fordern, wieviele »Distanziertheit« verlangen, wieviele »Feindseligkeit« vorziehen? Hyman *et al.* beschließen diesen Abschnitt mit einer interessanten und meiner Meinung nach richtigen Ansicht, wenn sie sagen:

Der dritte Fallbericht eines Interviews und damit in Beziehung stehenden Materials von den Interviewern legt wieder eine gewisse Modifikation des üblichen Standpunkts nahe. Irgendein Grad von Soziabilität von seiten des Interviewers wird offenkundig benötigt. Irgendein Grad von Kontakt wird offenbar gefordert. Aber es besteht die Notwendigkeit einer gewissen Klärung der Dimensionen und Typen des Kontakts und der wünschenswerten Formen von Soziabilität. Soziabilität, die auf Zudringlichkeit gründet, kann die Orientierung des Befragten auf den Interviewer bis zu dem Punkt anwachsen lassen, wo Verzerrung eher wahrscheinlich ist.15

Obwohl sie es nicht erwähnen, unterstellen sie, daß sowohl die Interviewer als auch die Befragten als soziale Typen betrachtet werden können, und daß sie einander als solche be-

14 *Ibid.*, p. 47–48.
15 *Ibid.*, p. 52.

handeln. Bestimmte Versuchspersonen und einige Beobachter können zwar die den anderen beigelegten Unterstellungen kontrollieren, aber sie können solcherart nicht immer ihre Handlungen kontrollieren oder die Relevanz der Unterstellungen zum Zwecke der kurzen Begegnung suspendieren. Wir stellen fest, daß kontinuierliche situationsgebundene Unterstellungen, Strategien und dergleichen vorkommen, die die Art und Weise beeinflussen, wie die Handelnden miteinander umgehen und ihre wechselseitige Gegenwart bewältigen. Nun sind dies genau die Bedingungen, die im Alltagsleben gefunden werden. Dennoch bleiben diese problematischen Bedingungen von Soziologen im wesentlichen empirisch unerforscht. Verschiedene Romane, Stücke, Literaturkritik und Arbeiten wie zum Beispiel jene von Goffman bilden einige der wenigen Quellen, die die Soziologen als für diese Themen relevantes Material benutzen können. Alles Beweismaterial, einschließlich des von Hyman *et al.* vorgelegten, unterstreicht den problematischen und variablen Charakter des Interviews und des alltäglichen Sozialaustausches. Wiederholen wir: Vergleichbarkeit ist also nicht möglich im Sinne des klassischen Experiments, so daß die gleichen Bedingungen dem gleichen Sample von Versuchspersonen auferlegt würden, in identischer Form und mit vollständigen Kontrollen. Aber mit einer Theorie des sozialen Prozesses können wir dadurch, daß wir wissen, was wir zu erwarten haben, und aufzeichnen, was tatsächlich geschah, wenigstens die Situation besser kontrollieren. Was gebraucht wird, ist eine explizitere und präzisere Theorie, eine, die die allgemeinen sozialen Typen, die in der Gesellschaft zu finden sind, die typischen Arten der vollzogenen Unterstellungen und der interpretativen »Regeln«, die zur Handhabung der wechselseitigen Gegenwart angewandt werden, bezeichnet.

Rollenvorschriften und Interviewer-Rollenvorstellungen in Beziehung zu den Wirkungen, die vom Interviewer ausgehen

Erfüllt man die Rollenvorschriften, die innerhalb einer Untersuchung vorgegeben sind, so sind die darin enthaltenen Probleme nicht leicht zu lösen. Hyman *et al.* geben zum Beispiel an, daß es oft naheliegt, fast automatisch in irgendein Interview-Verhaltensmuster zu fallen; oft ist auf »die ›natürlichen‹ Prozesse im Interviewer, die vermutlich als Ursache von Verzerrung wirksam sind«[16], zuviel Gewicht gelegt worden. Die »natürliche« Verzerrung rührt freilich von der Schwierigkeit her, den Arten typischer persönlicher Begegnungen und Beziehungen zu entgehen, die man im Alltagsleben erfährt. An dieser Stelle wird das Problem sowohl interessant als auch für mehr analytische Verfahren zugänglich. In Kapitel II unterscheiden wir zwischen wissenschaftlichen Handlungsrationalitäten und solchen des Common-sense und sehen, wie keins der beiden Ideale im Alltagsleben aufrechterhalten werden kann, insbesondere nicht der Gebrauch wissenschaftlicher Rationalitäten. Die folgenden Äußerungen der Autoren basieren auf ausgezeichnetem Material über Probleme von Rollenvorschriften und Verzerrung; indem sie die Probleme zeigen, vor die sich einer ihrer erfahrenen Interviewer beim Abhören einer Tonbandaufnahme gestellt sah, wird zugleich das Problem der Anwendung wissenschaftlicher Rationalität veranschaulicht. Man verlangte von ihm, sich in die Rolle des anderen Interviewers zu versetzen und die Antworten auf den benutzten Fragebogen aufzuzeichnen. Auf der Basis solchen Materials notieren Hyman *et. al.*:

Doch die Aufrechterhaltung der vorgeschriebenen Rolle ist nicht immer leicht. Die intensiven Interviews zeigen an, daß zeitweilig ein Konflikt empfunden wird zwischen der Anforderung, wie sie vom Institut festgelegt ist, und dem, was der Interviewer als eine legitime Abweichung empfindet, um bestimmte Probleme bewältigen zu können. Dann kommen Verzerrungen nicht aus Unwissenheit

16 *Ibid.*, p. 53.

vor, sondern weil der Interviewer sich entscheidet, daß er die Regeln verletzen *muß*. So erwähnt M., eben der Interviewer, der oben als derjenige zitiert wurde, der die vorgeschriebene Rolle akzeptierte, ein verborgenes Vergehen während der Durchführung eines Interviews mit einem Ausländer:

»Ich fühlte mich qualifiziert, mit striktester Ehrlichkeit den Sinn zu paraphrasieren. Ich bin mir darüber im klaren, daß dies nicht zu verteidigen ist, also werde ich keinen Versuch dazu machen. Dennoch fühle ich, daß ich, so wie ich handelte, gewissenhaft als ein Interviewer in einer Meinungserhebung auftrat.«17

Das nächste Zitat bezeichnet dann genau das Problem der Verstrickung wissenschaftlicher Rationalitäten mit den Vorstellungen des Common-sense auf seiten des Interviewers:

Die Fallstudien offenbaren solcherart nicht nur die Bedeutung der dem Interviewer vom Institut *vorgeschriebenen* Rolle zur Verhinderung natürlicher verzerrender Tendenzen; sie enthüllen auch die Bedeutung situationaler Zwänge in der Zerstörung der normalen Rolle mit konseqenter Verzerrung. Und es wird gesagt, daß der Interviewer, wenn eine solche Rolle zerstört wird, zu bestimmten Arten verfälschenden Verhaltens gezwungen ist, als einem »Arbeitsmittel«, als einem Mittel, dem Problem gewachsen zu sein.

Darüber hinaus zeigen sie die Bedeutung *idiosynkratischer* Definitionen von der Rolle des Interviewers bei der Herstellung von Verzerrungen. Während die Rolle *vom Institut vorgeschrieben* ist und gewöhnlich aufrechterhalten wird durch verschiedene Kontrollmaßnahmen oder aufgrund der bloßen Akzeptierung durch den Interviewer infolge seiner Kenntnis der Wünsche des Instituts, kann wohl ein Konflikt bestehen mit anderen Definitionen der Rolle, die aus verschiedenartigen Quellen herrühren. Zum Beispiel mag der Interviewer Meinungen darüber haben, was andere Interviewer oder sein unmittelbarer Forschungsleiter oder bestimmte Befragte als angemessenes Interviewverhalten betrachten. Während wir keine Evidenz hinsichtlich solch direkter *sozialer* Einflüsse auf die Definition der Rolle haben, verfügen wir über eine Menge von Belegen dafür, daß die Definition häufig von bestimmten *Annahmen* herrühren kann, die der Interviewer über die Natur von Einstellungen, über die Natur des Verhaltens des Befragten oder über die Qualität der Erhebungsverfahren hegt, obwohl die Möglichkeit besteht, daß sie auch einen Befriedigungswert für die diversen Bedürfnisse haben.18

17 *Ibid.*, p. 53.
18 *Ibid.*, p. 55.

Die Autoren legen zusätzliches Material vor, das diesen Punkt treffend dokumentiert, indem es in jedem Fall zeigt, wieviel Ellbogenfreiheit es für den Interviewer gibt, der wie der Mensch im Alltagsleben dazu neigt, alle undokumentierten Vorstellungen und Gedanken, die ihm in den Sinn kommen, zu verwenden. Schlagend demonstriert das Material die Triftigkeit der theoretischen Behauptungen von Schütz über die Notwendigkeit, die Struktur von Kommunikation im Alltagsleben zu verstehen. Das Material zeigt auch, daß man unmöglich die echten Bewegungen, Gedanken, Äußerungen und dergleichen des Interviewers und des Befragten oder irgendwelcher zweier Handelnder spezifizieren könnte. Zusätzlich zu dem Verhalten, welches durch formale Rollen und formalen Status nicht spezifiziert ist, strukturieren die situationsgebundenen Determinanten einer sozialen Welt von stetig wechselnden Bedeutungen kontinuierlich den problematischen Charakter von Interaktion. Forschungsvorschriften fordern, daß der Interviewer irgendwie operiere wie ein Computer mit all den äußeren Anzeichen eines Mitmenschen; aber so weit wir wissen, finden es die Personen im Alltagsleben unmöglich, sich entweder als beides zu präsentieren oder Verhaltensweisen anderer aufzunehmen (gleichgültig in welcher Form), die den strikten Vorschriften wissenschaftlicher Befragung entsprechen. Hierzu Hyman *et al.*:

Deutlich ist, daß die unterschiedlichen Rollen, die Interviewer für sich hinsichtlich der Prüfung, Kontaktnahme, Aufzeichnung etc. definieren, zum Teil die Differenzen in den erhaltenen Resultaten erklären. Zweifellos könnte man auch eine fruchtbare Untersuchung durchführen über die allgemeine Auffassung des Interviewers von seinem Job, um die Streuung in den von Interviewern gegebenen Definitionen zu determinieren. Während eines Interviews muß sich der Interviewer in eine *Mannigfaltigkeit* von Verhaltensarten einlassen, und während die Rolle in bestimmten Hinsichten vorgeschrieben sein kann, mag es vielleicht sogar Aspekte seines Auftretens geben, für die überhaupt keine Definitionen vom Institut festgesetzt worden sind, und andere Aspekte, in denen die Vorschrift nicht eindeutig ist. Wo es in erster Linie keine umfassende standardisierte Definition gibt, ist es nur natürlich, daß die Interviewer variieren.[19]

19 *Ibid.*, p. 57.

Die Autoren schlagen jedoch vor, daß bessere Schulung oder Feldinstruktionen entwickelt werden sollen, um das Interviewen zu verbessern und Definitionen zu standardisieren, oder für explizitere Definitionen zu sorgen. Die Interviewer würden dann die feinen Details und die Variabilität, die alltägliche Interaktion annehmen kann, genauer kennen; mit anderen Worten, es wäre eine Kenntnis der Rollenübernahme als eines sozialen Prozesses zu begründen.

Aber die Sicht der Autoren sollte erweitert werden. Zum Beispiel kann das Interview, besonders in Laboratoriumssituationen, selbst eine Form sein, bei der sozialer Prozeß untersucht wird. Weiterhin sollte jede Feldstudie die Merkmale einschließen, die erlauben, die grundlegende Theorie über sozialen Prozeß gleichzeitig mit der Durchführung der konkreten Forschung zu testen. Es ist zweifelhaft, ob der Interviewer dazu geschult werden kann, die Prinzipien des sozialen Prozesses beim Interviewen buchstäblich zu benutzen, denn dies würde bedeuten, daß man ihn wie einen Computer programmiert. Das Programm würde idealiter all unsere Kenntnis über sozialen Prozeß beinhalten und auch alle möglichen Handlungen antizipieren in jedem situationalen Kontext, in dem Rollenvorschriften nicht explizit sind. Aber in der endgültigen Analyse würde jeder solche Versuch den Interviewer in die lebende Verkörperung eines Computers transformieren müssen, mit anderen Worten, er würde eine vollständige Rationalisierung des Handelnden notwendig machen. Wir wünschen jedoch einen Interviewer, der vollkommen flexibel ist in Laune, Affekt, Erscheinung etc., in seiner Ich-Präsentation als ein Interviewer; all dies, während er die standardisierte Information, die von einem standardisierten Schema erfordert wird, auf eine Weise gewinnt, die alle idiosynkratischen, situationalen und problematischen Merkmale in Rechnung stellt. Wäre der Interviewer wie ein Roboter mit eingebauter Sprech- und Bandaufnahmeausstattung, so würde dies Standardisierung garantieren und dem Forscher die Sicherheit geben, daß der Versuchsperson standardisierte

Stimuli dargeboten werden, aber es würde nicht die geringste Flexibilität in der Ich-Präsentation zulassen.

Es liegt auf der Hand, daß präzisere theoretische Konzepte und detailliertes Wissen über den grundlegenden sozialen Prozeß uns dazu befähigen würden zu verstehen, wie der Interviewer die in dem Interview gesammelten Daten verändert, und wie er den Einflüssen des Befragten gewachsen sein könnte. Aber der Interviewer kann seine eigene persönliche Ich-Präsentation nicht vollkommen ausschließen, welche andere Ausstattung ihn auch immer dazu befähigen mag, seine Anwesenheit vor anderen zu handhaben. Der Interviewer, der so gewandt ist, daß er »identischen« Kontakt gewinnen, »identische« soziale Distanz und Unparteilichkeit aufrechterhalten, »identisches« Interesse an der Versuchsperson zeigen kann und so weiter, so daß er die Voraussetzungen von Standardisierung erfüllt, die den Forscher in die Lage versetzen wird, wirklich Messungsverfahren zu verwenden, kann nur ein konstruierter Typus sein, ein Modell des idealen Interviewers.

Dic von Hyman *et al.* beschriebenen erfahrenen Interviewer spiegeln dieses grundlegende Dilemma des Wissenschaftlers wider, der mit seinen Daten auf engem Spielraum in einem situationalen Kontext interagiert. Hyman *et al.* geben immer wieder zu, daß »dem Interviewer als einem Mitglied der Gesellschaft irgendeine Grundausstattung von Rollenerwartungen mitgegeben ist«.[20] Das Problem ist der Besitz einer Theorie, die den Forscher in die Lage versetzt zu bestimmen, wieviel von dem, was »mitgegeben« ist, während eines Interviews ausgeschaltet werden kann und inwieweit diese »Ausschaltung« die erhobenen Daten affiziert. Die Autoren sind sich dessen bewußt, daß auf das Fragenstellen und Antwortenaufzeichnen zuviel Gewicht gelegt worden ist, und daß der Interviewer »die vielen Urteile, die *er* in dem Prozeß fällte«[21] übersieht. Aber wie vermeiden wir diese verzerrenden Urteile?

20 *Ibid.*, p. 63–64.
21 *Ibid.*, p. 66.

Können sie in wissenschaftliche Handlungsrationalitäten transformiert werden? Man nimmt an, daß bessere Schulung sowie detailliertere und standardisiertere Schemata diese Verzerrungen »korrigieren« können. Wenn Hyman *et al.* konstatieren, daß sie ». . . eine fruchtbare Theorie über die Mechanismen, die der Verzerrung zugrunde liegen, die Barrieren für Verzerrung und die Korrelate von Verzerrung . . .« suchen, befinden sie sich solcherart auf der Suche nach systematischen Wegen, Interviewer zu schulen, die keine Handlungsrationalitäten des Common-sense verwenden werden. Die Autoren machen sich auch Gedanken über einen Mangel an Kontakt, »Nichtverwicklung«, Apathie, Egozentrik, heftige Feindseligkeit, Zynismus oder allgemeine Distanziertheit auf seiten des Befragten gegenüber dem Interview. Distanziertheit mag zwar häufig zu einer Reduktion oder einem Nichtvorhandensein mancher Art von Verzerrung führen und insofern als »eine gute Sache« betrachtet werden. Auf der anderen Seite jedoch wird sie auch als »keine gute Sache« gesehen, unter dem Aspekt einer »langfristigen öffentlichen Unterstützung der *Institutionen* des Interviewens, der Umfrageforschung und der demokratischen Entscheidungsbildung, oder unter dem Aspekt der Ernsthaftigkeit der in Erhebungen geäußerten Gefühle. Sie ist keine gute Sache im Sinne der Wertsysteme menschlicher Wesen.«[22] Gute persönliche Beziehungen sind notwendig für dauerhafte positive öffentliche Beziehungen und wechselseitige Hilfe wie auch für die Aufrechterhaltung einer lebensfähigen Demokratie.

Es wird impliziert, daß Personen im Alltagsleben »rationale«, »verantwortungsvolle«, »interessierte« Bürger sein sollten, und wie unser Interviewer sollten sie in ihrer gegenseitigen Beziehung den Wechselfällen der ihnen innewohnenden Common-sense-Weisen (Mechanismen, die den Verzerrungen zugrunde liegen) nicht erliegen. Solcherart sind die Routinemerkmale des Alltagslebens »Probleme«, weil sie Hindernisse für »gutes Interviewen« konstituieren. Eine solche Formulierung tendiert zu der Forderung, daß sowohl der Interviewer

22 *Ibid.,* p. 69.

als auch der Befragte Mechanismen vermeiden sollten, die Verzerrungen im alltäglichen sozialen Austausch hervorbringen. Wenn aber die »natürliche« oder »normale« Orientierung des Befragten und des Interviewers an ihren Umgebungen auf solchen der »Verzerrung zugrundeliegenden Mechanismen« basiert, dann würde das »ideale« Interview die hervorgerufenen Antworten entstellen. Ich nehme an, daß wissenschaftliche Distanziertheit in sozialwissenschaftlichen Feldsituationen relativ ist zu der Situationsdefinition welche die Handelnden geltend machen. Die Untersuchung solcher Schwierigkeiten sagt uns etwas über die Struktur des Alltagslebens wie auch über die Probleme wissenschaftlicher Erhebung. Die Distanziertheit, die erreicht werden kann, beruht in der Fähigkeit zu wissen, was nach Durchführung der Feldforschung geschieht. Wir mögen nicht in der Lage sein, jede Frage und jede Gruppe von Antworten zu standardisieren, aber es mag sein, daß wir Verzerrungen finden, die das Interview nicht beeinträchtigen und unvermeidbar sind, und Verzerrungen verwenden, die den Informations- und Kommunikationsfluß erleichtern, solange wir uns ihrer Anwendung und Wirkung bewußt sind und dadurch eine gewisse Kontrolle über sie haben, daß wir wissen, wie sie später zu korrigieren sind.

Die folgende Veranschaulichung von Hyman *et al.* bringt Material über die »kognitive Verzerrung« (Vorstellungen über die Natur von Einstellungen) von seiten des Interviewers.

So gaben unter jenen Interviewern, die vorverschlüsselte Fragen vorzogen, 25 Prozent als Begründung an: »die Befragten sind nicht redegewandt genug, sie geben keine konsistenten Antworten, sie können ihre Meinungen nicht begründen.« Unter jenen, die offene Fragen bevorzugten, behaupteten 35 Prozent, daß »dies dem, was die Menschen wirklich denken, näher kommt, und daß es den wirklichen Gefühlen der Menschen entspricht«; und weitere 18 Prozent gaben den deutlich in Beziehung dazu stehenden Grund an: »der Befragte fühlt sich freier und erhält eine bessere Chance, sich zu äußern«.23

23 *Ibid.*, p. 80.

Die erfahrenen Interviewer sagen uns, daß die Meinungen der Befragten Merkmale des Common-sense tragen. Dies ist so, als ob man sagte, daß der Interviewer selten einen Befragten trifft, der immer interessiert, explizit und logisch ist in bezug auf den Fragebogen und seine Antworten, und daß Fragen, die nicht offen sind, die »wirklichen Gefühle« der Versuchsperson wohl nicht offenbaren. Die von Hyman *et al.* beschriebenen Interviewer halten ziemlich viel für selbstverständlich, sie ignorieren wissenschaftliche Regeln und substituieren Stereotype, verwenden alltägliche Rollenvorschriften und Erwartungen, versuchen den Informanten zu »erziehen«, haben das Gefühl, sie seien zu Besuch und plauderten mit dem Befragten, und lassen sich in eine Unzahl anderer Common-sense-Aktivitäten ein. Ihr Interesse an den Versuchspersonen, ihre Sympathie für sie, ihre Verärgerung über die Ignoranz des Befragten oder den Mangel an Interesse an den Themen, all dies demonstriert die Relevanz von Common-sense-Rationalitäten für die Art, wie erfahrene Interviewer ihre Arbeit durchführen. Jede Kritik an Hyman *et al.* bezieht sich also nicht auf ihre ausgezeichneten Daten oder viele ihrer allgemeinen Interpretationen dieser Daten, sondern auf ihre Mittel, die Situation zu »korrigieren«. Solche »Korrekturen« setzen eine Theorie voraus, die die Kategorien des Handelnden zur Interpretation seiner Umgebung und die Kategorien des Wissenschaftlers zur Auswertung der gleichen sozialen Szene spezifiziert. Wenn der Interviewer von einer Tätigkeit in Anspruch genommen ist, die den Gebrauch von wissenschaftlichen wie auch von Common-sense-Rationalitäten erfordert, tritt eine grundlegende Unvereinbarkeit auf, die nicht ohne die Änderung wissenschaftlicher Verfahrensregeln gelöst werden kann. Hyman *et al.* haben keine Theorie, die diese grundlegende Diskrepanz eingesteht. Wenn es keine Theorie gibt, die sagt, daß die Weltwahrnehmung des Handelnden vage, nicht eindeutige, retrospektiv-prospektive, zufällige Merkmale hat, dann werden Äußerungen von Befragten und von Interviewern, die diese Merkmale tragen, als »Fehler« oder als

»inadäquat« behandelt werden. Hyman *et al.* dokumentieren dies wiederholt, wenn sie den Befragten oder den Interviewer als »undemokratisch«, »voreingenommen«, »teilnahmslos« und so weiter bezeichnen. Das Problem wird niemals als ein unvermeidliches Dilemma der Feldforschung gesehen.

Eine andere Auffassung des Interviews

Wenden wir uns dem Buch *Dynamics of Interviewing* von Kahn und Cannell zu, so finden wir eine Einstellung zum Interview, die von der Hymans *et al.* verschieden ist, und eine explizitere Bemühung um grundlegende Theorie. Ihre Einstellung wurzelt in kognitiven Theorien der Psychologie, und obwohl sie der von Hyman *et al.* bezogenen »phänomenologischen« Position ähnlich ist, tendiert sie dahin, eine klinische Sicht des Handelnden darzubieten. Während also ihre Position mit der von Hyman *et al.* vereinbar ist, unterscheiden sie sich in der Art und Weise, wie sie das Interviewen charakterisieren. Sie verwenden eine nützliche Dichotomie zwischen rationalen und emotionalen Kräften zur Erklärung der Verhaltensmotivation. Eine kurze Beschreibung wird geliefert, um eine Situation zu charakterisieren, in der das Verhalten einer hypothetischen Versuchsperson dem rationalen Modell entspricht. Indem sie gegen den Gebrauch eines rationalen Modells zur Erklärung menschlichen Verhaltens protestieren, konstatieren sie:

Diese Inadäquanz ist dem Begriff des rationalen Menschen inhärent und wird sehr deutlich in den Versuchen jener offenbart, die diesen Begriff benutzen, um »irrationales« Verhalten zu erklären, Verhalten, das den manifesten und angegebenen Zielen des Individuums zu widersprechen scheint. Solches Verhalten wurde damit begründet, daß es von inadäquater Information herrühre, daß das Individuum gelegentlich eine falsche Auffassung von den Handlungen habe, die in seinem Eigeninteresse liegen. Der Prozeß, in dem ein Mensch entscheidet, ob er dies oder jenes kaufen soll, sei ein einfaches Sichten und Abwägen ökonomischer Alternativen auf rationaler Basis, und wenn seine Wahl ökonomisch »inkorrekt« war, so nur deshalb, weil er falsche Informationen bekommen habe. In solch einer Erklärung wird die Komplexität von Motivzusammenhängen, die Konflikte zwischen den verschiedenen Zielen einer Person, weitgehend ignoriert. Am wichtigsten ist vielleicht, daß emotionale Faktoren, unerkannte Bedürfnisse und Triebe und zwischenmenschliche Einflüsse aus dem Begriffsschema des rationalen Menschen ausgelassen werden.24

Kahn und Cannell definieren die Situation nicht als aus Verhaltensregeln des Common-sense bestehend, um den motivierten Charakter sozialen Handelns zu erklären. Eher als durch die kulturell definierten Bedeutungen, die im Verlauf der Interaktion mit Objekten und Ereignissen verknüpft sind, ist Verhalten eine Funktion von Haltungen, Motiven, Trieben, Bedürfnissen und der psychologischen Wahrnehmung der Umwelt. Es gibt keine klaren Angaben über die Rolle soziokultureller Faktoren. Die grundlegenden erklärenden Variablen werden *innerhalb* der Persönlichkeit des Handelnden lokalisiert. Die Position, die ich eingenommen habe, unterscheidet sich darin, daß die erklärenden Variablen in der sozialen Szene des Handelnden lokalisiert sind.

Der Unterschied zwischen der von Hyman *et al.* und der von Kahn und Cannell vertretenen Anschauung und der hier vertretenen Position liegt in der Art, wie unsere respektiven Handelnden konstruiert sind. Weder Hyman *et al.* noch Kahn und Cannell machen die »Regeln« oder »Normen« des Alltagslebens zum entscheidenden Merkmal. Die vorliegende Stellungnahme weist solchen »Regeln« »kausalen« Status zu. Dies bedeutet operational, daß die Manipulation der Umwelt durch den Forscher die Situationsdefinition des Handelnden ändert. Begriffen wie Haltungen und emotionale Kräfte wird von Hyman *et al.* wie von Kahn und Cannell ein kausaler Status zugeschrieben, während »Regeln« und kulturelle Bedeutungen als selbstverständliche Elemente sozialer Interaktion behandelt werden.

Das von Hyman *et al.* vorgelegte Material ist reich an subtilen Details, die in den Wiederholungsbefragungen mit

24 Kahn und Cannell, *Dynamics of Interviewing, op. cit.*, p. 26.

erfahrenen Interviewern offenbart werden. Auf lockere aber effektive Weise haben sie eine Variante der phänomenologischen Methode benutzt, um den inneren Prozeß des Interviews herauszuarbeiten. Sie fangen nicht mit einem theoretischen Rahmen an, aber sie haben ein direktes empirisches Verfahren verwandt, um auf die Natur des sozialen Prozesses zu schließen. Kahn und Cannell andererseits suchen nicht so sehr die Elemente einer Theorie des Interviews zu entdecken, sie beginnen vielmehr mit einer Theorie des Verhaltens und suchen aufzuzeigen, daß das Interview bloß ein spezieller Fall ist, der durch die Theorie gedeckt wird.

Die Arbeiten von Hyman *et al.* und von Kahn und Cannell sind ausgezeichnete Beispiele zweier komplementärer Einstellungen zu Problemen des Interviews und der Feldforschung. Wir können auf ihrer Arbeit aufbauen, wenn wir die Relevanz – präziser, den notwendigen Charakter – von Handlungsrationalitäten des Common-sense für das Verständnis des grundlegenden sozialen Prozesses zeigen und von da das Interview als eine Variante von Interaktion im Alltagsleben betrachten. Dies erfordert, daß wir zunächst die implizite Theorie bei Hyman *et al.* und die explizitere theoretische Position von Kahn und Cannell klären. Unsere grundlegenden Ziele bleiben: (1) die in den Forschungsmethoden inhärenten theoretischen Voraussetzungen zu zeigen und (2) aufzuzeigen, wie grundlegende soziale Theorie durch methodologische Interessen geprüft und angereichert wird.

Das Interview als eine Theorie der Interaktion

Das von Hyman *et al.* vorgelegte Material ist nicht in einer Weise organisiert, die es theoretischer Systematisierung oder Klärung leicht zugänglich macht. Die oben angeführten Zitate enthüllen jedoch die allgemeine Natur ihrer theoretischen Position. Sie verweisen zur Untermauerung ihrer Theorie auf Sekundärliteratur vorwiegend von Sozialpsychologen wie

Icheiser, Asch, Krech und Crutchfield und Frenkel-Brunswik, um zu zeigen, wie allgemeine theoretische Vorstellungen aus der Sozialpsychologie ihre Befunde über ihre erfahrenen Interviewer erklären können. Sie erhellen zum Beispiel, wie Individuen dahin tendieren, organisierte und sinnvolle Bilder von ihrer Umwelt zu suchen, und wie sie Stereotype und Erwartungen entwickeln und benutzen, die sich trotz augenfälliger Widersprüche hartnäckig behaupten. Die theoretischen Bezugnahmen werden nicht als zu prüfende Hypothesen angeboten, sondern als Erklärungen für Probleme der eigenen Arbeit, die erfahrene Interviewer in Wiederholungsbefragungen entdecken. Im folgenden bringen wir einige der Aussagen, die sie aus der Literatur zitieren:

1. So hat Icheiser die Häufigkeit der Meinung betont, die »Tendenz, die Einheitlichkeit der Persönlichkeit zu überschätzen« gebe den Grund an für die Mißverständnisse zwischen den Menschen. Er weist auch darauf hin, daß das Wirken einer solchen Meinung wohl das Verhalten nicht nur des Wahrnehmenden, sondern auch der anderen Person, in unserem Fall des Befragten, beeinflussen könnte. Er sagt, daß es eine »Tendenz anderer Menschen gebe – ob bewußt oder unbewußt –, ihr Verhalten in einem gewissen Grad nach den Erwartungen und Bildern, die wir in unseren Köpfen über ihre Persönlichkeit hegen, zu formen und auszurichten«.

2. Viele Psychologen haben die universelle Tendenz der Menschen betont, ihre Wahrnehmungen zu organisieren und sinnvoll zu machen. Zum Beispiel sprach Bartlett von einem »Bemühen um Bedeutung«, und Asch zeigte experimentell, wie fundamental es ist, aus einzelnen Informationsbrocken einen organisierten vereinheitlichten Eindruck von anderen zu entwickeln.

3. Die Psychologen dürften sich den Rollenerwartungsprozeß als eine Veranschaulichung des fundamentaleren Gesetzes vorstellen, daß die Wahrnehmung eines Teiles durch die Eigenschaften des Ganzen, in dem es enthalten ist, determiniert ist. So konstatieren Krech und Crutchfield in Anwendung dieses Prinzips auf die Wahrnehmung von Individuen: ». . . wenn ein Individuum als ein Mitglied einer Gruppe erfaßt ist, wird die Wahrnehmung jedes jener Charakteristika des Individuums, die mit den Charakteristika der Gruppe übereinstimmen, durch seine Gruppenmitgliedschaft affiziert.« Die Soziologen schreiben solchen Erwartungen einen fundamentalen Charakter zu, indem sie Regelmäßigkeiten des Verhaltens in Entsprechung zu Gruppenmitgliedschaften sehen und Erwartungen

in bezug auf das Verhalten von Personen in gegebenen Positionen oder Gruppen, als Teil von sozialer Realität, fast als eine Vorbedingung von Gesellschaft verstehen. Dem Interviewer ist als einem Mitglied der Gesellschaft irgendeine Grundausstattung von Rollenerwartungen mitgegeben.[25]

Die Äußerungen von Hyman *et al.* und die Literatur, die sie über die Natur des grundlegenden sozialen Prozesses im Interview anführen, können als eine Reihe von Aussagen darüber gelesen werden, wie sich Interviewer und Befragter den gleichen Merkmalen gegenüber sehen, mit denen alle Personen in sozialer Interaktion konfrontiert sind. Diese Aussagen unterstützen die Ansicht, daß das Interview immer variable Bedeutungsstrukturen enthalten wird, die jede soziale Interaktion beeinflussen, selbst wenn die eine Partei (der Interviewer) oder die andere Partei (der Befragte) darin geschult ist (oder sich selbst darin geschult hat), ihre Präsenz vor anderen sorgsam zu kontrollieren, um die Arten von Verzerrung und schädlichen Einflüssen, die von Hyman *et al.* so schlagend demonstriert werden, zu vermeiden. Unabhängig davon, wieviel Gewicht auf Schulung und standardisierte Schemata gelegt wird, ist solcherart das Material, das Hyman *et al.* vorlegen, überzeugend in seiner Demonstration des Vorhandenseins von Bedeutungsstrukturen, die in idiosynkratischen, situationalen und differentiellen kulturellen Verhaftungen und Definitionen verankert sind. Die Stereotypisierung solcher Meinungsstrukturen würde die Interviewverfahren steril machen und frei von eben den Charakteristika, die sie zu einer grundlegenden Datenquelle und einem Teil sozialer Interaktion und Kommunikation im Alltagsleben machen.
Kahn und Cannell, die ein anderes Variablensystem benutzen, kommen im folgenden zu einem ähnlichen Schluß:
1. Menschliches Verhalten ist auf Ziele gerichtet.
2. Da das Bedürfnis oder Verlangen eines Individuums an ein spezifisches Ziel gebunden ist, welches es als ein Mittel zur Befriedigung des Bedürfnisses betrachtet, werden in ihm bestimmte Kräfte erzeugt, die es auf das Ziel hinbewegen.

25 *Interviewing in Social Research, op. cit.*, p. 59, 63–64.

3. Diese Kombination von Bedürfnis im Individuum und wahrgenommenem Ziel ist das, was wir ein *Motiv* nennen.

4. Verhalten tritt nur ein, wenn ein Individuum einen Weg sieht, der zu einem Ziel führt, das zu erreichen es motiviert ist.

5. Oft ist mehr als *ein* Weg für das Individuum sichtbar, der einen gewissen Grad von Zielversprechen für es beinhaltet.

6. Verschiedene dem Individuum zugängliche Wege können sich in dem Ausmaß unterscheiden, in dem sie seine Ziele befriedigen werden.

7. Welchen der verschiedenen möglichen Wege ein Individuum wählt, wird von dem Ausmaß oder dem Grad von Zielversprechen abhängen, den jeder zu beinhalten scheint (siehe Prinzip 6 oben), und auch von den Schwierigkeiten oder Barrieren, die ein Individuum beim Beschreiten eines gegebenen Weges wahrnimmt.

8. Wahrnehmungen sind individuell; das heißt, die Menschen sehen die Dinge verschieden, und was eine Person sieht, hängt zum Teil ab von ihr selbst, ihrer Persönlichkeit und der von ihr gemachten Erfahrung.

9. Individuelle Differenzen in der Wahrnehmung können zum großen Teil mittels des psychologischen Feldes des Individuums und insbesondere mittels seiner Bedürfnisse und Ziele verstanden werden.

10. Wenn wir ein Objekt oder eine Situation wahrnehmen, müssen wir sie irgendwie auf Dinge beziehen, die schon in unserer Erfahrung sind. Jede neue Situation muß im Rahmen der von uns gemachten Erfahrung verstanden werden, selbst wenn wir so die ganze Komplexität und Bedeutung einer neuen Situation nicht zu erfassen vermögen. Der Prozeß der Wahrnehmung involviert die systematische Modifikation und Verdrehung einer Situation auf eine Weise, die sie uns verständlicher macht und kongruenter mit unserer Erfahrung und unseren Erwartungen.

11. Immer wenn das psychologische Feld einer Person solcherart ist, daß motivierende Kräfte in entgegengesetzte Richtungen auf sie einwirken, erfährt sie Gefühle der Anspannung. Solche Gefühle sind unerfreulich und schaffen eine spezifische Motivation, die Unentschiedenheit zu beheben und die Spannung zu erleichtern.[26]

Die Bedeutung dieser 11 Prinzipien für das Interview wird im folgenden Absatz genau bestimmt:

Wenn das Interview ein Produkt von Interaktion ist, was wird dann aus der bequem einfachen Vorstellung, daß das ideale Interview etwas ist, das von der Seele des Befragten zum Notizbuch des Interviewers hinüberwechselt, ohne unterwegs irgendwelchen

26 Kahn und Cannell, *op. cit.,* p. 34–38.

affizierenden Einflüssen zu begegnen? Und was wird aus der daraus folgenden Vorstellung, daß jedes Überbleibsel von Interviewer-Einfluß im Interviewprozeß Verzerrung konstituiert und um jeden Preis vermieden werden muß? Die Antwort auf diese Fragen ist, daß sie einen Begriff von Interview und Befragtem und von Interviewerrollen implizieren, der durch die interaktionale Analyse, die wir gerade gemacht haben, verworfen wird. Dieser Begriff betont in erster Linie die negative Funktion des Interviewers: daß er nicht beeinflusse, was der Befragte sagt. Was wir bei der Rolle des Interviewers zu betonen vorschlagen, ist die Wichtigkeit, den Prozeß von Interaktion zwischen ihm und seinem Befragten auf eine solche Weise zu kontrollieren und zu dirigieren, daß die grundlegenden Ziele des Interviews erreicht werden.[27]

Während Hyman *et al.* uns Beweismaterial liefern, welches das grundlegende Dilemma des Interviews zwischen formaler Zuverlässigkeit und materieller Gültigkeit schlagend demonstriert, legen Kahn und Cannell Material vor, welches den inhärenten Charakter der Diskrepanz eingesteht. Ein Eingeständnis dieses Dilemmas bedeutet, nach »erfolgreichen« Interviews zu suchen trotz der bekannten Einschränkungen und Verzerrungen. Die theoretischen Einsichten und praktischen Rezepte für die Anknüpfung einer »erfolgreichen« Beziehung mit einem Befragten, für ihre Aufrechterhaltung, um die Kommunikation zu fördern und bestimmte Arten von Information zu erlangen, und schließlich dafür, die Szene intakt zu verlassen, um nicht die Möglichkeit einer Rückkehr zu verbauen, unterstreichen die grundlegenden Erfordernisse für die Erreichung eines Verständnisses stabiler sozialer Beziehungen und damit stabiler sozialer Ordnung. Personalabteilungen in komplexen Organisationen; Menschen mit bestimmten Berufen, wie zum Beispiel Richter, Ärzte, Sozialarbeiter, Psychologen; öffentliche Organe, wie zum Beispiel die Polizei, die Bewährungshilfe, die Kinderwohlfahrt; und schließlich Forschungspersonen, wie zum Beispiel Marktforscher, Umfrageforscher sowie Universitätsprofessoren und Institutsdirektoren – sie alle benutzen das Interviewverfahren und zeigen damit, daß es ein Routineverfahren im Alltags-

27 *Ibid.*, p. 59.

leben geworden ist. Die Untersuchung des Interviews *an sich* durch den Sozialwissenschaftler liefert ein weiteres Mittel zum Verständnis sozialer Ordnung und sozialer Organisation. Die von Hyman *et al.* und von Kahn und Cannell vorgelegten Materialien, insbesondere die wörtlichen Interviews, die in dem letzteren Band enthalten sind, zeigen die Unterschiede zwischen professionellen und nichtprofessionellen Interviewern bei der Suche nach Information von Befragten. Diese Differenzen unterstreichen, wie unmöglich es für den Interviewer ist, seine Fragen, seine Eigen-Rolle und allgemeine Beziehungen mit dem Befragten zu programmieren. Die in den folgenden Feststellungen zusammengefaßten »natürlichen« oder unvermeidbaren Probleme sind grundlegend für das Interview und für Routineaustausch im Alltagsleben.

1. Die Natur der Antworten hängt im allgemeinen von dem zu Beginn der Beziehung entwickelten Vertrauen ab, von Statusdifferenzen, von der differentiellen Wahrnehmung und Interpretation der Fragen und Antworten, von der durch den Interviewer ausgeübten Kontrolle und so weiter. Die Gültigkeit des Fragebogens wird eine variable Bedingung innerhalb von und zwischen Interviews.

2. Antworten nach Konsistenz und Tiefe zu kontrollieren, kann zu Unbehaglichkeits- und Vermeidungsverhaltensmustern auf seiten des Befragten führen. Vorausgesetzt, daß »Nachkontrollieren« oder Überprüfen von Antworten ist minimal oder wird vermieden, wenn der Eindruck entsteht, daß es das Interview sprengen würde, so kann die Unterhaltung durch widersprüchliche Phasen fortfahren, und keine Partei kann sich dessen bewußt sein, oder eine Partei kann der anderen entgegenkommen, um ein »höfliches« Verhältnis aufrechtzuerhalten.

3. Sowohl der Befragte als auch der Interviewer werden beständig Meinungen zurückhalten; vieles bleibt unausgesprochen, wenn auch der Interviewer einen Punkt explizit verfolgen mag. Direkte Konfrontation mit Themen, über die Material zurückgehalten wird, kann sowohl für den Befragten

als auch für den Interviewer peinlich sein, auch wenn der Interviewer über den Verlauf des Interviews eine bessere Kontrolle haben mag.

4. Das Interview repräsentiert Interaktion, in der Bedeutungen problematisch bleiben, auch wenn es mit vollem Wissen von beiden Seiten beabsichtigt ist, Bedeutungen, Intentionen und mögliche Handlungsverläufe seitens des Befragten zu klären. Die Ziele des Forschers sind häufig den Forderungen höflichen Gesprächs untergeordnet.

5. Die Basis zur Erzielung von Bedeutungen, von Wissen verläßt sich – selbst wenn die Basis oder die Arten von Bedeutungen und Wissen technisch sind – kontinuierlich auf die Sinngebungen des Common-sense. Der Interviewer kann unmöglich seine eigenen Antworten im Detail nachkontrollieren und die Prüfung einer Hypothese während des Interviews verfolgen; er ist dazu gezwungen, Momenturteile zu fällen, Schlußfolgerungen zu ziehen, seine Ansichten kundzutun, Material zu übersehen und dergleichen, und er mag zu dem Nachweis fähig sein, wie oder sogar warum Kontrolle und Hypothesentest nur post factum gemacht wurden. Der Interviewer kann den Schwierigkeiten von Interpretationen und Handlungen des Alltagslebens nicht ausweichen. Die »Regeln« des Common-sense gefährden den echten Hypothesentest, aber sie sind notwendige Bedingungen, um die gewünschte Information herauszubekommen.

Interview und Messung

Wenn das Interview Information hervorbringt, der es an Verläßlichkeit und Gültigkeit mangelt, weil die Information durch die Interpretationsregeln des Common-sense modifiziert ist trotz der Bemühungen, Interviewer darin zu schulen, sich »liebenswürdig« zu verhalten und »adäquate« soziale Beziehungen zu simulieren, dann wird die auferlegte Messung die differentiellen Zuschreibungen, die am Charakter der erhaltenen Daten mitwirken, widerspiegeln müssen. Wenn wir jedes

Interview als eine Sequenz von Handlungen behandeln, die wissenschaftlichen Verhaltensregeln nicht entsprechen, dann können wir uns jeden Interviewer als einen Produzenten einer Reihe von Common-sense-Ereignissen vorstellen, was viele rationale Merkmale objektiver wissenschaftlicher Forschung modifiziert hat. Das Interview, als eine Menge von Handlungen zur Prüfung spezifischer Hypothesen über substantielle Dinge, überfordert konventionelle Messungsvorrichtungen, weil die Messungstechnik uns zwingt, »identische« Interviews mit »identischen« Fragen und Antworten anzunehmen. Jedes Interview (unabhängig davon, ob es standardisierte oder unstrukturierte Fragen hat) erfordert Verschlüsselung, was Identitäts- oder Äquivalenzklassen unter weitgehend differierenden Handlungen, interpretierten Fragen und Antworten voraussetzt. Jede Menge von Äußerungen ist an eine bestimmte Zeit gebunden und kann nicht mit einer anderen Menge von Äußerungen in Beantwortung der gleichen Frage gleichgesetzt werden, wenn nicht gezeigt oder vorausgesetzt werden kann, daß die gleichen oder ähnliche Bedingungen jedes Ereignis begleiteten.

Welches sind die Bedingungen, die die Konstruktion von Äquivalenzklassen erlauben würden? Die Beantwortung dieser Frage erfordert eine Diskussion »idealer« Interviewbedingungen sowie einiges theoretische Wissen, um den Gebrauch konventioneller Messungsvorrichtungen zu erleichtern.

Man bedenke die Anforderungen an den »idealen« Interviewer, die notwendig sind, um dem technischen Anspruch der Forschung zu genügen. Extensives Interviewen ist harte Arbeit. Das Wesen des Befragten als eines Studienobjekts kann nicht als selbstverständlich gegeben angenommen werden. Jede seiner Bewegungen und Gesten kann irgendeine »Bedeutung« in der Interviewsituation haben, und jeder einzelne Akt des Interviewers muß sorgfältig gehandhabt werden. Der Versuch, Verzerrungen durch Schulungsverfahren auf ein Mindestmaß zu reduzieren nimmt an, daß unsere Kenntnis des grundlegenden sozialen Prozesses detailliert genug ist, daß der Interviewfragebogen präzis programmiert werden kann. Aber das Programmieren des Interviewers im Hinblick auf die Handhabung zwischenmenschlicher Handlungen setzt mehr Wissen voraus, als wir gegenwärtig besitzen. Es ist unmöglich, alle Zufallsgegebenheiten zu antizipieren, geschweige denn vom Interviewer zu erwarten, daß er mit ihnen bei jeder Gelegenheit adäquat fertig wird. Das Beste, was man erhoffen kann, ist ein Fragebogen, der auf einer extensiven Theorie des sozialen Prozesses basiert, so daß die größte Variationsbreite von Kontingenzen antizipiert werden und dem Interviewer bekannt sein kann. Der Gebrauch eines Tonbandgeräts, um Interviews aufzuzeichnen, würde die Speicherung eines präzisen Protokolls der Zwangslagen, die in ihnen auftauchen, erleichtern. Extensive Schulung mag kompetente Interviewer hervorbringen, aber es ist unmöglich, immer die Kooperation und das Vertrauen des Befragten zu bekommen. Der Eindruck, den wir vermeiden müssen, ist der, daß alle Fehler erzeugenden Faktoren eliminiert werden können. Verzerrungen beim Interviewen liefern, wenn sie in eine Reihe von Variablen übersetzt werden, Daten zur Prüfung einer allgemeineren Theorie sozialer Interaktion. Folgende Hinweise scheinen mir bedenkenswert:

1. Man nehme an, daß das Interview elektronisch aufgezeichnet wird. Der Interviewer ist mit einem Block ausgestattet, um während des Interviews Aufzeichnungen zu machen über seine Gefühle gegenüber der Versuchsperson, ob er die Antwort (jedes Mal) als »adäquat« oder »inadäquat« empfindet, ob die Frage von der Versuchsperson verstanden ist, und ob er sich gedrängt fühlt, den Befragten zu »korrigieren« oder ihm zu »helfen«.

2. Jede im Interview selbst gestellte Frage ist virtuell dazu bestimmt, spezifische Hypothesen zu prüfen. Erwartete Antworten werden für jeden Typus von Befragtem, der nach der Annahme des Forschers angetroffen werden wird, vorhergesagt. Die erdachten Antworten sollten präzis genug sein, um nicht nur eine Demonstration exakter Übereinstimmung mit

den Antworten des Befragten zu erlauben, sondern auch die Art und Weise anzugeben, wie tatsächliche Antworten abweichen können und gleichwohl noch als »akzeptabel« zu betrachten sind.

3. Die Gültigkeit jeder Antwort setzt variablen Status voraus, der abhängt von den Interferenzen, die durch die Apparatur und den Interviewer aufgezeichnet und vom Forscher identifiziert werden. Die Perspektive des Befragten muß aus seinen Antworten gefolgert werden, aber sie muß auch den theoretischen Erwartungen des Forschers von den verschiedenen Antworten bestimmter sozialer Typen entsprechen.

4. Um sich vor dem Übersehen differentieller Wahrnehmung und Interpretation von Fragen durch den Befragten zu hüten, sollten die Eröffnungsfragen weitgehende Charakterisierungen des beabsichtigten Interesses des Forschers sein. Dies erlaubt, daß die Situationsdefinition des Befragten eintritt, bevor er auf dem Wege über fixierte Einzelfragen auf spezifische Bedeutungen festgelegt wird, deren er sich nicht bewußt sein mag. Dies stellt sicher, daß die Versuchsperson bezüglich der Fragen oder Gegenstände nicht eine Wahl trifft oder eine Entscheidung fällt, die sie nicht vollkommen versteht, bloß um den Interviewer zu befriedigen und das Interview »erfolgreich« zu beenden.

5. Befriedigt, daß der Befragte »weiß«, was von ihm erfragt wird, kann der Interviewer fortfahren, ihm Fragen zu stellen, die sowohl den Rahmen der Möglichkeiten einschränken als auch die exakte Wahl berücksichtigen, die von der Versuchsperson erwartet wird. Das Verfahren, ihr die alternativen Möglichkeiten eine nach der anderen vorzulegen, um nicht zu enthüllen, wie viele Wahlmöglichkeiten existieren, funktioniert hier gut und verringert die Möglichkeit des Rätselns auf seiten des Befragten.

6. Die elektronische Aufzeichnung des Interviews würde den Interviewer dafür freisetzen, Notizen zu machen über all die äußeren Merkmale des Austauschs. Er kann auch mit einer Kontrolliste über Veränderungen in Rollenvorschriften und

-verboten, Kontakt, Distanziertheit und so weiter ausgestattet sein, die dem Fragebogen folgt und ihm dadurch erlaubt, eine »natürliche Geschichte« der Verzerrungen und Fehler, die sich während des Interviews eindrängen, zu protokollieren.

7. Die »natürliche Geschichte«, die durch den Gebrauch elektronischer Ausstattung ermöglicht würde, kommt einer Sequenzanalyse des Materials nahe, weil der Forscher entscheiden kann, wie sowohl die äußeren Einflüsse als auch die inhärenten Probleme von Theorie und Formulierung mit der Absicht und dem Ergebnis des Interviews in Konflikt gerieten.

8. Jede Einzelfrage und die mit ihr assoziierten Antworten sollten direkt mit den Variablen verbunden werden, die die Identität der Daten, die für die Analyse tabuliert werden sollen, untergraben können. Die temporale Struktur von Bedeutungen kann dann präziser untersucht und die exakte Prüfung von Hypothesen annähernd erreicht werden.

Diese kurze Beschreibung weist darauf hin, daß experimentelle Anordnungen die allgemeinen Probleme des Interviews präziser bestimmen und die Elimination vermeidbarer Verzerrungen und Fehler erleichtern könnten, indem sie einen Rahmen liefern, um den Einfluß von Verzerrung und Fehler zu messen, die dem Interview innewohnende Merkmale sind. Zum Beispiel könnte diesen Verfahren gefolgt werden:

Der Interviewer und die Versuchsperson treten einander gegenüber, getrennt durch einen Doppelspiegel, wobei jeder ein Tischmikrophon vor sich hat, das in getrennte Tonbandgeräte spielt. Der Experimentator beobachtet das Interview und kontrolliert den Austausch aus einem dritten Raum. Deckenmikrophone in jedem Raum sorgen für allgemeine Kommunikation zwischen Versuchsperson und Interviewer. Interviewer und Befragtem wird gesagt, daß nach jeder Frage und jeder Antwort die Lichter abgeblendet werden und dem »Nachdenken« über die Frage oder Antwort einige Zeit gelassen wird. Während der Periode des »Nachdenkens« kann der Experimentator ein Deckenmikrophon abstellen und die Tischausstattung anschalten. Dies gestattet ihm, sowohl den

Interviewer als auch den Befragten unabhängig nach ihren Vorstellungen über die Frage oder Antwort zu befragen.

Dieses experimentelle Verfahren gliedert jede Einzelfrage des Fragebogens auf, so daß der Experimentator jeden Schritt in der »natürlichen Geschichte« des Interviews identifizieren kann. Das erlaubt ihm, die anfängliche Periode des »Bekanntwerdens« zu beurteilen, ihren Einfluß auf die Arten, in denen Fragen vom Interviewer gestellt und vom Befragten beantwortet werden. Dies läuft auf eine operationelle Einrichtung zur Behandlung des Interviews als eines zeitgebundenen Objekts hinaus, das ad-hoc-Interpretationen und Neudefinitionen unterworfen ist.

Das experimentelle Verfahren würde die Feldsituation vervollständigen, indem es den Forscher befähigte, Verzerrung und Fehler präziser zu antizipieren. Es würde offenbaren, welche Eingriffe vermeidbar und welche für die Weiterführung des Austauschs »notwendig« sind. Es würde, kurz gesagt, die Art und Weise angeben, in der jeder Partizipierende den anderen stereotypisiert, und würde die Tragweite dieses Prozesses für die Perzeption und Interpretation der Fragen und Antworten sichtbar machen.

Die Trennung des vorhandenen Wissensstandes des Handelnden von den Bedeutungsstrukturen, die im Verlaufe der Interaktion auftauchen, befähigt den Forscher, zu differenzieren zwischen der Forscherrolle des Interviewers und dessen privaten Gedanken und Gefühlen; zwischen der Rolle der Versuchsperson im Interview und ihren unausgesprochenen Beobachtungen; zwischen dem Gebrauch von Kategorien des Common-sense von seiten des Interviewers, um die experimentelle Szene zu interpretieren, und seiner Anwendung eines expliziten theoretischen Rahmens zur Verschlüsselung seiner Beobachtungen. Obwohl einige der in dem Interview wirkenden Elemente adäquat separiert und experimentell untersucht werden können, werden wir uns für die Ausarbeitung unserer Feldstudien weiterhin auf Common-sense-Wissen und Alltagssprache verlassen.

IV. Vorfixierte Auswahlfragebogen

Gewisse Verteidiger des Interviews weisen häufig darauf hin, daß der Fragebogen mit festgelegten Antwortkategorien die Möglichkeit ausschließt, unantizipierte Situationsdefinitionen, die die privaten Gedanken und Gefühle der Versuchsperson enthüllen, zu erhalten. Während festgelegte Alternativen adäquat und notwendig sein mögen zur Erhebung von Tatsachendaten, kann die Suche nach Information über den sozialen Prozeß durch dieses Mittel die Versuchsperson zwingen, präzise Antworten auf Ereignisse und Gegenstände zu geben, denen gegenüber sie unwissend oder unsicher sein mag. Festgelegte Alternativen können die Erhebung sinnvoller Information über sozialen Prozeß ausschließen, wenn der interaktionale Kontext durch die gestellten Fragen eingeschränkt wird. – Dieses Kapitel wird folgendes erörtern:

1. Werden vorfixierte Auswahlfragen zu »Gittern«, durch die unser Verständnis des sozialen Prozesses entstellt wird? Die Erhebung welcher Art von Information würde durch diese Methode ausgeschlossen?

2. Was müssen wir über Sprache, kulturelle Bedeutungen und die Struktur sozialen Handelns wissen für einen erfolgreichen Fragebogen mit festgelegten Auswahlantworten?

3. Welche Rolle hat die Theorie bei der Verschlüsselung und Skalierung von festgelegten Auswahlantworten? Unsere Aufgabe wird es sein zu fragen, wie die Erhebung mit vorfixierten Auswahlfragen Lösungen für substantielle Forschungsprobleme erzielt trotz des Mangels an Wissen über grundlegende theoretische Punkte, die in jeder Feldforschung vorausgesetzt werden.

Sozialer Prozeß und vorfixierte Auswahlfragebogen

In der Literatur gibt es viele Quellen, die einen bemerkenswerten Konsensus darüber zeigen, wie man bei der Durchführung einer Erhebung, die vorfixierte Auswahlfragebogen benutzt, verfährt. Weder die technischen Details noch die formalen Deskriptionen dessen, was getan werden sollte, differieren signifikant. Am ehesten unterscheiden sich die verschiedenen inoffiziellen Arten, wie Erhebungen tatsächlich durchgeführt werden. In dieser Art Forschung steht Information über tagtägliche Probleme selten zur Verfügung, weil die inoffiziellen Praktiken in den Akten der Forscher oder in unveröffentlichten Berichten »begraben« sind, da solche Verfahren aus Raummangel nicht publiziert werden konnten. Eine Liste von Variationen aus idealen Verfahren zusammenzustellen ist untunlich und würde wahrscheinlich die konkreten Resultate und die Diskussion unwesentlich erscheinen lassen. Dennoch verdunkelt eine allgemeine Darstellung, unter Auslassung der Details von der Art, wie eine Erhebung durchgeführt wird, die subtileren Folgerungen und Entscheidungen, die auf jeder Stufe der Forschung erforderlich sind. Das Übel der Datenreduktion und das allgemeine Problem von Erhebungen großen Maßstabs werden von Hyman einer überzeugenden Prüfung unterzogen:

So ist es der Fall, daß der Erhebungsanalytiker *seine Mitarbeiter dazu bringt, daß sie als Informanten agieren* und ihm über die Nuancen der Daten berichten sowie einmalige konkrete, gleichwohl strategische Beobachtungen mitteilen. Und dies hat zur Entwicklung von *Formen des Interviewberichts* geführt, aufgrund derer die menschliche Situation, innerhalb welcher die Daten gesammelt wurden, systematisch zu Nutzen des Analytikers beschrieben wird; es führte zu Einstufungen des Befragten vom *Interviewer* oder zu »*kurzen Skizzierungen*« des Befragten, die aus zweiter Hand stammen, aber nichtsdestoweniger Einschätzungen des Befragten sind, die auf jemandes direkter Beobachtung basieren; schließlich zum *Verschlüsseln von »Signalen«* oder zur Kennzeichnung bestimmter Antworten zur Beachtung für den Analytiker, die den Charakter einer Antwort, subsumiert unter einer etwas abstrakteren Klassifizierung, vermitteln.
So ist es der Fall, daß der Analytiker den unvermeidlichen segmentären Charakter der Masse aufbereiteter Daten ersetzt durch *supplementäre Klassifikation und analytische Verfahren, die die strukturellen oder molekularen Merkmale der Phänomene vermitteln. Die*

Segmentalisierung wird im Verlauf der Kodifizierung vollständiger Interviews eingeführt durch *typologische oder mehrdimensionale Klassifizierung* von Befragten und durch *Index-Konstruktion* oder Zusammenlegung von Daten aus einer Serie in Beziehung zueinander stehender Antworten zu einer mehr umfassenden Beschreibung der Befragten.

Man ist sich dessen bewußt, daß die Standardisierung der Befragung in der Umfrageforschung großen Maßstabs, wenn sie auch der Effizienz dient und notwendig ist, um die Vergleichbarkeit unter den Feldforschern zu garantieren, zur gleichen Zeit dem untersuchten Phänomen eine gewisse Künstlichkeit auferlegen kann, insbesondere dann, wenn der Analytiker sich einläßt in eine *Reihe vorhergehender Planungsverfahren, um sicherzustellen, daß das standardisierte Verfahren nichtsdestoweniger dem natürlichen Bezugsrahmen der meisten der untersuchten Versuchspersonen angepaßt sein wird.* Dies führte zu Verfahren wie der *Pilot- oder Erkundungsstudie,* die einer größeren Erhebung vorhergeht, der Praxis des *Vortestens* des Fragebogeninstrumentes, der *Erhebung des Gemeinschaftshintergrunds und der quasi-ethnologischen Erhebung* in Verbindung mit einer Untersuchung, um die Studie in Begriffen, die für die Befragten am sinnvollsten sind, zu formulieren.[1]

Hymans Bemerkungen liefern eine explizite Indikation der Schwierigkeiten bei der Durchführung einer großen Erhebung mit einem großen Stab und gleichzeitiger Erfassung divergenter Feldsituationen, die zur Varianz in den Daten führen. Das Bedürfnis nach »kurzen Skizzierungen«, »Signalen« etc. zeigt auf, wie die Erhebung n-mal durch unspezifizierte Voraussetzungen, theoretische Ansichten, Winke und dergleichen von Interviewern, Forschungsleitern im Feld, Kodifizierern, Beobachtern, Datenanalytikern und dem leitenden Forscher infiziert worden ist. Können wir aber annehmen, daß die Interviewer, ethnologischen »Kundschafter«, Kodifizierer, Datenanalytiker und der Leiter der sozialwissenschaftlichen Forschung alle den gleichen theoretischen Bezugsrahmen verwenden und jedes Ereignis, jeden Befragten usw. identisch interpretieren, d. h. unter Verwendung der gleichen Bedeutungsstrukturen in verschiedenen Kontexten mit den gleichen interpretativen Regeln?

1 Herbert Hyman, *Survey Design and Analysis,* New York 1955, p. 27–28.

Hymans Darstellung der einleitenden Schritte einer Erhebung zeigt, daß eine sorgfältige Untersuchung aufbaut auf den Vorteilen von partizipierender Beobachtung und unstrukturierten Interviews mit breiten Erkundungszielen, von Vortests auf dem Wege über strukturierte Interviews und von laufenden Berichten der Interaktion Interviewer-Befragter und so weiter. Die Feldberichte informieren den Forscher über die Beeinträchtigungen, von denen erwartet werden kann, daß sie in die endgültige Erhebung Eingang finden; desgleichen liefern sie eine Darstellung der Schwierigkeiten, welche die aktuelle Sammlung von Daten beeinflußten. Das einleitende Material liefert nicht nur eine Basis für die Strukturierung des endgültigen Fragebogens, sondern wirkt sich auch auf die tabulierten Resultate aus, annähernd so, wie partizipierende Beobachtung und offene Interviews zu Interpretationen und Reinterpretationen post factum führen. Hier gibt es einen wichtigen Unterschied. In partizipierender Beobachtung, und, zu einem geringeren Grad, in der unstrukturierten Interviewsituation verbringen die Beobachter mehr Zeit damit, sich mit den in der Untersuchung stehenden Versuchspersonen vertraut zu machen. Den Feinheiten der von den Versuchspersonen gebrauchten Bedeutungen kann mehr Aufmerksamkeit gewidmet werden. Der Umfrageforscher benutzt seine Feldkontakte als eine Basis zur Schaffung von vorfixierten Auswahlfragen, aber ihre Bedeutung erfordert die Hintergrundinformation, die unter weniger strengen Bedingungen gesammelt wurde. Die Strenge der Erhebung wird beträchtlich abgeschwächt dadurch, daß man sich verläßt auf unausgesprochenes »allgemeines Wissen« über die untersuchte Gruppe, insbesondere darüber, wie die Versuchspersonen Bedeutungen in ihren täglichen Handlungen wahrnehmen und interpretieren. Meine Antwort auf die Frage am Ende des letzten Absatzes ist »Nein«, weil ich annehme, daß der Umfrageforscher, wenn er sich in seine einleitenden Streifzüge begibt, die verschiedenen Bedeutungsstrukturen als selbstverständliche betrachtet, die einfach als »gegeben« zu nehmen und instrumental als Hintergrundmaterial zu benutzen sind. Die aktuelle Analyse tabulierter Daten ist daher abhängig vom impliziten theoretischen und substantiellen Wissen, gewonnen unter erheblich weniger strengen Umständen als *das* Wissen, das in den elegant präsentierten Tafeln evident ist. Hintergrundinformation verschafft den Erhebungsdaten den »Sinn«, weil darin die Common-sense-Bedeutungen enthalten sind, die der Forscher verwandte, um die Fragen zu konstruieren, die wiederum die Interviewer benutzten, um deren Adäquanz während des Interviews zu bestimmen, und die den Versuchspersonen erlaubten, ihre Bedeutung zu interpretieren. Die Bedeutung von Fragen mit Auswahlantworten, die vorfixiert sind wie Löcher auf einer IBM-Karte, ist abhängig von den interpretativen Regeln, die eine Theorie bilden, die nicht der gleichen Art des Programmierens unterworfen ist. Dementsprechend stößt der Umfrageforscher, der vorfixierte Auswahlfragen benutzt, unvermeidlich auf die gleichen Probleme, denen der partizipierende Beobachter und der Interviewer sich gegenübersehen: er muß ein Modell entwickeln, das die Sprache und die kulturellen Bedeutungen in sich aufnimmt, die inhärent sind (1) der Perspektive des Handelnden im täglichen Leben, (2) der Perspektive des Interviewers und (3) den »Regeln« für die Übertragung dieser Bedeutungen in grundlegende und substantielle Theorie.

Wie aber erreicht man so die Ziele der Untersuchung? Kann so zum Beispiel der Versuch gelingen, den »natürlichen Bezugsrahmen der Versuchspersonen« intakt zu halten? Wie wird das Problem der Bedeutung gehandhabt? Standardisierte Fragen mit vorfixierten Auswahlantworten liefern eine Lösung für das Problem der Bedeutung, indem sie es einfach ignorieren. Eine verbreitete Lösung nimmt an, daß kulturelle Bedeutungen in der Sozialforschung selbstverständlich garantiert sind durch die Beziehung der Charakteristiken verschiedenartiger Typen von Antworten auf »innere« Verfassungen des Handelnden. Dies liefert eine empirische Lösung für das Problem der Bedeutung; die empirischen Regelmäßigkeiten sollen irgendeiner Reihe hypothetischer »innerer« Verfassungen entsprechen, und diese Beweisführung gerät zu einer geschickten Rechtfertigung für die Benutzung standardisierter Fragen mit vorfixierter Wahl. Wenn die Antworten ausreichend gehäuft sind, wenn sie sich »aufgliedern«, »sich verteilen« usw., und wenn es wenige »keine Antwort« oder »weiß nicht« gibt, dann wird behauptet, daß sich eine gewisse Übereinstimmung zwischen »inneren« Verfassungen (man lese: Verhaltensstrukturen, Persönlichkeitstypen, Trieben, Motiven, Angstzuständen) und tatsächlichen Antwortmustern durchgesetzt habe. Die Postulierung innerer Verfassungen, die mit »manifesten« oder beobachtbaren Antworten übereinstimmen sollen, verspricht einen doppelten Nutzen; wenn die vorausgesagten Häufungen sich nicht »manifestieren«, dann kann man wieder ganz von vorne anfangen mit neuer Zusammenstellung der hypothetischen inneren Verfassungen und der empirischen Häufungen. Verschiedene statistische oder methodologische Einrichtungen, wie zum Beispiel erschöpfende mehrdimensionale Tabulierung und das Zusammenlegen von Tabellen sind hier hilfreich.

Manchmal ist es schwierig zu wissen, ob zuerst ein theoretischer Rahmen existierte, von dem aus hypothetische innere Verfassungen, die äußere Verhaltensmuster haben, spezifiziert wurden, oder ob die empirischen Regelmäßigkeiten manifester Daten zu der Vorstellung innerer Verfassungen führten: Aber dieses Vorgehen läßt sich, ungeachtet seiner anfänglichen Richtung, vertreten. Hyman zum Beispiel verteidigt den Gebrauch von Erhebungen für die Festsetzung der Motive sozialen Handelns, indem er aufzeigt, was die ideale Erhebung tun sollte, und die Regeln benennt, die existieren, um dem Forscher und dem Leser zu sagen, wann er »unrecht« hat und wann »recht«. Das auf der Hand liegende Verfahren besteht in der vorherigen Festsetzung sowohl der begrifflichen Struktur innerer Verfassungen als auch der manifesten Häufungen, die dann in der Erhebung so erscheinen sollten, daß die Übereinstimmung allgemein und klar ist.

Ein starkes Argument kann angeführt werden für die Eliminierung eines großen Teils der Interviewverzerrung durch die Einführung vorfixierter Auswahlfragebogen. Standardisierte Fragen mit einer endlichen Anzahl von Wahlmöglichkeiten, unter denen der Befragte selbst Entscheidungen zu treffen hat, geben den Anschein von Objektivität und eignen sich zur Übersetzung in numerische Repräsentationen. Was aber sind die idealen Bedingungen?

1. Das Antwortmuster jeder Versuchsperson müßte vorhersagbar sein auf expliziten theoretischen Grundlagen, bevor das Instrument Hypothesen testen könnte. Jede Frage müßte formuliert werden gemäß spezifischer theoretischer Interessen, die anzeigen, was erforderlich sein würde, um die mit ihr verbundene Hypothese zu akzeptieren oder zu verwerfen.

2. Vorbereitendes Interviewen mit offenen Fragen und ebenso Vortests müßten eine Art von Vorverhandlungen bilden, die wegen der erzielten Fragen und Antworten und ihrer Kodifizierungsgesetze helfen würden, sowohl die Theorie als auch die operationalen Verfahren zu modifizieren.

3. Die Elemente des sozialen Prozesses müßten in ausreichendem Detail bekannt sein, um den Forscher in die Lage zu versetzen, die Fragebogenantworten zu verwenden als »Anzeigegerät«, an dem die verwickelte soziale Interaktion und die Bedeutungsstrukturen, welche die Antworten hervorbrachten, abzulesen sind.

4. Frage und Antwort müßten die Arten der Sinnbilder widerspiegeln, die der Handelnde zur Handhabung seiner täglichen Welt verwendet; ferner müßten sie in die Alltagssprache, mit der er vertraut ist, eingebettet sein und Beantwortungen hervorrufen, die von den Idiosynkrasien zufälliger Äußerungen, von besonderen Relevanzstrukturen, von vorgespiegelter Übereinstimmung oder von besonderen biographischen Umständen des Befragten nicht verändert werden, wenn solche Eigenschaften nicht variable Voraussetzungen im Forschungsentwurf sind.

5. Die verschiedenen Zeitabschnitte, welche die endgültige Verteilung der Antworten des Befragten zusammenstellen,

müssen einer gewissen Menge von identischen Erfahrungsinter-
vallen des Handelnden entsprechen. Präziser: die verschiedenen Typen von Befragten (die im voraus determiniert sind
durch ihr Antwortmuster in Modelltafeln), vorgestellt als
Äquivalenzklassen (jeder Typus konstituiert eine Klasse),
würden verschiedene Antworten auf jede Frage hervorbringen.
Eine solche Ansicht setzt identische Reaktionsweisen auf die
Objektwelt voraus, die von dem Fragebogen projiziert wird.
Die Fragebogen schaffen potentiell eine Reihe identischer möglicher Welten.

6. Jeder Typus von Befragtem müßte die Bedeutung der relevanten Fragen in gleicher Weise verstehen und diese Bedeutungen einstufen gemäß irgendeiner existierenden gemeinsamen Kultur oder nach »Regeln«, die allen gemeinsam sind,
bei denen aber die differentiellen Antworten verschiedene
hypothetische innere Verfassungen (und von hier aus diffe-
rierende Perzeption und Interpretation der gleichen Stimuli)
anzeigen, die in der gleichen gemeinsamen Kultur existieren
können. Anders gesagt: es gibt in dieser identischen Umwelt
Stimuli, die für unterschiedliche Äquivalenzklassen von Befragten invariante Bedeutungen mitteilen, aber in dieser
identischen Umwelt ist die differentielle Zuweisung von Bedeutungen determiniert gemäß den hypothetischen inneren
Verfassungen des Handelnden.

7. Die Theorie des Beobachters müßte eine Untertheorie der
Bedeutungsstrukturen einschließen, »Regeln«, die ihren Gebrauch lenken und zeigen, wie verschiedene Typen von
Handelnden (mit unterschiedlichen inneren Verfassungen)
wahrscheinlich die Fragen interpretieren. Dies setzt eine un-
veränderliche Sprachstruktur voraus, die die Perzeption der
Umwelt mit inneren Verfassungen verbindet und den Bedeutungsstrukturen präzis entspricht, die vom Handelnden benutzt werden zur Interpretation der symbolischen Formen, die
den Fragebogen konstituieren. Der Inhalt der Botschaft ist für
den Interpreten unveränderlich. Die Prüfung dieser Voraussetzung besteht häufig darin, daß dem Leser demonstriert

wird, daß der Befragte keine Mühe hatte, den Fragebogen auszufüllen. Um dieser Argumentation zu folgen, müßte der Beobachter zeigen, daß die verschiedenen Typen von Befragten hinsichtlich ihrer Antworten auf die Fragen Äquivalenzklassen bilden. Dies löst das Problem nicht vollständig, liefert aber einen operationalen Test für die Annahme, daß der Inhalt jeder Frage für den Befragten invariant ist.

8. Vorfixierte Auswahlfragen versehen den Befragten mit hochgradig strukturierten Anhaltspunkten über ihre Absicht und die erwarteten Antworten. Der »erzwungene« Charakter der Antworten schränkt die Möglichkeit stark ein, daß die Perzeption und Interpretation der Einzelfragen durch den Handelnden problematisch wird.

9. Eine detaillierte und analytische Kenntnis der Commonsense-Bedeutungen, wie sie im Alltagsleben verwandt werden, wird für die Konstruktion von vorfixierten Auswahlfragebogen fundamental, aber diese Kenntnis garantiert nicht, daß der Inhalt der Fragen für den Interpreten invariant ist. Lehrbücher über Methoden empfehlen bloß eindringlich oder sagen entschieden, daß die Formulierung der Fragen für die Befragten »verständlich« sein und sich nach ihrem kulturellen oder subkulturellen Sprachgebrauch richten müsse. Aber die Lehr- und Handbücher sagen wenig über die Struktur solcher Alltagssprache und solchen Sprachgebrauchs. Das Vokabular, das benutzt wird, um die Interpretationen von verschiedenen Stimuli durch den Befragten zu erschließen, muß unterschieden werden von dem Vokabular, das der Sozialwissenschaftler zur Beschreibung der Antworten des Handelnden gebraucht. Regeln zur Übersetzung des einen ins andere (und umgekehrt) werden benötigt. Um die Strukturierung im voraus auszumachen, ist einiges Wissen darüber erforderlich, wie die hypothetischen »inneren Verfassungen« des Befragten verbunden sind mit der Art, wie er die Bedeutung der Frage (ihren Inhalt) entziffert und wie er sich für die passende vorfixierte Auswahlantwort entscheidet. Aber das Vokabular des Handelnden konstituiert mit seinen Common-sense-Bedeutungs-

strukturen in einem wichtigen Sinn eine von den hypothetischen »inneren Verfassungen« des Handelnden getrennte
Bedeutungssphäre. Dies würde der Fall sein, wenn der Inhalt
der Botschaft für den Interpreten invariant wäre.

Die Bezugnahme auf hypothetische »innere Verfassungen«
verdunkelt die Relevanz der differentiellen Sozialisation der
Versuchspersonen innerhalb einer generellen gemeinsamen
Kultur und die Art, wie das Verhalten der Versuchspersonen
durch die unbekannte subkulturelle Variabilität innerhalb der
gemeinsamen Kultur beeinflußt wird. Wenn wir zusätzlich zur
subkulturellen Variabilität situationale Faktoren in Betracht
ziehen, welche die Interpretation der Ereignisse beeinflussen,
dann wird die Variabilität vergrößert. Aber der Inhalt der
Botschaft ist nicht invariant für den Handelnden, für die
variablen Bedeutungen der gemeinsamen Kultur und der Sub-
kulturen und für die variablen Definitionen von Situationen,
wenn es keine eindeutige Beziehung zwischen Bedeutung und
Aussage gibt. Diese Variationen können als dem Handelnden
»äußerlich« behandelt werden; zumindest können sie unabhängig von Mutmaßungen über unbeobachtbare hypothetische
»innere Verfassungen« von Individuen studiert werden. Da ja
überdies die »inneren Verfassungen« in jedem Fall mit äußer-
lichen Variationen verbunden werden müssen, warum soll man
dann überhaupt von ihnen reden? Warum auf hypothetische
Konstrukte verweisen zur Erklärung für etwas, das als in der
beobachtbaren Welt des Alltagslebens beginnend und endend
beschrieben werden kann? Eine häufig gegebene Antwort ist,
daß die Antworten von vorfixierten Auswahlfragen mit hypothetischen »inneren Verfassungen« verbunden werden können,
so daß das Fehlen einer Entsprechung zwischen Bedeutung und
Aussage operationell nicht problematisch wird. Doch ist eine
implizite Hauptvoraussetzung beim Gebrauch von Fragebogen
die, daß der wahrgenommene Inhalt und die Bedeutung der
vorgelegten Aussage für den Befragten invariant ist und unabhängig von hypothetischen »inneren Verfassungen« ange-
ordnet werden kann. So würden Variationen im manifesten

Inhalt nicht auf semantische Probleme zurückzuführen sein, sondern auf Klassen von »inneren Verfassungen«. Der Forscher manipuliert manifeste Antworten durch Bezugnahme auf eine Theorie von Einstellungen (Dispositionen zum Handeln), um die im manifesten Inhalt gefundenen Regelmäßigkeiten zu erklären. Im Endergebnis wird im Modell des Forschers die Relevanz sozialer Interaktion ignoriert. Eine solche Ansicht zwingt uns, soziales Verhalten auf hypothetische »internalisierte« Normen und Einstellungen zu reduzieren. Eine Theorie, die es dem Beobachter erlaubt, die Bedeutung einer Aussage ohne Bezugnahme auf »innere Verfassungen« zu bestimmen, vermeidet unnötige Reduktion. Differentielle Wahrnehmung und Interpretation könnte eine Funktion einer Reihe von Variablen sein, die in der Objektwelt des Handelnden lokalisiert sind, vorhergesagt und erklärt durch Veränderungen in der sozialen Szene. Eine Manipulierung der Elemente der sozialen Szene produziert korrespondierende Veränderungen in der differentiellen Perzeption und Interpretation des Handelnden. Der Handelnde bringt in die Situation seinen Wissensstand und seine sich entwickelnde Einschätzung der im Verlauf einer *sich wandelnden Szene*[2] geforderten angemessenen »Regeln«. Seinen Hoffnungen, Befürchtungen, Vorlieben, Abneigungen wird in der Erklärung allgemeiner Eigenschaften sozialen Handelns kein prominenter Status eingeräumt, sondern sie werden betrachtet als signifikant für die Determinierung des substantiellen Inhalts konkreter Handlungen. Die Betonung wird auf die invarianten und variablen Bedingungen gelegt, die während des Verlaufs sozialer Interaktion bestimmen, wie der Handelnde eine Objektwelt definiert und redefiniert. Die Übereinstimmung zwischen der aus den Fragebogenelementen gefolgerten hypothetischen Welt und dem tatsächlichen Verhalten des Handelnden bleibt ein offenes empirisches Problem. Fragebogenelemente, die Werte, Einstellungen, Normen und dergleichen zu messen suchen, ten-

2 Siehe die Diskussion des »passing show« von W. V. Quine, in *Word and Object*, New York 1960, p. 2–8.

dieren dahin, den sich entwickelnden, stets sich erneuernden und problematischen Charakter des Alltagslebens zu ignorieren, indem sie ihm mit seiner vorfixierten Auswahlstruktur ein deterministisches »Gitter« auferlegen.

Rekapitulieren wir: die Bedeutung der Reihe von Aussagen, die einen Fragebogen konstituiert, nimmt für jedes Sample von Versuchspersonen einen variablen Status an, wenn der Forscher sich nicht eine Theorie von Bedeutung und Rollenübernahme aneignet, die dem mechanischen oder deterministischen Gebrauch von Fragebogen mit vorfixierten Auswahlfragen entspricht. Ich habe erörtert, daß vorfixierte Auswahlfragen die *Veränderung* in der Struktur sozialen Handelns im Alltagsleben *nicht* widerspiegeln. Die Vorstellung von zugrundeliegenden stabilen Einstellungen als Determinanten sozialen Handelns vermeidet den Gebrauch von Begriffen, die *Veränderung* indizieren. Statt dessen werden interpretative »Regeln« oder Normen, kulturelle Bedeutungen und situationale Bedürfnisse als stabil oder trivial betrachtet, indem ihnen ein »selbstverständlicher« oder residualer Status zugeschrieben wird. Einzelfragen definieren soziale Szenen in hypothetischen Termini, die voraussetzen, daß sowohl die Bedeutung der Aussagen als auch die differentiellen Antworten invariant sind gegenüber den situationalen Interpretationen von »Regeln« und dem gegebenen Wissensstand des Handelnden. Damit der Forscher versteht, wie der vorfixierte Auswahlfragebogen mit der in diesem Buch angedeuteten impliziten Theorie sozialen Handelns übereinstimmt, müßten Verfahren erdacht werden, die denjenigen gleichen, welche in Zusammenfassung von Kapitel III zur Analyse des Interviews skizziert wurden. Man würde die im allgemeinen geheimgehaltenen Variationen zeigen müssen, die für den Befragten privat bleiben, wenn er jede Einzelfrage interpretiert und während der eigenhändigen Ausfüllung des Formulars seine Wahl trifft. Andernfalls bleibt nur noch folgende theoretische Position übrig:

Es ist augenscheinlich . . ., daß der Begriff Einstellung eine Konsistenz oder Vorhersagbarkeit von Antworten unterstellt. Eine Einstellung regiert oder vermittelt oder prophezeit oder ist erwiesen durch eine Mannigfaltigkeit von Antworten auf irgendeine spezifizierte Menge von sozialen Objekten oder Situationen. Campbell (1950, S. 31) hat diese Ansicht treffend zusammengefaßt, indem er eine operationelle Definition von Einstellung vorlegte: »*Die soziale Einstellung eines Individuums ist ein [fortdauerndes] Syndrom von Antwortkonsistenz im Hinblick auf [eine Reihe von] sozialen Objekten.*«

Diese Definition entkleidet Einstellungen nicht ihrer affektiven und kognitiven Eigenschaften, die Eigenschaften oder Korrelate jener Antworten sein können, die die Einstellung ausmachen. Die Aufmerksamkeit ist jedoch konzentriert auf das Charakteristikum von Einstellung, die aller Einstellungsmessung zugrunde liegt: Antwortkovarianz. In jeder Messungsmethode wird Kovarianz unter den Antworten zu der Variation einer zugrundeliegenden Variablen in Beziehung gesetzt. Die latente Einstellung wird durch die Korrelationen unter den Antworten definiert.

Die Menge von sozialen Objekten, die die Bezugsklasse einer Einstellung formt, unterscheidet Einstellung von anderen psychologischen Variablen, wie zum Beispiel Gewohnheit, Temperament, Trieb oder Intelligenz. Es ist von zweitrangiger Bedeutung, ob wir die Variable eine Einstellung oder einen Charakterzug oder eine Gewohnheit nennen. Operationell definiert wird immer in Begriffen der zugeordneten Reizklasse.[3]

Wenn der Forscher ein leicht anwendbares Instrument sucht, welches ihm quantifizierbare Resultate sicherstellt, wird so sein Modell des Handelnden auf der obigen Theorie von Einstellungen basieren. Die Einzelfragen werden »erstarrte« Zeitabschnitte hypothetisch definierter Situationen. Der vorfixierte Auswahlfragebogen liefert vom Standpunkt des Forschers aus standardisierte Aussagen (Stimuli), weicht aber allen relevanten Fragen aus, die aufgeworfen sind durch Sprache und Bedeutung; er behandelt die »Regeln« oder Normen als selbstverständlich und eliminiert das Problem situationaler Definitionen durch eine statische Konzeption von Rollenübernahme. Fragebogenantworten sind wie die gestanzten Löcher auf einer IBM-Karte; die Bedeutungen und Regeln für ihre Erzeugung

3 Bert F. Green, »Attitude Measurement«, in Gardner Lindzey (Hrsg.), *Handbook of Social Psychology*, Reading, Mass., 1954, Bd. I., p. 336.

und Interpretation werden nicht in ihnen *per se* gefunden oder in Aggregaten von ihnen, sondern eher in ihren differentiellen Wahrnehmungen und Interpretationen, die die Entscheidung des Forschers bei ihrer Zusammenstellung und die Wahrnehmung und Interpretation der Handlungsszene von seiten des Befragten bei ihrer Beantwortung hervorbrachten.

Empirische Erhebung im Urteil ihrer Kritiker und ihrer Vertreter

Ein Blick auf einige gegen empirische Erhebung gerichtete Kritiken mag manche Nachteile verstehen lassen. Hyman verweist auf unzählige Ursachen von Pressionen, Verzerrungen und Hindernissen, die wegen der organisatorischen Form der Erhebung, ihrer Abhängigkeit von Förderern und finanzieller Unterstützung auftreten können, und er zeigt das Problem, das umstrittene Themen aufwerfen.[4]

Hymans Arbeit über die Ausführung von Erhebungen führt dem Leser ein Ensemble von Störungsfaktoren vor, die auf die Umfrageforscher einwirken. Obwohl er mit vielen der gegen die Umfrageforschung gerichteten Kritiken übereinstimmt, versucht er zu zeigen, daß die Methode brauchbar ist und zu unserem Wissen über menschliches Verhalten signifikant beiträgt. Man könnte argumentieren, daß eher der Glaube des Forschers an die Methode ihre kontinuierliche Anwendung bewirkt als ihre erwiesene Fähigkeit, menschliches Verhalten mittels gesammelter Information vorherzusagen und zu erklären. In der Tat argumentiert Hyman überzeugend auf dieser Ebene, wenn er den »Mogelinterviewer« erörtert, den Mangel an Kommunikation, die Opposition unter den Mitarbeitern, den Druck von außen, einzelne Elemente der Untersuchung hervorzuheben, die Meinungsverschiedenheit oder die vollständige Übereinstimmung innerhalb der Forschungsgruppe und den allgemeinen organisatorischen Komplex, in dem die For-

4 *Survey Design and Analysis, op. cit.*, p. 29–59.

schung organisiert[5], ausgeführt und abgeschlossen wird; seine Argumente und die Beweisführung, die er zu ihrer Unterstützung bringt, machen es schwierig, den Gebrauch großer, teurer Erhebungen für das Testen von Hypothesen oder für die Erforschung grundlegender Theorie zu verteidigen. Die effektivste Anwendung solcher Erhebungen mit einem großen Sample von Individuen dürfte in der Beschaffung einfachen deskriptiven Materials von nichtbedrohlicher Art für irgendeinen praktischen Zweck liegen.

In der Literatur für und gegen Erhebungs- und Fragebogenmethoden gibt es immer wieder Hinweise auf die Möglichkeit, daß die Daten das Produkt unbestimmten oder lose strukturierten Denkens von seiten der Befragten sind. Warum nicht annehmen, daß die Gedanken des Handelnden über soziale Objekte lose strukturiert sind, aber als konkret wahrgenommen werden, bis wir beginnen, sie mit spezifischen Fragen zu prüfen, die den Handelnden in Verlegenheit bringen über Dinge, die er für selbstverständlich hält, und denen er kaum viel Zeit widmet? Umfrageforschungsverfahren weisen der Unkenntnis keinen variablen Status zu, noch weniger erkennen sie in ihr einen entscheidenden Faktor der Struktur sozialen Handelns[6].

Krech kritisiert Umfragen aus dem Grunde, weil sie oberflächlich sind, selten theoretisch bedeutsame Fragen stellen und auch nicht die »grundlegende Natur der ›Dinge‹« suchen, »die all diese Interviewer, Fragenkonstrukteure und Kodifizierer angeblich messen, gewichten, zählen und berichten«.[7] »Die grundlegende Natur der ›Dinge‹« wird von den Erhebungsforschern für selbstverständlich gehalten. Dies ist oft eine Funktion des Apparats, der zur Durchführung einer Erhebung, unabhängig von ihrer Größe, notwendig ist. Die Wahl

5 Siehe C. W. Hart, »Some Factors Affecting the Organization and Prosecution of Given Research Projects«, *American Sociological Review*, 12 (1947), 514–519.

6 Siehe Louis Schneider, »The Category of Ignorance in Sociological Theory«, *American Sociological Review*, 27 (August 1962), 492–508.

7 D. Krech, »Public Opinion and Psychological Theory«, *International Journal Opin. Attitude Research*, 2 (1948), 85–88.

eines Problems motiviert die Auslese relevanter Fragen, welche die grundlegenden Begriffe »antippen« werden. Einige einleitende Interviews führen zu einer Reihe von Ahnungen und »Gefühlen« über den Charakter der »Daten« und der Befragten. Dieses Material wird dann zusammen mit den Fakten aus dem Erfahrungsschatz und der Erinnerung der Forscher benutzt als Basis für die Formulierung von Fragen offenen oder vorfixierten Typs. Diese Fragen werden »vorgetestet«. Obwohl Veränderungen aufgrund der Resultate vorgenommen werden, führen sie nicht immer zu Modifizierungen der ursprünglichen Formulierung des Problems. Die Fragen werden zugespitzt, und jene, die sich nicht adäquat »verteilen« (gemäß den impliziten Kriterien des Forschers), werden hinausgeworfen. Die Formulierung vorverschlüsselter Fragen erfordert theoretische Präzision, aber die Präzision einer Erhebung kommt gewöhnlich erst, wenn die Resultate schon eingebracht sind und der Forscher vor der Aufgabe steht, die Signifikanz der mehrdimensionalen Tabulierungen zu bestimmen. Die Erhebung ist also ein progressiv sich entfaltendes Unternehmen, das stetig wachsende Präzision verlangt, nachdem die determinierenden Voraussetzungen in die anfängliche Formulierung inkorporiert worden sind, d. h., erst wenn die Kodifizierung durchgeführt ist und die Tabellen konstruiert sind.

Durch die Einführung von Begriffen als Repräsentanten von Faktoren, die dem Handelnden »innerlich« sind, liefert die Erhebung eine geeignete Einrichtung zur Gewinnung von Material, das die Theorie unterstützt, Einstellungen seien Motivationen für oder hindeutend auf Handeln, indem es sich verläßt auf die empirischen Regelmäßigkeiten, deren Montageverfahren sicherstellen, daß die Daten sich unter zweckmäßigen Manipulationen »richtig benehmen« werden. Die aktuellen Verfahren für das Entwerfen von Fragen bleiben für jede Erhebung einmalig, wenn die Strategien und Kodifizierungsregeln nicht in Übereinstimmung mit den Eigenschaften der grundlegenden Begriffe sind.

Hyman vermerkt die Existenz von Standards, Faktoren oder Prinzipien von Forschung, die festgesetzt sind von Forschern und Gruppen wie zum Beispiel dem »Bureau of the Budget«, dem »Standards Committee of the American Association for Public Opinion Research« und dergleichen. Die Betonung liegt auf solchen Kriterien, die auf der kollektiven Erfahrung von Umfrageforschern basieren, auf der Bestimmung und Vermeidung möglicher Fehlerquellen und der Notwendigkeit, bestimmten Verfahren zu folgen, um Vergleichbarkeit sicherzustellen. Der schwierigste Teil der Umfrageforschung jedoch ist ausgelassen. Ich meine das theoretische Wissen, das selbst für Routine-Entscheidungen erforderlich ist, und die theoretischen Bindungen, die den Daten durch ein willkürliches Messungssystem aufgezwungen werden. Die von Hyman besprochenen Erhebungen enthalten keine Nachweise der Augenblick für Augenblick und Tag für Tag fälligen Entscheidungen, die der Analytiker im Verlauf der Durchführung der Erhebung treffen mußte. Er macht einen bedeutsamen Versuch, die in einer Erhebung involvierten Verfahren zu standardisieren, einschließlich der routinemäßigen und oft unbemerkten Fehler und Probleme, die auftauchen können und tatsächlich auftauchen. Eine in Hymans Buch ausgelassene Erörterung unausgesprochener Bedingungen oder Regeln, welche Sozialforschung beherrschen, ist für den an Nachbildung und echtem Hypothesentest interessierten Forscher unerläßlich. Die Daten und hypothetischen Situationen, die Hyman erörtert, sind schon kodifiziert und von den aktualen Regeln und Bedingungen, auf denen sie basieren, abstrahiert. Einige der von ihm unterschlagenen entscheidenden Fragen über den Forschungsprozeß sind etwa diese: Wie bestimmt der Beobachter die Differenzierung von Antworten in verschiedene Kategorien? Wie entscheidet er die Zuweisung von Ziffern oder Zahlen zu gewissen Objekten, während er andere Antworten als irrelevant behandelt? Kapitel I und II zeigten die entscheidende

Bedeutung von Common-sense-Wissen für das Fällen solcher Entscheidungen.

Hyman vermerkt, daß die Umfrage keine der eingebauten Merkmale kontrollierter Experimente oder Beobachtungen hat.

Sie ist charakterisiert durch Messung, die in einem Feldrahmen immer nur *an einem Punkt gleichzeitig* durchgeführt wird, und bietet im Regelfall keine Evidenz für die Zeitordnung von Variablen. Demzufolge muß die Kausalität in den einzelnen Fällen durch spezielle Verfahren aus dem empirischen Verhältnis geschlußfolgert werden.[8]

Hyman fährt fort mit der scharfsinnigen Beobachtung, daß der Befragte ». . . Ereignisse symbolisch schafft oder wieder schafft und so die Variablen eher in der Zeitspanne als im bloßen Messungsaugenblick unterbringt. Wie Vernon einmal formulierte: ›Worte sind Handlungen in Kleinformat‹, und so kann der Messungsaugenblick in sich eine ungeheure Zeitspanne komprimieren.«[9] Die hier erwähnte Zeitkomprimierung scheint der oben beschriebenen Vorstellung erfahrener Zeit ähnlich zu sein. Hymans Behandlung des Problems unterscheidet sich jedoch von meinen früheren Erläuterungen. Seine Lösung für das Zeitproblem bei der Beziehung von Variablen ist folgende:

Allein auf der Basis reiner *Untersuchung* kann der Analytiker die Zeitordnung schlußfolgern. Zum Beispiel gibt es keine sichtbare Schwierigkeit, einen Erhebungsbefund zu interpretieren, in dem eine Beziehung zwischen Verlobungsdauer und ehelichem Glück gegeben ist. Die erste Variable ging der zweiten *qua definitione* zeitlich voraus. Selbst dann, wenn die Ordnung qua definitione nicht absolut deutlich ist, kann der Analytiker wie andere vernünftige Menschen häufig richtig schätzen. Man denke an die Beziehung zwischen Bildungsniveau und Bevorzugung verschiedener Radioprogramme; es ist fast sicher, daß Bildung dem Radiogeschmack vorhergeht. Man betrachte den Befund, daß Personen mit geringer Einkommenshöhe weniger wahrscheinlich als jene mit einem höheren Einkommen formalen Organisationen angehören. Selbst wenn einige wenige Individuen ihr Geld verloren haben mögen, nachdem sie sich den

8 *Survey Design and Analysis, op. cit.,* p. 193.
9 *Ibid.,* p. 194.

Organisationen anschlossen, können wir im großen und ganzen annehmen, daß der gegenwärtige ökonomische Status vor dem Organisationsbeitritt erworben wurde. Ähnliche Voraussetzungen können in Untersuchungen gemacht werden, die zum Beispiel ziemlich beständige Persönlichkeitszüge mit der Leistung in der Schule oder bei der Arbeit in Beziehung setzen.10

Hymans Darlegung deutet auf verschiedene Punkte hin. Einer ist der, daß er nicht klar unterschieden hat zwischen Uhrzeit und Zeit als konstitutiv für Erfahrung. Die oben zitierte »ungeheure Zeitspanne« verweist offenbar auf Uhrzeit, nicht auf die Zeitvorstellung des Handelnden. Obwohl er Uhrzeit benutzt, um seine Handlungen zu orientieren, erfährt der Handelnde Objekte und Ereignisse nicht isomorph mit Uhrzeit. Erhebungsergebnisse sind immer post-factum-Korrelationen oder -Beziehungen, und der Analytiker muß einen großen Teil seiner Zeit damit zubringen zu entscheiden, was alles »bedeutet«. Er beschwört irgendeine Theorie, auf die hin er die Zeitfolge der Variablen bestimmt, und dies wiederum strukturiert, wie Beziehungen interpretiert werden sollen. Die Zeiterfahrung des Handelnden wird durch die Verfahrensweisen des Beobachters *post factum* determiniert. In Entsprechung zu den Beobachtungsregeln sollte der Forscher eine theoretische Position haben, die ihn in die Lage versetzt zu zeigen, wie solche Korrelationen im vorhinein, vor dem Sammeln und Kodifizieren der Daten, spezifiziert werden können. Wenn alle Ereignisse im täglichen Leben und die Orientierung des Handelnden nach ihnen ihre bestimmte zeitliche Struktur haben, dann beinhaltet ihre Quantifizierung unexplizierte Abstraktionen, implizit abgeleitet von einer Theorie des sozialen Prozesses oder *im nachhinein* festgelegt durch Korrelierung von Einstellungs-Antworten mit einer Anzahl von im Fragebogen eingeschlossenen »vordergründigen« Charakteristiken. Theorien in der Soziologie nehmen an, daß die »Klassen«-Lage einer Person, ihre »Religion«, ihre »politischen« Meinungen und ihre »Verbands«-Handlungen ihr alltägliches Verhalten beeinflussen. Aber manche Frage oder

10 *Ibid.*

mancher Fragenkomplex mit der Absicht, solche Begriffe »operationell« zu messen, und die Antworten der Personen auf die Fragen sind nicht immer echte Repräsentanten des Einflusses dieser »Variablen« oder Bedingungen auf die alltäglich praktizierten und allgemeingültigen Vorstellungen der Handelnden über die Welt, in der sie leben, mit der sie sich abfinden und die sie ändern. Wir haben uns an das Charakterisieren von Segmenten des Lebens oder von Eigenschaften von Personen gewöhnt, als ob sie eindimensionale Variable wären, die in Kontinuen übersetzt werden können, welche ausgedehnt oder zusammengezogen werden können (zu Messungszwecken), abhängig davon, wie gut sich die Antworten auf einen Fragebogen »aufteilen«. Aber zu fragen ist, ob und in welchem Ausmaß diese »strukturellen« Variablen (z. B. Beruf, Einkommen, Bildungsniveau) das Alltagsverhalten des Handelnden beeinflussen. Mit anderen Worten: korrelieren solche willkürlichen oder »natürlichen« organisatorischen zeitlichen Einteilungen (z. B. Volksschule, Oberschule, Universität) signifikant mit Einstellungs- oder anderen Variablen? Diese Frage interessiert Bennet Berger[11], wenn er empfiehlt, Alter als kulturelle Variable, nicht als strukturelle zu definieren. Dies würde die rein quantitative Determinierung von Alter so verändern, daß die Struktur seiner Eigenschaften als problematisch erkannt wird und nach expliziterer Begriffsbildung sowie empirischer Untersuchung verlangt.

Diese strukturellen Daten werden gewöhnlich versammelt und beschrieben unter Verwendung von Common-sense-Bedeutungen. Indem wir annehmen, daß strukturelle oder Einstellungs-Variable automatisch quantifizierbar sind, haben wir Begriffe dazu gezwungen, den Anschein von Präzision anzunehmen, so daß sie in Dichotomien, Trichotomien, Ordnungsränge, Intervalle und metrische Distanzen aufgeteilt werden können. Aber der Begriff ist nicht *per se* quantitativ; er wird es nur, wenn er in irgendeinen theoretischen Rahmen gesetzt wird, der

11 »How Long is a Generation?«, *British Journal of Sociology*, XI (März 1960), 10–23.

explizit bedeutungsvolle Dichotomien, Trichotomien, Ordnungsbeziehungen, Intervalle, die als gleich angenommen werden, und Distanzen, die metrische Merkmale haben, schafft. Der Ausdruck »Variable« kann eine nicht-additive Sammlung von Elementen bedeuten, die irgendein Merkmal der kulturell definierten Welt des Handelnden charakterisieren. Die »Variable« würde nicht notwendig ein einheitliches, differenziables Kontinuum oder selbst eine Dichotomie konstituieren, wenn es nicht spezifisch gefordert und durch die Theorie gerechtfertigt würde. Jedes Verstehen von Kodifizierungsoperationen muß, da sie in Beziehung stehen zu der Strukturierung von Fragebogen und Interviewschemata, in Rechnung stellen, was durch die Weltkenntnis des Common-sense, die wir mit dem Befragten teilen, gegeben ist, was durch unsere soziologische Theorie geliefert ist und was durch die Messungseinrichtungen auferlegt ist.

Das zwei- oder mehrwertige (Dichotomie, Trichotomie etc.) System nimmt an, daß die Elemente, welche Kategorien und die Entscheidungen differenzieren, die zur Plazierung kodifizierter Antworten in einem Tabellenfach oder Typus als einem anderen Tabellenfach oder Typus entgegengesetzt führen, identifizierbar, unzweideutig und diskret sind.

Kodifizieren unter zwei- oder mehrwertiger Logik oder einer ihrer logischen Ableitungen (z. B. Mengenlehre, System Reeller Zahlen) setzt automatisch eine axiomatische Basis für die Struktur des sozialen Prozesses voraus. Dennoch beginnen wir gewöhnlich unsere Erhebungen durch die anfängliche Zuweisung einer Art willkürlicher Modalität (zum Beispiel »sehr groß«, »ziemlich groß« und »nicht sehr groß«) oder einer fünf-Punkte-Aufgliederung (»stimmen entschieden zu«, »stimmen einschränkend zu«, »neutral«, »stimmen einschränkend nicht zu«, »stimmen entschieden nicht zu«). Wenn die Erfahrung des Handelnden von seiner Welt mit allgemeinen modalen Aufgliederungen übereinstimmt, und wenn der Forscher einen Messungsrahmen auferlegt hat, der eine axiomatische Basis annimmt, aber die logische Struktur solcher modalen Erfahrungen vermeidet, dann können wir Hypothesen nicht echt testen. Die angeeignete Lösung kann nur ohne Gewähr empfohlen werden.

Soziologen, welche die Quantifizierung von Befunden dem echten Hypothesentest voranstellen, empfehlen vorfixierte Auswahlfragebogen, weil diese Methode quantifizierte Resultate sicherstellt. Willkürliche Kodifizierungsregeln und Skalierungseinrichtungen transformieren die Struktur sozialen Handelns in quantifizierbare Elemente, weil solche Verfahren willkürlich Common-sense-Wissen und modale Urteile mit logischen oder statistischen Operationen vermischen. Einmal auferlegt, wirken solche Kodifizierungsregeln und Skalierungsvorrichtungen als ein Filter, der verdunkelt, wie das implizite Common-sense-Wissen des Forschers in den entscheidungsbildenden Prozeß Eingang findet, der als »wissenschaftliche Verfahrensregeln« identifiziert wird, während er gleichzeitig die Antworten des Handelnden transformiert.

Wenn irgendeine Form vorfixierter Einzelfragen jemals als nützliche operationelle Definition soziologischer Begriffe dienen soll, wird sie so konstruiert sein müssen, daß die Struktur der Erfahrung und des Verhaltens im alltäglichen Leben in ihr widergespiegelt ist. Wir müssen in der Lage sein, eine Übereinstimmung zu demonstrieren zwischen der Struktur sozialen Handelns (kulturelle Bedeutungen, ihre Übertragung in situationalen Kontext, der Rollenübernahme-Prozeß) und den Einzelelementen, die als operationale Definitionen davon dienen sollen. Wenn diese Übereinstimmung nicht erzielt wird, werden unsere Ergebnisse unsere inadäquaten Methoden widerspiegeln und keine theoretisch verfechtbaren Aussagen hervorbringen.

V. Die demographische Methode

Deskriptive Darstellungen der Anzahl von Geburten, Sterbefällen, Bewegungen von Personen von einem geographischen
Ort zu einem anderen, nach Alter, Geschlecht etc., sind für
Soziologen nützlich gewesen zur Untersuchung sozialer Organisation und der vergleichbaren Struktur von Sozietäten.
Solche Daten werden gewöhnlich betrachtet als grundlegende
soziale Fakten, die für sich selbst stehen. Dieses Kapitel macht
kritische Anmerkungen zu dem logischen und theoretischen
Status der Erfassung primärer Bevölkerungsprozesse (zum
Beispiel die deskriptiven Zählungen von Geburten, Sterbefällen, geographischen Bewegungen nach Alter und Geschlecht
etc.), insbesondere wenn sie mit sozialen Prozessen verbunden
sind, die differentielle Fruchtbarkeit, Migration, Mobilität,
Illegitimität und dergleichen hervorbringen oder den Grund
dafür angeben. Verteilungen dieser Lebensprozesse und Bewegungen nach Alter und Geschlecht (und anderen Kategorien)
können als Mittel betrachtet werden, Eigenschaften solcher
sozialen Strukturen zu beschreiben wie Paare (zum Beispiel
Eltern in einer Kernfamilie), Kollektive (zum Beispiel Raucher
versus Nichtraucher, Benutzer von Empfängnisverhütungsmitteln versus Nichtbenutzer, Familien mit hohem Einkommen
versus Familien mit niedrigem Einkommen), Organisationen
(Familien als Einheiten betrachtet, Hospitale), Gemeinden,
Regionen, Staaten oder Provinzen, Nationen etc. Der Demograph kann seine Aufmerksamkeit richten auf irgendeine
Verteilung oder eine Reihe von Verteilungen von Zählungen,
um Schlußfolgerungen über die biologischen und sozialen
Kräfte zu ziehen, die sie hervorgebracht haben könnten. Voraussagen werden versucht, indem man Konklusionen aus
irgendeiner gegebenen Reihe von Daten projiziert. Es gibt
einige wenige Demographen, die mehr theoretisches Wissen[1]

1 Soziologische Demographen wie Vance haben mehr Theorie verlangt,

verlangen als Mittel zur Verbesserung unserer demographischen Vorhersagen; diejenigen, die solche Verbesserungen befürworten, sind am ehesten Soziologen, die an der Benutzung demographischer Daten zur Prüfung soziologischer Theorien interessiert sind. Zwei allgemeine, in der Bevölkerungsuntersuchung häufig implizierte Vorstellungen sind, daß Demographie eine separate Disziplin ist und daß die zugänglichen Tatsachendaten inhärent bedeutungsvoll sind. Diese Vorstellungen legen die Redewendung »die demographische Methode« nahe. Viele Demographen und Ökologen würden wahrscheinlich die Relevanz und Gültigkeit des sozialen Prozesses für das Verstehen sozialer Struktur leugnen. Solche Forscher vermeiden gewöhnlich die Untersuchung des sozialen Prozesses, indem sie einfach seine Relevanz leugnen. Sie können als »Wahlarchäologen« der gegenwärtigen Gesellschaft charakterisiert werden, weil sie die Relevanz kultureller Entscheidungen leugnen, die zur ökologischen Struktur sozialer Organisation beitragen. Archäologen sind auf der anderen Seite eifrig darauf bedacht, Daten über kulturelle Entscheidungen zu erhalten. Eine Darstellung dieser nichtkulturellen Sicht ist in einer neueren Schrift von O. D. Duncan und L. Schnore[2] enthalten. Sie argumentieren, daß die ökologische Perspektive (die für sie Bevölkerungsanalyse einschließen würde) am besten für die Untersuchung sozialer Organisation, wie sie sich diese vorstellen, geeignet ist. Die grundlegende Differenz zwischen Duncan und Schnores Perspektive sozialer Organisation und der von »behavioristischen« und »Kultur«-Soziologen liegt in ihrer Leugnung der Relevanz kulturell definierter

während andere wie Gutman behaupten, daß für die Organisation des gegenwärtigen Wissens adäquate Theorien existieren. Siehe Rupert B. Vance, »Is Theory for Demographers?«, in J. J. Spengler and O. D. Duncan (Hrsg.), *Population Theory and Policy*, New York 1956, p. 88–94. Robert Gutman, »In Defense of Population Theory«, *American Sociological Review*, 25 (Juni 1960), 325–333.
2 O. D. Duncan and L. Schnore, »Cultural, Behavioral, and Ecological Perspectives in the Study of Social Organization«, *American Journal of Sociology*, 65 (September 1959), 132–146. Siehe auch die Arbeiten »Comment« von Peter H. Rossi und »Rejoinder« von Duncan and Schnore, *ibid.*, p. 146–149 und 149–153.

gruppengemeinsamer Ideologien, Werte und Normen. So würden die Autoren, indem sie sagen, daß »Gemeinden mit unterschiedlichen ökonomischen Grundlagen voraussichtlich unterschiedliche Wachstumsraten und von daher differentielle Möglichkeiten für soziale Mobilität zeigen«, die Relevanz von Grundsatzentscheidungen leugnen, die in einem Gruppenkontext von Individuen getroffen werden, ebenso die Bedeutung von individuellen und gruppeneigenen ideologischen und Wertbindungen, politischen Erfordernissen und dergleichen. Duncan und Schnore glauben, daß kulturelle und behavioristische Perspektiven verfälscht sind durch das, was sie für eine generelle »Bindung« an »subjektive Elemente«, individuelle Motivationen und »kulturelle Züge« halten. Irrtümlich nehmen sie an, daß alle »behavioristischen« und »Kultur«-Soziologen dem psychologischen Reduktionismus von Homans[3] verhaftet sind und daß nur der Ökologe sich dafür interessiert, das Verhalten von Aggregaten zu verstehen. Schließlich akzeptieren Duncan und Schnore die Tatsache, daß die »ökologische« Methode »Voraussetzungen über kulturelle Kontinuität und die Verbreitbarkeit kultureller Vorbilder entlehnt«, aber sie würden die Relevanz kultureller Bedeutungen leugnen – einschließlich derer, die der Handelnde seiner Umwelt gibt, und wie solche Bedeutungen seine Handlungen beeinflussen, insbesondere bei der Bestimmung, wo er Städte baut, wie er sie baut und so weiter – obwohl solche Bedeutungen differentiell verteilt sind und im Verlauf der Zeit in verschiedenen Kulturen und innerhalb verschiedener Sektoren pluralistischer Gesellschaften fortwährend definiert und neudefiniert werden. Die Notwendigkeit verschiedenartiger Formen und Inhalte menschlicher Kommunikation für das Auftauchen, die Erhaltung und Veränderung sozialer Strukturen ist irrelevant für das Bündnis von Demographie und Ökologie. Dies Kapitel wird auf Demographen und Ökologen wie Duncan und

---

3 George C. Homans, »Social Behavior as Exchange«, *American Journal of Sociology*, 63 (Mai 1958), 597–606, und *Social Behavior*, New York 1961.

Schnore nicht weiter eingehen. Kritische Bemerkungen über die soziologischen Demographen, die unten gemacht werden, setzen Übereinstimmung voraus mit ihrem Interesse an der Anerkennung kultureller und Verhaltensvariablen und an deren Vereinigung mit demographischen und ökologischen; ich erwarte, explizitere Betrachtung und Erörterung des sozialen Prozesses in den demographischen Studien über soziale Struktur zu entdecken, die Vorstellungen vom sozialen Handeln voraussetzen.

Die These, daß soziologische Theorien über den sozialen Prozeß bei der Erklärung differentieller deskriptiver Zählungen, die in demographischen Daten enthalten sind, vorausgesetzt werden, wird durch einen neueren Text von William Peterson klar bestätigt.[4] Die folgenden Zitate beabsichtigen, die Relevanz von Theorie für einen Soziologen aufzuzeigen, der demographische Daten benutzt. Spätere Erläuterungen sollen die Relevanz solcher theoretischer Aussagen unterstreichen und erweitern. Aussagen über Bevölkerung, die, wie in den vorangehenden Kapiteln ausgeführt, mit den grundlegenden sozialen Prozessen verbunden sind, sollten zu präziseren Tests führen und unsere Kenntnis sozialer und kultureller Kräfte, die Bevölkerungsverteilungen hervorbringen und beeinflussen, erweitern. Das folgende Beispiel veranschaulicht die Verbindung zwischen Familiengröße und kulturellen Vorstellungen:

Der »new look« in der Familiengröße hat sich, wie jeder andere Stilwandel, zum Teil einfach durch Ansteckung verbreitet. Aber er ist auch motiviert worden durch die geheimsten Hoffnungen der amerikanischen Mittelklasse. Mit einer gewissen Übertreibung können die Vereinigten Staaten als das Land der aufsteigenden Mobilität bezeichnet werden. Die Verhaltensmuster des typischen Amerikaners – mit der Einschränkung, daß er in dieser idealtypischen Form kaum vorhanden ist – können wahrscheinlich am besten definiert werden im Rahmen eben der Hoffnungen und Erwartungen, welche durch das »amerikanische Versprechen« eines glücklicheren Lebens hervorgerufen sind. In der Vergangenheit betrachteten es Mittelklasseneltern als ihre Pflicht, einer sehr kleinen Anzahl von Kindern maximale Vorteile zu bieten; und dieser Wert war sicherlich ein wichtiger

4 William Petersen, *Population*, New York 1961.

Grund für die Ausbreitung des Kleinfamilien-Systems. Heute jedoch ist das Diktum der Psychologen, daß das Einzelkind eher zur Neurose neigt, durch die Frauenzeitschriften verbreitet worden, um ein Gemeinplatz von Mittelklassenwissen zu werden. Ob es wahr ist oder nicht, steht nicht zur Debatte; die Theorie ist, selbst wenn sie falsch ist, weit genug akzeptiert worden, um gegenwärtige Einstellungen und Verhaltensweisen zu affizieren, wie es die Indianapolis-Untersuchung aufzeigte. Wenn man überhaupt Kinder hat, muß man – um ihretwillen – wenigstens zwei haben und am besten drei. Die Tatsache, daß der neue Trend in der Familiengröße eher auf eine Re-Interpretation der Elternpflicht gegründet worden ist als auf einen Versuch, sie abzulehnen, indiziert eine größere Wahrscheinlichkeit von Permanenz.[5]

Petersen hat eine Anzahl von Faktoren hervorgehoben, von denen einige ziemlich komplexe soziale Prozesse implizieren, welche die Forschung bis jetzt noch nicht dokumentiert hat, die aber ganz einleuchtend scheinen. Die allgemeine Implikation ist, daß es kulturell definierte Vorstellungen gibt, die das soziale Handeln der Menschen orientieren. Wenn der neue Trend in der Familiengröße eine Wahrscheinlichkeit von Permanenz hat, dann sind die mit neuen demographischen Daten möglichen, statistischen Manipulationen von begrenztem Nutzen für die Prüfung von Petersens Hypothesen, wenn wir nicht für einzelne Familien unabhängige Daten haben über die Natur kultureller Definitionen des »glücklichen Lebens«, der »tiefsten Hoffnungen«, der optimalen Zahl von Kindern und dergleichen. Solches Wissen zu erlangen erfordert, daß wir die zeitliche Struktur dieser kulturellen Vorstellungen, die Bedingungen, die vorgeschriebene Verhaltensformen motivieren, und die Variationen, die wahrscheinlich vorkommen, verstehen. Kurz, diese Art Information wird benötigt, um das Ausmaß zu erforschen, in dem die von Petersen erwähnten Vorstellungen für grundlegende empirische Forschung und für Vorhersagen auf kurzfristiger oder langfristiger Basis nützlich sein können. Aber in Petersens Sichtweise und insbesondere in den impliziten theoretischen Annahmen vieler Demographen wird unterstellt, daß Familiengröße das Produkt der Rationalisie-

5 *Ibid.*, p. 297.

rung der Gesellschaft im Weberschen Sinne ist, d. h. der »Transformation einer unkontrollierbaren und unintelligiblen Welt in eine Organisation, die wir verstehen und deshalb meistern können, und in deren Rahmen Vorhersage möglich wird«.[6] Diese Annahme von Rationalität erfordert theoretische und empirische Klärung. Ihr gegenwärtiger Status in Bevölkerungsuntersuchungen ist nicht immer klar. Ich werde diesen Punkt im verbleibenden Teil dieses Kapitels ausarbeiten und ihn zum zentralen Gedanken machen, an dem ich theoretische Voraussetzungen der Demographie erörtere.

Kenntnis über die Common-sense-Eigenschaften, die in den von Petersen verwandten soziologischen Begriffen vorausgesetzt sind, würde die analytische Präzision des Beobachters in bezug auf Familienleben und -größe und die Vorstellung, die der Handelnde von ihnen hat, erweitern. Das folgende Zitat verweist auf weitere theoretische Behauptungen über die Vorstellung von Familiengröße:

Die kleine Familie der jüngsten Vergangenheit war, so möchte man sagen, in die kleine Wohnung eingebaut, die ein zusätzliches Kind zu einem teuren und lästigen Unternehmen machte. Während der Nachkriegszeit zogen, man wird sich erinnern, viele Mittelklassenfamilien in die Vorstädte, welche großstädtische Annehmlichkeiten mit einem Lebensstil verbinden, der zu Kindern ermutigt, sie fast fordert. Kaum jemand mietet ein Haus in den Vorstädten; und Hausbesitz, der zwischen 1940 und 1950 um die Hälfte zunahm, ist immer mit großen oder mittelgroßen Familien assoziiert worden. Es mag heute weniger bedeutsam sein als vordem, vom Funktionsverlust der Familie zu sprechen, denn in der vorstädtischen Niederlassung wird das Heim offenbar der Herd eines signifikanten Familienlebens. Wenn die Frau arbeitet, was sie häufig tut, geschieht es in der Regel nicht, um eine von ihrer Rolle als Frau und Mutter unabhängige Laufbahn durchzusetzen, sondern um ihres Mannes Lohn oder Gehalt aufzubessern. Wenn der Mann auch während des Tages gewöhnlich fort zur Arbeit ist, verbringt er doch den Abend und die Wochenenden mit seiner Familie; die »do-it-yourself«-Manie, die sich durch amerikanische Vorstädte verbreitet hat, ist eine Art, die kontinuierliche Ausdehnung und Dekoration von Heimen unter die

6 Alfred Schütz, »The Problem of Rationality in the Social World«, *Economica*, X (Mai 1943), 136.

Überschrift »Spaß« (fun) zu bringen. Eltern erziehen ihre Kinder nicht länger direkt, sondern sie sind ungeheuer besorgt, eine »gute Schule« zu finden oder durch eine Eltern-Lehrer-Assoziation eine solche zu gründen. Wenn Details dieser Art zusammengezählt werden, ist die Summe ein Milieu, in dem ein kinderloses Paar sich fehl am Platz fühlen würde.[7]

Obwohl einige Soziologen manche der von Petersen behaupteten spezifischen Punkte in Frage stellen dürften, werden doch wenige die allgemeine Bedeutung der *Art* soziologischer Variablen, die er unterstrichen hat, für fragwürdig halten. Die Art und Weise all seiner Aussagen befindet sich in Übereinstimmung mit derzeitiger Forschung und Theorie in der Soziologie. Wie diese Faktoren tatsächlich Familiengröße beeinflussen, ist jedoch, urteilt man nach Petersens Literaturbericht, von den an Bevölkerungsproblemen interessierten Demographen und Soziologen noch nicht extensiv untersucht worden. Petersens Äußerungen verweisen im Gegensatz zu denen vieler Demographen auf die Wichtigkeit, die sozialen Grundlagen von Fruchtbarkeit und Familiengröße und die kulturell geformten Faktoren in anderen demographischen und Bevölkerungsverteilungen zu untersuchen. Das folgende Zitat unterstreicht diesen Punkt sehr stark und kann als Basis für ein Durchdenken der Weberschen Vorstellung von Rationalisierung der Gesellschaft dienen:

Der institutionelle Rahmen, den die Familie mit drei Kindern jetzt hat, deutet an, daß – wenn die allgemeinen sozialen und ökonomischen Bedingungen mehr oder weniger konstant bleiben – eine relativ hohe Fruchtbarkeit wahrscheinlich ein ziemlich stabiles Element des amerikanischen Lebens sein dürfte. Dies bedeutet natürlich nicht, daß es so sein wird. Es bedeutet, daß potentielle Entscheidungen von Eltern, ob sie Kinder wollen, nicht nur durch ihr »egoistisches« Verlangen nach »Bequemlichkeit«, sondern auch durch »Stolz auf die Nachkommenschaft« determiniert werden. Nun, da Geburtenkontrolle beinahe universal ist, determiniert die Relation zwischen jenen Motiven prinzipiell die Größe der Familie und die Genauigkeit von Bevölkerungsvorausberechnungen.[8]

7 Petersen, *op. cit.*, p. 297–298.
8 *Ibid.*, p. 298.

Die Äußerungen von Petersen besagen, daß die kulturellen Faktoren von »egoistischem« Verlangen nach »Bequemlichkeit« und »Stolz auf die Nachkommenschaft«, »wenn die allgemeinen sozialen und ökonomischen Bedingungen mehr oder weniger konstant bleiben«, die grundlegenden soziologischen, Untersuchung erfordernden Variablen sind. Eine mögliche Interpretation von Petersens Bemerkungen ist es, Familiengröße zu betrachten als die Konsequenz einer Reihe problematischer Entscheidungen, Kinder zu haben, Entscheidungen, die durch Rationalitäten des Common-sense erreicht werden. Gerade die Arten, wie solche Entscheidungen *getroffen werden*, sind unbestimmt, äußerst situational und subkulturell variabel. Aber der Demograph bezieht sich häufig auf den abstrakten Prozeß der Rationalisierung der Gesellschaft, indem er unterstellt, daß der Handelnde eine Perspektive besitzt, die darauf gerichtet ist, Entscheidungen zu treffen, welche von ständig wachsender Rationalität regiert sind. Vom Standpunkt des Handelnden aus gesehen ist seine Welt intelligibel und kontrollierbar, und die Kenntnis dieses Standpunkts liefert dem Sozialwissenschaftler eine Basis, um den zukünftigen Verhaltensverlauf des Handelnden hinsichtlich Familiengröße und Fruchtbarkeit vorherzusagen. Petersen sieht jedoch Verlangen nach »Bequemlichkeit« und »Stolz auf die Nachkommenschaft« nicht als rationale Entscheidungen, wenn er auch explizit auf die Rationalisierung der Gesellschaft verweist.

Das Resultat dieser Erörterung ist es, die dem Handelnden zugeschriebene Rationalität zu zeigen, die der Begriff der Rationalisierung der Gesellschaft unterstellt. Die Implikation ist, daß die progressive Rationalisierung der Gesellschaft, manifestiert durch zunehmend bürokratisierte Institutionen und Denkstrukturen, den Handelnden im Alltagsleben in annähernd der gleichen Weise beeinflußt, wie ein Wissenschaftler durch Befolgung wissenschaftlicher Verfahrensregeln beeinflußt wird. Das Argument leuchtet bis zu einem gewissen Grade durchaus ein. Aber wie wissen wir, wann rationale Merkmale oder Verhaltensregeln des Common-sense auf

Familienplanung anzuwenden sind? Dies mag den meisten Demographen als spitzfindige Unterscheidung vorkommen, sie ist aber für ihre Argumentation entscheidend. Selbst wenn die implizite Voraussetzung wahr wäre, daß alle Familien, zumindest in den Vereinigten Staaten und den abendländischen Teilen der Welt, im allgemeinen ähnlich werden und identifizierbare Strategien für ihre Familienplanung verwenden werden, stellt die oben skizzierte Theorie die Differenz zwischen »rationalen« Verfahren auf der einen Seite und »Common-sense« oder »traditionalen« Verfahren auf der anderen Seite nicht in Rechnung. Daher könnten die »akzidentellen« Geburtenfälle, die in der kürzlichen Untersuchung von Freedman, Whelpton and Campbell[9] berichtet wurden, leicht als trivial behandelt werden, wenn die Theorie nicht geklärt ist. Diese akzidentellen Fälle beliefen sich auf ungefähr 25 % jener Familien, die Empfängnisverhütungsmittel benutzten.[10] Die gleiche Tabelle zeigt 24 % »andere ungeplante« Schwangerschaften, nachdem die Benutzung von Empfängnisverhütungsmitteln begann. Dies sind nach jedem Maßstab große Zahlen. Dennoch werden sie nicht als bedeutsam behandelt. Die akzidentellen Fälle werden nicht als ein integrales Merkmal von Familienplanung behandelt. Die Autoren betonen die höhere Anzahl von »geplanten« Schwangerschaften unter den Frauen mit College-Ausbildung. Die Betonung von »Rationalität« in der Familienplanung unter den Gebildeten verdunkelt die Tatsache, daß die Hälfte ihres Samples *ungeplante* Kinder *nach* dem Beginn des Gebrauchs von Empfängnisverhütungsmitteln hatte. Indem sie die »Rationalität« der Einstellungen und der Umwelteigenschaften des Handelnden nicht in Frage stellen, übersehen die Autoren den Einfluß »nicht-rationaler« Merkmale ihrer Daten auf die gebildeten Frauen gleich welchen Niveaus. Aber dem Problem kann man nicht entkommen, denn ohne eine explizite Vorstellung von Rationalität bleiben die Daten dunkel. Wie die

9 *Familiy Planning, Sterility, and Population Growth*, New York 1959.
10 *Ibid.*, p. 119.

Dinge jetzt liegen, müssen wir mit einer nicht-eindeutigen Vorstellung von Rationalität vorliebnehmen. Petersen zum Beispiel bemerkt:

Es ist also notwendig, nach Gründen zu suchen nicht so sehr in den Lebensbedingungen der Städte als in den Vorstellungen und Sehnsüchten, die mit der städtischen Bevölkerung verbunden sind. Die größere Rationalität (in Max Webers Sinn des Wortes) des Stadtlebens veranlaßte vermutlich einen immer größer werdenden Anteil der Bevölkerung, die Vor- und Nachteile abzuwägen, die jedes Kind mit sich bringt, und die Familiengröße dementsprechend anzupassen. In den dreißiger Jahren dachte fast jeder Demograph in Begriffen solch eines stilisierten Bildes vom Rationalen Menschen und glaubte, daß der absteigende Trend in der Fruchtbarkeit andauern würde. Sobald es allgemein gebräuchlich würde, die Familiengröße nach dem durch »Kinderhaben« verursachten Verlust an Geld und Annehmlichkeit zu richten, würden viele Paare, vielleicht mit der Zeit die meisten, überhaupt keine Kinder haben.
Im Nachkriegsjahrzehnt jedoch gab es ein gänzlich unerwartetes Wiederaufleben von Geburten. Im allgemeinen war dies am auffallendsten unter den sozialen Klassen, die vorher den größten Rückgang gezeigt hatten.
Ein großer Teil des »Baby-booms« war die Widerspiegelung der neuen Familiengründungs-Gewohnheiten junger Frauen. 1950 war ihr mittleres Heiratsalter 20 Jahre – um eineinhalb Jahre niedriger als 1940.11

Das oben zitierte Material berührt verschiedene Formen von Rationalität. »Egoistisches« Verlangen nach »Bequemlichkeit« versus »Stolz auf die Nachkommenschaft« werden vorgestellt als Alternativen, zu denen man durch überlegte Wahl gelangte, aber strenge Rationalität im Wahlprozeß wird nicht unterstellt. Dies deutet an, daß die Entscheidungsrationalität relativ ist zu dem Ziel, das zu erreichen sie beabsichtigt. Zum Beispiel das »Wohl der Gesellschaft«, das prospektive Kind, die gegenwärtige »Bequemlichkeit« des Paars, zukünftige Hoffnungen etc. Petersens Bemerkungen können erweitert werden, um die theoretischen Aussagen über Common-sense-Arten von Entscheidungsbildung zu den Vorstellungen des Handelnden

11 Petersen, *op. cit.*, p. 240.

von »Bequemlichkeit« und »Stolz« im Hinblick auf Lebensstandard und Kinder spezifisch in Beziehung zu setzen.

Nach der Argumentation dieses Buches sollten die Vorstellungen über Bevölkerung auf seiten der Demographen oder Soziologen den Gedanken einschließen, daß bewußtes, überlegtes, »rationales« Denken über Familiengröße begrenzt ist durch viele Common-sense-Merkmale des Alltagslebens, die solche von Petersen aufgezeigte Dinge einschließen wie zum Beispiel Gemeinschaftsbedingungen, unter denen ein kinderloses Paar sich »fehl am Platz fühlt«, oder ein »Gefühl« der Frau, daß vier Kinder »nett sein würden«. Die Vorstellung von »rationaler« Erörterung bei einem »gebildeten« Ehemann mit einer »gebildeten« Frau als Hauptdeterminante von Familiengröße bleibt unklar. Die Rationalität zugänglicher Techniken zur Begrenzung der Familiengröße bedeutet nicht, daß selbst die höchst gebildeten und die ökonomisch am besten situierten Familien, d. h. die Familien, die *unter gleichen sonstigen Umständen* höchst »rational« sein könnten, sich in Übereinstimmung mit der im Gebrauch empfängnisverhütender Techniken inhärenten Rationalität verhalten werden. Man vergleiche dies mit der von Notestein gegebenen Darstellung:

1. Die hohe Geburtenrate der vierziger Jahre hat das Datum, an dem Maximalbevölkerungen in irgendeinem realistischen Sinn antizipiert werden könnten, definitiv aufgeschoben. Weit weniger steht fest, daß der Geburtenaufschwung die Bevölkerung sehr stark vermehrt haben wird, die andernfalls zum Ende des Jahrhunderts hätte erwartet werden können . . .

2. In diesem Bevölkerungstyp (die Vereinigten Staaten, Westeuropa), in dem es ein großes Maß rationaler Fruchtbarkeitskontrolle gibt, sind die jährlichen Zunahmen der Bevölkerung wahrscheinlich zeitlich unregelmäßig verteilt, weil »Kinderkriegen« anfällig ist für die Schwankungen des politischen, sozialen und ökonomischen Klimas. Solche Schwankungen produzieren Unregelmäßigkeiten in der Altersverteilung, die komplizierte Probleme sozio-ökonomischer Anpassung stellen.[12]

12 Frank W. Notestein, »The Population of the World in the Year 2000«, in J. J. Spengler und O. D. Duncan (Hrsg.), *Demographic Analysis*, New York 1956, p. 37.

Notestein scheint der Fruchtbarkeit rationale Kontrolle beizumessen, konstatiert aber dann, daß »Kinderkriegen anfällig ist für die Schwankungen des politischen, sozialen und ökonomischen Klimas«. Voraussichtlich sind es individuelle Familien oder präziser individuelle Handelnde, die für politische, soziale oder ökonomische Situationen anfällig sind. Der Demograph weist – selbst wenn er eine Neigung zur Soziologie hat – gern darauf hin, daß er am Verhalten von Aggregaten interessiert ist. Doch bedeuten die in Petersens und Notesteins Äußerungen enthaltenen Erklärungen, daß die Verteilungen von Geburten, Sterbefällen, Migrationen und dergleichen explizite und implizite Bezugnahmen auf soziale Kräfte und auf die – nicht leicht zu messenden – Entscheidungen der Handelnden erfordern. Einfache Klassifizierung macht theoretische Rechtfertigung notwendig. Notestein zum Beispiel spielt auf soziale Kräfte und die Entscheidungen von Handelnden an, wenn er »Gebiete von Übergangswachstum« oder »Gebiete von hohem Wachstumspotential« beschreibt.[13] Bei den ersteren zeigt er, wie die »Prozesse der Modernisierung schon begonnen haben, Fruchtbarkeit und Sterblichkeit zu reduzieren«, und wie die »ländliche Familie und die Einstellungen zum Kinderkriegen, die sie begleiten, noch bedeutsam sind, aber durch das Vordringen einer zunehmend städtischen und säkular gesonnenen Gemeinschaft modifiziert werden«.[14] Zur Vorstellung von hohem Wachstumspotential bemerkt er: »die Geburtsraten sind sehr hoch und gegen Veränderung widerstandsfähig genug, um zu jeder Zeit, zu der es möglich wird, etwas weniger als extrem hohe Sterblichkeit zu erreichen, ein schnelles und konstantes Bevölkerungswachstum zu garantieren.«[15] Ferner: »Wenn große Kapitalmengen verfügbar wären und für Entwicklung benutzt würden, könnten die Regionen viel größere Bevölkerungen tragen, als sie es zur Zeit tun, und einen Lebensstandard bieten, der viel höher wäre,

13 *Ibid.*, p. 38–43.
14 *Ibid.*, p. 38.
15 *Ibid.*, p. 39.

als der heute existierende ... Darüber hinaus würde die Entwicklung die Sterberate herabsetzen, lange bevor die langsameren Prozesse sozialer Neuorientierung beginnen würden, der Geburtenrate Zwänge aufzuerlegen.«[16]

Die Arten der von Notestein und anderen Demographen gegebenen Darstellungen setzen viele komplexe Variable voraus, die theoretischer Klärung bedürfen, bevor echte Messung erzielt werden kann. Die Verteilungen von Geburten und Sterbefällen, die Anzahl von Migranten kann nach Alter, Geschlecht, Beruf, Nationalität, Rasse, Ehestand, Einkommen und so weiter aufgegliedert werden, aber die schwierig zu messenden und häufig nicht beachteten komplexen sozialen Prozesse, die der Demograph entweder impliziert oder explizit erwähnt, werden nichtsdestoweniger als die erklärenden Variablen beschworen. Die erzeugten Verallgemeinerungen setzen grundlegendere soziale Prozesse voraus, über die wir sehr wenig wissen. Zum Beispiel äußert Notestein:

Die schwierigsten Probleme sind jene in den Gebieten der Sozialwissenschaft und der Sozialtechnik. Es handelt sich um die aufeinander bezogenen Prozesse sozialen, ökonomischen und politischen Wandels, die sich in den Problemen des Bevölkerungswachstums treffen. Diese Probleme des Wandels sollten im Zentrum des Interesses der Sozialdisziplinen stehen. Unglücklicherweise haben die Sozialwissenschaften, einschließlich der Demographie, wenig beizutragen. Wir wissen sehr wenig von den Prozessen des Wandels und bemühen uns nicht sehr darum, sie zu studieren. Dennoch mögen die Chancen für ununterbrochen aufrechterhaltenen Fortschritt in Gesundheit und materieller Wohlfahrt der Hälfte der menschlichen Rasse sehr wohl abhängen von einer adäquateren Kenntnis der Prozesse des Wandels in demographischen, sozialen, ökonomischen und politischen Bereichen.[17]

Demographen ziehen Theorien über grundlegenden sozialen Prozeß nicht ernsthaft zu Rate: wie Personen ihre Umwelt wahrnehmen und interpretieren, so daß kulturelle Definitionen. fortwährend die selbst den eindeutigsten und klarsten Dingen beigelegten Bedeutungen verändern. Es gibt eine Veränderung

16 *Ibid.*, p. 40.
17 *Ibid.*, p. 43.

in der Bedeutung, hergeleitet selbst von »gesundem« medizinischen und wissenschaftlichen Wissen oder von den »offenbarsten« sozialen, ökonomischen und politischen Bedingungen, welche die Leute überzeugen sollten, mehr Kinder zu haben oder nicht; bestimmte Nahrungsmittel zu essen, um länger zu leben, oder sie nicht zu essen; bestimmte »Zeichen« erkennen zu lernen und medizinische Hilfe früher in Anspruch zu nehmen; politische Situationen klar zu erkennen und dementsprechend zu handeln; ökonomische Bedingungen zu reorganisieren und Migration in ein neues Gebiet zu vermeiden; Kenntnis zu erwerben über Berufe, in denen eine Nachfrage nach Arbeitskräften besteht, und dann die notwendige Umstellung vorzunehmen; und so weiter. Bei der Suche nach einer rationalen Reihe von Bedingungen in seinen Daten schreibt der Demograph, selbst wenn er erkennt, daß kulturelle Muster die progressive Rationalisierung von Gesellschaft formen, seinem Handelnden beständig Rationalität zu, auch wenn er gleichzeitig die Bedeutung äußerst problematischer sozialer, ökonomischer und politischer Faktoren konstatiert. Offenbar ist eine Klärung vonnöten, die das Ausmaß zeigen würde, in dem die Rationalisierung von Gesellschaft, Urbanisierung und säkulare Arten des Denkens Transformationen strikter Rationalität in wissenschaftlichem Sinne sind. Dies hat zur Folge, daß man zeigt, wie kulturelle Definitionen und Handlungsmuster, gegründet auf Common-sense-Vorstellungen von Verwandtschaft, Primärbeziehungen, Religiosität, Gesundheit, vom »Guten Leben« und so weiter, strikte Rationalität verändern. Indem er kontinuierlich auf solche komplexen kulturellen Faktoren verweist, denkt der Demograph offenbar, daß er so weit gegangen ist, wie er sollte, und daß keine weitere Rücksicht auf sie notwendig ist. Dies geschieht, weil kulturelle Variable nicht der gleichen Quantifizierung unterworfen sind wie Geburten, Sterbefälle und Migrationsvorfälle. Der Demograph vermeidet die weitere Untersuchung von Variablen, die er als kulturell anführt, weil sie schwierig zu untersuchen sind und sein Interesse an »harten« Daten gefährden. Es gibt auch eine Tendenz, Politik und »gute« Planung mit einer aufgezwungenen und praktizierten sozialen Ordnung zu verwechseln. Dies wird evident am Interesse des Demographen an optimaler Bevölkerung und »Bevölkerungsproblemen«. Demographische »Fakten« werden als mehr objektiv betrachtet, weil ihre empirischen Repräsentationen leichter zugänglich sind als Daten auf der Ebene des alltäglichen sozialen Prozesses. Dies heißt nicht, den Einfluß biologischer und physikalischer Faktoren leugnen, sondern erkennen, daß kulturelle Vorstellungen, deren Messungseigenschaften unbekannt bleiben, ein notwendiges Merkmal der Verteilungen sind, die die Demographen zu erklären und vorherzusagen suchen. Die oft geleugnete Voraussetzung ist, daß solche kulturellen Definitionen und Verhaltensregeln auf der Ebene sozialer Interaktion mittels rationaler Verfahren und Definitionen verstanden werden können, die zeigen werden, wie sie den demographischen Verteilungen entsprechen. Soziologen sind daran interessiert zu untersuchen, wie die Rationalisierung von Gesellschaft traditionelle Strukturen des Alltagslebens zerstört oder verändert. Demographen nehmen an, daß die Effekte von Rationalisierung bekannt sind und daß »optimales« Bevölkerungsgleichgewicht rational erreicht werden kann. Sowohl die Soziologen als auch die Demographen setzen voraus, daß Vorstellungen wie Rationalisierung und Rationalität begrifflich klar und meßbar sind.

Die Vorstellung, daß Familiengröße eine Funktion der Rationalisierung des Alltagslebens sei, hat Demographen wie Notestein dazu geführt zu unterstellen, daß etwas wie ein »rationaler« Mensch schrittweise sein eigenes Verhalten und dadurch auch die Bevölkerungsverteilung in westlichen und verwestlichten Ländern stabilisieren werde. Petersen hat den Einfluß von Vorstellungen betont, die mehr dem Common-sense entstammen, wie »Bequemlichkeit« und »Stolz auf die Nachkommenschaft«; beide Vorstellungen sind als kulturelle Variable gemeint. Eine Theorie jedoch, die alles, was immer es sei, als »rational« hinsichtlich Familienplanung betrachtet, muß der Vorstellung von Rationalität einen variablen Status verleihen. Dies bedeutet nicht, daß rationale Wahl im Alltagsleben nicht existierte. Schütz konstatiert explizit, daß »Rationalität« im Alltagsleben deutlich existiert und daß sie primär in einem Bemühen um »Klarheit und Bestimmtheit« besteht, wenn diese mit dem praktischen Interesse des Handelnden und den Umständen vereinbar sind.

Dies bedeutet nicht, daß rationale Wahl in der Sphäre des Alltagslebens nicht existierte. Tatsächlich würde es ausreichen, die Begriffe Klarheit und Bestimmtheit in einer modifizierten und eingeschränkten Bedeutung zu interpretieren, nämlich als Klarheit und Bestimmtheit adäquat zu den Erfordernissen des praktischen Interesses des Handelnden . . . Was ich betonen möchte ist, daß das Ideal von Rationalität kein eigentümliches Merkmal des alltäglichen Denkens ist und es nicht sein kann: ebensowenig kann es demnach ein methodologisches Prinzip der Interpretation der menschlichen Setzungen im täglichen Leben sein.[18]

Garfinkel bemerkt in einem auf der Arbeit von Schütz beruhenden Artikel, daß der Forscher wissenschaftliche Rationalitäten nicht behandeln kann als solche, die den Regeln des Handelnden für das Interpretieren der Vorkommnisse des Alltagslebens entsprechen, sondern nur als Ideale zur Lenkung seiner eigenen Aktivitäten als ein Sozialwissenschaftler.[19] Garfinkel inventarisiert die verschiedenen rationalen Eigenschaften von Verhalten und die Bedingungen, unter denen rationales Verhalten verschiedener Art im sozialen System vorkommt. Die folgende Zusammenfassung seiner ausführlicheren Bemerkungen bezeichnet kurz einige der verschiedenen Umstände, unter denen vom Handelnden gesagt werden könnte, er handle »rational«. (a) Seine Kategorisierung und sein Vergleich von Erfahrungen und Objekten; (b) seine Anwendung von Mitteln, welche in früheren Situationen zur Erzielung von Lösungen führten, auf gegenwärtige Situationen; (c) seine Analyse verschiedener Alternativen und der Konsequenzen,

18 Alfred Schütz, »The Problem of Rationality in the Social World,« *op. cit.*, p. 142–143.
19 Harold Garfinkel, »The Rational Properties of Scientific and Common Sense Activities«, *Behavioral Science*, 5 (Januar 1960), p. 76.

die verschiedenen Handlungsweisen folgen könnten; (d) seine Beschäftigung mit den Aussichten, die nach der durch ihn oder andere erfolgten Zusammenfassung des Geschehenen zu erwarten sind; (e) sein Versuch, einige Regeln festzulegen, die ihn in die Lage versetzen werden, zukünftige Situationen vorherzusagen und das Überraschungselement zu reduzieren; (f) die Tatsache, daß der Handelnde sich einige Wahlmöglichkeit erlaubt und verschiedenen Gründen Raum gibt, auf die hin eine gewisse Wahl getroffen wird.[20] Garfinkels Äußerungen besagen, daß der Soziologe ein Modell des Handelnden etablieren muß, das es ihm erlaubt, sowohl die theoretischen *als auch* die empirischen Eigenschaften der Handlungsrationalitäten zu bestimmen. Er argumentiert, daß den strikt wissenschaftlichen Rationalitäten im Alltagsleben nicht gefolgt werden könne, weil sie anomische oder sinnlose Bedingungen in der Interaktion des Handelnden mit anderen schaffen würden.[21] Das Problem bei der Untersuchung demographischer Daten – wie in der Soziologie im allgemeinen – ist die Konstruktion eines Modells, das unterscheidet zwischen der Rationalität des Forschers als eines wissenschaftlichen Beobachters, den von Organisationen und Institutspersonal zur Interpretation und Klassifizierung von Ereignissen in Kategorien benutzten Common-sense-Bedeutungen und den interpretativen Regeln, nach denen der Handelnde seiner Umwelt Sinn verleiht. Das Problem der Rationalität in der Bevölkerungsanalyse wird in der folgenden Diskussion von Urbanität und Urbanisierung näher betrachtet.

Petersen bemerkt die Schwierigkeiten, zwischen Urbanität und Urbanisierung zu unterscheiden. Er verweist darauf, daß ». . . *Urbanität*, die Kultur von Städten, die Lebensweise von

20 *Ibid.*, p. 73–75. Der Leser wird bemerken, daß diese Charakterisierungen »rationalen« Common-sense-Handelns irgendeine Art Kalkulation implizieren, aber die tatsächliche Form von Kalkulation fehlt bemerkenswerterweise. Der Akzent liegt auf dem »vernünftig«, »explizit« und »effizient« sein. Während diese Merkmale im Alltagsleben belohnt werden, weisen sie die von idealer wissenschaftlicher Untersuchung oder für die Programmierung eines Computers geforderte Präzision nicht auf.
21 *Ibid.*, p. 82.

Stadtbewohnern ist; *Urbanisierung* ist der Prozeß der Stadt-
bildung oder der Zustand, eine Stadt zu sein. Die Korrelation
zwischen den beiden, die einmal vorausgesetzt werden konnte,
muß nun ein Gegenstand empirischer Erforschung sein.«[22]
Urbanität wird, nach Redfield, irgendeinem entgegengesetzten
Idealtypus gegenübergestellt, z. B. der »ländlichen Gesellschaft«. Wie Redfield bemerkt, charakterisiert Petersen, neben
anderen, die ländliche Gesellschaft als klein, traditionell, spon-
tan, persönlich und verwandtschaftsorientiert, um nur einige
wenige Charakteristika zu erwähnen, während Wirth (der sich
auf Simmel stützt) Urbanität als unpersönlich, konkurrierend,
formal kontrolliert, oberflächlich, flüchtig und durch charakterisiert Sekundärbeziehungen beschreibt, um die allgemeinen
Merkmale zu erwähnen. Zitieren wir wieder Petersen:

In einer Bevölkerungsanalyse ist das interessanteste Element der
Polarität vielleicht das, welches von Weber in seinem Gegensatz
zwischen traditional und rational im Detail erörtert wurde. In seinen
Worten: *Traditionalismus* ist »der Glaube an die alltägliche Routine
als eine unverletzbare Verhaltensnorm«. »Herrschaft, die auf dieser
Basis beruht, d. h. auf Ehrfurcht vor dem, was tatsächlich angeblich
oder voraussichtlich immer existiert hat«, bezeichnete er als »traditionale Autorität«. Ein *rationales* Verhaltensmuster kennzeichnet
auf der anderen Seite »die methodische Verwirklichung eines definitiv gegebenen und praktischen Ziels vermittels einer zunehmend
präzisen Kalkulation adäquater Mittel«, oder auf einer abstrakten
Ebene, die »zunehmende theoretische Meisterung von Realität
vermittels zunehmend präziser und abstrakter Begriffe«. Kurz, der
rationale Sektor von Kultur schließt jeden Bereich des sozialen
Lebens ein, in dem ein realisierbares Ziel bewußt durch nicht-
mystische Mittel gesucht wird. In Taylors klassischer Definition von
Kultur sind Glaube, Kunst, Moral, Sitten und Gebräuche hauptsächlich nicht-rational im Weberschen Sinn. Diese haben Funktionen,
aber keine Ziele; sie sind keine Adaptationen, bewußt erdacht, um
definitiven Bedürfnissen zu entsprechen. Sogar »Wissen« und »Fähigkeiten«, die in dieser Kulturdefinition für die rationalen Elemente
gehalten werden können, sind häufig zum Teil auch nicht-rational.[23]

22 Petersen, *op. cit.*, p. 180.
23 *Ibid.*, p. 182.

Petersen weist richtig auf die »nicht-rationalen« Merkmale von Kultur hin, wie sie von Taylor definiert wurde. Aber hier ist ein Mißverständnis möglich, das herrührt von Petersens Charakterisierung der rationalen Sektoren von Kultur; als solche gilt ihm »jeder Bereich des sozialen Lebens, in dem ein realisierbares Ziel bewußt durch nicht-mystische Mittel gesucht wird«. Die Äußerungen von Schütz und Garfinkel über die Eigenschaften von Rationalität sind präziser und besagen, daß vieles in der Arbeit von Weber unspezifiziert bleibt. Man kann natürlich von Petersen nicht erwarten, daß er in einem Buch über Bevölkerung eine längere Analyse von Rationalität präsentiert. Rationale und »nicht-rationale« oder traditionale Handlung als eine einfache Dichotomie zu betrachten, ist nicht angemessen, weil einige der Phänomene, die in den zwei Alternativen enthalten sein würden, durch keine von ihnen ausreichend gedeckt sind. Dies ist evident in Petersens Charakterisierung von »Wissen« und »Fähigkeiten« als »zum Teil nicht-rational«. Die Schwierigkeit, Webers Idealtypen zu benutzen, wird am deutlichsten dort sichtbar, wo Petersen bemerkt, daß »die Entwicklung von primitiven Gesellschaften zu fortgeschrittenen Zivilisationen weitgehend in der Ausdehnung des Bereichs rationalen Handelns bestanden hat«.[24]
Ich behaupte nicht, daß »fortgeschrittene« Zivilisationen nicht gedacht werden können als solche, die rationales Handeln in sich schließen; aber das Fehlen jeder klaren begrifflichen und empirischen Spezifizierung dessen, was präzis gemeint ist mit Rationalität und Traditionalismus in verschiedenen Analysestufen und Sektoren von Gesellschaft, macht es schwierig zu zeigen, wie sich »fortgeschrittene« Zivilisationen von »primitiven« Gesellschaften unterscheiden oder wie sie in mancher Hinsicht gleich sind. Folgende Äußerung von Petersen weist einer Vorstellung von Rationalität entscheidende Bedeutung zu, die ihr invarianten Inhalt und feste Struktur zu geben scheint: »Insbesondere im modernen Westen ist die kalkulierte Wahl zwischen alternativen Handlungen auf der Basis ihrer

24 *Ibid.*, p. 182.

wahrscheinlichen Konsequenzen ein übliches Verhaltensmuster. In der Technologie und im Handel, zwei weiten Lebensbereichen, deren rationales Element in vielen Kulturen stark ist, hat der ›westliche‹ Mensch den Gipfel erreicht – wissenschaftliche Methode und Buchführung. Und es hat sich – was in unserem Kontext wichtiger ist – diese Auffassung von diesen Institutionen auf andere ausgebreitet – zum Beispiel auf das ›Kinderkriegen‹ –, die in anderen Kulturen typisch gemäß traditionalistischen Normen reguliert werden.«[25]

Eine Kultur, in der wissenschaftliche Technologie vorhanden ist, als »rational« zu definieren, wirft die Frage auf, warum sich nicht Personen aller Bildungsstufen, die die Effizienz und Verfügbarkeit der Technologie kennen, automatisch ihrer bedienen und »rational« handeln. Wichtiger noch ist, daß das vorhergehende veranschaulichende Material von soziologischen Demographen nicht expliziert, wie die der wissenschaftlichen Methode und der Buchführung innewohnende rationale Auffassung »sich von diesen Institutionen auf andere – zum Beispiel das ›Kinderkriegen‹ – ausbreitet . . .« und Eltern dazu bestimmt, in ihrer Anwendung von Empfängnisverhütungsmitteln, in ihrer Überlegung, wieviele Kinder sie haben sollten, was sie sich in Zukunft leisten könnten und so weiter »rational« zu sein. Die Kritik übertreibt hier ein wenig, wenn sie so nachdrücklich behauptet, daß der Begriff »Rationalität« undefiniert sei, wenn man sich das obige Zitat von Petersen noch einmal anschaut, in dem er sagt, daß ein Verlangen nach »Bequemlichkeit« und »Stolz auf die Nachkommenschaft« existiert; oder Notesteins Angabe über die Bedeutung sozialer, ökonomischer und politischer »Klimata« auf die Familiengröße. Ich behaupte nicht, daß ein Widerspruch existiert oder daß Petersen und Notestein Unrecht haben, sondern daß ihre wichtigen Äußerungen eine ungeklärte Reihe theoretischer Voraussetzungen widerspiegeln, die spezifiziert werden müssen. Was wir kennen wollen – gewiß nicht anders als Petersen und Notestein –, sind die Hindernisse für vermehrte

25 *Ibid.*, p. 182–183.

Rationalität und ihr Einfluß auf das traditionale oder Common-sense-Denken und Handeln im Alltagsleben. Ein Verlangen nach »Bequemlichkeit« und »Stolz auf die Nachkommenschaft« ebenso wie »soziale, ökonomische und politische Klimata« als Kontingenzen des Alltagslebens sind jedoch keine Bedingungen, denen der Handelnde mit wissenschaftlicher Rationalität begegnet. Aber Petersen und Notestein gehören zu einer kleinen Gruppe von demographische Daten benutzenden Sozialwissenschaftlern, die die Relevanz der Rationalitäten des Handelnden und kulturelle Variable anerkennen.

Die meisten demographischen Betrachtungen über den Menschen haben seine zunehmend rationale Technologie betont. Und obwohl Rationalität verbunden ist mit wachsender Urbanität, Industrialisierung, rationaler Buchführung, bürokratisiertem Management von Organisationen und einer von wissenschaftlicher Methode regierten Technologie, würden wenige Demographen die Relevanz von Untersuchungen komplexer Organisationen anerkennen, die zeigen, daß die »informellen« oder inoffiziellen Strukturen und Ideologien äußerst entscheidend sind, wenn man verstehen will, wie Entscheidungen getroffen werden. Demographen und Ökologen sind selten daran interessiert, empirisch zu zeigen, wie sich ländliches oder Volksleben vom städtischen Leben ideologisch unterscheidet, und welchen Einfluß die Ideologien auf die alltäglichen Entscheidungen des Handelnden haben.

Die Soziologen verweisen auf die Bedeutung von Familie, Primärgruppe und Massenmedien in alltäglichen Entscheidungen. Untersuchungen, die »primitive« und städtische Entscheidungsbildung im Alltagsleben einander gegenüberstellen, stehen jedoch nicht zur Verfügung, und vorhandene Fallstudien sind selten vergleichbar. Wenige Untersuchungen sind über eine polarisierte idealtypische Analyse hinausgegangen. Die Annahme, daß es einen Überhang von traditionalen und wissenschaftlichen Handlungsrationalitäten gibt und daß situationale Kontingenzen je nach dem Typus des Handelnden wichtig sind, erfordern empirische Untersuchung. Wenn auch das Interesse an expliziter Theorie in der Demographie fehlt, hat die Verfügbarkeit demographischer Daten ungeachtet ihrer Nachteile einen bedeutenden Einfluß auf die soziologischen Untersuchungen ausgeübt. Das Problem wurde komplizierter, weil sowohl die allgemeine als auch die demographisch orientierte Soziologie sich wenig darum bemüht hat, Webers verkürzte Erörterung traditionaler Autorität zu erweitern und zu operationalisieren und eine detailliertere Spezifizierung von Rationalität zu formulieren. Diese Begriffe haben ihren idealtypischen Status beibehalten und sind in ihrer Anwendung begrenzt worden auf abstrakte Formulierungen über Industrialisierung, Urbanität, Migration, Familiengröße und dergleichen. Die Verfügbarkeit demographischer Daten hat nur dazu gedient, begriffliche Klärung zu erschweren. Die Benutzung polarisierter Idealtypen und ökologischer Korrelationen[26] behindert die Analyse der unter sie subsumierten Elemente und begrenzt den möglichen Kombinationsspielraum dieser Elemente, wodurch sie die Spezifizierung der Eigenschaften dieser Typen, um ihre Interaktion und Kombination zu zeigen, erschwert. Ohne eine Theorie, die uns aufklärt oder leitet, bleibt die Aufstellung polarer Gegensätze, zum Beispiel rational-irrational, volkstümlich-städtisch, unbegründet, und die Möglichkeit von »Mischungen« im Sinne der Mengenlehre ergibt sich nicht. Die große Anzahl von akzidentellen Geburten, die in Studien über Familiengröße gezeigt werden, kann man lesen als Offenbarung des beständigen Eindringens oder »Überlebens« traditionaler kultureller Definitionen über Familienplanung. Die Daten offenbaren Unterschiede in der Verfügbarkeit besserer medizinischer Einrichtungen, von Wohlfahrtsprogrammen und der Kenntnis darüber, wann medizinische Hilfe zu erhalten ist. Untersuchungen über »Einstellungen« von Eltern gegenüber Familiengröße nehmen häufig an, daß »Rationalität« vorherrscht, und dies strukturiert die Art der gestellten Fragen. Solche Untersuchungen messen

26 Siehe W. S. Robinson, »Ecological Correlations and the Behavior of Individuals«, *American Sociological Review*, 15 (Juni 1950), 351–357.

nicht die sozialen Prozesse, innerhalb derer »rationale« oder Common-sense-Entscheidungen getroffen werden. Es könnte sinnvoller sein zu fragen, wie Familien, die wissenschaftlicher Schulung und wissenschaftlichen Verfahren ausgesetzt sind, im Gegensatz zu Familien, die es weniger sind, sich Familienleben im allgemeinen vorstellen, als Familiengröße nach Einkommen, Bildung, Beruf, Religion und dergleichen aufzugliedern. Und spezifisch: erwägen sie ernstlich die gewünschte Anzahl und den gewünschten Abstand der Kinder? Schätzen sie ihr zukünftiges Einkommen ab, und wie sorgfältig? Wie sorgfältig sind sie in der Anwendung empfängnisverhütender Mittel und Vorkehrungen? Kurz: welche Arten von Rationalität werden angewandt in Entscheidungen über Familiengröße, Migration und Berufswechsel?

Die Sterblichkeitstabelle als ein Modell sozialer Ordnung

In diesem letzten Abschnitt möchte ich die Nützlichkeit demographischer Techniken dadurch zeigen, daß ich als Modellfall die Sterblichkeitstabelle herausgreife und aufzuzeigen versuche, wie die theoretischen Voraussetzungen ihrer Gestaltung geklärt werden können, so daß sie in der soziologischen Forschung besser zur Anwendung kommen kann. Beginnen wir mit George W. Barclays Beschreibung der Sterblichkeitstabelle:

Die Sterblichkeitstabelle ist die Lebensgeschichte einer hypothetischen Gruppe oder *Kohorte* von Menschen, wie sie graduell durch Sterbefälle vermindert wird. Die Aufzeichnung beginnt bei der Geburt jedes Mitglieds und dauert an, bis alle gestorben sind. Die Kohorte verliert auf jeder Altersstufe einen vorher festgesetzten Anteil und verkörpert so eine künstlich ermöglichte Situation. Dieses Modell entsteht vermittels einiger weniger simplifizierender Annahmen, die wie folgt beschrieben werden können:
a. Die Kohorte ist »abgeschlossen« gegen Ein- und Auswanderung. Daher gibt es keine Veränderungen in der Mitgliedschaft außer den Verlust durch Todesfälle.
b. Menschen sterben in jedem Alter gemäß einem Schema, das im voraus fixiert ist und sich nicht ändert.

c. Die Kohorte geht aus von irgendeiner Standardzahl von Geburten (die immer in abgerundeter Zahl gesetzt sind wie 1 000, 10 000 oder 100 000), die »Ausgangsmasse« der Sterblichkeitstabelle genannt. Dieser standardisierte Aspekt erleichtert den Vergleich zwischen verschiedenen Sterblichkeitstabellen. Auch der von der Geburt bis zu einem gegebenen Alter überlebende Anteil wird durch einen Blick auf die Tabelle offenbar – wenn zum Beispiel 5 420 Mitglieder einer Anfangskohorte von 10 000 im Alter von 35 überlebten, bedeutet dies, daß genau 54,2 Prozent dieses Alter erreichten.

d. In jedem Alter (mit Ausnahme der ersten paar Lebensjahre) werden die Todesfälle gleichmäßig zwischen einem Geburtstag und dem nächsten verteilt. Das heißt, die Hälfte der zwischen dem Alter von 9 und dem Alter von 10 erwarteten Todesfälle treten zu der Zeit auf, zu der jeder das Alter von 9½ erreichte. (Die Signifikanz dieser Annahme wird man ein wenig später sehen.)

Die Kohorte umfaßt normalerweise Mitglieder von nur einem Geschlecht. Es ist möglich, eine Sterblichkeitstabelle für beide Geschlechter zusammen aufzubauen, aber die Unterschiede zwischen männlicher und weiblicher Sterblichkeit in den meisten Altersstufen sind ausreichend, um ihre getrennte Behandlung zu rechtfertigen.[27]

Man wird sehen, daß die Sterblichkeitstabelle als ein Modell zur Charakterisierung von Elementen sozialer Ordnung vorgestellt werden kann. Die Regeln, die in dieser Ordnung Verhalten lenken, können ziemlich präzis angegeben werden. Die ideale oder Modellbevölkerung kann dazu benutzt werden, wahrscheinliche Schätzungen für zukünftige Zeitperioden unter gegebenen spezifizierbaren Bedingungen abzuleiten. Dieses Modell ist auf eine Vielzahl von Problemen angewandt worden.[28] Die Sterblichkeitstabelle soll eine ideale Reihe von Bedingungen zeigen, wodurch eine gegebene Verteilung hervorgebracht wird. Das ausgewählte Merkmal des Modells

27 G. W. Barclay, *Techniques of Population Analysis*, New York 1958, p. 93–94.

28 Siehe M. Kramer *et. al.*, »Application of Life Table Methodology to the Study of Mental Hospital Population«, Nachdruck aus den *Psychiatric Research Reports* Nr. 5, American Psychiatric Association, Washington, D. C., Juni 1956. M. Kramer *et al.*, »A Method for Determination of Probabilities of Stay, Release, and Death, for Patients Admitted to a Hospital for the Mentally Deficient: The Experience of Pacific State Hospital During the Period 1948–1952«, *Am J. Mental Deficiency*, 62, 1957.

dreht sich um Annahmen darüber, wie Personen es bewerkstelligen, jede folgende Stufe in irgendeiner Organisation, Ehe, chronologischem Alter und dergleichen zu »überleben«. Wie alle Modelle übertreibt es bestimmte Bedingungen im Sinne eines idealen Experiments. Kontrolliert wird, indem man zuerst zeigt, wie eine gegebene Verteilung mit der Zeit stufenweise erreicht wird, wenn bestimmte Bedingungen vorausgesetzt werden. Dies erlaubt Vorhersagen zukünftiger Beschaffenheiten gemäß spezifizierbarer Annahmen und versetzt den Forscher in die Lage, seine »programmierte« Verteilung mit der »natürlich« erreichten zu vergleichen. Indem man zeigt, was geschehen *würde*, im Gegensatz zu dem, was geschehen *wird*, wenn bestimmte Bedingungen herrschen, wird es möglich, einige der Quellen, die zu Variationen, etwa der Sterblichkeit, beitragen, zu identifizieren. Wenn wir aber die Sterblichkeitstabelle als ein Modell für präzisere Vorhersagen benutzen sollen, ist spezifischere theoretische Information erforderlich. Wir müssen neue Verteilungen schaffen, die den Rahmen der Möglichkeiten so einschränken, daß aktuelle Fälle untersucht werden können, um die Gültigkeit des idealen Modells zu prüfen. Die künstlich vorgestellten Bedingungen, die die programmierte Verteilung hervorbringen, könnten dann zu präziserer Übereinstimmung mit grundlegender und substantieller Theorie gebracht werden.

Die Demographen ziehen es vor, mit Daten zu arbeiten, deren Nachteile sie häufig kennen, bei denen sie sich aber »zuhause« fühlen. Das ist oft das Resultat leichten Zugangs zu Informationen, die von lokalen, Staats-, nationalen und internationalen Agenturen gesammelt wurden und schon in quantitativer oder quantifizierbarer Form »abgepackt« sind. Die Daten kommen von Quellen, über welche die Demographen selten irgendeine Kontrolle haben, und ihr abgepackter Charakter schließt Aufgliederung und Angleichung von neuer Information, die mehr theoretische Alternative erlauben würde, aus. Sorgfältige Untersuchung der Bedingungen, welche die Konstruktion einer gegebenen Verteilung umgeben, ist notwendig, wenn der Wert der Daten effektiv veranschlagt werden soll. Die Nachteile solcher Untersuchungen resultieren aus den Verzerrungen durch Common-sense-Vorstellungen des Personals, das die unverarbeiteten Daten gemäß irgendeiner Reihe von Regeln aufzeichnen muß. Jede folgende Umarbeitung beeinflußt weiterhin die endgültige Verteilung. Ohne Untersuchungen solcher Einflüsse muß der Demograph Determinationen solcher Fehlerquellen aus zweiter Hand versuchen und der Analyse und Darstellung seiner Daten einige Einschränkungen anfügen.

Die ziemlich unvollständigen Bemerkungen über die Sterblichkeitstabelle sollen die Bedeutung explizit spezifizierender theoretischer Annahmen vor der Anwendung demographischer Daten betonen. Die Daten verlieren durch organisatorische Beschränkungen; dies hat zu einer Theoretisierung geführt, die sehr abstrakt und verfügbaren Daten nur post factum angemessen ist. Aber es ist schwierig, die Theorie zu operationalisieren, außer zur Erreichung grober Maße, die eine Vielzahl von Interpretationen erlauben. Diese Interpretationen setzen gewöhnlich grundlegende soziale Prozesse voraus. Wenn der Demograph nicht spezifiziertere theoretische Rahmen sucht, die explizit Voraussetzungen über den sozialen Prozeß indizieren, kann er selten wissen, ob andere Daten überhaupt verfügbar sind zur Bestätigung oder Bezweiflung seiner Hypothesen.

Der Mangel an theoretischer Spezifizierung der meisten demographischen Erklärungen deskriptiver Zählungen hat zu einem Mangel an Aufmerksamkeit – und sei es auch eine negativ gerichtete – für den sozialen Prozeß geführt. In ihren Erörterungen der gesamten Ökonomie oder Gesellschaft, der großstädtischen Gebiete, geographischen Regionen, ländlich-städtischen Bevölkerungen und so weiter behaupten die Demographen, daß solche groben Charakterisierungen nicht nur die »wichtigsten« sind, sondern daß sie auch irgendwie unabhängig sind von den sozialen Prozessen, die zu ihrer Hervorbringung beigetragen haben mögen. Es herrscht die Tendenz, soziale Struktur zu vergegenständlichen. Die stillschweigende

Folgerung ist, daß Lebensstatistiken, Volkszählungsmaterial und Daten über Migration als unabhängig von grundlegenden sozialen Prozessen behandelt werden können. Aber wenigstens ein paar Demographen verweisen explizit auf Differenzen in »Einstellungen« gegenüber Fruchtbarkeit, auf den Einfluß sozialer, ökonomischer und politischer »Klimata«, die sogenannten »Schub-Zug«-Faktoren in der Migration, den Einfluß von »Berufsanforderung« auf die Sterblichkeit und auf den Widerstand »kultureller Faktoren« gegen technologische Neuerungen. Diese letzteren sind demographisch orientierte Soziologen, und sie sind unter den Demographen in der Minorität. Demographen nehmen oft kulturelle Einflüsse an, aber diese kulturellen Variablen werden weder explizit mit demographischen »Fakten« verbunden, noch als für diese relevant betrachtet; es wird weiterhin unterstellt, daß die »harten Fakten« wichtiger sind. Will man verstehen, wie und warum Personen ihr Alltagsleben führen, also die Grundlage schaffen für die Aufzeichnung »demographischer Daten«, so erfordert dies eine genaue Wahrnehmung der normativen Bestimmung alltäglicher Common-sense-Bedeutungen. Die Analyse demographischer Daten erfordert eine Kenntnis dessen, wie diese Bedeutungen mit Aufzeichnungsverfahren vermischt sind, um die Regelmäßigkeiten, die wir als die »Sozialstrukturen« bezeichnen, hervorzubringen. Ein extremes Beispiel meiner Ansicht, die viele wichtige Anwendungen von Lebensstatistiken nicht leugnet, würde es sein, Alter und Geschlecht als »erreichten« Status zu betrachten, der die Spezifizierung jener Bedingungen erfordert, unter denen Personen als »männlich« oder »jung« oder »homosexuell« durch die Zuschreibungen von anderen behandelt werden, wie sie von sich selbst denken und ihre Gegenwart voreinander handhaben. Der Demograph mag Alter und Geschlecht (und Farbe als identifiziert durch Standesämter, Krankenhäuser, Volkszählungen) zu Recht als Gegebenheiten nehmen, aber es kann Situationen geben, in denen der Soziologe die Bedingungen wissen will, unter denen Personen sich oder andere als »zu alt« für Umsiedlung, für die

Aufnahme eines bestimmten Berufes, für eine »erneute Mutterschaft« und so weiter empfinden. Ich behaupte, daß Messungen solcher Charakteristika für soziologische Zwecke nicht die durch Information aus Lebensstatistiken oder Volkszählungsmaterial gelieferte Form übernehmen können. Die durch die Agenturen, die solche Verteilungen produzieren, gelieferten quantitativen Repräsentationen entsprechen nicht notwendig den Kriterien des Soziologen für die Erreichung echter Messung.

Die demographische Methode besteht aus Techniken zur Übersetzung vorverschlüsselter Information in Ergebnisse, die den Anschein von Genauigkeit, Quantifizierung und echtem Hypothesentest haben. Selbst wenn Verteilungen von Geburten, Sterbefällen, Eheschließungen, Migrationen und dergleichen fast vollkommene Repräsentationen tatsächlicher Ereignisse wären, sollte die soziologische Anwendung demographischer Daten begrenzt bleiben auf ihre Interpretation durch ihre eigenen Theorien von Prozeß und Struktur und sollte den Rahmen der Möglichkeiten auf eine Weise einschränken, daß ausgearbeitetere und theoretisch abgeleitete Hypothesen getestet werden könnten mit unabhängigen Daten, gesammelt durch die Methoden des Forschers. Die Verteilungen selbst nehmen Relevanz an innerhalb des Kontextes der alltäglichen und organisatorischen Bedingungen, unter denen sie gesammelt wurden, und der Soziologe muß häufig darauf vorbereitet sein, diese alltäglichen und organisatorischen Bedingungen zu untersuchen. Der soziologische Gebrauch solcher Daten mag abhängen von unabhängigen theoretischen Ableitungen und zusätzlichen Daten, die auf einer vollständigeren Untersuchung der Entscheidungen basieren, die in die anfängliche Konstruktion der offiziellen Information Eingang fanden. Unabhängige Daten, die auf soziologisch relevanten Begriffen beruhen, würden Elemente des sozialen Prozesses suchen, die in der differentiellen Verteilung von Geburten, Sterbefällen, Eheschließungen, Scheidungen, Migrationen und so weiter vorausgesetzt sind. Techniken wie zum Beispiel die Sterblichkeitstabelle sind wertvolle Hilfen, die den Forscher dazu zwingen, seine Voraussetzungen zu explizieren und über die Begrenzungen vorverschlüsselter demographischer Daten hinauszudringen.

VI. Historische Materialien und Inhaltsanalyse

Das Arbeiten mit historischen Materialien und die Inhaltsanalyse sind keine Feldmethoden wie die Datensammlung
durch aktuelle Teilnahme, das Interview, der Fragebogen, die
Volkszählungen und so weiter. Diese Methoden nehmen gewöhnlich Bezug auf Materialien, die früher produziert
wurden, und die in verschiedenster Weise einmalige Aufzeichnungen und Verhaltensäußerungen sind, die der Soziologe
zu rekonstruieren und/oder vermittels irgendeiner Reihe interpretativer Kategorien zu analysieren sucht. Die interpretativen Kategorien dürften auf einer Theorie basieren, die sich
die Erklärung und Rekonstruktion des Materials zur Aufgabe
macht.[1] Indem ich die Anwendung sowohl historischer Materialien als auch der Inhaltsanalyse in das gleiche Kapitel stelle,
möchte ich die Tatsache betonen, daß die der Inhalts- oder der
historischen Analyse unterworfenen Materialien durch irgendeine soziologische Theorie geordnet werden müssen, selbst in
den Fällen, in denen der Forscher vermutlich die Gesellschafts-
theorie von jemand anderem rekonstruiert.

Historische Materialien und Inhaltsanalyse sind für den Soziologen nützlich für die Aufstellung von Hypothesen, ihre
Prüfung post factum unter verschiedenen Einschränkungen
und als Hilfe für die Festlegung einer allgemeinen Perspektive,
in die gegenwärtige Datenquellen zu stellen sind. Ein echter
Hypothesentest dürfte in der gegenwärtigen Zeit schwierig,
wenn nicht unmöglich sein, weil sowohl unsere Begriffe als
auch die Datenquellen zu gemischt sind. Verfeinerungen in der

---

1 Dies Kapitel stützt sich weitgehend auf Louis Gottschalk, Clyde Kluck-
hohn und Robert Angell, *The Use of Personal Documents in History,
Anthropology and Sociology*, New York 1947; Bernard Berelson, *Content
Analysis in Communicative Research*, New York 1952; und Dorian Cart-
wright, »Analysis of Qualitative Material«, in L. Festinger und D. Katz,
Research Methods in the Behavioral Sciences, New York 1953, p. 421–470;
ebenso Ithiel De Sola Pool (Hrsg.), *Trends in Content Analysis*, Urbana,
Ill., 1959.

Theorie führen zu präziseren Techniken der Aufgliederung solcher Materialien in präzisere Analyseeinheiten. Historische und zeitgenössische nicht-wissenschaftliche Materialien enthalten spezifische Verzerrungen, und der Forscher hat im allgemeinen keinen Zugang zu der Umgebung, in der sie produziert wurden; die Bedeutungen, die von dem Hersteller eines Dokuments beabsichtigt waren, und die kulturellen Umstände, die seine Montage umgeben, sind nicht immer der Manipulation und Kontrolle unterworfen. Es ist schwierig, Rekonstruktion oder Rekreation von Unterstellungen und Neuerungen, die aus der dem Forscher eigenen Perspektive stammen, zu trennen. Die folgende Darlegung von Gottschalk ist es wert, hier zitiert zu werden: »Er [der Historiker] muß sicher sein, daß seine Urkunden wirklich der Vergangenheit entstammen und daß seine Phantasie auf *Rekreation,* nicht auf *Kreation* gerichtet ist.«[2] Er verfolgt diesen Gedanken weiter:

Es ist ein Gemeinplatz, daß der Historiker, der das zeitgenössische Leben am besten kennt, vergangenes Leben am besten verstehen wird, da ja gegenwärtige Generationen vergangene Generationen nur im Sinne (im gleichen oder im ungleichen) ihrer eigenen Erfahrung verstehen können . . . Als eine allgemeine Regel gilt, daß jene Historiker die besten Analogien und Vergleiche finden können, die die meisten Analogien und Vergleiche zur Auswahl haben – d. h. die breiteste Skala von Erfahrung, Weisheit und Wissen. Kein Gemeinplatz sagt, wie eine breite Skala von Erfahrung, Weisheit und Wissen zu erwerben ist und wie diese Qualitäten auf ein Verstehen der Vergangenheit zu übertragen sind.[3]

Es ist die Imaginationsfähigkeit des Historikers, sich mit solch vergleichendem begrifflichen Spiel zu beschäftigen, gestützt auf logische Argumentation und sorgfältige Benutzung von Dokumenten, die die Vergangenheit sinnvoll erklären. Das Ausmaß, in dem die Vergangenheit erklärt werden kann, mag variieren mit den zur Verfügung stehenden Materialien, ergänzender Information – zum Beispiel eine besondere Lokalsprache und

2 Louis Gottschalk, »The Historian and the Historical Document«, in Gottschalk, Kluckhohn und Angell, *op. cit.,* p. 9.
3 *Ibid.*

Syntax, die unausgesprochene Bedeutungsstrukturen enthält, die ein Verstehen des Alltagslebens einzelner Personen und Zeitalter erfordern.

Nach Gottschalk gibt es eine Reihe Regeln, die von Historikern entwickelt und angewandt worden sind, um die Echtheit und die Art oder Herkunft der Daten zu bestimmen. Der Historiker konzentriert sich häufig auf eine einzelne Periode, die für ihn von Interesse ist, und versucht von den spezifischen und allgemeinen Merkmalen dieser Zeitspanne zu abstrahieren, während er sich konzentriert auf die substantiellen Elemente einer Gesellschaft, auf Gruppen oder Personen in ihr.

Das Problem für den Inhaltsanalytiker ist es, eine Theorie anzuwenden, die präzis genug ist, den Forscher in die Lage zu versetzen, im vorhinein zu spezifizieren, was er in irgendeiner Menge von Materialien suchen soll, wie er das Material identifizieren und erheben soll, wie er es verschlüsseln muß und schließlich wie seine Signifikanz zu bestimmen ist. Messung erfordert in der Inhaltsanalyse wie in der Analyse historischer Dokumente, daß der Forscher (und/oder Kodifizierer) irgendein apriorisches Schema in einer standardisierten Weise anwende. Der Beobachter übernimmt wie in Feldsituationen die Rolle eines Messungsinstruments. Er mißt dem Material Signifikanz derart bei, daß äquivalenter Inhalt ermittelt und richtig gezählt wird. Dieses Kapitel wird die Konsequenzen dieser Verfahren für den Wert historischer Dokumente und der Inhaltsanalyse erforschen.

Historische Dokumente

Gottschalk verweist darauf, daß die Zuverlässigkeit durch die zeitliche Bedingtheit der Meinungsäußerung, der Leitartikel, Essays, Reden, Flugblätter und Leserbriefe problematisch wird. Er bemerkt:

In der Tat gibt es eine Schule von Historikern, die behaupten, daß Werte und Ideen sich mit den Geschichtsperioden ändern, daß das, was ein berechtigtes Prinzip der Ästhetik, der Moral und der Politik ist, dies zu einer Zeit weniger sein kann als zu einer anderen, daß Denkweisen relativ sind zu den zeitgenössischen Bedingungen, die aus dem kulturellen und historischen Klima eines gegebenen Bereichs und einer gegebenen Zeit hervorgehen. Diese Meinung, die die Gültigkeit absoluter Prinzipien in der Geschichte leugnet, wird manchmal *historischer Relationismus* oder *Historizismus* genannt. Sie insistiert auf der Relation von Ideen zu historischen Umständen (einschließlich anderer Ideen); sie hält daran fest, daß Ideen nur »Reflexfunktionen der soziologischen Bedingung (sind), unter der sie entstanden sind«. Diese Art von *historischem Relationismus* ist eng verwandt mit der Wissenssoziologie. Sie reicht von Hegel und Marx über Weber und Troeltsch bis zu Meinecke und Mannheim.4

In einer Fußnote zu dem eben zitierten Abschnitt sagt der Autor, daß Troeltsch und Mannheim darauf insistieren, daß ». . . ihre Art von Historizismus historischen *Relativismus* nicht einschließt, den sie vom *Relationismus* unterscheiden und als Verleugnung jeden Begriffs von kultureller Akkumulation und Totalität verwerfen. Sie verfechten die Suche nach Absoluta . . .« Gottschalk argumentiert gegen die Vorstellung, daß historisches Wissen immer relativ ist zu den Bedingungen der Zeit und des Ortes, in denen die Ereignisse stattfanden; dennoch würde er zugeben, daß wir, wenn wir die literarischen Erzeugnisse früherer Epochen verstehen sollen, die Epoche gut genug verstehen müssen, um zu entscheiden, ob eine signifikante Relation zwischen der Arbeit und ihrer Zeit existiert oder nicht:

Während es unzweifelhaft wahr ist, daß die Dokumente zum großen Teil die kulturelle Atmosphäre ihrer Zeiten widerspiegeln (*Zeitgeist,* »Meinungsklima«, Milieu), kann der Historiker, der diese einzelnen Zeiten nicht schon gut kennt, nicht sagen, in welchem Ausmaß die Dokumente von der kulturellen Atmosphäre beeinflußt sind, zu ihr in Widerspruch stehen oder einen Einfluß auf sie ausüben. Der *Zeitgeist* muß deshalb untersucht werden, um jedes persönliche Dokument vollständig zu verstehen; und dennoch ist es auch wahr, daß die Dokumente einer Periode den Historiker befähigen werden, ihre kulturelle Atmosphäre besser einzuschätzen.5

4 *Ibid.,* p. 25–26.
5 *Ibid.,* p. 27.

Voraussichtlich benötigt der Forscher also eine Theorie, welche die invarianten Beziehungen, die über die Zeit hinweg existieren, ebenso wie die besonderen und variablen Merkmale gegebener Zeitalter festzulegen sucht. Das Problem der Bedeutung ist wiederum eine zentrale Frage. Gottschalk ist sich dieses Problems deutlich bewußt und anerkennt die Notwendigkeit, die denotativen und konnotativen Bedeutungen, die zu der Zeit, in der ein Dokument hergestellt wurde, gültig waren, zu determinieren, »denn die Bedeutungen von Worten ändern sich häufig von Generation zu Generation«. So »ist es die Aufgabe des Historikers, nicht nur zu verstehen, was die Worte des Dokumentes formal bedeuten, sondern auch, was sein Zeuge *zu sagen beabsichtigte*«.6 Der Historiker und der Soziologe sind beim Gebrauch der Inhaltsanalyse mit dem gleichen Problem der Bedeutung konfrontiert. Entscheidungen über die Relevanz gegebenen Materials für die Analyse muß durch irgend welche existierenden Kriterien als geeignet empfohlen werden. Gottschalk betont diesen Punkt und zeigt auf, wie schwierig es ist, Übereinstimmung über die »*zugrundeliegenden Ursachen*« eines historischen Ereignisses zu erlangen.7 Das gleiche kann von der Inhaltsanalyse gesagt werden, in der die Anzahl der unabhängigen Variablen im Prinzip unendlich ist, je nach den verwandten Kategorien und den resultierenden »Regelmäßigkeiten«.

Die Theorie des Forschers muß Invarianten suchen, während sie zugleich die zeitlichen Bedingungen, welche den sozialen Prozeß und die Sozialstruktur beeinflussen, anerkennt und untersucht.

Gottschalk anerkennt das Problem der Wissenssoziologie in der folgenden Erörterung:

Rekapitulieren wir, es gibt mindestens drei Arten, auf die die Gegenwart determiniert, wie der Historiker die Vergangenheit interpretieren wird. Die erste leitet sich her von der unausweichlichen Tendenz, das Verhalten anderer im Lichte der eigenen Verhaltensmuster zu verstehen; dies läuft hinaus auf *psychologische Analogien*

6 *Ibid.*, p. 32.
7 *Ibid.*, p. 48–54.

zwischen den geistigen Prozessen des Historikers und denen der historischen Persönlichkeiten, die er studiert. Die zweite verdankt sich der Tatsache, daß die zeitgenössische intellektuelle Atmosphäre ein entscheidender Faktor in der *Wahl des Forschungsgegenstandes* durch den Historiker ist – gar nicht zu sprechen von der Selektion und Anordnung seiner Daten. Die dritte kommt daher, daß der Historiker Gegenwartsgeschehen als Ersatz für ein Laboratorium auswertet; in den Episoden und Entwicklungen seiner eigenen Zeit zieht er *historische Analogien* zu den Episoden und Entwicklungen der Vergangenheit. So wird Geschichte, die »lebende Vergangenheit«, die Erinnerung des lebenden Menschen, bedeutungsvoll, aber mit wenig objektiver Realität außer insoweit, als sie durch kritische Analyse erhaltener historischer Zeugnisse bestätigt werden kann.[8]

In seiner Benutzung historischer Dokumente oder zeitgenössischen Materials, aus denen er Information herausholen möchte oder die er als Daten behandelt, verläßt sich der Forscher auf seine alltägliche Common-sense-Kenntnis des Lebens rings um ihn sowie auf seine allgemeine Kenntnis verschiedener Gegenstände, die dem Untersuchungsobjekt verwandt sind. Theorie ist für einen Historiker manchmal eine Reihe von Verallgemeinerungen über irgendeine Zeitperiode, während sie für den soziologischen Inhaltsanalytiker vermutlich einen analytischen Rahmen mit invarianten Eigenschaften, der empirischen Ereignissen entspricht, einschließt. Der Forscher muß die Kategorien zu irgendeiner Theorie über sozialen Prozeß und Sozialstruktur in Beziehung setzen und zeigen, wie er zur Entwicklung der Kategorien und der Regeln kam, durch die Material kategorial verschlüsselt wurde.

Die Analyse qualitativen Materials

Ein großer Teil soziologischer Forschung erfordert die Analyse qualitativen Materials. Der Begriff »Kommunikationsinhalt« (die Wendung gebraucht Berelson)[9] kann offenkundig auf jede Menge symbolischer Strukturen verweisen, denen

8 *Ibid.*, p. 68–69.
9 Bernard Berelson, *Content Analysis in Communicative Research, op. cit.*

nach irgendeinem Regelsatz Bedeutung zugeschrieben werden kann. So geschieht irgendeine Form von Kommunikations-Inhaltsanalyse, wenn der Soziologe die offiziellen Aufzeichnungen benutzt, zum Beispiel von einer Nervenheilanstalt, einem Gefängnis oder Gericht. Jeder Forscher, der mit offiziellen Aufzeichnungen gearbeitet hat, weiß, wie problematisch es ist, in oft abstrakte und äußerst zusammengedrängte, unvollständige Aufzeichnungen komplexer Ereignisse einen Sinn zu bringen. Beständig entwickeln Organisationen verschiedene Wege, offizielles und inoffizielles Material zu kommunizieren, das nicht aufgezeichnet ist, aber nichtsdestoweniger als grundlegende Information behandelt wird, wenn tatsächliche Dokumentationen geschrieben oder gelesen werden. Offizielle Dokumentationen werden häufig für ein Publikum geschrieben, das die Organisation im günstigsten Licht sehen soll. Daher spiegeln Propagandaslogans, die »Themen« mancher Stücke oder Romane, die »Persönlichkeitsstruktur« des Autors, wie sie in bestimmten Passagen eines Buches enthüllt wird, die offiziellen Berichte von Kunden oder Angestellten in komplexen Organisationen alle etwas »Verständliches« wider, aber man muß sich daran erinnern, daß der öffentliche und private Charakter der mitgeteilten Bedeutungsstrukturen variieren kann mit den Arten, in denen die Materialien versammelt sind, mit der im Geiste vorgestellten projektierten Leserschaft des Autors, mit dem jeweiligen Publikum, das mit den in Betracht gezogenen Materialien konfrontiert werden könnte, mit der benutzten Sprache und den angewandten kulturellen und subkulturellen Definitionen.

Inhaltsanalyse ist für die Aufstellung von Hypothesen und für die Entwicklung eines weiteren Verständnisses für die Feinheiten und Nuancen symbolischer Äußerung wertvoll. Welches sind ihre Verfahren? Berelson bemerkt, daß

Inhaltsanalyse gewöhnlich auf den manifesten Inhalt der Kommunikation begrenzt ist und normalerweise nicht direkt vermittels der latenten Intentionen getätigt wird, die der Inhalt äußern mag, noch der latenten Antworten, die er auslösen kann. Genau gesagt: Inhaltsanalyse arbeitet vermittels dessen, was-gesagt-wird, und nicht dessen, warum-der-Inhalt-so-ist (zum Beispiel »Motive«) oder wie-Men-schen-reagieren (z. B. »Appelle« oder »Antworten«).10

Berelsons Definition betont die Interpretation von Kommu-nikationsinhalt, der unabhängig ist von den Motiven des Autors oder den Gründen, warum er schrieb, seiner inten-dierten Leserschaft, den gewünschten Effekten oder den tat-sächlichen Interpretationen irgendeines Auditoriums. Berelson gibt dafür drei Gründe an:

(1) die geringe Gültigkeit der Analyse, da es wenig oder keine Sicherheit gibt, daß die angegebenen Intentionen und Antworten tatsächlich vorkamen, in Ermangelung direkter Daten über sie; (2) die geringe Zuverlässigkeit solcher Analyse, da ja unwahrschein-lich ist, daß verschiedene Kodifizierer mit ausreichender Überein-stimmung das Material den gleichen Kategorien von Intention und Antwort zuschreiben; und (3) die mögliche Zirkularität, die in die Festlegung von Beziehungen zwischen Absicht und Effekt auf der einen Seite und Inhalt auf der anderen involviert ist, wenn letzteres analysiert ist in Begriffen, die sich auf ersteres beziehen.11

Cartwright erhebt Einspruch gegen Berelsons Begrenzung der Inhaltsanalyse auf »Kommunikation« und »manifesten« In-halt; er zieht es vor, Kommunikation durch den Terminus »linguistisch« zu ersetzen und die Einschränkung auf mani-festen Inhalt aufzuheben.12 Mit Ausnahme dieser Einwände stimmt er mit Berelson überein.

Eine andere Forderung, die Berelson an die Inhaltsanalyse stellt, ist, daß die analytischen Kategorien präzis genug sein sollen, um verschiedene Kodifizierer in die Lage zu versetzen, zu den gleichen Resultaten zu gelangen, wenn das gleiche Ma-terial untersucht wird. Dies bedeutet, daß die Kategorien durch eine Theorie und eine Reihe von Kodifizierungsregeln spezi-fizierbar sein müssen, Regeln, die der Interpretation des Be-nutzers gegenüber invariant sind.

Berelson verweist dann auf die Notwendigkeit »systemati-scher« Analyse, die »*alles* an relevantem Inhalt ... vermittels

10 *Ibid.*, p. 16.
11 *Ibid.*
12 D. Cartwright, »Analysis of Qualitative Material«, *op. cit.*, p. 424.

aller relevanten Kategorien für das vorhandene Problem«[13] analysieren würde. Jedoch bemerkt er dann, daß eine zweite Bedeutung von »systematisch« sich auf das Anliegen bezieht, alles relevante Material für die Prüfung einer Hypothese sicherzustellen. Aber nur bestimmter relevanter Inhalt wird für bestimmte relevante Kategorien für die Prüfung einer Hypothese wichtig sein. Die zweite Bedeutung von »systematisch« beabsichtigt, so sagt Berelson, »partiale oder verzerrte Analyse zu eliminieren, in der nur jene Elemente aus dem Inhalt ausgewählt werden, die zu der These des Analytikers passen«.[14] Wenn die Theorie explizit sagt, welche Elemente relevant sind, dann muß Material, das die Hypothese des Forschers widerlegen würde, spezifizierbar sein.

Schließlich führt Berelson aus, daß einige analytische Kategorien in der Inhaltsanalyse derart erscheinen sollten, daß sie Feststellungen von relativem Nachdruck erlauben, wie zum Beispiel den Grad von Anwesenheit oder Abwesenheit eines Einzelelements. Diese Forderung etabliert das Interesse an irgendeiner Art quantitativer Analyse, selbst wenn sie nur die Notierung von Häufigkeit durch »mehr« oder »oft« bedeutet.[15]

Berelson zählt dann mehrere Voraussetzungen von Inhaltsanalyse auf. Die erste impliziert die vorausgesetzte Korrespondenz zwischen der Absicht der Botschaft (unabhängig von der latenten Absicht ihres Urhebers/ihrer Urheber) und ihrem Inhalt, und die Korrespondenz zwischen dem Inhalt des Materials und seiner Wirkung auf irgendein Publikum. Die Natur der Intentionen des Urhebers wird nur im Sinne des manifesten Inhalts der Botschaft betrachtet. Die gemutmaßten Wirkungen des Inhalts auf irgendein Publikum werden ebenfalls dem manifesten Inhalt entnommen. Die Gefahr liegt hier darin, um Coombs zu paraphrasieren, daß die Kategorien entsprechend hergerichtet sein können, um sicherzustellen, daß »bestätigendes« Material aus der Inhaltsanalyse hervorgehen

13 Berelson, *op. cit.,* p. 17.
14 *Ibid.,* p. 17.
15 *Ibid.*

wird.[16] Es ist schwierig zu beweisen, daß die Analysemethode nicht dadurch die Resultate sicherstellte, daß sie substantielle Kategorien auferlegte ohne andere Rechtfertigung – theoretische oder empirische – als die methodologische. Zweifellos ist eine präzise Theorie, deren grundlegende Begriffe unabhängig bestimmt werden, erforderlich, wenn diese Gefahr vermieden werden soll. Berelsons implizite, nicht gänzlich spezifizierte Voraussetzung ist die, daß der Inhalt der Botschaft irgendwie Bedeutungen mitteilt, die sowohl dem Urheber als auch dem Empfänger, ziemlich unabhängig von den ver- und entschlüsselnden Aktivitäten dieser handelnden Personen, zugeschrieben werden können. Berelsons nächste Voraussetzung, daß die »Untersuchung des manifesten Inhalts bedeutungsvoll ist«, überrascht uns nicht. Er fährt fort: »diese Voraussetzung macht es erforderlich, daß der Inhalt als eine ›gemeinsame Begegnungsebene‹ für den Mitteilenden, die Zuhörerschaft und den Analytiker akzeptiert werde. Das heißt, der Inhaltsanalytiker setzt voraus, daß die ›Bedeutungen‹, die er dem Inhalt zuschreibt, indem er ihn bestimmten Kategorien zuweist, den vom Mitteilenden beabsichtigten und/oder von der Zuhörerschaft verstandenen ›Bedeutungen‹ entsprechen. Mit anderen Worten, es wird angenommen, daß es unter den relevanten Parteien ein gemeinsames Universum der Rede gibt, so daß der manifeste Inhalt als eine gültige Untersuchungseinheit genommen werden kann.«[17] Berelson anerkennt die Ansicht, daß verschiedene »psychologische Prädispositionen des Lesers« die Bedeutung einer Botschaft vernichten können, aber er argumentiert, daß verschiedene Kommunikations-»ebenen« so gedacht werden können, daß ein Kontinuum als Modell dient. Einige Kommunikationen sind jedermann klar verständlich, und andere Kommunikationen sind ebensovielen Interpretationen offen, wie es Zuhörer gibt.[18] Er empfiehlt

16 Clyde Coombs, »Theory and Methods of Social Measurement«, in L. Festinger und D. Katz (Hrsg.), *Research Methods in the Behavioral Sciences*, New York 1953, p. 471.
17 Berelson, *op. cit.*, p. 19.
18 *Ibid.*

die Verwendung »relativ denotativen Kommunikationsmaterials, und [daß wir] nicht mit relativ konnotativem Material umgehen sollen«.[19]

Das ist eine seltsame Annahme. Sie setzt eine gemeinsame, in geschriebene symbolische Formen unzweideutig übertragbare Kultur voraus und postuliert, daß die Bedeutungen dieser Formen in eindeutiger Beziehung mit den Intentionen und Verständnissen von Schreiber und Publikum stehen. Wir bestreiten nicht die Existenz einer gemeinsamen Kultur zwischen Mitteilendem, Zuhörerschaft und Analytiker. Aber welches sind die Eigenschaften des Begriffs gemeinsame Kultur, auf denen Inhaltsanalyse beruht? Welche Arten von Diskrepanzen werden als existent gesehen in den Intentionen der Mitteilenden und ihren Äußerungen, den Erwartungen und Wahrnehmungen der Zuhörer und schließlich den Erwartungen der Analytiker und ihren Wahrnehmungen? Dies ist kein alleiniges Problem der Inhaltsanalyse. Jeder Feldforscher steht vor der Aufgabe zu bestimmen, wie Bedeutungen Ereignissen zugeschrieben werden. Aber in der Inhaltsanalyse kann das Vorhaben nicht ohne eine einleitende Spezifizierung der mitenthaltenen linguistischen Probleme und der in jeder Analyse vorausgesetzten kulturellen Definitionen in Gang kommen. Da sich ja der Inhaltsanalytiker ausschließlich mit Bedeutungen verbaler Kommunikationen beschäftigt, setzen die benutzten Kategorien offenkundig Regeln voraus, die die Bedeutungsbereiche, unter denen Elemente in der Kommunikation anzunehmen sind, definieren. Die Voraussetzung, daß eine quantitative Beschreibung vom Kommunikationsinhalt nach der Häufigkeit des Vorkommens einiger definierter Charakteristika möglich ist, macht es erforderlich, daß die benutzten Kategorien in einer gewissen angebbaren Übereinstimmung mit den Charakteristika stehen und daß Äquivalenzklassen unter den Charakteristika existieren, wodurch Zählung stattfinden kann. Aber Berelson expliziert die theoretischen Voraussetzungen und methodologischen Verfahren für die Schaf-

19 *Ibid.*, p. 20.

fung von Äquivalenzklassen nicht. Die Tatsache, daß ein Forscher herausfindet, daß bestimmte Zeitungen, Magazine und Romane »Verzerrungen« enthalten, die »gezählt« werden können, bedeutet nicht, daß die Urheber oder die Leserschaft solcher »Verzerrung« sie als solche wahrnehmen und interpretieren. Wenn die Analyse manifesten Inhalts tatsächlich die Absicht und die Perzeption des Mitteilenden und der Leserschaft enthüllen würde, dann würde der Inhaltsanalytiker die Funktion übernehmen, Sozialwissenschaftler und Laien über die »realen Bedeutungen« solcher Medien zu »informieren«.

Cartwright äußert sich kritischer über Inhaltsanalyse, wiewohl er auch ihren Nutzen zu zeigen versucht, wenn sie einigen der folgenden notwendigen expliziten Verfahren entsprechen kann:

Es gibt zwei grundlegende Arten von Fragen, die in den meisten deskriptiven Untersuchungen aufgeworfen werden: (1) Wie verändern sich symbolische Materialien mit der Zeit? und (2) Wie unterscheiden sich Materialien voneinander, die aus verschiedenen Quellen stammen? ... Wenn man zeitlich sich durchhaltende Trends feststellt, und wenn man verschiedene Arten von Materialien vergleicht, ist es wesentlich, daß das gleiche Kategoriensystem, die gleichen operationellen Definitionen der Kategorien und die gleichen Registriereinheiten und Zähleinheiten in der Quantifizierung des zu vergleichenden Materials benutzt werden.[20]

Cartwright gibt zu, daß viele Inhaltsanalysen von geringer Signifikanz sind, weil sie mit dem »Zählen« und Präsentieren numerischer Befunde, die »objektiv« sind, ganz in Anspruch genommen sind. Aber die Frage, wie die *kulturelle Bedeutung* symbolischen Materials sich mit der Zeit durch Autor, Leser und Analytiker ändern kann, wird von Cartwright nicht problematisiert.

Was also in dem Material von Berelson und Cartwright fehlt, ist jede explizite Bezugnahme auf die normativen Regeln, die die Interpretationen der Bedeutungen wechselseitiger Kommunikationen durch den Mitteilenden, die Leserschaft und den

20 Cartwright, *op. cit.*, p. 444.

Analytiker regieren. Es ist schwierig zu formulieren, welches die Regeln sind, die Interaktion in unmittelbarer Kommunikation lenken, selbst wenn der Forscher gewillt ist, die in seiner Theorie vorausgesetzten Rationalitäten des Handelns aufzuzeigen zusammen mit unabhängigen Messungen der Bedeutung. Jede verbale Äußerung ist differentieller Interpretation durch irgendeine spezifizierbare Leserschaft (einschließlich des Forschers) unterworfen und kann deshalb nicht getrennt von den Regeln verstanden werden, die die Analyse des Materials beherrschen, und den Regeln, die der Leserschaft unterstellt sind, für die jene Äußerung bestimmt war.

Die unter der Schirmherrschaft des Social Science Research Council's Committee on Linguistics and Psychology[21] kürzlich veranstaltete Arbeitskonferenz über Inhaltsanalyse bietet einige ausgezeichnete Ideen und Daten über die Relevanz von Sprache und Bedeutung für die Analyse qualitativen Materials und trägt zur Lösung einiger der oben erwähnten Probleme sehr viel bei. Besonders erörtert wurden die Schwierigkeiten quantitativer Inhaltsanalyse, das Problem, ob die intendierten Bedeutungen des Sprechers oder Schreibers sich von dem gewöhnlichen Gebrauch solcher Wörter und ihrer Interpretation durch den Analytiker unterscheiden – insbesondere beim Kodifizieren –, wie auch der situationale und Verhaltenskontext der Kommunikation.[22]

Mahl lieferte eine kritische Erörterung des »repräsentationalen Modells« (wie es von vielen Soziologen, Psychologen und Politikwissenschaftlern benutzt und typischerweise in Arbeiten wie denen von Berelson auftaucht, in denen die »Nenngültigkeit« manifesten Inhalts als selbstverständlich erachtet wird), ferner eine Darstellung des »instrumentalen Modells«:

Der Terminus »repräsentationales Modell« wurde von dem Autor [Mahl] benutzt, um die Betrachtungsweise zu beschreiben, die annimmt, daß die Verhaltenslagen eines Sprechers notwendig direkt

21 Berichtet in Pool, *Trends in Content Analysis, loc. cit.*
22 Alexander L. George, »Quantitative and Qualitative Approaches to Content Analysis«, ebenda, p. 7–32.

in dem symbolischen Inhalt der Botschaften, die er aussendet, repräsentiert sind; um das von Osgood im vorhergehenden Kapitel benutzte Beispiel anzuführen: wenn eine Person sagt, daß sie geängstigt ist, oder wenn sie von beängstigenden Dingen spricht, wird dies als Beweis dafür genommen, daß sie geängstigt *ist*. Umgekehrt wird in der Praxis auch angenommen: daß, wenn sie Angst hat, die Wörter jeder Botschaft, die sie äußert, *notwendig* auf »Furcht«, »beängstigende Dinge« oder »ängstigende Erfahrungen« Bezug nehmen werden. So nimmt diese Ansicht die Nenngültigkeit des manifesten lexikalischen Inhalts einer Botschaft als erwiesen an. Über diese einfache Sache der Nenngültigkeit hinaus jedoch gibt es eine fundamentalere und weiterreichende Implikation des repräsentationalen Standpunkts: die implizite Voraussetzung, daß es eine isomorphe Beziehung zwischen Verhaltenslagen und quantitativen Eigenschaften lexikalischen Inhalts gibt. Dies wird veranschaulicht in den Ermittlungen über Häufigkeiten im manifesten Inhalt, die zum Beispiel annehmen, je mehr Inhaltseinheiten es in einem Sprach-Sample über eine Emotion gebe, desto größer sei die Intensität dieser Emotion in dem Sprecher zu der Zeit, da er den Inhalt äußert. Die Annahme von Isomorphismus bildet auch den Hintergrund jener Interpretationen von Kontingenzanalyse, die folgern, daß Kontingenzen in Botschaften direkt Verhaltensassoziationen widerspiegeln.23

Die Anhänger des repräsentationalen Standpunkts nehmen an, daß die Beziehung von Verhaltenslagen und Botschaften durch die Analyse der Semantik geschriebener oder gesprochener Äußerungen determiniert werden kann. »Deshalb beschränken sie ihre Analyse auf die Inhalte von Botschaften mit herkömmlicher Semantik, die die Inhalte definiert.« In dieser Hinsicht unterscheiden sie sich von den Anhängern des instrumentalen Standpunkts, die ». . . annehmen, daß die Pragmatik von Sprache nur auf der Basis einer Erforschung von Pragmatik selbst determiniert werden kann, indem man den situationalen und/oder nichtlexikalischen Kontext von Botschaften in die Analyse einschließt.«24

Der Kernpunkt von Mahls Bemerkungen ist in der Unterscheidung zwischen »herkömmlicher Semantik« und »nicht-

23 George F. Mahl, »Exploring Emotional States by Content Analysis«, *ibid.*, p. 89–90.
24 *Ibid.*, p. 105.

lexikalischem Kontext von Botschaften« zu finden. Saporta and Sebeok werfen eine ähnliche Frage auf, wenn sie davon sprechen, daß Worte die gleiche »Verteilung«, aber verschiedene Bedeutungen haben.

Die Verteilung einer linguistischen Form bedeutet die Summe der gesamten sie umgebenden Einflüsse . . . Also: »Wenn A und B fast identische Umgebungen haben, meistens mit Ausnahme von Sätzen, die beide enthalten, sagen wir, sie seien Synonyma: *Dentist* und *Zahnarzt* . . .« Kurz, wie wissen wir, daß *sitzen* und *Stuhl* in der Bedeutung ähnlicher sind als *sitzen* und *Tür*? Ein erkenntnistheoretisches Problem, das möglicherweise erforscht werden muß, heißt: ist eine nicht-distributionale Methode, zu der Differenz in der Bedeutung zu gelangen, möglich? Wenn nicht, bewegt sich die Argumentation im Kreise, da ja die einzige Evidenz für die Differenz in der Bedeutung sich als die distributionale Differenz herausstellt. Eine unabhängige Methode zur Determinierung von Bedeutungsdifferenzen muß vorhanden sein, bevor irgendeine Angabe über distributionale Korrelate untersuchbar wird.25

Dem »erkenntnistheoretischen Problem« oder dem Problem nichtdistributionaler Methoden, zu Bedeutungen zu gelangen, wird weitere Beachtung geschenkt in der Zusammenfassung der Konferenz durch Pool: »Die meisten inhaltsanalytischen Verfahren benutzen den Kodifizierer als Sachverständigen dafür, welche lexikalischen Formen welche Bedeutungen von Interesse vermitteln. Sie haben sich auf den Common-sense eines Kodifizierers verlassen, der natürlich ein Benutzer der Sprache war, in der die Analyse gerade vollzogen wurde. Sein Common-sense versetzt ihn in die Lage zu erkennen, daß zum Beispiel die Redewendungen ›ein Mann von Courage‹, ›ein mutiger Mann‹ und ›ein Kerl mit Mumm‹ alle das gleiche bedeuten.«26 Das Problem äquivalenter Bedeutungen kann nicht durch linguistische Analyse *per se* gelöst werden oder durch Wörterbuchdefinitionen der manifesten semantischen Eigenschaften der zu prüfenden Äußerungen. Und wenn wir

25 Sol Saporta und Thomas A. Sebeok, »Linguistic and Content Analysis«, *ibid.*, p. 135–137. Das Zitat von Saporta und Sebeok enthält ein Zitat von Z. S. Harris, »Distributional Structure«, *Word*, 10 (1954), 146–162.
26 Ithiel De Sola Pool, »Trends in Content Analysis Today: A Summary«, *ibid.*, p. 226.

uns auf menschliche Sachverständige verlassen müssen, dann sollten wir, um mit Pool zu sprechen, soviel wie möglich darüber wissen, wie der »menschliche Computer« beim Verschlüsseln und Entschlüsseln von Botschaften verfährt. Aber das Eingeständnis – explizit von Pool und implizit in sämtlichen Büchern über Inhaltsanalyse – der Wichtigkeit der Common-sense-Bedeutungen meint nicht Anerkennung von oder Verlangen nach der Untersuchung, wie Personen ihrer Umwelt Bedeutungen zuschreiben und Äquivalenzklassen einrichten, die auf Wörterbuchdefinitionen und auf dem Gebrauch von Alltagssprache, Gesten, äußerem Erscheinen, intonatorischen Qualitäten der Stimme und dergleichen basieren. Statt dessen wird häufig angenommen, daß solche Bedeutungen selbstverständlich gegeben sind, daß Personen, die ihre Muttersprache sprechen, mehr oder weniger auswechselbar sind, daß der manifeste Inhalt für die Untersuchung ausreicht oder daß Sachverständige auswechselbar sind. Die Struktur des Common-sense-Wissens bleibt ein kaum erkanntes Problem soziologischer Untersuchung.

Konklusion

Unsere kurze Erörterung der soziologischen Benutzung von historischen Materialien und von Inhaltsanalyse hat die Wichtigkeit von unausgesprochenen Bedeutungsstrukturen für das Verständnis solcher Dokumente wie Tagebücher, Zeitungen, Interviews, offizielle Publikationen und Romane zu zeigen versucht. Die derzeitigen Methoden tendieren dahin, den Materialien im Prozeß des Auswählens und Erhebens dessen, was relevant scheint, Bedeutung aufzuerlegen. Dies ist, als sagte man, daß dem Inhalt durch den Mechanismus eben der Methode Bedeutung zugewiesen wird, die dazu bestimmt ist, die Bedeutung dieses Inhalts zu »entdecken«. Die folgenden Bemerkungen fassen dieses Kapitel zusammen.

1. Der Forscher kann die Bedingungen, die zur Herstellung

des Dokuments führten, nicht ohne eine Theorie abschätzen, welche die vom Handelnden und von der Sozialstruktur, in der das Material hergestellt wurde, benutzten Commonsense-Bedeutungen erklärt.

2. Inhaltsanalyse nimmt an, daß bestimmte »Themen« dem konnotativen Inhalt der Kommunikation gegenüber invariant sind. Solche »Themen« sind Teil der Theorie des Forschers, die von der Perspektive des Handelnden unabhängig ist.

3. Es ist schwierig, die Sampleverteilung der verschiedenen möglichen, in Dokumenten enthaltenen Arten von Äußerungen festzulegen. Der Forscher ist zu der Annahme gezwungen, daß das Sample, das er benutzt, ein repräsentatives ist. Der situationale Kontext mag, wie im Falle öffentlicher Dokumente, völlig fehlen, oder er kann vom Standpunkt nur eines Partizipierenden oder Beobachters aus beschrieben sein.

4. Die Interpretation eines jeden Dokuments, Romans oder Zeitungsartikels unterliegt stets der Möglichkeit einer Re-Interpretation bei »weiterer Überlegung« oder zusätzlicher Information. Bedingungen, die den Bereich der Möglichkeiten für Re-Interpretation oder Hypothesentest einschränken durch die Forderung, daß die Daten besondere, durch Theorie diktierte Merkmale enthalten sollen, sind schwer zu erfüllen, weil unbekannte Faktoren in der Datenauswahl operieren und die Natur des informationalen Inhalts post factum bestimmt wird.

5. Die Materialien können idiomatische Ausdrücke, gruppenspezifischen Jargon oder Konnotationen enthalten, die der Forscher häufig ohne vorheriges Wissen über die Ziele des Schreibers oder seine Art, die Welt zu interpretieren, zu determinieren versuchen muß.

6. Der Forscher findet sich oft Dokumenten gegenüber, denen standardisierte Bedeutungen schon zugeschrieben worden sind und die er selten unabhängig erforschen kann. Solche Bedeutungen erfordern ein Modell des Handelnden, das die Arten, in denen kulturellen Bedeutungen vermittels geschriebener Symbole Ausdruck gegeben wird, in Rechnung stellt.

7. Der Kodifizierer von Dokumenten und Massenmedienmaterial muß, laut jenen, die über den Gegenstand geschrieben haben, eine »sensitive Person« sein, die Nuancen in symbolischem Material entdecken kann. Aber idealiter sollte der Kodifizierer auch wie ein Automat funktionieren, der verschiedene Antworten, Sätze, Wendungen und Äußerungen kodifiziert gemäß einem vorbereiteten Regelsatz, der für eine präzise Korrespondenz zwischen irgendeiner geäußerten Form und dem Objekt, auf das es Bezug nimmt, sorgt.

8. Der Inhaltsanalytiker oder Historiker benötigt eine Zeichentheorie. Für den Historiker, der altertümliche und mittelalterliche Symbolisierungen entschlüsseln muß, ist dies eine anerkannte Tatsache. Für den Soziologen ist dies selten eine Quelle der Beunruhigung, weil er zu oft annimmt, daß die Sprache der Materialien, die er der Inhaltsanalyse unterwirft, »offenkundige« Bedeutungsstrukturen enthält, die einfach des »Zählens« unter irgendeiner Reihe *apriorischer* oder *aposteriorischer* Kategorien bedürfen.

9. Der Sozialwissenschaftler kann es sich nicht leisten, sich für seine Inhaltsanalyse von Kommunikationen auf sein eigenes Common-sense-Verständnis zu verlassen. So zu verfahren, würde ihm die Möglichkeit nehmen, zu differenzieren zwischen dem, was er aufgrund seines theoretischen Rahmens verstehen kann, und dem, was er als ein Mitglied der gleichen Gesellschaft (oder sogar der gleichen Leserschaft), in der die Kommunikation dargeboten war, verstehen kann.

10. Ein Zeitungsartikel, ein öffentliches Dokument, ein Rundfunkbericht oder eine Fernseh-Werbesendung können unter der editorischen Leitung vieler Personen mit einer Vielzahl differierender Intentionen geschrieben sein. Die Arten, in denen solche Kommunikationen von einem Publikum wahrgenommen und interpretiert werden, können variieren mit dem Publikum und mit den normativen Vorstellungen, die der Mitteilende zur Zeit der Kommunikation von der Umwelt seiner Adressaten hat; sie können variieren mit verschiedenen Sozialtypen von Handelnden, die in verschiedenen struktu-

rellen und lokationalen Beziehungen in der Gesellschaft stehen mögen und auf die Kommunikation hin orientiert sind gemäß ihrer sozialen Identität und ihrem offiziellen und inoffiziellen Status wie auch ihrer Rollen.

11. Die Intentionen, nach denen die Kommunikation hergestellt wird, können unabhängig von ihrer Interpretation durch den Sozialwissenschaftler und unabhängig von den Handelnden sein, die ihr ausgesetzt sind (und sie ignorieren, mißverstehen, verdrehen etc. können).

12. Kategorien für die Subsumierung von »Zählungen« oder Elementen von Kommunikation, die vermutlich von der Theorie des Sozialwissenschaftlers hergeleitet sind, müssen nicht nur mit dieser theoretischen Konzeption des Inhalts, sondern auch mit dessen Perzeption durch den Handelnden vereinbar sein. Der Inhaltsanalytiker jedoch kann jene, die die Kommunikation produzierten, untersuchen wollen oder auch nicht. Die Ziele des Urhebers können für die Untersuchung relevant sein oder auch nicht, je nach ihrem Schwerpunkt.

13. Die Tatsache, daß Inhaltsanalysen vorgenommen werden und worden sind, impliziert die häufige Erwartung, daß in der Kommunikation bedeutungsvolle Regelmäßigkeiten oder Muster existieren, aber wir können die Signifikanz einer Inhaltsanalyse nicht allein vermöge ihrer Kategorisierung und sorgfältigen Zählung der unter diese Kategorien subsumierten Einzelelemente voraussetzen, wenn wir nicht wissen, wie der Forscher darüber entscheidet, was seine Kategorien sind, wie sie benutzt werden sollen, unter Bezugnahme auf die theoretischen Voraussetzungen, die der analytischen Methode inhärent sind.

VII. Experimentelle Modelle in der Soziologie

In diesem Kapitel betrachte ich die Relevanz experimenteller Modelle, die in Laboratoriumseinrichtungen für die Prüfung soziologischer Theorie auszuführen sind.[1] Absicht dieses Kapitels ist die Empfehlung experimenteller Forschung über das Problem kultureller Bedeutung als notwendige Bedingung für eine experimentelle Soziologie, die Theorien der Rollenübernahme und der sozialen Organisation erforschen kann.

Eine häufig gegen Experimente in der Sozialpsychologie und der Soziologie erhobene Kritik besagt, daß sie zu »artifiziell« sind. Die Kritiker mißbilligen die Schaffung einer experimentellen Situation, in der ein gewisser Versuch unternommen wird, Bedingungen, unter denen irgendein Ergebnis oder eine Reihe von Ergebnissen vorhergesagt werden kann, zu manipulieren. Hier kommt häufig eine Fehleinschätzung vor, wenn das Experiment als ein Versuch gesehen wird, Situationen des »wirklichen Lebens« zu verdoppeln.[2]

Behauptungen, daß Laboratoriumsexperimente in der Soziologie nicht möglich sind, folgen aus der Ansicht, daß unsere Variablen verschwommen sind und daß wir unfähig sind zu spezifizieren, wie sie manipuliert werden können (außer in theoretischen und empirischen Übungen, die uns nicht verpflichten, operationelle Verfahren zu präzisieren). Das Fehlen

1 Siehe Donald T. Campbell, »Factors Relevant to the Validity of Experiments in Social Settings«, *Psychological Bulletin*, 54 (Juli 1957), 297–312; »Quasi-Experimental Designs for Use in Natural Social Settings«, unveröffentlichtes Manuskript. Campbells Schriften sind nützlich für Experimente auf natürlicher wie auch auf Laboratoriumsebene. Seine Arbeit bietet eine umfassende Darstellung der Probleme bei der Durchführung von Experimenten in natürlichem sozialen Rahmen. Siehe auch J. Berger, B. P. Cohen, J. L. Snell und M. Zelditch, Jr., *Types of Formalization in Small Group Research*, Boston 1962.

2 Siehe die Erörterung von L. Festinger in »Laboratory Experiments«, in L. Festinger und D. Katz (Hrsg.), *Research Methods in the Behavioral Sciences*, New York 1953, p. 136–172.

von Lösungen für das Problem der Bedeutung in Soziologie und Sozialpsychologie schließt aus, daß wir uns von den abstrakten Aussagen, die wir Theorie nennen, zu den operationellen Verfahren bewegen, die kontrollierte Manipulation wichtiger Variablen erlauben. Die Feldforschung trägt selten bei zu größerer Präzision der Theorie, weil die Forschungstechniken unveränderlich auf schwierig zu messenden zusammengesetzten Beobachtungen oder »abgepackten« Daten basieren, die Bedeutungen voraussetzen, welche niemals begrifflich gefaßt und unabhängig von den konkreten Zielen, für die sie ursprünglich gesammelt wurden, untersucht werden. Die Sprache, die Gesten und Bedeutungen, die benutzt werden, um die Fragen zu bilden und die Antworten zu interpretieren, informieren den Forscher implizit über die Entsprechungen zwischen dem Begriff, den operationellen Verfahren und den Beobachtungen. Die wiedergegebenen Beobachtungen sind oftmals abstrakte Konstrukte, die auf impliziten Common-sense Konstrukten beruhen, benutzt, um die Bedeutung und Relevanz der Perzeptionen des Forschers zu bestimmen.[3] Die Erfahrung eines Ereignisses (eines Gegenstandes oder einer Frage) durch den Forscher und die Umstände, die die Erfahrung umgeben, sind nicht notwendig identisch mit der Erfahrung der Versuchsperson oder der eines anderen Forschers vom gleichen Sozialobjekt. Das gleiche Objekt kann *eine* Menge von bei allen Gelegenheiten identischen Eigenschaften aussenden, aber sie können von Forscher und Versuchsperson verschieden erfahren werden. Dies stellt die Bedeutung des Objekts als eines identischen Reizes auf verschiedene Versuchspersonen in Frage, insbesondere dann, wenn der Forscher voraussetzt, daß das Objekt von ihm selbst und seinen Versuchspersonen identisch wahrgenommen wird.

Zwei Experimente von Sozialpsychologen haben den Einfluß normativer Verhaltensregeln unter experimentellen Bedingungen auf die Wahrnehmung und Interpretation physikalischer

3 Siehe Alfred Schütz, »Concept and Theory Formation in the Social Sciences«, *The Journal of Philosophy*, LI (April 1954), 266–267.

Objekte offenbart. Das Experiment von Asch benutzte sieben Helfershelfer für jede experimentelle Versuchsperson, um zu zeigen, wie bekanntgegebene Perzeptionen von Gruppenangehörigen die experimentelle Versuchsperson signifikant beeinflussen.[4] Die Arbeit von Sherif mit dem autokinetischen Effekt zeigte, wie die Urteile experimenteller Versuchspersonen durch die Urteile bezahlter Teilnehmer beeinflußt werden konnten.[5] Dies sind nur zwei von vielen Experimenten, die zu zeigen beabsichtigten, wie die normativen Merkmale sozialer Strukturen die Perzeptionen, Interpretationen und das Verhalten von Versuchspersonen beeinflussen und kontrollieren. Diese Experimente von Sozialpsychologen gehören zu den wichtigsten Daten, die die soziologischen Vorstellungen von normativen Strukturen als unabhängig von der psychologischen Verfassung der individuellen Handelnden unterstützen.

Wenn die Bedeutung physischer Objekte durch die soziales Handeln lenkenden normativen Regeln drastisch verändert werden kann, dann bieten soziale Objekte (zum Beispiel Zielsetzungen, Autorität, Lachen, Stirnrunzeln) das zusätzliche Problem, daß der Forscher, indem er sie experimentell nachahmt (oder sie im Feldrahmen untersucht), unterscheiden muß zwischen seinen eigenen Wahrnehmungen und Interpretationen und denen seiner Versuchspersonen gegenüber den gleichen sozialen Objekten. Die Etablierung von Konsensus zwischen Forscher und Versuchspersonen über die Eigenschaften eines einzigen sozialen Objekts ist eine notwendige Bedingung in der Entwicklung von Äquivalenzklassen für Messung. Stellt der Forscher den Versuchspersonen soziale Objekte vor (z. B. Einzelfragen in Fragebogen, Autoritätsbeziehungen unter experimentellen Bedingungen), so nimmt er notwendig an, die Versuchspersonen bezögen sich auf die gleichen sensorischen Beobachtungen, das gleiche Gesichtsfeld und die gleiche

4 S. E. Asch, »Effects of Group Pressure upon the Modification and Distortion of Judgments«, in H. Guetzkow (Hrsg.), Groups, Leadership and Men, Pittsburgh 1951, p. 177–190.
5 M. Sherif, »An Experimental Approach to the Study of Attitudes«, Sociometry, 1 (1937), 90–98.

Erfahrung des sozialen Ereignisses. Weiter wird vorausgesetzt, daß die Beschreibung, die *ein* Forscher von beobachtetem Verhalten gibt, für jeden anderen Beobachter identisch oder »augenfällig« sein würde. Ferner wird angenommen, daß die Versuchspersonen unveränderlich den gleichen »inneren Zustand« erleben, der ihnen durch die Beschreibungen des Forschers zugeschrieben wurde. Die Beziehung zwischen Zeichen und sozialem Objekt ist keine eindeutige. Verbale Instruktionen mögen standardisiert erscheinen (insbesondere, wenn sie mittels elektronischer Aufzeichnungen vorgelegt werden), aber ihr »augenfälliger« Charakter und ihre Bedeutung können nicht als selbstverständlich gegeben erachtet werden. Die Konstrukte für die Sinngebung der »gleichen« Umwelt von seiten des Beobachters und der Versuchspersonen erfordern weitere begriffliche und empirische Klärung, wenn die soziologischen Theorien in Laboratoriumseinrichtungen getestet werden sollen.

Experimentelle »Variable« und ihre Messung

Aus den Uneindeutigkeiten, die der Art, wie der Handelnde seine täglichen Angelegenheiten im Alltagsleben bewältigt, inhärent sind, folgt nicht, daß die Messung der Arten, wie der Handelnde die Welt aufnimmt, von seiten des Soziologen auch uneindeutig und unstrukturiert sein muß.

Untersuchungen wie die von Asch und Sherif sind eindeutig im Hinblick auf das, was in dem Experiment manipuliert wurde, und die Antworten sind ohne ausgearbeitete Messungsvorrichtungen unmittelbar verständlich. Der Zweck des Experimentes von Asch war klar und erforderte keine Einführung von Bedeutungsstrukturen, spezifisch hergeleitet von einem theoretischen Rahmen, oder die Schaffung künstlicher sozialer Prozesse und sozialer Strukturen, die nicht leicht kommuniziert werden. Die Untersuchung von Sherif versuchte einen nicht-eindeutigen Reiz zu bieten und zieht dadurch die Möglichkeit in Betracht, daß eine Versuchsperson die Urteile einer anderen beeinflußt. Aber die Aufgabe des Experimentators wird verwirrend, wenn es um das Hervorrufen eines Gefühls von »Ablehnung« unter den Versuchspersonen geht, eines Gefühls der Wahrnehmung von »Akzeptierung« oder »Freundlichkeit«, von »privilegierten« und »unterprivilegierten« Gruppen, von »Statushierarchien« und dergleichen. Die Perzeption sozialer Objekte setzt uneindeutigere Bedeutungsstrukturen voraus als die Perzeption physischer Objekte.[6] Die Forscher verlassen sich gewöhnlich auf ihre Common-sense-Kenntnis von den Dimensionen sozialer Perzeption. Wenn aber ein Begriff dieser Art, zum Beispiel »Freundlichkeit«, als irgendeine Art von Kontinuum vorgestellt wird, mit hohem und niedrigem Grad von auf einer Skala irgendeiner Art gemessenem Ausdruck, was entweder in die Untersuchung eingebaut ist oder später einer Reihe von Antworten unterstellt wird, dann transformiert das Messungssystem Common-sense-Vorstellungen dieses Begriffs in das gewünschte meßbare Produkt. Diese Erörterung will nicht einfach operationelle Maße gewinnen; noch beabsichtigt sie die Bedeutung oder Relevanz der Experimente von Asch, Sherif, Festinger, Kelley, Thibaut und anderen zu leugnen. Solche »Variable« wie »Bindungskraft«, »Ablehnung« oder »Freundlichkeit« sind nicht automatisch signifikant und bedeutungsvoll, weil sie durch irgendeine Menge von Fragen oder soziometrische Wahlen operationell meßbar gemacht sind. Die operationellen Maße solcher Begriffe sehen die unausgesprochenen Common-sense-Bedeutungen, die dem Gebrauch des Begriffs innewohnen, nicht explizit vor. Die handgreiflichste Art von Messung in sozialen Experimenten ist das wörtliche Verzeichnis des Beobachters in einfachen deskriptiven Termini von vorhergesag-

6 F. P. Kilpatrick und W. H. Ittelson, »The Size-Distance Invariance Hypothesis«, *Psychological Review*, 60 (1953), 223–232; A. Ames, Jr., *An Interpretive Manual for the Demonstrations in the Psychological Research Center, Princeton University: The Nature of Our Perceptions, Prehension, and Behavior.* Princeton 1955; Egon Brunswick, *Perception and the Representative Design of Psychological Experiments.* Berkeley 1956.

ten Differenzen. Die »Ergebnisse« einer Serie allgemeiner Beschreibungen, die in die Kodifizierungsverfahren und die Instruktionen eines Experiments eingebaut sind, als »Befunde« zu bezeichnen, spricht weder für eine strenge Untersuchung noch auch nur für ein elegantes Experiment.

Jede soziologische Variable ist in einer besonderen Zeitperspektive lokalisiert. Strukturelle oder lokationale Variable wie etwa Beruf, Alter, Geschlecht enthalten unspezifizierte Komprimierungen relevanter kultureller Bedeutungen. Die Variablen, die soziale Perzeption determinieren, schließen uneindeutige kulturelle Interpretations »regeln« ein und können nicht als selbstverständlich behandelt werden.

Wenn uns ausreichende theoretische Präzision fehlt, um zu wissen, wie die einfachen Instruktionen, welche Sozialstrukturen schaffen würden, zu ersinnen und den experimentellen Versuchspersonen zu kommunizieren sind, dann ist unsere Kenntnis der grundlegenden sozialen Prozesse zu begrenzt, um die Handlungen von Versuchspersonen zu programmieren und um eine klar erkennbare Differenz in irgendeiner Art von sozialer Bedeutung zu produzieren. Ein Experiment, das Ungleichheiten in »Bindungskraft« oder »Hierarchien von sozialem Status« zu schaffen versucht, setzt voraus, daß die interaktionalen Bestandteile, die »Bindungskraft« und »sozialen Status« produzieren, aufrechterhalten, verändern oder zerstören, uns bekannt sind. Die Arten, in denen »Bindungskraft« und »Statushierarchie« gedacht werden, sollten die operationellen Anhaltspunkte für ihre experimentelle Schaffung und Veränderung liefern. Begriffe wie »Bindungskraft« und »sozialer Status« setzten eine Reihe von Definitionen voraus, die operationell in spezifische Instruktionen übersetzt und von diesen produziert werden können, Instruktionen, die Bedeutungsstrukturen vermitteln, welche Versuchspersonen ohne weiteres verstehen können. Die Variablen sind zweifellos nicht *an sich* strukturell oder lokational, und der Forscher kann sich nicht auf Voraussetzungen verlassen, die annehmen, sie seien es und seien daher von selbstverständlicher Bedeutung.[7] Die Sozialpsychologen haben Laboratoriumsexperimente mit kulturellen Variablen (gedacht in psychologischen Termini) durchgeführt, während die meisten Soziologen und Anthropologen dahin tendierten, Feldforschung vorzuziehen. Darüber hinaus haben die Sozialpsychologen präzis jene Probleme angesprochen, die für den Soziologen fundamental sind: die Probleme, wie ein stabiles System sozialen Handelns erreicht, aufrechterhalten und verändert wird. Die Soziologen und Anthropologen sind selten begeistert über die experimentelle Manipulation von »Bindungskraft«, »Statushierarchien«, »Gruppenzielen« und dergleichen. Der Soziologe zieht es vor, über sozialen Prozeß zu spekulieren, wenn er nach Dokumentation sucht; zum Beispiel der Anzahl von Verbrechen und Selbstmord in einer Gemeinschaft, der Variationen im Wohngebiet durch Einkommen, Bildung, Beruf und so weiter. Die Triftigkeit solcher Variablen scheint oft danach festgesetzt zu werden, wie zugänglich sie der auferlegten quantitativen Analyse sind.

In einer Untersuchung von John Thibaut[8] wurde ein Versuch unternommen, Bindungskraft zu schaffen innerhalb zweier soziometrisch homogener Gruppen, die während des Experiments mit unterschiedlicher Förderung und unterschiedlichem aktuellen Erfolg bedacht wurden. Eine Gruppe mit niedrigem Status wurde dazu ermutigt (und es wurde ihr ermöglicht), Gruppenaktion als ein Mittel zur »Erhöhung« ihres Status zu suchen, während die andere Gruppe mit niedrigem Status ebenfalls ermütigt, es ihr aber nicht ermöglicht wurde, in ihren Bemühungen erfolgreich zu sein. Die »erfolglose Gruppenaktion-Behandlung« wird von Thibaut beschrieben:

7 Eine Abhandlung, die die Beziehung und Bedeutung kultureller Variablen für die Umfrageforschung und ihre Anwendung auf Probleme, die für die Soziologen von substantiellem Interesse sind, aufzeigt, kann in Bennet Bergers »How Long is a Generation? gefunden werden: *The British Journal of Sociology*, XI (März 1960), 10–23.
8 John Thibaut, »An Experimental Study of the Cohesiveness of Underprivileged Groups«, in D. Cartwright und A. Zander (Hrsg.), *Group Dynamics*, Evanston und New York 1953, p. 102–120.

Die Mitglieder mit niedrigem Status werden auf eine nachlässige und kühl unsympathische Art angeredet, der Experimentator redet sie nicht mit Namen, sondern mit einer Nummer an. Dem Team mit hohem Status wird dagegen Sympathie, Ermutigung und Wärme gewährt. Darüber hinaus führt das Team mit hohem Status während des Spiels in allen Fällen die vorteilhafteren Funktionen aus.[9]

Während einer sechsminütigen »Pause« werden experimentelle Variationen eingeführt, etwa wird die Gruppe mit niedrigem Status zusammengerufen, und es wird ihr nahegelegt, beim Experimentator um bessere Behandlung nachzusuchen. Der Experimentator ist so »programmiert«, daß er danach eine bestimmte Verhaltensart an den Tag legt, die Sympathie und so weiter für die Gruppe mit niedrigem Status vermittelt. Der Forscher verläßt sich auf Fragebogen nach der Sitzung und auf unabhängige Beobachter für die Dokumentation der Effektivität der experimentellen Behandlungen.

Der interessante Punkt ist hier die Art, wie Gruppenbindungskraft durch die Forscher produziert wurde. Die theoretische Konzeptualisierung des Problems und die experimentelle Schaffung von Sozialstrukturen sind beide unabhängig von jeder Theorie des Handelnden als eines konstruierten sozialen Typus. Das Interesse des Forschers an der Schaffung sozialer Strukturen führt zu einem Modell des Handelnden, welches psychologische Kräfte unterstellt (z. B. Common-sense-Vorstellungen von Ermutigung, Hoffnung), um ihn zu zwingen, sich auf bestimmte Weise zu verhalten. Die hier vorliegende Ansicht zieht es vor, die Arten als problematisch zu belassen, auf die soziales Handeln strukturiert ist durch den Wissensstand der Handelnden, durch die Strategien, die sie anwenden, wie sie durch die praktischen Handlungen, die sie unternehmen, und durch die Zuschreibungen oder Bedeutungen, die sie den Objekten und Ereignissen in der sozialen Szene zuweisen, offenbart werden. Thibauts Untersuchung und die vielen in dem Band von Cartwright und Zander beschriebenen verwandten Untersuchungen halten die Simulation sozialen Handelns nicht für problematisch; sie setzen

9 *Ibid.*, p. 107.

voraus, daß, wenn der Experimentator versucht, »eine nachlässige und kühl unsympathische Art« hervorzukehren, sie klar als solche von dem Leser und den an dem Experiment teilnehmenden Versuchspersonen verstanden wird. Wir stellen nicht den »Erfolg« solcher Behandlungen, wie er zum Beispiel durch die Differenzen in der Gruppendarstellung gemessen wird, in Frage, sondern ob das, was von dem Experimentator intendiert wurde, von den relevanten Versuchspersonen identisch wahrgenommen und interpretiert wurde und auch von unabhängigen Beobachtern so interpretiert würde. Der Experimentator hat sich auf Bedeutungsstrukturen verlassen, die für ihn selbst, die Versuchspersonen und den Leser unspezifiziert bleiben, welche aber einige Effekte hervorbrachten, die er als relevant für das vorhandene Problem erachtete. Der Forscher verwandte augenscheinlich Common-sense-Definitionen der Situation erfolgreich; aber wie identifizieren wir sie, was sind ihre Eigenschaften, und wie messen wir sie? Antworten auf diese Fragen würden uns in die Lage versetzen, die Eigenschaften, die »Bindungskraft« hervorbringen, präziser zu bestimmen und anzugeben, wie wir vielleicht Äußerungen aus direkten Beobachtungen erhalten, die gemäß einer klar spezifizierten Reihe von Regeln verstanden und kodifiziert werden könnten. Thibauts Beobachtungen darüber, was den Versuchspersonen mitgeteilt wurde und wie ihre Antworten auf Fragebogen nach der Sitzung kodifiziert wurden, bleiben unexplizierte und unproblematische Merkmale des Experiments. Die strukturellen Eigenschaften, die sozialem Handeln zugeschrieben werden, bestehen aus den an die Objekte und Ereignisse gehefteten vorgeprägten Bedeutungen des Handelnden gemäß den theoretisch hergeleiteten Interpretationsregeln des Forschers. Diese Bedeutungen, die in Thibauts Untersuchung unausgesprochen bleiben, sind genau das, was den Soziologen interessieren sollte, denn wenn im Alltagsleben routinemäßig an sie appelliert wird, sorgen sie für Zielbewußtheit und führen bei gemeinsamem Handeln Veränderung für den Handelnden herbei. Die Typisierung von Objekten und Ereignissen erlaubt es dem Handelnden, widerstreitenden Situationen Bedeutung zuzuweisen; sie macht Veränderung oder nicht-eindeutige Erscheinungen verständlich und befähigt den Handelnden, eine stabile Umwelt aufrechtzuerhalten angesichts verwirrender, disruptiver, willkürlicher Arten von Ereignissen.

Thibauts Handelnder antwortet auf eine Umwelt, die vom Experimentator für die Herstellung unterschiedlicher Konsequenzen problematisch gemacht wurde. Wenn wir das Experiment nachbilden sollten, wie würden wir da wissen, ob wir die gleiche Menge von »unsympathischer Kälte«, »Wärme«, »Freundlichkeit« oder »Ermutigung« zeigen? Eine mögliche Antwort würde sein: wenn wir die gleichen oder ähnliche Ergebnisse erzielen. Ich leugne die Bedeutung oder Relevanz von Thibauts Forschung nicht, aber ich frage nach einer expliziten Darstellung jener Merkmale, die er, vermutlich erfolgreich, manipulierte, die aber dem Leser und jedem, der das Experiment nachbilden wollte, unbekannt bleiben. Thibauts Untersuchung und andere ihrer Art sind nichtsdestoweniger nützlich; denn ein solcher Erfolg, wie sie ihn erzielen, unterstreicht die Forderung, explizit zu sein in unserer Konzeption der Struktur sozialen Handelns und in den Operationen, die wir einführen. Wir können schließen, daß das Experiment zeigt, daß die Handlungen des Experimentators Bedeutungen mitteilen, die von Versuchspersonen in anscheinend ähnlicher Weise wahrgenommen und interpretiert wurden, wie vom Forscher beabsichtigt war, und daß diese Bedeutungen auch von den Beobachtern geteilt wurden, die die Interaktion auswerteten und die Fragebogen kodifizierten. Dies kann als eine experimentelle Demonstration einer gemeinsamen Kultur begriffen werden, einer Kultur, die manipulierbar ist und als solche beobachtet werden kann, wobei wir aber nicht immer sicher sein können, welche Elemente die Resultate schaffen. Operationelle Verfahren sind vorhanden, für den Leser aber nicht handgreiflich oder aktuell ermittelbar. Sogar ein Film und eine Tonaufzeichnung über das gesamte Experiment wären nicht adäquat, wenngleich hilfreich für die Veranschaulichung der Resultate. Ohne eine Reihe von Verfahrensregeln, nach denen zu bestimmen ist, ob »Bindungskraft« sich zeigte, als bestimmte Verhaltensweisen an den Tag gelegt wurden, müßten wir uns offenkundig auf unser Common-sense-Wissen verlassen, um die Bedeutung sogar des Films und der Tonaufzeichnung zu determinieren.

Die gleichen Ausführungen können über Harold H. Kelleys Experiment über Statushierarchien[10] gemacht werden. In diesem Experiment wird die Schaffung von Statusdifferenzen formal impliziert in den Anweisungen, die den Versuchspersonen gegeben werden, und die Resultate bezeugen, daß der Autor erfolgreich war bei der Hervorbringung von Differenzen, die als interessant und signifikant erachtet werden können; aber es ist schwer, präzis zu wissen, wie die Resultate hervorgebracht und interpretiert wurden, geschweige denn, warum alternative Anweisungen nicht gleichermaßen anwendbar sein würden. Ist es selbstverständlich, daß, wenn Personen bestimmten Anweisungen gegeben werden, die ihre Stellung in irgendeiner geschaffenen Hierarchie explizit lokalisieren, diese Anweisungen immer verstanden werden? Gravierend ist hier, daß Kelleys Voraussetzungen über den sozialen Prozeß unformuliert bleiben. Er setzt eine gemeinsame Kultur voraus. Die experimentelle Situation kann so strukturiert sein, daß bestimmte Differenzen und Statusdiskrepanzen durch experimentelle Kontrolle eliminiert sein können, aber zweifellos werden die Versuchspersonen auf das Experiment in der Ausdrucksweise antworten, mit der sie im Alltagsleben zu antworten pflegen. Aber wenn wir nichts darüber wissen, wie die Versuchspersonen ihr Alltagsleben (als Individuen und als generische Handelnde) meistern, dann können wir unmöglich wissen, was sie zum Antworten im Experiment motiviert.

Die obige Erörterung will die Verwendung von Experimenten anregen für die Untersuchung der grundlegenden sozialen

---

10 »Communication in Experimentally Created Hierarchies«, in Cartwright und Zander, *op. cit.*, p. 443–461.

Prozesse des Alltagslebens, welche die Sozialstrukturen hervorbringen. Die experimentelle Untersuchung der grundlegenden sozialen Prozesse ist eine notwendige Vorbedingung für Untersuchungen, wie Thibaut, Kelley und andere sie durchgeführt haben. In dem letzten Abschnitt dieses Kapitels werde ich kurz aufzuzeigen versuchen, wie solche Experimente aussehen würden, zwei Beispiele beschreiben und weitere Experimente, die zu unternehmen nützlich sein dürfte, kurz andeuten. Ich nehme an, daß Kultur, aufgefaßt als Handlungssystem, experimentell untersucht werden kann und daß ihre grundlegenden theoretischen Elemente geklärt und gemessen werden können.

Grundlegender sozialer Prozeß und das Problem sozialer Ordnung

In einer Dissertation, die die Invarianz dessen, was Schütz als die stabilen Merkmale sozialen Handelns beschrieb, experimentell zu prüfen versucht, konfrontierte Harold Garfinkel vorklinische Medizinstudenten mit der gefälschten Aufzeichnung eines aktuellen Interviews zwischen einem »Zulassungsinterviewer der ›Medical School‹« und »einem Bewerber für die Schule«.[11]

Der »Bewerber« war als ein »ungeschliffener Lümmel« »programmiert«, und seine Antworten waren dazu bestimmt, das zu verletzen, was der Experimentator für relativ angemessenes Verhalten hielt. Ein Anhang zur Untersuchung, der das aufgezeichnete Interview enthält, bietet dem Leser ein wörtliches Verzeichnis der Eigenschaften, die verletzt wurden, und eine Darstellung des Verfahrens, wie diese allgemeine Ungeeignet-

11 Harold Garfinkel, *The Perception of the Other: A Study in Social Order*, Doktordissertation, Harvard University, 1952. Über dieses Experiment wird kurz berichtet in der überarbeiteten Fassung eines Vortrags, der auf dem Jahrestreffen der American Sociological Association in Washington, D. C., 1957 gehalten wurde: »A Conception of and Experiments with ›Trust‹ as a Condition of Stable Concerted Action«.

heit »programmiert« wurde. Die experimentellen Versuchspersonen fanden alle, daß der »Bewerber« keine Zulassung bekommen würde und daß er sich ungehörig verhalten hätte. Jeder von Versuchspersonen getroffenen Feststellung, die den »Bewerber« negativ charakterisierte, wurde dann vom Experimentator widersprochen, der vorher nicht gegebene Information enthüllte, die den »Bewerber« in ein günstiges Licht stellen konnte. Nach diesem Sperrfeuer von Widerreden wurden die studentischen Versuchspersonen gebeten, die Aufzeichnung ein zweites Mal zu hören. Obwohl es die meisten Studenten zustande brachten, den »Bewerber« »neu zu erfahren« und ihn nun als »erfolgreich« zu sehen (es war ihnen gesagt worden, daß er mit »fliegenden Fahnen« akzeptiert wurde), berichtet Garfinkel, daß die vorhergesagte und beabsichtigte Konfusion (d. h. der Zusammenbruch im stabilen sozialen Handeln) nicht so gut wie erwartet durchkam, wenn auch ein deutliches Anwachsen an »meßbarer Angst« zwischen dem ersten und dem zweiten Interview zu verzeichnen war. Die Studenten waren dazu fähig, den »Bewerber« von einem ungeschliffenen Lümmel, der keine Erfolgschance hatte, in einen erfolgreichen Kandidaten zu transformieren. Die Resultate können als Demonstration ausgelegt werden, daß die experimentelle Situation »realistisch« und den erwarteten Resultaten angepaßt war. Es ist ein bedeutsames Verdienst dieses Experiments, daß es realistische Bedingungen simulierte. Ein anderer wichtiger Vorzug liegt in der Benutzung experimenteller Verfahren, die leicht repliziert werden können. Zwei Nachteile waren die Schwierigkeit in der Hervorbringung oder Determinierung des »überzeugenden« Charakters des simulierten Interviews mit dem Bewerber und die Schwierigkeiten des Messens von Angst. Die Tatsache, daß die Untersuchung ohne explizite Lösung für beide Probleme durchgeführt wurde, setzt die Existenz einer unausgesprochenen Lösung für das Problem der Bedeutung voraus.

Auf der Suche nach präziseren Indikatoren der Konfusion und von daher nach der Existenz sozialer Regeln (als der anderen Seite stabiler Ordnung) wandte sich Garfinkel der Untersuchung von Spielen zu, weil Spiele die genaue Feststellung einiger Situationserwartungen der Spieler (der Handelnden) erlauben. Das Spiel hat eine explizite Reihe von Regeln, innerhalb derer routinemäßige Spielerwartungen gehegt werden. Durch die genaue Bestimmung der »Grundregeln« und »konstitutiven Erwartungen« eines Spieles wie Schach glaubte Garfinkel die Abweichungen in den Erwartungen und Strategien, die unabhängig von den Grundregeln, gleichwohl innerhalb ihrer Grenzen, vorkommen könnten, besser erfassen zu können. Dies würde ihm erlauben, die Ähnlichkeiten und Ungleichheiten zwischen Spielen und wirklichen Lebenssituationen zu zeigen. Er wollte wirkliche Lebenssituationen experimentell kontrollieren und benutzte dazu das Spiel als Annäherungswert.

Sowohl in seinem frühen Experiment mit den vorklinischen Medizinstudenten als auch in späteren Experimenten mit Spielen, insbesondere mit »Katze und Maus«, versuchte Garfinkel die Vorstellungen von Schütz über die konstitutive Phänomenologie des Alltagslebens einer experimentellen Prüfung zu unterwerfen. Solche Demonstrationen sollten zeigen, daß invariante Eigenschaften sozialer Ordnung existieren und experimentell manipuliert werden können. Folgt man dem theoretischen Rahmen von Schütz, so ist es wichtig, ein Experiment herzustellen, das die Existenz einer invarianten Reihe »konstitutiver Regeln« oder »Eigenschaften« demonstriert, die für die Benutzer oder Handelnden »wahrgenommenermaßen normal« sind für die bestimmte »konstitutive Ordnung«, von der sie ein Teil sind. Dies betont die invarianten *Eigenschaften* von Normen oder »Regeln«, nicht ihren aktuellen Inhalt.

Die allgemeine These, die in den Arbeiten von Schütz und Garfinkel vertreten wird, ist, daß Konfusion, Chaos oder ein abrupter Zusammenbruch sozialen Handelns zu erwarten ist, wenn die Eigenschaften konstitutiver Regeln verletzt oder durchbrochen werden. Die entscheidende theoretische und empirische These besagt, daß alle Ereignisse, ohne Rücksicht auf das »Spiel«, ihren »konstitutiven Akzent« haben. Garfinkels Arbeit zeigt, daß solche Experimente möglich sind, daß sie sich an die grundlegenden sozialen Prozesse von Sozialstrukturen wenden und daß sie denkbare Grundlagen einer experimentellen Soziologie aufdecken.

Zur Veranschaulichung »konstitutiver Regeln« benutzt Garfinkel das Spiel »Katze und Maus«: wenn eine Versuchsperson aufgefordert wird, das Spiel mit dem Experimentator zu spielen und das erste Zeichen zu setzen, und wenn der Experimentator dann das Zeichen ausradiert und es, während er sein eigenes Zeichen macht, in ein anderes Feld setzt, und zwar so, »als sei es das Natürlichste in der Welt«, dann legen die Versuchspersonen einige Verwirrung und Bestürzung an den Tag; sie sagen etwa, daß sie das Spiel unter den geschilderten Bedingungen nicht spielen können. Daneben können zwei ganz allgemeine Handlungsweisen verfolgt werden: erstens könnte die Versuchsperson sich zum Beispiel vormachen, das illegale Zeichensetzen wäre tatsächlich legal, oder sich einbilden, ein »anderes« Spiel würde gespielt, und für den Augenblick jeden aktuellen Kommentar über das Geschehene zurückhalten, und dabei oftmals insgeheim denken, daß es vielleicht »für all dies gute Gründe« gibt. Irgendeine Form von »normalisierender Tätigkeit« tritt ein. Oder, zweitens, wenn die Person tatsächlich versucht, das Spiel mitzumachen, als wäre es ein »reguläres« »Katze und Maus«-Spiel, wird sie wohl mit Verärgerung und Verwirrung reagieren. Das heißt, daß der Handelnde die Situation nicht notwendig als »sinnlos« und chaotisch betrachten und verwirrt sein wird, wenn er versucht, sich nach dem »konstitutiven Akzent« zu richten. Wenn er aber versucht, innerhalb des ursprünglichen »konstitutiven Akzents« zu bleiben, wird es ihm schwerfallen, das Geschehene als »normal« wahrzunehmen.

Die Differenz zwischen den oben beschriebenen Experimenten von Thibaut, Kelley und anderen und den von Garfinkel durchgeführten liegt in den theoretischen Fragestellungen, in den Arten spezifizierter grundlegender theoretischer Elemente und in der Art und Weise, in der die experimentelle Atmosphäre geschaffen wurde. Thibaut und Kelley nahmen an, daß irgendeine besondere Ordnung von Ereignissen »normal« wäre, und sie suchten experimentell zu entdecken, ob die Ordnung, die sie sich als »normal« vorstellten, die »richtige« war. Sie setzten voraus, daß die experimentellen Versuchspersonen ihre Charakterisierung der Szene als durch die gegebenen Anweisungen diktiert honorieren würden und daß ferner die experimentellen Variationen als Variationen einer schon durch ihre anfänglichen Anweisungen und ihr Strukturieren konstituierten Ordnung wahrgenommen werden würden. Ihre Resultate offenbaren bemerkenswerten Erfolg. Über das *Wie* oder *Warum* ihres Erfolges können wir jedoch nichts Sicheres wissen. Sie haben eine Welt vorausgesetzt, die sowohl von der Versuchsperson als auch vom Experimentator als selbstverständlich genommen wird, aber die involvierten grundlegenden sozialen Prozesse bleiben dunkel. Die Frage danach, was an der sozialen Szene von Versuchspersonen und Experimentator gemeinhin als invariant wahrgenommen wird, wird nicht explizit gestellt. Bei dem gedanklichen Entwurf des Experiments, bei der Herstellung der experimentellen Resultate und bei der Analyse der Befunde verlassen sie sich auf ihre eigene Common-sense-Kenntnis der »Spielregeln«.

Garfinkel stellt eine grundlegendere Frage. Seine Arbeit kann als eine Untersuchung darüber betrachtet werden, wie konventionelle Experimente in der Sozialpsychologie und der Soziologie überhaupt erst gedacht werden können, nicht etwa schon, wie sie ihren Vorsatz realisieren. Er fragt nicht: Wie schaffen und variieren wir Bindungskraft und Statushierarchien experimentell? sondern: Wie schaffen oder übernehmen wir das theroretische und empirische Wissen, das zum Hervorbringen solcher Strukturen notwendig ist? Welches sind die grundlegenden Merkmale sozialen Handelns? Wie sind seine stabilen Eigenschaften zu identifizieren und aufrechtzuerhalten? Welches sind die operationellen Verfahren, die benutzt werden müssen, um sowohl seine Existenz zu zeigen als auch seine experimentelle Manipulation zu erlauben? Garfinkels Strategie ist es, mit einer als »normal« betrachteten Situation zu beginnen und dann systematisch zu versuchen, »Unruhe«, Verwirrung oder Chaos zu schaffen. Die Verfahren, die Chaos hervorbringen, würden umgekehrt die Elemente stabiler Ordnung andeuten.

Unter Heranziehung einer Vielzahl der von Soziologen in ihrer tagtäglichen Forschung benutzten Verfahren habe ich die Relevanz einer bestimmten theoretischen Position zu zeigen versucht. Ich beginne mit der Frage, ob sprachliche Äußerungen, ihre unterstellten kulturellen Bedeutungen und die unausgesprochenen Common-sense-Definitionen der Situation, die wir in experimentelle Instruktionen, Interviewvorlagen und Fragebogen einbauen, allen Versuchspersonen in unserem Sample verständlich sind. Wird dem gleichen »konstitutiven Akzent« von allen Versuchspersonen Raum gegeben? Und wenn ja, wie ist das alles möglich?

Ich habe angenommen, daß der Handelnde irgendeiner konstitutiven Ordnung der Ereignisse stattgeben und irgendeinen »konstitutiven Akzent« gutheißen muß, wenn er irgendeine Verbindung mit seiner Umwelt und seinen Mitmenschen aufrechterhalten soll. Deshalb kann der Umfrageforscher dem Problem der »Beziehung« nicht entkommen. Denn der Befragte kann die von dem Fragebogen definierte »konstitutive Ordnung« nicht honorieren wollen, wenn der Interviewer dem Interviewten nicht eine gewisse Grundlage dafür gibt. Der Umfrageforscher mag denken, daß der Befragte damit zufrieden sein wird, zu einer »wissenschaftlichen Untersuchung oder zum Wohle der Menschheit« beizutragen, aber dies ist nichts, was als selbstverständlich genommen werden könnte. Selbst wenn dies der Fall wäre, würde es *Beziehung* oder wechselseitig verstandene Bedeutungen nicht garantieren. Dies gilt insbesondere dann, wenn der Fragebogen für viele Befragte tatsächlich ein Eingriff in die Privatsphäre ist, ein Eindringen in eine Ordnung, die für die Versuchsperson heilig sein kann.

Die Art, in der wir Fragebogen konstruieren und experimentelle Situationen schaffen, die als »gültig«, »bedeutungsvoll« etc. betrachtet werden, ist selbst ein Untersuchungsgegenstand ersten Ranges für den Soziologen. Experimentelle und Felddemonstrationen der Eigenschaften sozialer Ordnung sind erforderlich.

Wenn die experimentellen Variationen von den Versuchspersonen nicht, wie vom Experimentator beabsichtigt, akzeptiert und wahrgenommen werden, kann man noch annehmen, daß eine gemeinsame grundlegende, für den Experimentator und die Versuchsperson(en) operierende Ordnung sich behauptet. Diese gemeinsame Ordnung ist vor dem Experiment vorhanden, wird zeitweilig während des Experiments »fallengelassen« oder »aufgehoben« und wird, nachdem das Experiment abgeschlossen ist, wieder aufgenommen. Wenn die experimentelle Ordnung eine Nachahmung der gemeinsamen Ordnung ist, dann kann die erstere nur unter Bezugnahme auf die Eigenschaften der letzteren verstanden werden. Die konstitutive Ordnung oder die Regelreihe versieht den Handelnden mit der Basis für die Zuordnung von Bedeutungsstrukturen, so daß er verstehen kann, was geschehen ist oder was geschieht. Die Anweisungen des Experimentators kennzeichnen daher die Ordnung. Das Experimentieren mit den Eigenschaften von »Regeln« wird eine notwendige Aufgabe für eine experimentelle Soziologie. Ich werde dieses Kapitel abschließen mit einigen kurzen Bemerkungen über ein paar dieser Eigenschaften und ihre experimentellen Möglichkeiten.

1 Während der Interaktion angenommene unausgesprochene Bedeutungen. Wir könnten erforschen, welche Konsequenzen es hat, Bedeutungen während sozialer Interaktion nicht zurückzuhalten. Dies würde bedeuten, daß man die Versuchspersonen anweist, auszudrücken, wie sie andere, die Situation und Ereignisse und überhaupt alle anderen Stimuli im Verlauf jeder experimentellen Sequenz von Ereignissen erleben. Alle Voraussetzungen über das Selbstverständliche solcher Ereignisse und »Akzente«, wie Anstandsregeln, Autoritätsbeziehun-

gen und dergleichen, wären aufgehoben. Beziehungen zwischen Kunde und Verkäufer, Arbeitgeber und Arbeitnehmer, Interaktionen zwischen Lehrer und Schüler, Offizier und Soldat könnten nachgeahmt werden. Ein Versuch, die Vorstellung von der Aufhebung privater Bedeutungen experimentell geltend zu machen, wäre schwierig zu erreichen, würde aber den Sinn zeigen, in dem private Bedeutungen unter experimentellen Bedingungen invariant sind. Indem wir fragen, welche Arten von Sozialtypen in welchen simulierten Situationen den Gebrauch privater Bedeutungen geltend zu machen versuchen würden und mit welchen Konsequenzen, erhalten wir ein gedrängtes Bild des Stellenwerts unausgesprochener Bedeutungen und Zuschreibungen, die in Reserve gehalten werden, um stabile soziale Ordnung aufrechtzuerhalten und um Wandel zu bewirken.

Ein anderer Weg zur Erforschung dieser Bedeutungen würde es sein, dem Handelnden die Vorstellung zu nehmen, daß seine Handlungen von anderen Mitgliedern der Gruppe verstanden werden. Jeder Schritt, den er machte, würde daher die ausgeklügeltsten Erklärungen erfordern hinsichtlich Absicht, Motiv, Zweck etc. Ferner würde er nach jeder Darlegung fragen müssen, ob die anderen ihn verstanden haben oder nicht. Garfinkel weist darauf hin, daß, wenn die anderen sich weigern würden, die Erläuterungen der Versuchsperson anzuerkennen, sie aber kontinuierlich um weitere Erklärungen bäten, dann der gleiche Zusammenbruch (Konfusion) gemeinsamen stabilen Handelns auftreten würde.[12] Dies könnte hergestellt werden, wenn die Bemerkungen der anderen auf jede Äußerung zum Beispiel von einer Forderung nach operationellen Definitionen begleitet wären. Die experimentellen Versuche, diese Eigenschaften zu »programmieren«, würden die Basis liefern für die Vorführung sowohl ihrer essentiellen als auch ihrer Common-sense-Merkmale.

12 Garfinkel, »Common Sense Knowledge of Social Structures«, Vortrag auf dem Vierten Weltkongreß für Soziologie, Mailand 1959.

2. Eine andere empirischer Untersuchung zugängliche Eigenschaft ist die der »Regeln«, die angemessene physische Distanz während sozialer Interaktion steuern. Garfinkel schlägt vor, daß man einen »Animierer« (shill) an die experimentelle Versuchsperson herantreten läßt, solcherart, daß die sie trennende physische Distanz im Grunde genommen nicht existiert, während der »Animierer« die ganze Zeit übliche oder »triviale« Fragen stellt und eine »normale« Unterhaltung betreibt. Physische Distanz ist ein Charakteristikum aller sozialen Interaktion. Sie ist eine Eigenschaft jeden interpersonellen Austauschs, obwohl Variationen in ihr eine breite Skala an Konsequenzen zu verschiedenen Zeiten, mit verschiedenen Personen, in wechselnden Statusbeziehungen und in verschiedenen Situationen haben können. Das experimentelle Variieren physischer Distanz würde demonstrieren, wie diese Eigenschaft die Normen oder »Regeln« strukturiert, die als Verpflichtung für Personen im Verlauf von Interaktion wahrgenommen werden. Diese Eigenschaft prägt die Situationsdefinition des Handelnden.

3. Eine andere Eigenschaft, die die Situationsdefinition des Handelnden prägt, kann in Goffmans Vorstellung von der »Rollendistanz« gefunden werden.[13] Rollendistanz bezieht sich auf die Trennung zwischen der Ich-Identifikation des Handelnden und der sozialen Rolle, der er sich im Verlauf von sozialer Interaktion verpflichtet. Wenn wir annehmen, daß diese Eigenschaft eine Variable in allen sozialen Begegnungen ist, dann sollte man erwarten, daß Variationen in der Rollendistanz, die experimentell hervorgebracht sind, die sozialen Austausch steuernden Normen oder »Regeln« ändern. Die abgeleitete Rolle des anderen würde eine Einschätzung der Rollendistanz des anderen durch den Handelnden einschließen und eine Vorstellung davon, wie seine eigene daraus hervorgehende Ich-Rolle dementsprechend geformt sein sollte. Die verbalen und nichtverbalen Signifikationen, die Rollendistanz mitteilen, liefern die Bedeutungsstrukturen für die

13 Erving Goffman, *Social Encounters*, Indianapolis 1961.

Folgerung der Größe und des Typus der von anderen beabsichtigten Rollendistanz.

Eine Unmenge von Eigenschaften, die auf Common-sense-Weisen wahrgenommen und interpretiert werden, werden als selbstverständlich gegeben erachtet, sofern ihre Elemente dem Partizipierenden nicht verzerrt erscheinen, der dann das »Ungewöhnliche« vom »Gewöhnlichen« unterscheidet. Ein bestimmtes Verhalten wird als »angemessen« betrachtet, zum Beispiel für Personen eines gegebenen chronologischen Alters, für Personen, die als männlich oder weiblich gesehen werden möchten, die »Interesse«, »Teilnahme«, »Glück«, »Unglück«, »Kühle« und dergleichen mitteilen möchten. Viele dieser Eigenschaften haben eine undefinierbare Reihe von Elementen, die nur negativ offenbart werden, wenn sie extremen Verzerrungen unterworfen sind, zum Beispiel in der Kleidung, Gestik oder Sprache. Die Feinheiten der alltäglichen Interaktion beleben die Situationsdefinition des Handelnden und die Aktivität in der Rollenannahme, die er vollführt. Es gibt daher »Regeln« und Eigenschaften, die wirksam sind, um das, was der Soziologe gewöhnlich »Normen« nennt, zu strukturieren. Diese »Regeln« und Eigenschaften sind invariant gegenüber dem aktuellen Inhalt und dem Typus der »Normen«, die soziales Handeln in einzelnen Situationen steuern. Die Untersuchung dieser »Regeln« und Eigenschaften liefert eine experimentelle Grundlage für die Messung von Bedeutungsstrukturen, die allen soziologischen Ereignissen zugrunde liegen.

VIII. Sprache und Bedeutung

Die menschliche Kommunikation ist so komplex, daß sie zu einem großen Teil auf automatisches Verhalten, implizite Regeln, oft ohne bewußtes Gewahrwerden und fast ohne Widerstreben, zurückzuführen ist. Eine der faszinierendsten Darstellungen dessen, wie Sprache und Bedeutung Eingang finden in Situationen, die der Soziologe analysieren muß, erscheint in *The First Five Minutes*.[1] Die Analyse der Autoren von linguistischem und paralinguistischem Verhalten, wie es in den ersten fünf Minuten eines psychiatrischen Interviews enthalten ist, dient als ein ausgezeichnetes Modell für die soziologische Analyse von Interviews und ähnlichen Materialien (z. B. dem Dialog in gewöhnlichen Feldsituationen) sowohl für konkrete Ziele als auch für die Untersuchung invarianter Eigenschaften sozialen Verhaltens. In *The First Five Minutes* werden wichtige Fragen aufgeworfen, etwa folgende:

Was sagt jeder Teilnehmer? Warum sagt er es? *Wie* sagt er es? Welchen Effekt hat es auf den anderen Teilnehmer? Wann und wie wird neues Material ins Bild gebracht und von wem? Was wird außerhalb des Bewußten kommuniziert? Wie ändert sich die Orientierung jedes Teilnehmers, während die Sitzung andauert? und warum? und wie erfahren wir es? und weiß es der andere Teilnehmer? und wenn ja, vermöge welcher Evidenz?[2]

Wissen über Spannungsmuster und darüber, wie sie während eines Interviews aufgezeichnet werden, kann uns etwas sagen über ein grundlegendes Merkmal jedes sozialen Prozesses wie auch über die vom Sprecher intendierten kulturellen Bedeutungen bezüglich irgendeines substantiellen Gegenstandes.
Ein kontinuierliches Thema des ganzen Buches ist die explizite und implizite Aussage, daß Messung in der Soziologie auf der Ebene des sozialen Prozesses ohne Lösungen für die Probleme

1 Robert E. Pittenger, Charles F. Hockett und John J. Danehy, *The First Five Minutes*, Ithaca, New York, 1960.
2 *Ibid.*, p. 210.

kultureller Bedeutungen nicht genau sein kann. Das Verständnis des Problems der Bedeutung erfordert eine Theorie sowohl der Sprache als auch der Kultur. In diesem Kapitel werde ich einige der Elemente von Sprache umreißen und skizzieren, inwiefern sie für eine Theorie der Bedeutung oder eine Theorie der Kultur wichtig sind. Die Erörterung ist kurz und selektiv, und sie beabsichtigt, Soziologen in einige der entscheidenden Fragen und in die allgemeine Literatur einzuführen. Eine umfassende und klare Darstellung der von vielen Linguisten heute eingenommenen Position kann man in dem Überblick von Lamb finden:

Das hier vorgestellte System wird stratifikational genannt, weil eines seiner Hauptmerkmale die Anerkennung einer Serie von Schichten oder strukturellen Lagen in der Sprache ist. Eine Sprache bringt durch ihre Natur Laute (oder Grapheme, d. h. Zeichen auf Papier oder dergleichen) in Verbindung zu Bedeutungen, und diese Beziehung ist eine sehr komplexe, die sich als analysierbar erweist vermittels einer Reihe chiffreartiger Systeme, von denen ein jedes zwei angrenzende Schichten verknüpft. Die oberste strukturelle Schicht, die Sememik, hat Einheiten, die sich direkt auf Bedeutung beziehen. Man kann sich diese Sememe als verschlüsselbar in Einheiten der nächstniedrigeren Schicht denken, welche hinwiederum selbst verschlüsselbar sind und so weiter, bis Einheiten hervortreten, die direkt zu Sprache oder Schrift in Bezug stehen (d. h. mit Phonemen oder Graphemen), die schließlich je nachdem gesprochen oder geschrieben werden können. Die Chiffre, die jedes Paar angrenzender Schichten verbindet, ist eine Reihe von *stratifikationalen Regeln,* deren Art unten beschrieben wird.

Der Grund für diese große Komplexität in der linguistischen Struktur ist der, daß sich Laute und Bedeutungen ihrer Natur nach getrennt voneinander bilden; jede der beiden Kategorien hat ihr eigenes System struktureller Beziehungen. Phonemische Systeme müssen der Sprache und den Hörorganen angepaßt sein, während sememische Systeme Gedankenmustern angepaßt sein müssen. Darüber hinaus affiziert der Prozeß der linguistischen Veränderung diese beiden Schichten auf verschiedene Weisen. Eine enge Übereinstimmung zwischen ihnen sollte daher unmöglich sein. Die gleiche Situation gilt für geschriebene Sprachen, weil Schriftsysteme auf gesprochenen Sprachen basieren, so daß sie zu enger Übereinstimmung mit phonemischen, aber nicht mit sememischen Systemen tendieren.[3]

3 Sidney M. Lamb, *Outline of Stratificational Grammar,* Berkeley 1962, p. 3.

Eine grundlegende und weithin vertretene Auffassung der Linguistik ist die, daß versucht werden sollte, »die fundamentalen Eigenschaften erfolgreicher Grammatiken« festzustellen. »Das Endergebnis dieser Erforschungen wäre eine Theorie der linguistischen Struktur, in der die in einzelnen Grammatiken benutzten deskriptiven Modelle vorgestellt und abstrakt untersucht werden ohne spezifische Bezugnahme auf einzelne Sprachen.«[4] Chomsky ist an einem Modell interessiert, das die grammatischen Sequenzen einer Sprache von den ungrammatischen trennt. Einem solchen Modell gemäß würde die Grammatik der betreffenden Sprache nur die grammatischen Sequenzen erzeugen, und die Prüfung der Adäquanz der Grammatik wäre die Akzeptierung der Sätze, die sie erzeugt, durch einen »einheimischen Sprecher«.[5]

Unter einigen Linguisten herrscht die Tendenz, sich von den formalen Merkmalen von Sprache ganz in Anspruch nehmen zu lassen und auf der Basis allein dieser formalen Merkmale Operationen zu ersinnen, die die Eigenschaften eines geschlossenen Systems annehmen. Dies ist verständlich, weil man ohne weiteres zu Messungseigenschaften für geschlossene Systeme gelangen kann und das ärgerliche empirische Problem, *was* für den »einheimischen Sprecher« »akzeptierbar« ist, auf ein Minimum reduziert werden kann. Chomsky folgert:

Trotz des unleugbaren Interesses und der Wichtigkeit semantischer und statistischer Untersuchungen von Sprache scheinen sie keine direkte Relevanz zu haben für das Problem der Determinierung und Charakterisierung der Reihe grammatischer Ausdrucksweisen. Ich glaube, daß wir zu dem Schluß gezwungen sind, daß Grammatik autonom und unabhängig von Bedeutung ist, und daß Wahrscheinlichkeitsmodelle keine besondere Einsicht in einige der grundlegenden Probleme syntaktischer Struktur vermitteln.[6]

Es ist wichtig, hier Chomskys Position festzuhalten, weil er, während er die Vorstellung verwirft, daß Grammatiken vollständig programmiert werden können mit Hilfe einer Ma-

4 Noam Chomsky, *Syntactic Structures*, The Hague: Mouton and Co., 1957, p. 11.
5 *Ibid.*, p. 13.
6 *Ibid.*, p. 17.

schine oder von Wahrscheinlichkeitsmodellen, auch die Abhängigkeit syntaktischer Struktur von Bedeutung zurückweist. »Eine Grammatik sagt uns nicht, wie eine spezifische Äußerung synthetisch aufzubauen ist; sie sagt uns nicht, wie eine einzelne gegebene Äußerung zu analysieren ist . . . Jede solche Grammatik ist einfach eine Beschreibung einer bestimmten Reihe von Ausdrucksweisen, nämlich jener, welche sie erzeugt.«[7] Dennoch erwartet man, daß die durch eine Grammatik erzeugten Sätze für den »einheimischen Sprecher« akzeptierbar sind. Die Grammatik muß also akzeptierbare Sätze erzeugen, aber es mag ungrammatische Sätze geben, die für den einheimischen Sprecher oder einige einheimische Sprecher oder eine ganze Reihe einheimischer Sprecher, die eine Subkultur bilden, und so weiter »verständlich« sind. Die Formulierungen von Chomsky und Lamb suchen, wo immer möglich, die Vorteile eines geschlossenen mathematischen Systems. Wenig Aufmerksamkeit wird dem Problem des Anthropologen und Soziologen gewidmet, Laute und Denkmuster mit kulturellen Bedeutungen und mit der Sprache, wie sie gesprochen und geschrieben wird, zu verbinden.

Viele Linguisten sind allein interessiert an der Übereinstimmung zwischen Lautformen, phonemischen Systemen, linguistischer Struktur, linguistischer Analyse und dem allgemeinen Ziel grammatischer Deskription.[8] Das Primärinteresse liegt in der Beschreibung der Sprache in ihrem eigenen Rahmen, ohne sie etwa auf die Physiologie des Sprechers, die Akustik von Lauten oder die mitbetroffenen neurologischen Elemente zu reduzieren. Es ist das Problem des Soziologen (und deutlicher noch das Problem des Anthropologen, da der letztere immer die Wichtigkeit von Sprache anerkannt hat), irgendwie die Signifikanz kultureller Bedeutungen wie auch der Gestik, Intonation und Betonung dafür, wie Sprache im Verlauf so-

7 *Ibid.*, p. 48. Siehe die glänzende Diskussion von Hilary Putnam, »Some Issues in the Theory of Grammar«, in *Structure of Language and its Mathematical Aspects*, Proceeding of Symposia in Applied Mathematics, XII (1961), 25–42.
8 Siehe Lamb, *op. cit.*, p. 4–8.

zialen Handelns wahrgenommen und interpretiert, gewählt und geäußert wird, zu demonstrieren. So gewährleisten die Existenz grammatisch korrekter Sätze in einer Sprache und ihre Anwendung in der Sozialforschung nicht, daß die interviewten Versuchspersonen die gestellten Fragen auf die gleiche Weise wie der Interviewer wahrnehmen und interpretieren. Die Adäquanz einer Theorie der Sprache gründet in dem Verstehen und dem Sprachgebrauch des »einheimischen Sprechers«; dennoch können, selbst wenn die die »Grammatikalität« beherrschenden »Regeln« klar und folgerichtig sein mögen, einige »einheimische Sprecher« (z. B. Interviewer) von anderen »einheimischen Sprechern« (z. B. Interviewten) nicht verstanden werden. Ein Soziologe mag den Rat eines Linguisten suchen, der ein Urteil fällt über die Grammatikalität seines Fragebogens, aber es bleiben ihm immer noch ungelöste Probleme der Bedeutung, wenn er nicht auch Differenzen im Dialekt, in idiomatischen Ausdrücken, in Betonung, Intonation und Gestik betrachtet. Die von Lamb erwähnten »stratifikationalen Regeln« setzen eine Reihe kultureller Bedeutungen voraus, wenn er *alle* differenten Schichten, die er beschreibt, als innerhalb der Interessensphäre des Linguisten betrachtet. Aber diese, für »akzeptable« linguistische Äußerungen notwendigen, vorausgesetzten Bedeutungen bleiben in der Untersuchung sowohl der Sprache als auch des sozialen Verhaltens problematisch.[9] Das allgemeine Problem wird im folgenden deutlich ausgesprochen:

Der Code für Merkmale, der vom Zuhörer gebraucht wird, schöpft die Information nicht aus, die er von den Lauten der ankommenden Botschaft erhält. Aus ihrer Lautform zieht er Anhaltspunkte, um den Absender zu identifizieren. Indem er den Code des Sprechers mit seinem eigenen Code der Merkmale korreliert, kann der Zuhörer die Herkunft, den Bildungsstand und die soziale Umwelt des Absenders folgern. Natürliche Lauteigenschaften erlauben die Identi-

9 Siehe Ludwig Wittgenstein, *Philosophische Untersuchungen*, in: *Schriften 1*, Frankfurt/Main 1960; J. L. Austin, *Philosophical Papers*, London 1961, insbesondere Kapitel 3, »Other Minds«, und Kapitel 6, »A Plea for Excuses«; und Stanley Cavell, »Must We Mean What We Say?«, *Inquiry*, 1 (Herbst 1958), 172–212.

fikation von Geschlecht, Alter und psycho-physiologischem Typ des Absenders und schließlich das Wiederkennen eines Bekannten.10

Jakobson und Halle bemerken, daß ein Linguist, der eine unbekannte Sprache untersucht, als ein Geheimschriftanalytiker beginnt, bis er schrittweise den Code entziffern kann und mehr und mehr einem einheimischen Entschlüßler gleicht. Der Soziologe kann es sich zum Beispiel beim Interviewen nicht leisten, seine eigene Sprache aus der Perspektive eines einheimischen Sprechers zu behandeln, sondern er muß die Position eines Geheimschriftanalytikers annehmen, der an eine fremde Sprache herantritt.

Die Strategie des Linguisten ist es, »beiläufige« mit »nichtbeiläufiger« Sprache11 (wie etwa Alltagssprache mit Dichtung oder Mathematik) zu verschmelzen und eine formale Disziplin zu etablieren, die sie strukturell vereinigt, bevor semantische Elemente von Sprache erforscht werden. Aber diese Strategie verdunkelt, wie Voegelin anmerkt, das Problem linguistischer Selektion und wie Selektion signifikant anders sein kann in beiläufigen im Gegensatz zu nicht-beiläufigen Äußerungen. Ähnlich kritisiert Chomsky Lounsbury, weil er die Antworten der Information für bare Münze nahm und unterstellte, sie bezeichneten automatisch die »Bedeutung«, das Gesagte sei wörtlich das Gemeinte. Wenn Lounsbury schreibt: »In der linguistischen Analyse definieren wir den Gegensatz unter den Formen operationell im Sinne der Differenz in den Bedeutungsantworten«, moniert Chomsky, daß er Bedeutung zu weit fasse – als jede Antwort auf Sprache – insbesondere, wenn linguisti-

10 Roman Jacobson und Morris Halle, *Fundamentals of Language,* The Hague: Mouton and Co., 1956, p. 11. Siehe auch Basil Bernstein, »Some Sociological Determinants of Perception«, *British J. Sociology,* 9 (1958); »A *Public* Language: Some Sociological Implications of a Linguistic Form«, *British J. Sociology,* 10 (1959); »Language and Social Class«, *British J. Sociology,* 11 (1960); »Linguistic Codes, Hesitation Phenomena and Intelligence«, *Language and Speech,* 5 (Januar-März 1962); und »Social Class, Linguistic Codes and Grammatical Elements«, *Language and Speech,* 5 (Oktober-Dezember 1962).

11 C. F. Voegelin, »Casual and Noncasual Utterances within Unified Structure«, in Thomas A. Sebeok (Hrsg.), *Style in Language,* New York 1960, p. 57–68.

sche Modelle benutzt werden können, die nicht von der Situationsdefinition der Versuchsperson abhängen.[12] Es ist hier eine wichtige Frage, wie die semantische Analyse es sich leisten kann, die Arten (die »Regeln«) als selbstverständlich zu behandeln, nach denen die Versuchspersonen den Ereignissen Bedeutung zuweisen. Der anthropologische Feldforscher nimmt ebenso wie der strukturelle Linguist an, er teile und verstehe die Common-sense-Bedeutungen, die seine Versuchspersonen meinen – selbst jene in analphabetischen Gesellschaften. Viele dieser Annahmen schließen Bedeutungen ein, die solche Stimmungen ausdrücken wie »Ärger«, »Glück« und »Freundlichkeit«, vermittelt durch Stimmintonationen, physische Distanz und allgemeine Verwendung von kulturellen Bedeutungen des Common-sense, hergeleitet aus der Gesellschaft, aus der der Beobachter stammt.

Die folgenden Äußerungen von Chomsky bieten eine bemerkenswerte Strategie für die Messung sozialer Ereignisse:

Allgemeiner gesagt, die Vorstellung vom »Verstehen eines Satzes« scheint partiell in grammatischem Sinn analysiert werden zu müssen. Um einen Satz zu verstehen, ist es notwendig (obwohl natürlich nicht ausreichend), seine Repräsentation auf jeder Ebene zu rekonstruieren, einschließlich der transformationalen Ebene, wo die einem gegebenen Satz zugrundeliegenden Kernsätze in gewisser Hinsicht als die »elementaren Inhaltselemente« gedacht werden können, aus denen dieser Satz konstruiert ist. Mit anderen Worten, *ein* Resultat der formalen Untersuchung grammatikalischer Struktur ist dies, daß ein syntaktischer Rahmen ans Licht gebracht wird, der semantische Analyse unterstützen kann. Beschreibung von Bedeutung kann sich auf diesen zugrundeliegenden syntaktischen Rahmen vorteilhaft beziehen, obwohl systematische semantische Überlegungen offenbar zu ihrer Determinierung in erster Linie nicht hilfreich sind. Die Vorstellung aber, daß »strukturelle Bedeutung« im Gegensatz zu »lexikalischer Bedeutung« stehe, scheint ziemlich suspekt zu sein, und es ist fragwürdig, ob die in der Sprache verfügbaren grammatischen Richtlinien konsistent genug gebraucht werden, so daß ihnen Bedeutung direkt zugeschrieben werden kann. Nichtsdestoweniger finden wir natürlich viele wichtige Korrelationen zwischen syntaktischer Struk-

12 Chomsky, *op. cit.*, p. 97–100. Siehe Floyd G. Lounsbury, »A Semantic Analysis of the Pawnee Kinship Usage«, *Language* 32 (Januar-März 1956), 154–194.

tur und Bedeutung; oder, anders gesagt, wir finden, daß die grammatischen Richtlinien ziemlich systematisch gebraucht werden. Diese Korrelationen könnten einen Teil des Gegenstands einer allgemeineren Theorie von Sprache bilden, die sich mit Syntax und Semantik und ihren Verbindungspunkten befaßt.13

Die von Chomsky empfohlene Strategie hat unter den Linguisten breite Unterstützung erhalten. So kritisiert Saporta »Versuche, *Grammatikalität*, wie der Ausdruck hier verwendet wird, entweder mit *Banalität* auf der einen Seite oder mit *Buchstäblichkeit von Bedeutung* auf der anderen Seite zu identifizieren. Nach dem von Chomsky vorgeschlagenen und hier übernommenen Standpunkt scheinen solche Identifikationen unhaltbar. Zum Beispiel ist ›Not lehrt beten‹, obwohl mindestens ebenso banal, weniger grammatikalisch als das synonyme ›Menschen, die in Not sind, lernen beten‹, dank der verschiedenen Klassen von Substantiven, die durch ›Not‹ und ›Menschen‹ repräsentiert sind. Ähnlich würden semantische Vorstellungen irrelevant scheinen, da sowohl grammatikalische als auch ungrammatikalische Äußerungen gleichermaßen nicht sinnvoll sein können.«14 Indem er hervorhebt, daß Grammatikalität, statistische Vorstellungen und semantische Vorstellungen unterschieden und getrennt gemessen werden müssen, bemerkt Saporta ihre hohe Interkorrelation, aber er ist nicht daran interessiert, wie das, was wir in einem Bereich kennen (Bedeutungen, die von den Mitgliedern der gleichen Kultur geteilt werden), für das Verstehen eines anderen Bereichs entscheidend ist (wie Grammatikalität). Das Beispiel, das er gibt, ist interessant, weil »Not lehrt beten« als eine Kurzfassung von »Menschen, die in Not sind, lernen beten« in beiden Ausdrucksformen eine ziemlich hochentwickelte unausgesprochene Reihe kultureller Bedeutungen voraussetzt. Die Bedeutung einer Äußerung ist nicht vollständig unabhängig von ihrer Grammatikalität, trotz der Versuche, für *Grade* von Gram-

13 Chomsky, *op. cit.*, p. 107–108.
14 Sol Saporta, »The Application of Linguistics to the Study of Poetic Language«, in Sebeok, *Style in Language, op. cit.*, p. 92.

matikalität Regeln zu entwickeln, weil sich der Linguist auf die kulturellen Common-sense-Bedeutungen des einheimischen Sprechers verläßt. Der implizite Gebrauch von Common-sense-Wissen von seiten des Linguisten bei der Konstruktion grammatikalisch »korrekter« Sätze, bei denen er annimmt, ihre Bedeutung werde intuitiv verstanden werden, setzt voraus, daß er und der »einheimische Sprecher« eine große Skala impliziter Common-sense-Bedeutungen miteinander teilen.

Der für Soziologen befremdliche Teil meiner Argumentation liegt in meinem Postulat, daß der Linguist den Anthropologen und Soziologen bezüglich der Struktur und der Dynamik kultureller Bedeutungen um Rat fragen sollte. Unglücklicherweise verläßt sich der Soziologe (und Anthropologe) oft auf das gleiche unausgesprochene Common-sense-Wissen, das er wie jedes andere Mitglied der Gesellschaft erworben hat. Der Kern des Problems sowohl für den Linguisten als auch für den Soziologen liegt in der Unterscheidung zwischen Denkmustern und Bedeutungen, wie sie in einer gegebenen Kultur gelernt werden, und den Einheiten gesprochener und geschriebener Sprachen, die (um Lambs Formulierung zu folgen) stratifiziert werden können. Das durch die Hypothese von Sapir-Whorf aufgeworfene erkenntnistheoretische Problem kann weder vom Soziologen (oder Anthropologen) noch vom Linguisten (wie es manchmal der Fall ist) unbeantwortet gelassen werden, ohne Rücksicht auf die innere Konsistenz, die in der Struktur von Sprache und sozialen Institutionen, wie zum Beispiel Verwandtschaft, zu finden ist. Die Erfahrung des Handelnden von Ereignissen und Objekten in seiner Umwelt, seine Denkmuster und die Bedeutungen, mit denen sie verbunden sind, werden kommuniziert über beiläufige und nicht-beiläufige Sprache und über gesprochene Einheiten und geschriebene. Die schwache Übereinstimmung zwischen diesen beiden parallelen Systemen, beiläufig und nicht-beiläufig, macht ihre Wechselbeziehungen um so wichtiger, weil wir beim Übergang von der einen zur anderen Form von Rede und in der Kommunikation im allgemeinen gleichsam immer ein Bein in der Common-sense-Welt des Alltagslebens haben.[15] Die Bedingungen oder »Regeln«, die uns befähigen, vom Beiläufigen zum Nicht-Beiläufigen hinüberzuwechseln, setzen voraus, daß wir die Struktur beider kennen, und insbesondere die Details darüber, wie sie verbunden werden.

Sprache und das Studium der Bedeutung

Der Gebrauch der Sprache als Instrument der Sozialforschung muß zwischen institutionalen und innovationalen Elementen unterscheiden.[16] »Das institutionale Element nennt de Saussure *la langue* und das innovationale Element *la parole; qua definitione* erschöpfen beide zusammen *le langage.*«[17] Die Unterscheidung verweist auf die Wichtigkeit, etwas über die Zeichen zu wissen, die eine Person von anderen Mitgliedern der gleichen Sprachgemeinschaft empfängt und die zu ihrer Kompetenz als eines Hörers alltäglicher Konservation beitragen. *Langue*, als ein System, kann nach ihren strukturellen Merkmalen und ihren Möglichkeiten für Rede untersucht werden. Sie ist ein Repositorium, gesteuert von Regeln, die hochgradig formalisiert sein können. »Einheimische Sprecher (ausgenommen Gelehrte) kennen die Geschichte ihrer eigenen Sprache nicht, was bedeutet, daß die Geschichte für das System, wie sie es kennen, irrelevant ist . . .«[18] Nun ist *langue* die Basis für *parole*, aber *parole* ist auch, wegen ihres aktuellen Gebrauchs im Alltagsleben, die Basis für Veränderung in einer Sprache. So repräsentiert *la langue* sowohl den offiziellen

15 Siehe Alfred Schütz, »Symbol, Reality, and Society«, in Lyman Bryson, Louis Finkelstein, Hudson Hoagland und R. M. MacIver (Hrsg.), *Symbols and Society,* New York 1955, insbesondere p. 147–189. Die Ansichten von Schütz über Bedeutung werden im folgenden Kapitel dargestellt.
16 Diese Unterscheidung verdankt sich Ferdinand de Saussure, *Cours de Linguistique Generale,* 4. Ausgabe, Paris 1949.
17 Rulon S. Wells, »De Saussure's System of Linguistics«, in Martin Joos (Hrsg.), *Roadings in Linguistics,* Washington, D. C., 1957, p. 9.
18 *Ibid.,* p. 9.

(wenn es geschriebene Dokumente gibt) als auch den traditionalen Wissensstand, der den Mitgliedern der Gesellschaft, durch welche Kommunikation geschieht, zur Verfügung steht. *La parole* ist der innovationale Gebrauch von Sprache, wodurch Tag für Tag neue Situationsdefinitionen geschaffen werden. Der Forschungssoziologe kann dieser Unterscheidung bei der Formulierung eines Forschungsvorhabens, beim Fragenstellen und beim Analysieren von Antworten nicht ausweichen.

Die Tatsache, daß Äußerungen Worte mit intonationalen Konturen und eine gewisse Anordnung unter den Worten implizieren, bedeutet, daß die Situationsdefinition und die Akte der Rollenübernahme einer Gruppe von Handelnden in verbaler Kommunikation grob begrifflich gefaßt und empirischem Vortest unterworfen werden können. Verschiedene Sprechakte können syntaktisch in »situationale Äußerungen« und »Antwortäußerungen« geordnet werden.[19] Antwortäußerungen basieren gewöhnlich auf einer Antwort auf andere Äußerungen. »Im Gegensatz zu Antwortäußerungen ist eine situationale Äußerung eine solche, die im allgemeinen zur Initiierung einer Rede, einer Konversation verwandt wird: ›Wie geht es Ihnen?‹ ›Ich möchte Ihnen etwas sagen.‹ ›Haben Sie Bücher?‹«[20] Ziff fährt fort, einige der »Bedingungen« zu beschreiben, durch die »Antwort-« und »situationale« Äußerungen Situationen im sozialen Handeln strukturieren. Hier ist nicht der Ort für den Versuch einer detaillierten Analyse aller Einrichtungen und Begriffe, die Linguisten und Semantiker den Soziologen anzubieten haben. Ich möchte hier bloß mögliche Strategien, denen die Messung in der Soziologie folgen könnte, und die Relevanz linguistischer Untersuchungen zur Förderung der Entwicklung solcher Messung andeuten. Die Instrumente und Begriffe des Linguisten und Semantikers legen mögliche operationelle Verfahren nahe für die Bestimmung kultureller Bedeutungen und die Struktur sozialen Handelns.[21]

19 Paul Ziff., *Semantic Analysis*, Ithaca, New York, 1960, p. 79–80.
20 *Ibid.*, p. 80.
21 Spezifische Beispiele sollte der Leser nachschlagen in N. Chomsky, M. Halle und Fred Lukoff, »On Accent and Juncture in English«, in

Eine andere verwandte Ansicht findet man in Wittgensteins Äußerungen über Bedeutung: daß die Bedeutung eines Wortes durch seinen Gebrauch zu verstehen ist, wo Bedeutung Gebrauch ist.[22] Ziffs Analyse gibt in dieser Diskussion den Ausschlag; sie stimmt mit den früher zitierten Äußerungen von Chomsky überein. Ziff betont die Bedeutung sowohl syntaktischer Strukturen als auch situationaler Bedingungen, die Bedeutung verändern. Das Einbegreifen des syntaktischen Schwerpunkts ist ein wichtiges Argument gegen die Ansicht, daß Bedeutung eine situationale Fiktion sei, weil der Gebrauch sich kontinuierlich ändere.

Bedeutung und Messung

Obwohl die Methoden struktureller Linguisten die Messungsstrategien für das allgemeine Problem der Bedeutung erleichtern, gab es einige spezifische Versuche, Bedeutung direkt zu messen, die eine Erläuterung verdienen. Der folgende Versuch von Lounsbury ist relevant:

(1) Semantische Merkmale können auf mehr als eine Weise in einer Sprache erkannt werden. Einige können offen erkannt werden, mit getrennten phonemischen Identitäten, während andere verborgen erkannt werden können, verschmolzen mit anderen semantischen Merkmalen in verschiedenen gemeinsam und simultan geteilten phonemischen Identitäten.
(2) Für ein einziges semantisches Merkmal gibt es manchmal eine Mischung der zwei Arten linguistischen Erkennens: manche Merkmale tauchen sozusagen an einigen Punkten auf, um in der segmentären Struktur einer Sprache getrennte Identität zu finden, sind aber an anderen Punkten untergetaucht und identifizierbar nur als mögliche Kontraste zwischen verschiedenen schon unreduzierbaren Segmenten.

M. Halle *et al.* (Hrsg.), *For Roman Jacobson*, The Hague 1956, p. 65–80. Auch N. Chomsky, *Syntactic Structures, op. cit.*, Kapitel 7, »Some Transformations in English«; Roger Brown and Albert Gilman, »The Pronouns of Power and Solidarity«, in Sebeok, *Style in Language, op. cit.*, p. 253–276.
22 L. Wittgenstein, *Philosophische Untersuchungen, op. cit.*

(3) Es gibt zwei mögliche Arten, diese »untergetauchten« Kategorien in linguistischer Beschreibung zu behandeln: (a) es kann ihnen ein morphemischer Status gegeben werden, vielleicht indem man die Segmentation, so weit sie getrieben werden kann, erzwingt und dann zu Schachtelworten greift, wo die Segmentation unmöglich ist; oder (b) es kann ihnen ein spezieller submorphemischer Status als »Komponente« gegeben werden.

(4) Die Beschreibung der Komponentenstruktur kontrastierender Formen ist ein bedeutsamer Teil linguistischer Analyse, unabhängig davon, ob die Kontraste irgendwelche Korrelate in der segmentären Struktur von Formen haben.[23]

Lounsburys Interesse gilt »eher einer Semantik des Bezugs als linguistischen Verteilungen; die Komponenten sollen eher semantische Merkmale sein als distributionale Merkmale.«[24] Lounsbury zeigt, wie wichtig es ist, Wissen über die Ethnographie einer Gruppe, in seinem Fall den Gebrauch von Verwandtschaftstermini und ihren Ort in den breiteren Sozialstrukturen, auf ein Verstehen der Bedeutung von Verwandtschaftsklassifikationen der Gesellschaft zu beziehen und dadurch Hypothesen über Sozialverhalten zu formulieren, das durch Beobachtung dokumentiert werden kann. Die Analyse von Verwandtschaftstermini bedient sich des Wissens aus täglicher Routine. Die offene Struktur von Ausdrücken kann Verhaltensakten entsprechen, während abstrakte »Regeln« und unausgesprochene Bedeutungen vielleicht den Sprachgebrauch der Termini angeben.

Der Gedanke, auf kulturelle Formen (im Gegensatz zu linguistischen Formen) eine Komponenten-Analyse anzuwenden, ist die Basis für das Interesse von Ward Goodenough, »eine empirische Wissenschaft der Bedeutung zu entwickeln«[25]:

Der zu behandelnde Aspekt der Bedeutung ist Signifikation als unterschieden von Konnotation. Was mit diesen Begriffen gemeint ist, wird im Verlauf der Diskussion klar werden. Es genügt an diesem

23 Floyd G. Lounsbury, »A Semantic Analysis of the Pawnee Kinship Usage«, op. cit., 161–162.
24 Ibid., p. 162.
25 Ward Goodenough, »Componential Analysis and the Study of Meaning«, Language, 32 (Januar-März 1956), 195–216.

Punkt zu sagen, daß das Significatum einer linguistischen Form zusammengesetzt ist aus jenen abstrahierten kontextuellen Elementen, mit denen es in vollkommener Verbindung ist und ohne die es nicht eigentlich vorkommen kann. Seine Connotata sind die kontextuellen Elemente, mit denen es häufig, aber weniger als vollständig verbunden ist. Significata sind Vorbedingungen, während Connotata Wahrscheinlichkeiten und Möglichkeiten sind. Nur die ersteren haben denfinitive Werte.26

Goodenoughs Interesse ist direkt relevant für die Probleme, die für Soziologen wichtig sind, welche sich mit sozialem Handeln, wie es von Weber definiert wurde, befassen. Die folgende Beschreibung zeigt, wie kulturelle Bedeutungen in Common-sense-Situationen untersucht werden können, zumindest durch erste Annäherung an das, was Brauch ist und Geltung hat.

Nun wollen wir annehmen, daß die zu untersuchende Sprache eine geschriebene ist und daß die von denjenigen, die sie lesen können, benutzte Notation partiell, aber nicht vollkommen phonemisch ist. Es gibt einige Phoneme, die mit mehr als einem Symbol geschrieben werden, und andere, die mit nur einem Symbol geschrieben werden, z. B. die identischen Phoneme des englischen *see* und *sea*, und die unterschiedlichen Phoneme des englischen *read* in den Ausdrücken *will read* und *have read*. Wir wollen weiterhin annehmen, daß es die Aufgabe des Linguisten ist, nicht nur zu bestimmen, welches die Phoneme der Sprache sind, sondern auch zu zeigen wie sie in Beziehung stehen zu den konventionell zu ihrer Schreibung benutzten Symbolen. Zu diesem Vorhaben würde er einen lesekundigen Sprecher heranziehen müssen, der ihm einen im konventionellen Alphabet geschriebenen Text vorliest. Er würde diesen Text so, wie er gelesen wurde, in einer phonetischen Notation aufzeichnen und die Phoneme in der vorgeschriebenen Art ableiten müssen. Er würde dann eine phonemische Transkription des Textes aufsetzen, diese mit dem Text, wie er konventionell geschrieben ist, vergleichen und beide mit dem Text, wie er phonetisch aufgezeichnet ist, vergleichen müssen, um eine präzise Aussage darüber zu machen, welches die phonologischen Elemente in der Sprache sind, für die die konventionellen Symbole stehen.

Die gerade beschriebene Situation ist derjenigen analog, mit der der semantische Analytiker konfrontiert ist. Während er danach trachtet, die begrifflichen Einheiten zu finden, aus denen die Bedeutungen

26 *Ibid.*, p. 195.

linguistischer Äußerungen aufgebaut sind, sind ihm die konventionellen Sprachsymbole, die mehr oder weniger für diese Einheiten (oder ihre Kombinationen) stehen, schon gegeben. Er muß einen Informanten gewinnen, der weiß, wie diese Symbole zu benutzen sind. Das Verfahren ist, anzumerken, welche Sprachsymbole der Informant in welchem Kontext gebraucht, und zur gleichen Zeit diesen Kontext vermittels einer Notation zu beschreiben, die so viele Unterscheidungen als gemeinhin möglich macht. Eine solche Notation ist der phonetischen Notation des Linguisten analog.27

Goodenoughs Arbeit verlängert die auf die Untersuchung syntaktischer Strukturen angewandten Methoden auf die Untersuchung von Bedeutung, wobei er potentiell meßbare Grundlagen liefert für Theorien sozialer Organisation, die eine Kongruenz annehmen zwischen Rollenbeziehungen und den alltäglichen Kategorien, die durch die Begriffe Verwandtschaft, Freundschaft, Religion etc. bezeichnet sind. Die vorausgesetzte Mathematik ist auf einer Basis von Axiomen der Mengenlehre begründet. Es gibt wahrscheinlich eine enge Entsprechung, insbesondere in Gesellschaften kleinen Ausmaßes, zwischen sozialer Organisation als normativ beschriebener – das heißt ihren institutionalisierten Merkmalen – und den geschlossenen Merkmalen von Axiomen der Mengenlehre. Diese »formalisierten« Merkmale sozialer Organisation entsprechen dann dem, was de Saussure *la langue* nennt. Wie Goodenough im einleitenden Teil seiner Schrift sagt, ist er jedoch nicht an *la parole* interessiert, wenn auch die Gewinnung von Information durch Informanten Elemente sowohl von *la langue* als auch von *la parole* einschließen mag. Goodenough schreibt den konnotativen Merkmalen von Bedeutung eine geringere Rolle in seiner Arbeit zu. Der Anthropologe beschreibt Verwandtschaftssysteme traditionell in ihren formalen Aspekten, nicht in ihrem praktizierten und geltenden Charakter. Dies heißt nicht, eine Beschreibung des letzteren in der Ethnographie im ganzen leugnen, aber die Methode, Information von einem Schlüsselinformanten zu erlangen, steht selbst oft der Erfahrung dessen, was praktiziert wird und

27 *Ibid.*, p. 196.

Geltung hat, weit mehr noch der innovationalen Merkmale sozialer Organisation und Sprache im Wege. Goodenough verweist natürlich darauf, daß es andere Dimensionen von Bedeutung gibt, die er in seiner Schrift nicht berührt. Es geht hier nicht darum, ihn für das zu kritisieren, was er unterließ, sondern zu argumentieren, daß diese anderen Dimensionen, insbesondere jene sozialer Interaktion, wie Erscheinung, Gestik (die er erwähnt) und Statusbeziehungen als ausgedrückt in Interaktion (was er auch erwähnt), nicht der Messung durch die gleichen mathematischen Voraussetzungen zugänglich sind, wie man gegenwärtig glaubt. Ferner, daß linguistische und semantische methodologische Modelle zur Messung von Bedeutung den problematischen Charakter von *la parole* reflektieren müssen. Goodenoughs Arbeit ist anregend als ein Wegweiser für die Entdeckung der »natürlichen Logik« von Common-sense-Bedeutungen, wenn auch die Messungsverfahren nicht anwendbar sind.

Vor Schluß dieses Abschnitts ist es wichtig, eine andere Methode zur Messung von Bedeutung zu erwähnen, die die Beziehung zwischen sozialer Organisation und *la langue* voraussetzt und als selbstverständlich behandelt. Ferner werden die innovationalen oder situationalen Determinanten sozialer Organisation und Sprache durch diese Methode ausgeschieden. Betrachten wir das folgende Zitat:

Die Bedeutung der »Bedeutung«, für die wir einen Index einrichten wollen, ist eine psychologische – dieser Prozeß oder Zustand in dem Verhalten eines Zeichen-benutzenden Organismus, der als eine notwendige Folge der Rezeption von Zeichenstimuli und notwendiges Antezedens für die Produktion von Zeichenantworten angenommen wird. Innerhalb des allgemeinen Rahmens der Lerntheorie haben wir diesen kognitiven Zustand *Bedeutung* mit einem repräsentationalen Vermittlungsprozeß identifiziert und haben den objektiven Stimulus und die Antwortbedingungen zu spezifizieren versucht, unter denen sich solch ein Prozeß entwickelt.[28]

28 C. E. Osgood, G. J. Suci und P. H. Tannenbaum, *The Measurement of Meaning*, Urbana 1957, p. 9.

Die tatsächliche Messungsvorrichtung, das »semantische Differential«, ist ähnlich den Techniken der Einstellungsskalierung und wird wie folgt beschrieben:

Das semantische Differential ist im wesentlichen eine Kombination von kontrollierter Assoziation und Skalierungsverfahren. Wir geben der Versuchsperson einen zu differenzierenden Begriff und eine Reihe bipolarer adjektivischer Skalen, anhand derer die Differenzierung vorzunehmen ist, wobei es die einzige Aufgabe der Versuchsperson ist, für jedes Einzelelement (Verbindung eines Begriffs mit einer Skala) die Richtung ihrer Assoziation und deren Intensität auf einer Sieben-Stufen-Skala anzugeben. Die Schwierigkeit der Methode liegt natürlich in der Auswahl des Samples deskriptiver polarer Termini.[29]

Osgoods Vermittlungsprozeß ist ein hypothetisches Konstrukt. Wie Roger Brown bemerkte, »könnte er rein kortikal sein, ohne die Verhaltensimplikationen zu entkräften. Die Theorie ist nicht nach der Evidenz impliziter Teilantworten zu beurteilen, sondern nach dem Erfolg, mit dem sie – zusammen mit dem übrigen Teil von Osgoods Lerntheorie – offenes Verhalten vorhersagt. Ich habe gefunden, daß diesem Erfolg derzeitig nichts, was sich einer abschließenden Auswertung annähert, zugestanden werden kann . . . Schließlich werden Verhaltensbedeutungen Seite an Seite mit imaginalen Bedeutungen im Inneren des Organismus gefunden – weder enthüllt im Handeln noch der Introspektion zugänglich.«[30]

Soziologische Theorie und Bedeutung

Die Diskussion von Methode und Messung betonte die Bedeutung invarianter Bedingungen, die die Struktur von Common-sense-Akten konstituieren. Wittgensteins Erörterung der Ähnlichkeit der Sprache mit einem Spiel zeigt, daß die Erlernung einer Reihe abstrakter Regeln einen befähigt, zweckmäßig zu handeln trotz der Kontingenzen, die das Spiel

29 *Ibid.*, p. 20.
30 Roger Brown, *Words and Things*, New York 1958, p. 102.

umgeben.[31] Die »Regeln«, die das Alltagsleben steuern, werden in einem großen Teil von Wittgensteins Schriften behandelt, und seine Erörterung dieser Regeln unterstreicht Schütz' nachdrückliche Forderung, daß die Untersuchung von Kategorien, die der Mann auf der Straße verwendet, die erste Aufgabe der Soziologen sein sollte. Zum Beispiel: »Wenn man das Beispiel im § 1 betrachtet, so ahnt man vielleicht, inwiefern der allgemeine Begriff der Bedeutung der Worte das Funktionieren der Sprache mit einem Dunst umgibt, der das klare Sehen unmöglich macht. – Es zerstreut den Nebel, wenn wir die Erscheinungen der Sprache an primitiven Arten ihrer Verwendung studieren, in denen man den Zweck und das Funktionieren der Wörter klar übersehen kann.«[32] Mit einer Erörterung von »Sprachspielen« liefert Wittgenstein weitere theoretische Unterstützung für die Vorstellung von Commonsense-»Regeln« und -Akten. Besonders relevant ist, was er über »Grenzen« sagt:

Wie ist denn der Begriff des Spiels abgeschlossen? Was ist noch ein Spiel und was ist keines mehr? Kannst du die Grenzen angeben? Nein. Du kannst welche *ziehen:* denn es sind noch keine gezogen. (Aber das hat dich noch nie gestört, wenn du das Wort »Spiel« angewendet hast.)
»Aber dann ist ja die Anwendung des Wortes nicht geregelt; das ›Spiel‹, welches wir mit ihm spielen, ist nicht geregelt.« –
Es ist nicht überall von Regeln begrenzt; aber es gibt ja auch keine Regel dafür z. B., wie hoch man im Tennis den Ball werfen darf, oder wie stark, aber Tennis ist doch ein Spiel und es hat auch Regeln. . . . Wie gesagt, wir können – für einen besonderen Zweck – eine Grenze ziehen. Machen wir dadurch den Begriff erst brauchbar? Durchaus nicht! Es sei denn, für diesen besonderen Zweck.[33]

Wittgenstein sagt ferner, daß der Begriff »Spiel« verschwommene Ränder hat und daß unscharfe Bilder oder Vorstellungen oft dasjenige sind, was gebraucht wird. Das von Schütz vorgebrachte Argument, daß Rede im Alltagsleben durch ihren als selbstverständlich angenommenen und oft zweideutigen

31 Wittgenstein, *Philosophische Untersuchungen, op. cit.*, p. 304–350.
32 *Ibid.*, p. 4. 291.
33 *Ibid.*, p. 325–326.

Charakter interpunktiert ist, wird hier relevant. Die Notwendigkeit, das Wort »Regeln« in Anführungsstriche zu setzen, wenn man es benutzt, um Common-sense-Aktivitäten zu beschreiben, wird von Wittgenstein trefflich dargelegt:

. . . daß wir nämlich in der Philosophie den Gebrauch der Wörter oft mit Spielen, Kalkülen nach festen Regeln, *vergleichen,* aber nicht sagen können, wer die Sprache gebraucht, *müsse* ein solches Spiel spielen. – Sagt man nun aber, daß unser sprachlicher Ausdruck sich solchen Kalkülen *nur nähert,* so steht man damit unmittelbar am Rande eines Mißverständnisses. Denn so kann es scheinen, als redeten wir in der Logik von einer *idealen* Sprache. Als wäre unsre Logik eine Logik, gleichsam, für den luftleeren Raum. – Während die Logik doch nicht von der Sprache – bzw. vom Denken – handelt in dem Sinne, wie eine Naturwissenschaft von einer Naturerscheinung, und man höchstens sagen kann, wir *konstruierten* ideale Sprachen. Aber hier wäre das Wort »ideal« irreführend, denn das klingt, als wären diese Sprachen besser, vollkommener, als unsere Umgangssprache; und als brauchte es den Logiker, damit er den Menschen endlich zeigt, wie ein richtiger Satz ausschaut . . .

Und gibt es nicht auch den Fall, wo wir spielen und – ›make up the rules as we go along‹? Ja auch den, in welchem wir sie abändern – as we go along.

Ich sagte von der Anwendung eines Wortes: sie sei nicht überall von Regeln begrenzt. Aber wie schaut denn ein Spiel aus, das überall von Regeln begrenzt ist? dessen Regeln keinen Zweifel eindringen lassen; ihm alle Löcher verstopfen. – Können wir uns nicht eine Regel denken, die die Anwendung der Regel regelt? Und einen Zweifel, den *jene* Regel behebt – und so fort?

Aber das sagt nicht, daß wir zweifeln, weil wir uns einen Zweifel *denken* können. Ich kann mir sehr wohl denken, daß jemand vor dem Öffnen seiner Haustür zweifelt, ob sich hinter ihr nicht ein Abgrund aufgetan hat, und daß er sich darüber vergewissert, eh' er durch die Tür tritt (und es kann sich einmal erweisen, daß er recht hatte) – aber deswegen zweifle ich im gleichen Falle doch nicht.

Eine Regel steht da, wie ein Wegweiser. – Läßt er keinen Zweifel offen über den Weg, den ich zu gehen habe? Zeigt er, in welche Richtung ich gehen soll, wenn ich an ihm vorbei bin; ob der Straße nach, oder dem Feldweg, oder querfeldein? Aber wo steht, in welchem Sinne ich ihm zu folgen habe; ob in der Richtung der Hand, oder (z. B.) in der entgegengesetzten? – Und wenn statt eines Wegweisers eine geschlossene Kette von Wegweisern stünden, oder Kreidestriche auf dem Boden liefen, – gibt es für sie nur *eine* Deutung? – Also kann ich sagen, der Wegweiser läßt doch keinen

Zweifel offen. Oder vielmehr: er läßt manchmal einen Zweifel offen, manchmal nicht. Und dies ist nun kein philosophischer Satz mehr, sondern ein Erfahrungssatz.34

Wittgensteins Äußerungen über Philosophie – daß sie zum Beispiel sucht, unseren Gebrauch von Worten oder den »Stand der Mathematik, der uns beunruhigt« zu klären – sind für die Soziologie wichtig, insofern sie zu sagen scheinen, daß Sprache nicht in vollkommener Übereinstimmung ist, weder mit der formalen Logik noch mit den Bedeutungen des alltäglichen Lebens. Sprache und »Spiel« haben Regeln, aber diese Regeln sind keine wörtlichen Regeln in dem Sinne, daß sie eine Reihe von Möglichkeiten erschöpfen oder eine Reihe von möglichen Ergebnissen determinieren. Wie er konstatiert, verwickeln wir uns in unsere eigenen Regeln. Aber dies bedeutet, daß wir »Regeln« haben, nicht Regeln, weil wir wissen wollen, wie diese Verwicklung und die Bedingungen, die solche Aktivitäten umgeben, sowohl Quellen von Daten als auch Barrieren gegen präzise Messung sind. Die problematischen Merkmale alltäglichen Lebens können nicht erklärt werden durch formale Logik oder durch irgendein System, das mit seinen Axiomen isomorph ist. Die Sprache, die wir zur Beschreibung der Realitäten des Lebens übernehmen, läuft immer Gefahr, sich mit dem, was wir meinen, zu verheddern. Die Logik alltäglicher Aktivitäten, in die das zu untersuchende Sozialobjekt eingebettet ist, muß in Beziehung gesetzt werden zu der Logik der Theorie des Beobachters, so daß die beiden Systeme sowohl unterschieden als auch und dennoch aufeinander bezogen sind. Wittgenstein sagt uns, daß die Transformationen, die ein System zu einem anderen in Beziehung setzen und die Sprache, die jedes System separat genommen und beide Systeme zusammengenommen beschreibt, niemals vollkommen sein werden. Es kann eine allgemeine Kongruenz, aber keine vollkommene Übereinstimmung geben.

Beim Fortschreiten auf konkreteren Grund bemerken wir unter den verschiedenen Merkmalen von »Regeln«, die die

34 *Ibid.*, p. 332–333.

Sprache steuern, eins, das bei der Untersuchung von Idiombildung deutlich wird, welche die Unvollkommenheit syntaktischer Struktur und Bedeutung zeigt und empirisch entscheidend ist für jedes Verstehen sozialen Handelns. »Ein Idiom
ist eine grammatikalische Form – ein einziges Morphem oder
mehrere zusammengesetzte –, deren Bedeutung nicht von ihrer
Struktur deduzierbar ist.«[35] Wie Hockett bemerkt, werden
Idiome kontinuierlich in alle Sprachen gebracht, unter verschiedenen Bedingungen für ihr Überleben. Die Tatsache, daß
Idiome nicht deduzierbar sind von ihrer Struktur, bedeutet
eine offenkundige Einschränkung der Vollständigkeit, mit der
eine Sprache beschrieben werden kann, mögen auch bestimmte
Muster in den einzelnen Sprachen bevorzugt werden.[36] Für
unser augenblickliches Interesse ist das Folgende entscheidend:

Es ist eine bemerkenswerte Tatsache, daß ein Sprecher etwas sagen
kann, was er niemals zuvor gesagt oder gehört hat, und zu Hörern,
für die die Äußerung gleichermaßen neu ist und von denen sie dennoch vollkommen verstanden wird, ohne daß irgend jemand sich
der Neuheit bewußt wäre. Tatsächlich ist dies ein alltägliches Vor-
kommnis. Die Art, in der es sich ereignet, ist im Grunde einfach:
die neue Äußerung ist eine für diesen Fall geprägte Form, aufgebaut
aus vertrautem Material nach vertrauten Mustern . . .
Jedoch konstituiert das bloße erstmalige Vorkommen einer solchen
Gelegenheitsform nicht an sich schon die Erzeugung eines neuen
Idioms. Ein zusätzlicher Bestandteil ist erforderlich: etwas mehr
oder weniger Ungewöhnliches entweder an der Struktur der neu-
produzierten Gelegenheitsform oder an den begleitenden Umständen
oder an beidem, was die Form erinnerlich macht. Indem wir unser
Lebensgeschäft betreiben, begegnen wir dauernd Umständen, die
nicht *ganz genau* so sind wie irgend etwas in unserer vorherigen
Erfahrung. Wenn wir auf solche partiell neuen Umstande sprachlich
reagieren, können wir eine Redewendung oder eine Äußerung hervorbringen, die nur deswegen verständlich ist, weil jene, die sie
hören, auch mit den neuen Umständen konfrontiert sind. Alternativ
kann ein Individuum auf konventionelle Umstände mit einem Stück
Sprache reagieren, das irgendwie unkonventionell ist – wobei es

35 Charles F. Hockett, »Idiom Formation«, in M. Halle *et al.* (Hrsg.),
For Roman Jacobson, op. cit., p. 222.
36 *Ibid.,* p. 222. Siehe auch Hockett, *A course in Modern Linguistics,*
New York 1958, Kapitel 17–19.

wiederum dank dem Kontext verstanden wird. Bei jeder solchen Neuartigkeit, entweder im Ausdruck oder in den Umständen oder in beidem, führt das Ereignis besondere Bedeutung in die linguistische Form ein, die gebraucht wird, und die letztere wird idiomatisch ...

Der Gesamtkontext, der linguistische und der nicht-linguistische, in dem eine Gelegenheitsform den Status eines Idioms übernimmt, ist solcherart der *bestimmende Kontext* für das Idiom.37

Idiombildung und »Benennung« sind für keinen Feldforscher neu, aber die Tatsache, daß ihr Verstehen eine Kenntnis sowohl linguistischer als auch nicht-linguistischer Merkmale erfordert, die ihm zur Erklärung und Vorhersage sozialer Ereignisse helfen können, darf nicht übersehen werden. Ihrer Bedeutung und linguistischer Form kann man sich durch schon erwähnte Techniken annähern oder direkt versichern. Sie sind grundlegend für jedes Verständnis der Interpretation, die der Handelnde einer Objektwelt gibt.

Die Tatsache, daß Bedeutungen verwandt werden, die in den manifesten Daten nicht repräsentiert sind, zum Beispiel in Interviewprotokollen, bedeutet nicht, daß wir hypothetische Konstrukte postulieren müssen, um ihre Rolle in sozialem Handeln zu erklären. Erforderlich ist eine explizite Konzeptualisierung dessen, wie diese Bedeutungen gefolgert sind und von Handelnden in sozialen Szenen gehandhabt werden.

Bei der Konstruktion eines Modells des Handelnden nehmen wir an, daß es unvollkommene Entsprechungen gibt zwischen den (institutionalen) *la langue*- und den (innovationalen) *la parole*-Merkmalen der Sprache; zwischen normativer, idealisierter oder formaler sozialer Organisation und der sozialen Organisation, die praktiziert und aufgezwungen wird; zwischen Sprachstruktur und Bedeutung; zwischen dem wahrgenommenen Objekt, der ihm angehefteten Bedeutung, den Akten, durch die Objektbeständigkeit erzielt wird, und der physikalischen Beschreibung des Objekts; zwischen den Regeln des Spiels und »Regeln« des alltäglichen Lebens; und schließlich zwischen der sozialen Szene, wie sie von ihren Mitgliedern zu irgendeinem Zeitpunkt wahrgenommen und inter-

37 Hockett, »Idiom Formation«, *loc. cit.*, p. 223.

pretiert wird als eine Welt, die für selbstverständlich und bekannt gehalten wird, und der Welt, die im Verlauf von Interaktion wegen potentieller und aktueller Kontingenzen problematisch werden kann.

Zu seiner Methodologie muß der Sozialforscher die für eine Analyse der »Ethnographie des Sprechens« notwendige Theorie und Methodik hinzufügen, wenn Feldforschung und experimentelle Techniken alltägliches Leben widerspiegeln sollen.[38] Neuere Arbeiten haben gezeigt, daß die Analyse von Sprache, Gestik und physischer Erscheinung ein wichtiges Forschungsinstrument sein kann, zur Untersuchung von sozialer Solidarität, sozialer Distanz, Rollendistanz, Autoritätsbeziehungen und allgemeiner sozialer Organisation.[39]

---

38 Siehe Dell H. Hymes, »The Ethnography of Speaking«, in *Anthropology and Human Behavior*, Veröffentlichung der Anthropologischen Gesellschaft von Washington, D. C., 1962.

39 Zusätzlich zu dem bisher angeführten Material siehe auch: C. H. Ferguson und J. J. Gumperz (Hrsg.), *Linguistic Diversity in South Asia*, Bloomington, Indiana, 1960; J. J. Gumperz, »Speech Variation and the Study of Indian Civilization«, *American Anthropologist*, 63 (Oktober 1961), 976–988; Gregory P. Stone, »Appearance and the Self«, in A. M. Rose (Hrsg.), *Human Behavior and Social Processes*, Boston 1962, p. 86–118.

IX. Theoretische Voraussetzungen

Die Beschäftigung mit den theoretischen Voraussetzungen von
Methode und Messung in allen früheren Kapiteln dieses Buches
hat beim Leser wahrscheinlich die Frage hervorgerufen, was
denn nun genau meine Konzeption von soziologischer Theorie
sei. Im vorliegenden Kapitel erörtere ich einige theoretische Fragen, ohne den Versuch zu machen, ihnen eine kritische Grundlage zu geben. Während ich es für wesentlich halte, die Tragweite theoretischer Annahmen für die Messung soziologischer
Ereignisse zu erörtern, soll hier kein Versuch unternommen
werden, die Grundlagen soziologischer Theorie darzulegen. Ich
setze allgemeine Vertrautheit voraus mit den zwei theoretischen
Haupttraditionen – der klassischen Sicht, die Comte, Spencer,
Marx, Weber und Durkheim einbegreift, und der sozialpsychologischen Sicht in der Tradition von Baldwin, Freud, Cooley,
Mead und Thomas –, die weiterhin soziologische Forschung und
Theorienbildung hervorbringen. Ich nehme ferner an – wie in
Dennis Wrongs ausgezeichneter Schrift nahegelegt[1] –, daß alle
Anschauungen über Methode und Messung eine bestimmte Art
von Handelndem voraussetzen; dementsprechend werde ich
einige Details darlegen über die Art von Handelndem, den meine
Auffassung voraussetzt. Mein primärer Untersuchungsgegenstand ist Methode und Messung auf der Ebene des sozialen Prozesses oder dessen, was Max Weber »soziales Handeln« nannte;
daher muß nach meinem Dafürhalten das Hauptgewicht dieses
Kapitels auf der Struktur sozialen Handelns liegen und insbesondere auf den »Regeln«, die soziales Verhalten steuern.

Das Problem

Das Problem der Ordnung, wie es von Hobbes gestellt wurde
– oder für den Soziologen das Problem der sozialen Ordnung

1 Dennis Wrong, »The Oversocialized Conception of Man in Modern
Sociology«, *American Sociological Review*, 26 (April 1961) 183–193.

– bleibt ein gemeinsames Anliegen sowohl für klassische Theoretiker der Gesellschaft als auch für jene, die den sozialpsychologischen Standpunkt einnehmen. Während der klassische Soziologe Gesellschaft als eine einheitliche Organisation (die durch Institutionen, z. B. Religion und Verwandtschaft, aufgegliedert sein kann) und Gesellschaften als zueinander in Beziehung stehend, nach Maßgabe ihrer Entwicklungs»stufen«, begreift, beschäftigen sich jene, die den sozialpsychologischen Standpunkt einnehmen, auch mit dem Problem der Ordnung in Relation zu der Initiation, Aufrechterhaltung, Änderung und Destruktion persönlicher sozialer Beziehungen. Die Soziologen tendierten dahin, entweder die eine oder die andere Ebene der Analyse in den Mittelpunkt zu stellen, sowohl aus begrifflichen als auch aus empirischen Gründen. Obwohl beides notwendige Ebenen der Analyse sind, wurde wenig getan, um ihre Verbindung aufzuzeigen. Eine Möglichkeit, dies zu tun, besteht darin, die Messungsprobleme zu beschreiben, die entstehen, wenn theoretische und Forschungsprobleme nach beiden Ebenen der Analyse verlangen.

Hobbes, der die menschliche Situation als eine sah, in der jeder des anderen Feind ist, wo das Leben »einsam, armselig, widerlich, viehisch und kurz«[2] ist, konnte sich das Verhältnis des Menschen zum Menschen in der Gesellschaft durch die Entwicklung des Gesellschaftsvertrages und den Glauben an ihn vorstellen. Der Gesellschaftsvertrag ist ein wichtiger Ausgangspunkt für die Betrachtung sowohl der klassischen als auch der sozialpsychologischen Ansichten von sozialer Ordnung, weil er die formalen Bedingungen repräsentiert, denen gefolgt werden muß, wenn Kriegszustände vermieden und Ordnung und Sicherheit aufrechterhalten werden sollen. Indem Hobbes die Arten sozialen Handelns spezifiziert, die unter einem Kriegszustand bestehen – bei »Außerkraftsetzung« des Gesellschaftsvertrags und der staatlichen Autorität –, setzt er implizit irgendeine Form sozialen Handelns

2 Thomas Hobbes, *Leviathan* (herausgegeben und eingeleitet von Michael Oakeshott), Oxford 1960, p. 82–93.

voraus, die sowohl im Kriegszustand als auch im Zustand des Gesellschaftsvertrags bestehen muß. Aber die Form sozialen Handelns, die unter dem Gesellschaftsvertrag bestehen muß, die für seine effektive Aufrechterhaltung notwendigen normativen Elemente, hängen von der Erfüllung sowohl expliziter als auch unausgesprochener Bedingungen ab. Die expliziten Bedingungen werden häufig durch die Gesetze einer Gesellschaft erklärt. Zum Verständnis der unausgesprochenen Bedingungen bedarf es einer Lösung für das Problem der Bedeutung, weil diese impliziten Bedingungen die Wahrnehmung und Interpretation der Verhaltensregeln durch den Menschen voraussetzen, die jeder mit seinen Mitmenschen teilt, die aber verschieden befolgt und erzwungen werden. Die unterschiedliche Interpretation und Perzeption von Verhaltensregeln (ihr praktizierter und erzwungener Charakter) erfordern eine explizite Theorie sozialen Handelns; dabei soll soziales Handeln, wie Max Weber definiert, »ein menschliches Verhalten ... heißen, wenn und insofern als der oder die Handelnden mit ihm einen subjektiven *Sinn* verbinden. ›Soziales‹ Handeln aber soll ein solches Handeln heißen, welches seinem von dem oder den Handelnden gemeinten Sinn nach auf das Verhalten anderer bezogen wird und daran in seinem Ablauf orientiert ist.«[3] Wenn Weber auch seine Definition sozialen Handelns nicht ausarbeitete, baut sein Werk doch auf diesem Begriff auf. Die klassischen Theoretiker opponierten gegen die Reduktion sozialen Lebens auf psychologische Gesetze oder Erklärungen menschlichen Verhaltens. Obwohl sein Frühwerk manches über das Problem der Entfremdung enthält, bekämpfte Marx entschieden die Reduktion legaler, politischer und sozialer Strukturen auf psychologische Vorstellungen über die menschliche Natur.[4] Marx argumentiert, daß Gesellschaft nicht erklärt werden kann durch Bezugnahme auf einmalige persönliche Motive des Menschen, seine Hoffnungen, Ängste

3 Max Weber, *Wirtschaft und Gesellschaft*, Köln und Berlin 1964, S. 3.
4 Siehe K. R. Popper, *The Open Society and Its Enemies*, Bd. II, London 1957, p. 88–89; Sidney Hook, *Towards the Understanding of Karl Marx*, New York 1933, p. 90–101, 147–186.

und Bedürfnisse, sondern daß diese Faktoren das Produkt des Lebens in Gesellschaft sind. Für Marx sind es die sozialen, ökonomischen und politischen Bedingungen des Lebens, die die persönlichen Charakteristika des Menschen in Gruppenaktivität determinieren. Die charakteristischen Eigenschaften und das Verhalten des Menschen können studiert und erklärt werden, indem man das Gruppenleben untersucht. Die Probleme der Gesellschaft können nicht auf jene der »menschlichen Natur« reduziert werden. In seinen Schriften über die Verinnerlichung sozialer Normen betont auch Freud die Bedeutung von Normen für das Verstehen allgemeinen sozialen Verhaltens und insbesondere sozialer Kontrolle. Die Entwicklung in Freuds Denken von der Betonung biologischer zu der psychologischer, sozialer und kultureller Bedingungen unterstreicht das Problem der Bedeutung in der Untersuchung sozialen Handelns.[5]

Durkheim betonte die Vorstellung, daß Gesellschaft und soziales Leben nicht durch die psychologische Konstitution des Individuums zu erklären sind; vielmehr hat die Soziologie ihre eigene Abstraktionsebene, die nicht auf die der Individualpsychologie reduziert werden kann, sondern im Rahmen des auf ihrer eigenen Ebene Beobachtbaren untersucht werden muß. So implizieren die Regelmäßigkeiten, die in der »sozialen Selbstmordrate« zu finden sind, die Existenz kollektiver Tendenzen, die dem Individuum »äußerlich« sind und nicht individualpsychologisch erklärt werden können. Das Verhalten eines jeden Individuums, seine privaten und öffentlichen Empfindungen, seine Hoffnungen und Ängste sind beeinflußt durch Formen kollektiven Lebens, die das Individuum transzendieren und die untersucht und verstanden werden können ohne Bezugnahme auf das besondere Bewußtsein konkreter Personen. Alle Formen kollektiven Lebens (z. B. Religion, Recht, Moral, politische Institutionen, Sitten, Lehrpraktiken) haben ihre Realität unabhängig vom individuellen Bewußt-

5 Siehe Sigmund Freud, *Das Ich und das Es*, Gesammelte Werke, Bd. 13, London 1952; *Das Unbehagen in der Kulter*, GW Bd. 14, London 1948.

sein der Personen, die die Gebote ausführen, durch welche die Gruppe vorschreibt und verbietet, und können dementsprechend unabhängig untersucht werden. Wie Durkheim bemerkt, erzielt jedoch nicht jedes soziale Bewußtsein (im Gegensatz zum individuellen Bewußtsein) Veräußerlichung und Materialisierung. Vieles – der größere Teil – bleibt diffus und »freischwebend«. Er warnt uns davor, das Zeichen für die bezeichnete Sache zu halten. In einer Fußnote trifft er die folgende wichtige Feststellung:

Nach dieser Erklärung erwarten wir nicht, daß uns weiter vorgeworfen wird, wir wollten in der Soziologie das Äußere an die Stelle des Inneren setzen. Wir gehen vom Äußeren aus, weil es allein unmittelbar gegeben ist, aber nur, um das Innere zu erreichen. Zweifellos ist das Verfahren kompliziert; aber es gibt kein anderes, wenn man nicht Gefahr laufen will, seine Forschung auf seine eigenen persönlichen Empfindungen gegenüber der Ordnung der zur Untersuchung stehenden Fakten zu richten, statt auf diese Faktenordnung selbst.[6]

Wenn auch ein großer Teil des kollektiven Lebens nicht fixiert oder klar formuliert ist, etwa in der Form geschriebener Regeln oder Gesetze, muß also die Untersuchung der involvierten Vorschriften diese als äußerlich für »jedes durchschnittliche Individuum, einzeln genommen« betrachten. Obwohl wir von den Individuen über das »innere« Wirken sozialen Bewußtseins Information erhalten können, und obwohl wir an den sozialen Zwängen interessiert sind, die dieses »innere« Wirken kontrollieren und ihm Bedeutung verleihen, ist doch die Art, auf die wir unter dem Druck der Kollektivität agieren, für den Soziologen von primärem Interesse.

Jener Teil kollektiven Lebens, der nicht fixiert oder klar formuliert ist in geschriebenen Regeln oder Gesetzen, wird von Durkheim in bezug auf organische und vertragliche Solidarität erörtert. Er bemerkt, daß vertragliche Beziehungen sich vervielfältigen, wenn soziale Arbeit geteilt wird.[7] Er

6 Emile Durkheim, *Suicide* (Übers.), New York 1951, p. 315.
7 Emile Durkheim, *The Division of Labor in Society*, zitiert nach der Übersetzung von George Simpson, New York 1947, p. 206.

kritisiert Spencer, weil er nicht gesehen habe, daß sich zur gleichen Zeit nicht-vertragliche Beziehungen entwickeln. Durkheim zeigt auf, daß wir eine gefährdete Solidarität haben würden, wenn sozio-legale Beziehungen nur auf den vereinbarten Vertragsbedingungen beruhen würden. Genauer:

Sie zwingt uns, Verpflichtungen zu übernehmen, die wir im exakten Sinn des Wortes nicht eingegangen sind, da wir im vorhinein nicht über sie beratschlagt haben. Natürlich ist der anfängliche Akt immer vertraglich, aber es gibt Konsequenzen, manchmal unmittelbare, die über die Grenzen des Vertrags hinausgehen. Wir kooperieren, weil wir es wollen, aber unsere freiwillige Kooperation schafft Pflichten für uns, die wir nicht gewünscht hatten.8

Zusätzlich zu den unausgesprochenen Bedingungen vertraglicher Beziehungen gibt es Gebräuche – Regeln, die durch keinen Kodex sanktioniert sind, uns aber nichtsdestoweniger verpflichten –, die traditionelle Erfahrung widerspiegeln und von vertraglichen Beziehungen unabhängig sein können.9 In seiner begrifflichen und empirischen Arbeit über Selbstmord erwähnt Durkheim durchweg den Einfluß von Familienstand, Religion, Alter, Land, Rasse, saisonbedingter Variation etc., während er geschickte Aufgliederungen benutzt, um zu zeigen, wie die Daten, über die er verfügt, zu erklärenden Begriffen führen wie »kollektive Ideen und Praktiken«, »selbstmörderische Tendenz«, »Witwenstand«, »Junggesellenstand«, »kollektive Gefühle«, »Integration der religiösen Gesellschaft«, »Integration der Hausgemeinschaft«, »Integration der politischen Gesellschaft« und dergleichen. Parsons bemerkt, daß Durkheim in seiner empirischen Arbeit anfänglich zwei Gruppen von sozialen Fakten benutzte: Gesetzbücher und Statistiken über Selbstmord; aber diese sozialen Fakten wurden dann verwiesen an das, was Parsons eine »Residualkategorie« nennt, und Durkheims Begriffsschema verschob sich zu dem eines kognitiven Rahmens, der »das Wissen des Han-

8 *Ibid.*, p. 214.
9 Eine detailliertere Erörterung der Bedeutung von unausgesprochenen Bedingungen in Gesellschaftsverträgen gibt Talcott Parsons, *The Structure of Social Action*, New York 1949, Kapitel VIII.

delnden über die Situation seines Handelns«[10] betont. Parsons konstatiert, daß Durkheim Abstraktionsebenen verwechselte, indem er nicht unterschied zwischen »Gesellschaft«, den »Individuen« und den hervorgehenden Eigenschaften, die gebildet werden, wenn die Elemente als ein Ganzes integriert werden. Aber Parsons stellt klar, daß Durkheim auch meint, daß »Gesellschaft im Prinzip nicht existieren kann, außer als ein synthetisches Produkt der Assoziation von Individuen«.[11]

Mein Interesse an Durkheims Veränderungen in den begrifflichen und methodologischen Positionen, wie von Parsons beschrieben, ist entscheidend wegen seiner Betonung sozialen Handelns für die Untersuchung des Problems sozialer Ordnung. Parsons bemerkt, daß sich die Bedeutung von »Zwang« für Durkheim ändert und daß diese Veränderung einen Wandel in seiner begrifflichen und methodologischen Perspektive anzeigt. Das Problem der sozialen Kontrolle wird identifiziert mit Zwang als der moralischen Autorität eines Systems von Regeln. Die soziale Struktur wird ein gemeinsames System normativer Regeln, die auch abhängig sind von gemeinsamen moralischen Regeln oder Werten. Die Äußerlichkeit von Zwang in einem kognitiven Sinne wandelt sich zu der Vorstellung von Normen, die dem Handelnden »innerlich« sind. Nach Durkheim »identifiziert« sich der Handelnde dann mit diesen Normen – im gleichen Sinn, so bemerkt Parsons, wie in Freuds Vorstellung der »Introjektion« von Normen bei der Bildung eines Über-Ichs.[12]

Parsons Arbeit ist wichtig, weil sie eine Konvergenz in der Untersuchung sozialen Handelns bei Durkheim und Weber nachweist, zum Beispiel die Beziehung zwischen Legitimität in Vereinbarungen und den nicht-vertraglichen Elementen von Verträgen. Eine andere wichtige Verbindung, sagt Parsons, kann in Durkheims und Webers Interpretation von Zwang als moralischer Autorität gefunden werden.[13] Es war Parsons

10 *Ibid.*, p. 366.
11 *Ibid.*, p. 367–368.
12 *Ibid.*, p. 385–389.
13 *Ibid.*, p. 660–662.

Hauptanliegen, das Hervortreten einer Theorie sozialen Handelns in den Arbeiten von Marshall, Pareto, Durkheim und Weber zu untersuchen und eine allgemeine Handlungstheorie zu entwickeln. Webers Werk wird entscheidend berücksichtigt, weil Parsons fand, daß er der Formulierung einer expliziten Handlungstheorie am nächsten kam, wenn auch mit einigen Einschränkungen.

So tendierte sein explizites systematisches Theoretisieren dazu, in eine Richtung abzuschweifen, die von der des gegenwärtigen Hauptinteresses verschieden ist, dem einer systematischen Klassifizierung struktureller Idealtypen von Sozialbeziehungen. Trotz dieser methodologischen Begrenzungen aber ist es möglich gewesen, durch Analyse ein definitives Schema der Struktur eines verallgemeinerten Handlungssystems hervorzubringen, welches an den wichtigsten Punkten von Webers Arbeit auftaucht, und obwohl er seine logische Natur nicht klar erkannte, war dieses Schema für die spezifischen, sowohl empirischen als auch theoretischen Resultate von Weber absolut wesentlich.[14]

Webers »Theoretisieren . . . in eine Richtung, verschieden« von der, die das Interesse an einer verallgemeinerten Handlungstheorie einschlägt, ist wichtig für ein Verständnis des Problems der Messung in der Soziologie und für eine Klärung der nachfolgenden Theorie der Struktur sozialen Handelns. Gerade die Beziehung von sozialen Idealtypen zu sozialem Handeln ist wichtig für das Messen sozialen Prozesses und sozialer Struktur. Parsons ging es natürlich nicht um die methodologischen Probleme der Messung von sozialem Handeln, und daher würde man bei ihm kein Interesse an dem Verhältnis zwischen den Sozialkategorien von Beobachter und Handelndem, Messungskategorien und sozialem Handeln erwarten.

Zum Schluß dieses Abschnitts möchte ich betonen, daß es mir darum geht, die Messung sozialen Handelns mit Folgerungen über Sozialstruktur zu verbinden. Die Untersuchung von Sozialstruktur durch das Sammeln sozialer Fakten wie zum Beispiel Geburten, Sterbefälle, Alter, Familienstand und Schei-

14 *Ibid.*, p. 716.

dung wirft kein ernsthaftes Messungsproblem auf. So können Demographen, die daran interessiert sind, die Abnahme oder das Anwachsen von Bevölkerungen zu demonstrieren, dies ohne ernsthafte Messungsprobleme tun. Wenn Soziologen ein Interesse daran gewinnen, die Trends in der Fruchtbarkeit innerhalb von und zwischen Kulturen in Rechnung zu stellen und zu interpretieren, kann die Prüfung der sozialen Fakten per se brauchbare Daten liefern zur Klärung und Weisung des Wegs zu den Arten sozialen Handelns, die einer bestimmten Art von Gesellschaft inhärent sind, zum Beispiel die Untersuchung unterschiedlicher Fruchtbarkeit in Familien in dem von Durkheim »Hausgemeinschaft« genannten Gesellschaftstyp. Die Messungsprobleme bei der Untersuchung sozialer Fakten in Relation zu sozialem Handeln sind jedoch schwierig und bei unserem gegenwärtigen Wissensstand oft unlösbar. Die Soziologen, die der empirischen Untersuchung sozialen Handelns umfassende Anstrengungen gewidmet haben, werden gewöhnlich von den der klassischen Tradition folgenden Theoretikern als »Sozialpsychologen« bezeichnet. Die Untersuchung und Messung sozialen Handelns involviert Begriffe wie Einstellungen, Rollenannahme und Normen. Soziologen, die den klassischen Theoretikern folgen, würden, obwohl sie manchmal »soziologische Sozialpsychologie« als einen integralen Teil von Soziologie akzeptieren, im ganzen genommen die Untersuchung sozialen Prozesses in Begriffen von Einstellungen, Rollenannahme und Normen als eine Reduktion der Soziologie auf die Psychologie betrachten.[15] Der Soziologe,

15 Der Soziologe Paul Lazarsfeld hat den Hauptteil seiner Lebensarbeit der Untersuchung von Einstellungen im Verhalten und insbesondere den in ihrer Messung involvierten methodologischen Problemen gewidmet. In einer unveröffentlichten Schrift (»Some Historical Notes on the Study of Action«, 1957) sagt er, das nicht ins Amerikanische übersetzte Werk von Weber zeige, daß er die Untersuchung von Kollektiven auf die Handlungen von Einzelnen reduziert und die Untersuchung konkreten sozialen Handelns tatsächlich als die Aufgabe des Psychologen betrachtet. Durch eine sorgfältige Analyse der nicht übersetzten empirischen Materialien von Weber dokumentiert Lazarsfeld, daß Weber sein Interesse an »empirischer Psychologie« von seiner soziologischen Arbeit zu trennen suchte. Es ist die entscheidende Frage, ob der Begriff des sozialen Handelns sowohl begrifflich als

der seine Arbeit auf die klassischen Theorien gründet, würde wahrscheinlich die Untersuchung sozialen Handelns in dem Ausmaß als akzeptierbar betrachten, in dem der Nachdruck auf normativen und nicht-normativen[16] Faktoren läge, insbesondere darauf, wie nicht-normative Bedingungen als Zwänge wirken auf die mit der Gruppe geteilten Motive des Handelnden, wie sie seinen vorhandenen Wissensstand beeinflussen und Eingang finden in seine Rollenannahme in täglichen Lebenssituationen und in seinen Lebensplänen. Obwohl die Formen des Eigentums und die Kontrolle von Produktionsmitteln als nicht-normative Faktoren *per se* gesehen werden können, nehmen sie normative Signifikanz an, insofern das Verhalten des Handelnden sie in Rechnung stellt als Bedingungen, sich mit seiner Umwelt (glücklich oder unglücklich) zu einigen, und insofern ihr Hervortreten, ihre Transformationen und ihre Stabilität einen Teil des gesamten soziokulturellen Komplexes bilden. Der soziale Zwang und Konflikt zwischen der nicht-normativen Ordnung und den dominanten Werten und Normen der sozialen Ordnung sind auf allen

auch empirisch den *notwendigen* Gebrauch psychologischer Begriffe wie Einstellungen erfordert (die den Trieben, Bedürfnissen, Gewohnheiten usw. gleichgestellt werden).

16 Eine nützliche Diskussion der Differenz und Bedeutung der normativen und der nicht-normativen Faktoren in der Untersuchung sozialer Ordnung findet man bei David Lockwood, »Some Remarks on ›The Social System‹«, *British Journal of Sociology*, 7 (Juni 1956), p. 136. Lockwood benutzt den Terminus »Substrat«, um auf die nicht-normativen Bedingungen zu verweisen, die soziales Handeln beeinflussen können. Er gibt das Beispiel der Marxschen Theorie der sozialen Klassenteilung als gegründet auf der »Unterscheidung von wetteifernden ökonomischen Interessengruppen in der Gesellschaft auf der Basis von Produktionsverhältnissen« (p. 138); dabei verweisen die nicht-normativen Bedingungen auf die »faktische Organisation von Produktion und die Mächte, Interessen, Konflikte und die daraus folgenden Gruppierungen« (p. 137–138). Mit Lockwoods Behauptung (daß »jede soziale Situation aus einer normativen Ordnung besteht, mit der Parsons sich hauptsächlich beschäftigt, und auch aus einer faktischen Ordnung, oder einem Substrat. Beide sind für die Einzelnen ›gegeben‹; beide sind Teil der äußeren und nötigenden sozialen Welt« [p. 139]) über Parsons würden wahrscheinlich die meisten Soziologen übereinstimmen, obwohl keineswegs feststeht, daß Parsons die nicht-normativen Bedingungen sozialen Handelns, insbesondere wie sie Teil der Handlungswelt des Handelnden werden, ausschließt.

Ebenen der Analyse empirisch relevant. Mich interessieren das Messungsproblem sozialen Handelns, weil es die Bedingungen sowohl der faktischen als auch der sozialen Ordnung einschließt, und die Forschungsmethoden, die Soziologen gemeinhin bei der Untersuchung sozialen Handelns angewandt haben.

Der verbleibende Teil des Kapitels wird kurz die Elemente sozialen Handelns umreißen, die die vorher diskutierten Methoden zu beschreiben und zu messen suchen. Webers Definition sozialen Handelns wird dahingehend gedeutet, daß kulturelle Bedeutungen (wie gruppengemeinsame Eigenschaften) im Verlauf unmittelbarer persönlicher Interaktion und sekundärer Kommunikationen soziale Verbindungen und zwischenmenschlichen Austausch orientieren, lenken und modifizieren. Es wird angenommen, daß solche Begriffe wie Rollenannahme untersucht und erklärt werden können ohne Bezug auf irgendein zugrunde liegendes hypothetisches Kontinuum individueller (als psychologisch definierter) Einstellungen. Ein Verstehen der Struktur sozialen Handelns beginnt und endet zunächst mit der Konzeptualisierung und Beobachtung einer kulturell definierten Handlungszene. Die Untersuchung sozialen Handelns ist demnach nicht reduzierbar auf die psychologischen Motivationen oder Einstellungen der Individuen, die irgendeine Gruppe oder ein Kollektiv ausmachen, sondern soziales Handeln muß durch die Normen, Werte oder Ideologien erklärt werden, die die Mitglieder einer Gruppe verpflichten und die jeden einzelnen Handelnden, als psychologische Entität genommen, übersteigen. Die Untersuchung von Gesellschaft auf der Ebene sozialen Handelns und die Untersuchung komparativer Sozialstrukturen als Kollektive, nehmen gleichermaßen faktische und normative Bedingungen zum Ausgangspunkt. Die beiden Ebenen der Analyse sind, obwohl oft nicht explizit, verbunden: zum Beispiel in der soziologischen Untersuchung vom Bevölkerungswachstum und -rückgang in Relation zum sozialen Handeln, das zu steigender Fruchtbarkeit führt auf der Basis solcher normativ regulierten

Faktoren wie Illegitimität, religiöse Anschauungen über die gewünschte Anzahl von Männern in einer Familie, Unkenntnis empfängnisverhütender Methoden und so weiter. Andere Beispiele könnten die vergleichende Untersuchung der Industrialisierung einschließen und die Art, wie kulturelle Erwartungen und Ideologien die Inbetriebnahme von Rationalität in industriellen Organisationen auf der Ebene der Entscheidungsbildung beeinflussen. Ein anderes Beispiel kann in Bendix' Diskussion des Marxschen Glaubens an die Vernunft gefunden werden. Bendix zeigt auf, daß Marx nicht »erklärte, warum einige bourgeoise Ideologen dahin gelangt sind, historische Bewegungen in Übereinstimmung mit den Prinzipien des wissenschaftlichen Sozialismus zu begreifen, obwohl dies ihren bourgeoisen Klasseninteressen widerstreitet«.[17] Auf der Ebene sozialen Handelns wird die Untersuchung des Klassenkonflikts zur Untersuchung unterschiedlicher Perzeption der Umwelt und zur Erforschung der Bedingungen, unter denen Ideologien oder Glaubenssysteme auftauchen, Stabilität gewinnen, verändert werden oder untergehen.

Einige Elemente sozialen Handelns

Ich wende mich nun der Erörterung einiger der Elemente sozialen Handelns zu, die in meinen früheren Bemerkungen über Methode und Messung vorausgesetzt sind. Hiernach werde ich mich, wenn nicht spezifisch angemerkt, mit soziologischer Theorie sowie mit soziologischer Methode und Messung in einem generischen Sinn befassen, aber im Augenblick meine ich ihre Anwendung, wie sie sich auf die Untersuchung sozialen Handelns beziehen. Ich werde daher fortwährende Bezugnahmen auf Theorie, Methode und Messung »auf der Ebene sozialen Handelns« vermeiden, aber annehmen, daß der Leser merken wird, daß dies jedesmal impliziert ist.

17 Reinhard Bendix, *Social Science and the Distrust of Reason,* Berkeley und Los Angeles: University of California Publications in Sociology and Social Institutions, Bd. I, Nr. 1, 1951, p. 18.

Ein grundlegendes Ziel der Soziologie ist die Suche nach und die Messung von invarianten Eigenschaften sozialen Handelns innerhalb des Kontextes einer sich ändernden sozialen Ordnung. Einer der ersten, der die Wichtigkeit unmittelbar persönlicher Kontakte insbesondere in intimen Sozialbeziehungen zwischen Personen in »Primärgruppen« betonte, war Charles Horton Cooley.[18] Indem er den Akzent auf die soziale Natur des Ich legte, unterstrich Cooley auch die Kontingenzen, die in unmittelbar persönlicher sozialer Interaktion auftauchen. Der Tradition von Cooleys Arbeit folgend, widmete George Herbert Mead der Art und Weise beträchtliche Aufmerksamkeit, wie das Individuum während des Verlaufs von Kommunikation die Perspektive des anderen antizipieren kann. Er erwähnte explizit, daß Kommunikation die Vermittlung von *Bedeutung* involviert.[19] Meads umfassende Erörterung der Rollenannahme bezeugt die Notwendigkeit, die in der Übernahme der Rolle des anderen inhärente wechselseitige Modifikation sozialen Handelns in die Untersuchung einzuschließen. Der Begriff der Rollenannahme setzt die Vorstellung von Bedeutung oder »subjektiver« Bedeutung, wie sie von Weber und Mead benutzt wird, voraus. In der gegenwärtigen soziologischen Forschung herrscht eine Tendenz, die Wichtigkeit und die Eigenschaften der Bedeutung in der Rollenübernahme eher für gegeben zu halten, als ihre Konzeptualisierung über die Arbeit von Weber und Mead hinauszutreiben. Dies gilt ebensosehr für Parsons wie für Weber und Mead. Es gilt auch für Cooleys Vorstellung von dem »Spiegel-Ich« und für die »Situationsdefinition« von Thomas. Alle diese Vorstellungen setzen voraus, daß Bedeutungen, ihre Hervorbringung, Weitergabe und ihr Verstehen gemäß irgendeiner Reihe von Standards, Dinge sind, die als selbstverständlich angenommen werden können. So entsteht für Mead Bedeutung aus den Folgen sozialer Interaktion, in welcher der Handelnde sich

18 C. H. Cooley, *Human Nature and Social Order and Social Organization*, New York 1956.
19 G. H. Mead, *The Philosophy of the Present*, Chicago 1932, p. 83–84.

befindet und Teil der Handlungszene ist in der Form physischer und verbaler (und nichtverbaler) Antworten und Gesten.[20] Obwohl es klar ist, daß Bedeutungen im Verlauf von Interaktion fortwährend kommuniziert werden, sind ihre Eigenschaften keine Gegenstände soziologischer Forschung gewesen. Klar ist aber auch, daß Mead eine von Verhaltensregeln (»den Regeln des Spiels«) gelenkte Ordnung der Ereignisse voraussetzt, die die Vorstellung der »verallgemeinerten Einstellung« der Gruppe ausmachen.[21] Die »Regeln des Spiels« werden immer in der einen oder anderen Form beschworen, um den Grund anzugeben für die Arten, in denen Handelnde ihr wechselseitiges Verhalten abschätzen und Rollenübernahme erreicht wird. Während die Soziologen sich wahrscheinlich alle einig darüber sein würden, daß sich der Handelnde nach Verhaltensregeln orientiert, bezeichnen sie nur selten die Struktur solcher »Regeln« oder die Art, wie sie den Handelnden über die Natur seiner Umwelt informieren. Anders gefragt: wie verfährt der Handelnde, wenn er seiner Umwelt auf sozial akzeptierbare Arten Sinn gibt? Jedesmal, wenn wir auf die Übernahme der Rolle des anderen, auf die »Situationsdefinition« des Handelnden, auf den »verallgemeinerten anderen«, das »reflexive Ich« usw. verweisen, setzen wir eine Lösung für das Problem der Bedeutung voraus.[22]

20 G. H. Mead, *Mind, Self and Society*, Chicago 1934, p. 78 (vgl. die deutsche Ausgabe, *Geist, Identität und Gesellschaft*, Frankfurt/Main 1968, S. 115 ff.).
21 G. H. Mead, *The Philosophy of the Act*, loc. cit., p. 192.
22 Einen viel zitierten Versuch, Meads Arbeit zu erweitern, findet man bei Ralph H. Turner, »Role-Taking, Role Standpoint, and Reference-Group Behavior«, *American Journal of Sociology*, LXI (Januar 1956), 316–328. Turners Formulierung sucht den Rollenübernahmeprozeß aufzugliedern, damit er für operationelle Verfahren dienlicher wird; aber der subjektiven Bedeutung wird kein variabler Status zugewiesen. Turner zieht es vor, die Art und Weise unerklärt zu lassen, auf der der Handelnde dazu kommt, seiner Umwelt Signifikanz zuzuweisen, und beschäftigt sich lieber mit der Art, auf die die gefolgerte Rolle des anderen die Bedingungen für die Einsetzung der Eigenrolle bietet. Solcherart setzt er die gegebene Existenz einer Objektwelt voraus, eine soziale Ordnung, die schon äußerst strukturiert ist und auf der er für bestimmte begriffliche und operationelle Zwecke »aufbaut«. Aber dies ist eine soziale Ordnung mit unausgesprochenen

Talcott Parsons, der ausführlich über die Konzeptualisierung sozialen Handelns geschrieben hat, verweist in seinen früheren Arbeiten auf folgende Elemente sozialen Handelns: Handelnder, Normen, Endzwecke und Mittel. Später arbeitet er diese Elemente aus: er beschreibt den Handelnden als ein Handlungssystem *per se* (das Persönlichkeitssystem genannt), das Sozialsystem als ein Netz wechselwirkender Beziehungen unter den Handelnden, die Modellvariablen als invariante strukturelle Merkmale der Erfahrung des Handelnden, und kulturelle Muster (der Begriff der Kultur änderte sich später zu dem des Handlungssystems).[23] Parsons verweist explizit auf die Rolle der Erwartungen in der Interaktion von Ich und Anderer, die von Ich und Anderem wahrgenommene »Stabilität von Bedeutung« und die Rolle der Kultur bei der Schaffung eines gemeinsamen symbolischen Systems oder von »Orientierungsweisen«.[24]

Obwohl Parsons' Benutzung von Begriffen wie »Erwartungen«, »Stabilität der Bedeutung« und »Orientierungsweisen« die Behandlung des Problems subjektiver Bedeutung intendiert, subsumieren diese Begriffe eine Vielzahl interpretativer Regeln für die Zuweisung von Bedeutungen an Ereignisse und Objekte. Was fehlt, ist ein Modell des Handelnden, das uns erlaubt, zwischen den möglichen interpretativen Regeln zu unterscheiden, die von Handelndem und Forscher benutzt werden, um den Sinn oder die Bedeutung der wechselseitigen Gesten und Verbalisierungen (oder ihr Nichtvorhandensein) zu bestimmen. Der Forscher kann nicht annehmen, daß er und der Handelnde sich der gleichen Gemeinschaft subjektiver Be-

Eigenschaften. Wie der Handelnde dazu kommt, die Rolle des anderen zu folgern, ist entscheidend dafür, wie diese Rolle des anderen die Einsetzung der Eigenrolle erleichtert.

23 Talcott Parsons und Edwards A. Shils (Hrsg.), *Toward a General Theory of Action*, Cambridge 1951. Talcott Parsons, *The Social System*, New York 1951. Die Vorstellung von Kultur als einem Handlungssystem wird diskutiert in Parsons' »Introduction, Culture and the Social System«, in T. Parsons, E. Shils, K. D. Naegele und J. R. Pitts (Hrsg.), *Theories of Society*, Bd. II, New York 1961.
24 Siehe *Toward a General Theory of Action*, op. cit., p. 15–16.

deutungsstrukturen erfreuen für die Zuweisung kultureller Signifikanz an ein Ereignis oder Objekt. Aber was befähigt den Forscher, diese Bedeutungsgemeinschaft zu transzendieren und den vom Handelnden angewandten interpretativen Regeln wissenschaftliche Signifikanz zuzuschreiben?[25] Der erste Schritt ist die Formulierung eines allgemeinen Modells, das es dem Forscher erlaubt, die möglichen Differenzen zu erkennen zwischen der Art, wie der Wissenschaftler bei der Zuschreibung von Bedeutungen zu den untersuchten Ereignissen und Objekten vorgeht, und der Art, wie der untersuchte Handelnde die gleichen Operationen ausführt. Der nächste Schritt erfordert eine gewisse Spezifizierung der »Regeln«, die Perzeption und Interpretation der Umwelt durch den Handelnden orientieren. Einige Erläuterungen über den Begriff »Normen« sind hier angebracht:

Wenn Norm als eine »Direktive für Handeln« verstanden wird, dann können wir annehmen, daß irgendeine Reihe von »Regeln« oder »Standards« die zu identifizierenden Bestandteile konstituiert. Irgendwie bestimmt der Handelnde, was erwartet wird oder angemessen ist, durch Wahrnehmen und Interpretieren der sozialen Szene, die das Objekt seines Interesses wird. Es geht mir in meiner Erörterung nicht um die Zuschreibung von Bedeutungen zu spezifischen Ereignissen oder Objekten in besonderen Situationen, sondern eher um die allgemeinen oder invarianten Eigenschaften, von denen man sagen kann, sie charakterisierten die »Regeln« oder »Standards«, durch die Ereignissen oder Objekten Bedeutungen zugeschrieben werden. Eine detailliertere Diskussion von Normen (»Regeln« oder »Standards«) ist erforderlich, weil der Prozeß der Rollenübernahme oder eine Rolle aus Normen besteht.

25 Die Vorstellung einer Gemeinschaft, die der Forscher irgendwie überschreiten müsse, wenn er mehr tun soll, als die gleichen Common-sense-Begriffe und -Regeln wie der Handelnde zu verwenden, wird von Schütz und Harold Garfinkel beschrieben. Ausgehend von der Arbeit von Schütz beschreibt Garfinkel dieses Problem als das »die Gesellschaft von innen heraus zu sehen«, in »Common Sense Knowledge of Social Structures«, Vortrag auf dem Vierten Weltkongreß für Soziologie, Mailand 1959.

Viele Soziologen folgen der von Sumner in seiner Arbeit *Folkways*[26] initiierten Tradition. Eine neuere Darstellung dieser Position ist in Robert Bierstedts *The Social Order*[27] enthalten. Nach Bierstedt beziehen sich Normen auf die Weisen des »Tuns« im Gegensatz zu den Weisen des »Denkens«. Soziale Ordnung wird daher synonym für die Existenz von Normen. Normen sind für Bierstedt Regeln oder Standards, denen zu gehorchen von uns *erwartet* wird. Sie lenken unser Verhalten in Gesellschaft, werden gewöhnlich für selbstverständlich gehalten, und wir sind uns ihrer selten bewußt, außer wenn sie verletzt werden.[28] Der Nachdruck, der von Bierstedt (und allen Soziologen) auf die erwarteten oder »angemessenen« Eigenschaften von Normen in gegebenen Situationen gelegt wird, wirft die folgende Frage auf: Wie können wir sagen, daß soziale Ordnung durch Normen konstituiert wird, die sich auf das, was erwartet wird oder angemessen ist, beziehen? Wenn soziale Ordnung eine normative Ordnung meint, die aus allgemein geteilten Standards besteht, meint sie dann nicht auch, daß die Stabilität der Ordnung in der Existenz und Durchsetzung einiger Eigenschaften liegt, deren Verletzung zu zeitweiligen oder ununterbrochenen Zersetzungen, Disorganisationen oder zum Chaos führen würde?

Normen werden charakterisiert als diskrete Reihen von Regeln (Volksbräuche, Sitten und Gesetze, durchkreuzt von kommunalen Normen – welche die gesamte Gesellschaft verpflichten – und Verbandsnormen, die nur auf bestimmte Gruppen anwendbar sind), die einzuhalten von Personen in einer gegebenen Gesellschaft erwartet wird. Während er den konstitutiven Charakter von Normen für soziale Ordnung anerkennt, sagt Bierstedt explizit, daß der motivierende Charakter von Normen vom Psychologen zu bestimmen sei. Es gibt

26 William Graham Sumner, *Folkways*, Boston 1906.
27 R. Bierstedt, *The Social Order*, New York 1957.
28 *Ibid.*, p. 175.

jedoch zwei Arten von Kultur, die »ideale« und die »reale«; in der ersteren passen sich Personen im gleichen Grade an, während es in der letzteren viele Grade tatsächlicher Konformität gibt.[29] Wir können die von Nachfolgern von Sumner (z. B. Bierstedt) exemplifizierte Auffassung von Normen wie folgt zusammenfassen:

1. Obwohl es von der unterschiedlichen Perzeption, Interpretation und Motivation der Unterwerfung unter Normen abhängt, in welchem Ausmaß und wie Normen Personen in einer gegebenen Gesellschaft verpflichten, sind die Untersuchung und Konzeptualisierung solcher Eigenschaften die Domäne des Psychologen.

2. Von Volksbräuchen, Sitten und Gesetzen, vorgestellt als drei unverbundene Bereiche, glaubt man, sie seien auf eine unzweideutige und explizite Art und Weise »dort draußen«. Doch gibt es in der Gesellschaft viele Gruppen mit Normen, die differieren oder zueinander in Widerspruch stehen. Die »ideale« und Grade der »realen« Konformität können offenbar konzeptualisiert und untersucht werden, ohne daß man sich mit der unterschiedlichen Perzeption, Interpretation und Motivation dieser Konformität befaßt.

Eine andere Auffassung von Normen, wie sie zum Beispiel in Robin Williams *American Society*[30] zu finden ist, beginnt mit einer Charakterisierung von Kultur als der Basis für ein ausgearbeitetes Netz von »Regeln«, an dem sich der Handelnde in mannigfaltigen Situationen orientiert. Williams weist nach, daß Personen im Alltagsleben selten wissen, was ihr Verhalten determiniert oder was daraus folgen wird, und sich dessen, »was geschah«, gewöhnlich erst bewußt werden, nachdem irgendeine Folge von Ereignissen eingetreten ist, wobei sie ohne ein Wissen von den »Ursachen« und »Konsequenzen« dessen bleiben, was stattgefunden hat.[31]
Kulturelle Normen (die kulturell anerkannte Ziele und Mittel

29 *Ibid.*, p. 199.
30 R. M. Williams, *American Society*, rev. Ausgabe, New York 1960.
31 *Ibid.*, p. 23–25.

zu ihrer Erreichung einschließen) werden erlernt und allgemein geteilt. Sie reichen von »technischen oder kognitiven« Arten über »konventionelle« Arten (Brauch und Etikette) und »ästhetische« Standards zu »moralischen« Normen. Alle Normen haben nach dieser Formulierung irgendeine vorschreibende oder verbietende Qualität. Williams beschreibt ihre vier »Hauptdimensionen«: ihre *Distribution* (ihr Bekanntsein, ihre Akzeptierung oder die Zustimmung zu ihnen und ihre Anwendung auf jedermann oder einzelne Personen); ihre *Inkraftsetzung* (»äußerlich« durch Strafe oder Belohnung, durch die inkraftsetzende Behörde, Gruppe oder Gemeinschaft, durch die Konsistenz und Quelle von Autorität zur Inkraftsetzung, oder durch »Verinnerlichung«); ihre *Transmission* (erlernt in Primär- oder Sekundärbeziehungen, und diese Beziehungen können verstärken, was erlernt ist); und ihre *Konformität* (Größe der Konformität oder Abweichung, Ausmaß an Abweichung oder Nonkonformität).[32]

Williams bemerkt, daß die empirischen Eigenschaften von Normen aus dem Zeugnis von Personen oder indirekt aus ihrer Beschreibung gutgeheißenen bzw. schlechtgeheißenen Verhaltens in Situationen und aus der Beobachtung ihres spontanen Verhaltens im Alltagsleben gefolgert werden. Die aposteriorischen Arten, die Existenz und Natur von Normen in Erfahrung zu bringen, d. h. aus dem Befragen von Personen oder dem Beobachten ihrer Handlungen, erfordern einen theoretischen Rahmen, der sowohl die Perspektiven des Handelnden als auch die des Beobachters in Betracht ziehen kann. Dies kann ein schwieriges Problem werden, wenn wir uns in Erinnerung rufen, daß der Handelnde nach Williams gewöhnlich nicht weiß, was geschieht, bis zu dem Zeitpunkt, wenn die Tat oder das Ereignis vorbei ist. Die Schwierigkeit wird vermehrt, wenn wir feststellen, daß die Bedeutung der Norm

---

32 Diese Klassifizierung gründet sich auf die frühere Ausgabe von Williams' *American Society* und auf einen Artikel, der die ursprüngliche Formulierung aufnimmt und erweitert. Siehe Richard T. Morris, »A Typology of Norms«, *American Sociological Review*, 7 (Oktober 1956), 610–613. Siehe Williams, *op. cit.*, p. 26–27.

sich verändern kann, abhängig von Veränderungen in Zeit, Ort, emotionalen Bedürfnissen, Austausch zwischen Menschen und in der Gruppe und von einer Vielzahl von situationalen Zwängen und Interessen.[33] Was immer »dort draußen« als eine Norm existiert, kann nur *post factum* bekannt sein, und ihre bloße Existenz kann verändert werden, abhängig von den verschiedenen oben erwähnten Veränderungen. Kurz gesagt, der Einfluß der Norm »dort draußen« hängt ab von der Situationsdefinition des Handelnden. In seiner Erörterung der »institutionellen Variation und der Umgehung normativer Muster« konstatiert Williams deutlich den problematischen Charakter von Normen. Er verweist explizit auf die kausale Rolle nicht-normativer Bedingungen und individueller Differenzen in der Perzeption und Interpretation von Normen[34] und fordert auch, daß der Soziologe die Differenzen in Perzeption und Interpretation als »gegebene Fakten« behandeln und die Aufgabe, sie zu erklären, dem Psychologen und Sozialpsychologen überlassen sollte. Um Williams zusammenzufassen:

1. Normen sind vorschreibend und verbietend und werden *post factum* ermittelt, wann immer die Datenquellen der Handelnde und/oder der Beobachter sind.

2. Jede gegebene Norm ist unbekannten Kontingenzen unterworfen, etwa der Art und Weise, wie der Handelnde die Situation definiert, der jeweiligen Zeitperiode, dem Ort, »situationalen Zwängen« und dergleichen.

3. Der Handelnde mag sich der Normen nicht ausdrücklich bewußt sein – sie können »verinnerlicht« sein –, die in jeder gegebenen sozialen Szene involviert sind, aber sie sind nichtsdestoweniger »Handlungsdirektiven«.

4. Normative Variation tritt ein infolge nicht-normativer Faktoren und individueller Differenzen in Perzeption und Interpretation. Diese Kontingenzen oder Differenzen sind keine soziologischen Variablen, sondern müssen durch psycho-

33 Williams, *American Society, op. cit.*, p. 34.
34 *Ibid.*, p. 377 und insbesondere Fußnote 4.

logische und sozialpsychologische Wahrnehmungstheorien erklärt werden.

Ein entscheidendes und Hauptproblem wird durch die von Bierstedt und Williams formulierten Konzeptionen gestellt: Wie können Normen beschrieben oder einer Objektwelt unterstellt werden, wenn wir ihre unterschiedliche Perzeption und Interpretation von seiten des Handelnden und seine allgemeine Situationsdefinition nicht zu den grundlegenden Eigenschaften des Begriffs machen? Der Versuch, Normen durch Befragen von Handelnden oder das Beobachten sozialer Interaktion zu erforschen, setzt eine soziale Realität voraus, die stabile und einheitliche Eigenschaften hat. Antwortmuster können uns dazu befähigen, die Existenz und substantielle Eigenschaften von Normen zu folgern, aber diese Muster sagen uns nicht, wie der Handelnde die Rolle des anderen wahrnimmt und dann seine Eigenrolle dementsprechend formt. Sie erklären nicht die unterschiedliche Perzeption und Interpretation von Normen und ihren praktizierten und aufgezwungenen Charakter im Alltagsleben. Die idealen Begriffe des Soziologen von der Existenz, Struktur und Veränderung von Normen sind Abstraktionen ihrer unterschiedlichen Perzeptionen und Interpretationen durch die Handelnden und deren Motivationen dafür, sich ihnen für längere Zeit zu unterwerfen. Es ist schwierig, sich irgendeine Diskussion von Normen vorzustellen, bei der nicht von den aktuellen sozialen Prozessen abstrahiert wird. Soziale Normen als ideale unzusammenhängende Bereiche sind Abstraktionen, gemacht vom Soziologen und dokumentiert durch das Common-sense-Wissen, das er von ihnen hat. Wenn aber Williams' Konzeption der Normen sinnvoll ist, dann sollte sozialen Rollen (als Normen) ein ähnlich problematischer Status gegeben werden. Wenn Rollenübernahme verlangt, daß der Handelnde die Rolle des anderen antizipiert als eine Bedingung für die Formung seiner Eigenrolle in nachfolgender Interaktion, dann sind Perzeption, Interpretation und Motivation der Selbstunterwerfung unter normativ definierte Rollen während der Interaktion Variable für die Entscheidung darüber, aus was die Umwelt des Handelnden sich zusammensetzt und wie seine Umwelt soziales Handeln strukturiert.

Formale legale »Regeln«, »Regeln« der Etikette und jene, die Arbeitshandlungen steuern, liefern Grenzbedingungen für die Struktur sozialen Handelns, aber es sind die informellen und unausgesprochenen Bedingungen des Vertrags, um Durkheims Gedanken zu wiederholen, die den verpflichtenden Charakter solcher »Regeln« ausmachen. So sind es die unausgesprochenen »Regeln«, die den Handelnden darüber informieren, was ein »angemessener« oder »erwarteter« *Affekt* von seiten der anderen und seiner selbst ist (z. B. die *Intonation*, die zur Vermittlung von »Ärger«, »Vergnügen« usw. notwendig ist, die *Gesten*, die sich bei bestimmten Gelegenheiten einstellen sollten, und so weiter). »Typische« und oft unausgesprochene Vorstellungen von dem, was angemessen ist und erwartet wird, versorgen den Handelnden mit einem impliziten Modell für die Einschätzung von und die Partizipierung an praktiziertem und aufgezwungenen normativen Verhalten. Ein empirisches Thema, das die Soziologie kaum berührt hat, ist die Art, wie der Handelnde die Diskrepanzen meistert zwischen den formal ausgesprochenen oder geschriebenen Regeln, seinen Erwartungen von dem, was erwartet oder angemessen ist, und dem faktischen und aufgezwungenen Charakter sowohl der ausgesprochenen als auch der unausgesprochenen Regeln. Von dieser Frage hängt die präzise Identifizierung fundamentaler Einheiten von Sozialanalyse und die Determinierung ihrer Messungseigenschaften ab.

Ein Arbeitsmodell für Normen

Die Kontingenzen unterschiedlicher Perzeption und das Wissen über Verhaltensregeln von seiten des Handelnden können für den Soziologen von Interesse sein, ohne daß er sich auf neurophysiologische oder psychologische »Verfassungen« verläßt. Die Gedanken des Handelnden, die ein Resultat seiner einmaligen psychologischen Zusammensetzung sind, sind für den Sozialwissenschaftler nur insoweit von Interesse, als sie durch Beziehung auf eine gemeinsame Kultur erklärt werden können; obwohl sie für den Sozialwissenschaftler nicht irrelevant sind, weist er ihnen einen Residualstatus zu. Das Arbeitsmodell, das ich beschreiben werde, ist von spieltheoretischen Vorstellungen übernommen. Die Vorstellung eines Spiels, wie es von Garfinkel beschrieben wurde, ist von vielen theoretisch und empirisch orientierten Sozialwissenschaftlern benutzt worden, weil sie einen brauchbaren Ausgangspunkt bietet für das Verständnis von »Normen«, wie sie gewöhnlich von Soziologen geschildert werden; sie schafft ein Modell, das die in gegenwärtigen Konzeptionen sich findenden Diskrepanzen vermeidet.[35]

Garfinkel wählt zur Veranschaulichung stabiler Situationen die Untersuchung von Spielen, weil sie dem Forscher erlauben, eine Folge sozialer Ereignisse zu beschreiben, in der jeder Spieler mit irgendeiner Art Schema ausgestattet ist, das ihn über Tun und Absicht anderer Spieler und seiner selbst unterrichtet. Die grundlegenden Regeln eines Spieles zeigen auf, was als »normal« betrachtet werden wird für jene Spieler, die sich an die Regeln halten wollen.[36] Grundregeln sind definiert durch

35 Ich stütze mich in erster Linie auf Harold Garfinkels Arbeit »A Conception of and Experiments with ›Trust‹ as a Condition of Stable Concerted Action«, durchgesehene und erweiterte Fassung eines auf dem Jahrestreffen der Amerikanischen Soziologischen Gesellschaft in Washington 1957 gehaltenen Vortrags. Eine andere reizvolle Auffassung mit vielen ähnlichen Merkmalen kann in den anregenden Schriften von O. K. Moore und A. R. Anderson gefunden werden; siehe »Some Puzzling Aspects of Social Interaction«, *The Review of Metaphysics*, XV (März 1962), 409–433; »The Structure of Personality«, *ibid.*, XVI (Dezember 1962), 212–236; und »The Formal Analysis of Normative Concepts«, *American Sociological Review*, 22 (Februar 1957), 9–17.

36 Garfinkel, »A Conception of and Experiments with ›Trust‹ . . .«, *op. cit.*, p. 5. Der Leser sollte bemerken, daß Garfinkels Formulierung, wenigstens nach meinem Dafürhalten, die Möglichkeit des über die Zeit ausgehaltenen Konflikts nicht ausdrücklich außer acht läßt, weil er tatsächlich nicht substantiellen Konflikt *per se* ins Auge faßt, sondern die stabilen Merkmale des Alltags und der Spielsituationen, die gelten müssen, selbst

drei Eigenschaften, die »konstitutive Erwartungen« genannt werden. (1) Die »konstitutiven Erwartungen« bieten eine Reihe von Grenzbedingungen, innerhalb derer jeder Spieler Wahlentscheidungen treffen muß ohne Rücksicht auf persönliche Vorlieben und Abneigungen, Pläne und Konsequenzen für sich und andere. Die Wahl ist unabhängig von der Anzahl der Spieler, den Bewegungsmustern oder dem Territorium des Spiels. (2) Jeder Spieler setzt eine Norm der Wechselseitigkeit hinsichtlich der Alternativen voraus, die jeden einzelnen verpflichten. (3) Die Spieler nehmen an, daß alles, was sie voneinander erwarten, in der gleichen Weise wahrgenommen und interpretiert wird.[37]

Garfinkel vermerkt, daß »konstitutive Erwartungen« einer bestimmten Folge möglicher Ereignisse zugewiesen sein können (und anderen Ereignissen nicht) und daß man sagen kann, sie lieferten den »konstitutiven Akzent« für diese bestimmte Folge von Ereignissen. Die in Beziehung dazu stehende Reihe möglicher Ereignisse, der »konstitutive Erwartungen« zugewiesen werden, erhält die Bezeichnung »konstitutive Ordnung der Ereignisse des Spiels«.[38] Ein Spiel ist demnach für Garfinkel definiert durch seine Regeln, an die »konstitutive Erwartungen« geknüpft sind. Er bemerkt, daß es möglich ist, ein neues Spiel herzustellen, indem man den »konstitutiven Akzent« von einer Reihe möglicher Ereignisse entfernt und ihn einer anderen Reihe zuschreibt. Zusätzlich zu den Grundregeln gibt es zwei andere Arten von Regeln, die entscheidende Merkmale eines jeden Spiels sind. Garfinkel nennt sie »Regeln des vorgezogenen Spiels« und »vom Spiel gelieferte Bedingungen«.

»Regeln des vorgezogenen Spiels« werden von Grundregeln

wenn es unter den Teilnehmern substantiellen Konflikt gibt. So wird eine gewisse grundlegende Ordnung oder eine Reihe von Regeln als gegeben angenommen, die substantiellen Konflikt oder Harmonie ermöglichen. Substantieller Konflikt (z. B. fortwährende Kontroverse ohne Einigung) wird nicht ausgeschlossen, sondern ist einfach nicht Gegenstand der Schrift.
37 *Ibid.*, p. 5–6.
38 *Ibid.*, p. 6.

unterschieden durch die dem Spieler gebotene Freiheit, seinerseits in sie einzuwilligen. Der Spieler definiert »korrektes Verfahren« innerhalb der Grenzen der Grundregeln, aber die »Vorzugsregeln« tendieren dahin, unabhängig von den Grundregeln zu operieren. Die Unabhängigkeit stammt von verschiedenen Arten traditionellen Spiels, »Effizienz«-Verfahren, ästhetischem Vorrang und dergleichen, die dem Spieler freistehen.[39] *Vom Spiel gelieferte Bedingungen* helfen, die Art, wie das Spiel gewöhnlich gespielt wird, zu erklären, und entsprechen jeder Reihe von Grundregeln. Die Entscheidungen der Spieler werden immer durch sie erzwungen, und sie sind unabhängig davon, ob der Spieler gewinnt oder verliert. Sie beschreiben die allgemeinen Charakteristiken des Spiels, sind aber jedem besonderen Stand des Spiels gegenüber invariant, weil sie immer in jede Entscheidung Eingang finden. Garfinkel findet ein gutes Beispiel für die vom Spiel gelieferten Bedingungen im Schach, wo die Grundregeln für eine Situation vollkommener Information zu jeder Zeit sorgen. Ein anderes Spiel mit anderen Grundregeln mag solche Bedingungen nicht ermöglichen. So ist die Situation beim Pokerspiel ganz anders; die vom Spiel gelieferten Bedingungen sind solcherart, daß jede Entscheidung ein variierendes Ausmaß an Unsicherheit enthält.

Die vorangegangene Analyse versetzt uns in die Lage, sich ändernde Spielbedingungen zu unterscheiden und zu spezifizieren, welche Regeln während jeden gegebenen Spielstands im »Brennpunkt« stehen. Die Vorstellung von Grundregeln als einer Reihe invarianter Eigenschaften erlaubt es dem Beobachter, die Standards zu beschreiben, die als Definitionen korrekten oder »normalen« Spiels dienen werden. Diese Regeln können spezifiziert werden vor dem tatsächlichen Spiel und machen es möglich, die Spielszene so zu manipulieren, daß die Folgen für das Spiel von Spielern, die sich nicht nach ihnen richten, vorherzusagen sind. Versorgen uns aber Spielbedingungen und Regeln mit einem adäquaten Modell für die Cha-

39 *Ibid.*, p. 7–8.

rakterisierung und Untersuchung von Verhaltens»regeln« im Alltagsleben? Als eine vorläufige Antwort auf diese Frage könnte es nützlich sein, das zu spezifizieren, was ich als die Vorteile der Benutzung des Spielmodells für das Verstehen von Normen und Rollenübernahme sehe.

1. Das Spielmodell versetzt den Forscher in die Lage, über die verschiedenen Arten von »Regeln«, die der Handelnde in seiner wahrgenommenen Umwelt beachtet, überzeugend zu sprechen.

2. Das Verstehen der Bedingungen und Regeln des Spiels erlaubt eine *apriorische* Spezifizierung dessen, was »seltsam« und »ungewöhnlich« sein wird, und daher auch dessen, was »erwartet« und »passend« genannt werden könnte.

3. Etwas über die Eigenschaften der konstitutiven Regeln zu wissen, würde den Soziologen erlauben, Eigenschaften zu spezifizieren, die zur Stabilität sozialen Handelns beitragen.

4. Die Fähigkeit, konstitutive Regeln und Vorzugsregeln zu spezifizieren oder zu identifizieren, würde den Forscher in die Lage versetzen, sie in Experimenten anzuwenden, um die Natur und die Konsequenzen gegebener Arten sozialer Interaktion zu entdecken.

5. Die Vorstellung des »konstitutiven Akzents« versetzt den Forscher in die Lage, zu verstehen, wie die Sozialszene oder die Situationsdefinition sich mit der Zeit ändert.

6. Das Spielmodell liefert uns eine Basis für die Spezifizierung dessen, wie der Handelnde die Rolle des anderen folgert, gemäß welcher »Regeln«, und wie er seine Eigenrolle dementsprechend formt. Dies erfordert eine Analyse des Problems kultureller Bedeutungen im Alltagsleben und wie sie mit der Zeit Objekten, Fakten und Ereignissen situational beigelegt werden.

Wenn wir die Vorstellung konstitutiver Eigenschaften auf Alltagsleben ausweiten, sind, so sagt Garfinkel, gegenwärtige Beschäftigungen mit dem moralischen Status von Normen, ihrem legalen Status oder üblichen Gebrauch nicht die entscheidenden Probleme, die der Soziologe *anfänglich* anschneiden sollte; sein primäres Anliegen sollte es eher sein zu untersuchen, wie »Normen« das, was Garfinkel »als normal wahrgenommene« Ereignisse nennt, definieren. Der Soziologe könnte dann über »normal organisierte Umwelten« und »sozial disorganisierte Umwelten« innerhalb des gleichen Rahmens reden, d. h. ohne die letzteren (negativ) innerhalb eines moralischen Kontexts zu beurteilen. Garfinkels These, daß wahrgenommene Ereignisse eine konstitutive Struktur haben, erfordert eine detailliertere Erklärung.

Der von Garfinkel verwandte Schlüsselbegriff für die Betrachtung der Grundlagen sozialen Handelns im Alltagsleben ist der des *»Vertrauens«*. Eine Grundfrage ist es hier: Wie nehmen Angehörige einer Gruppe oder Gesellschaft ihr Alltagsleben wahr und wie interpretieren sie es? Wie werden Objekte, Ereignisse und Fakten als »normal«, »sinnvoll«, »verständlich« gesehen? Die Vorstellung von »Vertrauen« erklärt die Einwilligung von Personen in eine »konstitutive Ordnung von Ereignissen«. Diese Ordnung wird jedoch weder explizit wahrgenommen, noch von jeder gegebenen Bevölkerung einheitlich gekannt. Die Mehrdeutigkeit von »Regeln« zusammen mit der unterschiedlichen Wahrnehmung, Interpretation und Motivation, sich ihnen zu unterwerfen, legt nahe, daß der Handelnde seiner Umwelt angesichts von Unsicherheit »vertrauen« muß, weist aber auch auf eine Basis für sozialen Wandel hin. Es sei dahingestellt, ob weitere Information bevorsteht oder nicht und ob sie die Sozialszene klärt oder nicht. Die Vorstellung von »Vertrauen« impliziert, daß der Handelnde Situationsdefinitionen, die potentiell problematisch sind und für die explizite Regeln nicht existieren, »akzeptieren« und sich auf sie verlassen muß. Wenn der von den Handelnden anerkannte »konstitutive Akzent« begrifflich spezifiziert und operationell definiert werden kann unter experimentellen Bedingungen, dann haben wir eine Grundlage zur Beschreibung dessen, was »der Wahrnehmung nach normal« sein könnte. Ein Modell von Normen und Rollenübernahme würde »der Wahrnehmung nach Normales« aufgliedern müssen in eine Reihe von

Elementen, welche die variablen Bedingungen konstituieren würden, durch die der Handelnde seiner Umwelt »Sinn« gibt. Die Vorstellung von *der Wahrnehmung nach normalen Ereignissen* lenkt die Aufmerksamkeit des Forschers (1) auf das *Typische* von alltäglichen Ereignissen und die *Wahrscheinlichkeit* ihres Vorkommens, (2) auf die Arten, wie sie *sich vergleichen* lassen mit Ereignissen in der Vergangenheit, und Andeutungen, wie zukünftige Ereignisse beurteilt werden könnten, (3) auf die Zuweisung *kausaler Signifikanz* zu Ereignissen von seiten des Handelnden, (4) auf die Arten, wie Ereignisse in die typischen *Mittel-Zweck*-Beziehungen eines Handelnden oder einer Gesellschaft passen, und (5) auf die Arten, wie Ereignisse als notwendig erachtet werden für die *natürliche* oder *moralische* Ordnung eines Handelnden oder einer Gesellschaft.[40] Die Art, wie der Handelnde seine Umwelt wahrnimmt, wurzelt in einer kulturell definierten Welt. Praktizierte und aufgezwungene Normen oder Verhaltensregeln würden variieren mit der *Typik, Vergleichbarkeit, Wahrscheinlichkeit, kausalen Signifikanz, dem Mittel-Zweck-Schema* und der Natur der *natürlichen* oder *moralischen Ordnung*. Rollenübernahme würde von den gleichen Variablen abhängen. Der Rollenübernahme-Prozeß zwingt den Handelnden im Verlaufe von Interaktion, die Natur der anderen Rolle unter Bedingungen der Unsicherheit zu bestimmen. Es ist schwierig, ein Spiel zu finden, das Regeln bietet, die all die Möglichkeiten, die entstehen mögen oder können, umfassen. Während des Verlaufs von Interaktion sind sich die Handelnden oft stillschweigend einig, irgendeiner Reihe expliziter und/oder impliziter Regeln zu folgen. Es gibt das weitere Problem, daß die Regelung von Bewegungen, ihre Dauer und dergleichen nicht Dinge sind, über die der Spieler vollständige Kontrolle hat. All diese Probleme in Spielen jedoch stellen sich als Merkmale heraus, die, wie Garfinkel zeigt, der Soziologe unter eine präzisere »Situationsdefinition« subsumieren würde. Er schlägt vor, daß die Vorstellung des »konstitutiven

40 *Ibid.*, p. 2.

Akzents« ein integrales Merkmal aller Arten von Ereignis-
bereichen sein könne, von Spielen bis zu Wissenschaft, vom
Alltagsleben zu den Träumen.

Die Differenzen zwischen Spielen und Alltagsleben verweisen
auf die Schwierigkeiten, denen zu begegnen der Soziologe erwarten kann, wenn er Verhaltenslagen zu messen sucht, die
Normen widerspiegeln, und den Prozeß der Rollenübernahme
untersuchen will. *Eine* entscheidende Differenz liegt in der
Tatsache, daß Regulierung in Spielen einen abgegrenzten Kontext bietet, in dem Erfolg und Fehlschlag zu bestimmen ist,
denn ausgeführtes Spiel ist das, was Garfinkel »eine eingekap-
selte Episode« nennt.[41] Die Ergebnisse von Spielen sind dann
überhaupt nicht abhängig von der Entwicklung späterer Situationen *»außerhalb«* der Spielbedingungen. Im Alltagsleben
können Dinge nicht für eine unbestimmte Zeitperiode entschieden werden. Oder sie können immer wieder neu entschieden
werden. Ein anderer Punkt ist der, daß es irreführend ist, von
»Regeln« und »Normen« in der gleichen Weise zu sprechen,
wie man von Grund- und vorgezogenen Regeln in einem Spiel
sprechen kann. Der Terminus »Regel« trägt, wenn er im Alltagsleben benutzt wird, nicht die gleiche Präzision und Bedeutung wie in einem Spiel. Deswegen haben Ereignisse im
Alltagsleben nicht die absoluten festen Bedingungen, die in
Spielen gefunden werden können. Wenn im Spiel eine Grundregel verletzt wird, beendet dies das Spiel oder unterbricht
»normale Spielereignisse« genügend, daß der Spieler verwirrt
wird und seine Zuflucht zu irgendeiner Art von »Normalisie-
rung« nehmen muß.[42] Im Alltagsleben ist es jedoch schwierig,
Verletzungen von »Regeln« oder »Normen« zu finden, die
klar meßbare Instabilität in der sozialen Ordnung hervor-

41 *Ibid.*, p. 27–28.
42 *Ibid.*, p. 23. Garfinkel legt Ergebnisse aus Untersuchungen des Spiels
»Katze und Maus« vor, das diese Position unterstützt. Die Resultate
sind äußerst schlagend für Kinder im Alter zwischen fünf und elf, für die
eine Verletzung einer Grundregel Verwirrung stiftet. Erwachsene neigen
dazu, ihre Perspektiven zu verschieben und die Verletzung als »amüsant«
oder als ein »anderes« Spiel zu behandeln oder dem Charakter des Experimentators zu mißtrauen.

bringen. Sogenannte »Regeln« im Alltagsleben werden fortgesetzt verletzt, oft systematisch, einschließlich der Sitten, ohne daß wir eine unmittelbare oder selbst vorübergehende eindeutige Bedrohung für die Stabilität der sozialen Ordnung demonstrieren können. Gewöhnlich behaupten wir, daß die soziale Ordnung »verfallen« würde, wenn solche Verletzungen über die Zeit mit einer großen Anzahl von Partizipierenden systematisch anhielten; dies Argument spezifiziert jedoch nicht »wie lang?« und »wie viele Partizipierende?« oder »welches die Natur der Instabilität sein würde?«. Ferner haben wir keine Möglichkeit zu wissen, welche *neuen* Formen sozialer Ordnung auftauchen würden. Garfinkels Antwort auf dieses Dilemma ist es, sich zu konzentrieren auf die *Eigenschaften* der Wahrnehmung nach normaler Ereignisse und die konstitutive Ordnung solcher Ereignisse, nicht auf »Regeln oder Normen« *an sich*. Soziale »Regeln« oder »Normen« haben nicht die festen Bedingungen von grundlegenden Spielregeln in einem Spiel; ihre Zeitstruktur ist von Grund auf verschieden.

Ihre Differenz in der Zeitstruktur kann erklärt werden durch die invarianten Eigenschaften von Regeln in einem Spiel im Gegensatz zu jenen im Alltagsleben. Grundregeln in einem Spiel haben einen kalkulierbaren Charakter, weil sie ausreichend festgelegt sind, um unzweideutige Entscheidungen zu erlauben, wenn etwas »Seltsames«, »Ungewöhnliches« oder grundlegend »Falsches« vorgekommen ist. Im Alltagsleben werden Gesetze »gebrochen«, und sehr ausgearbeitete Verfahren werden zur Klärung benutzt, was beständig ein mehrdeutiges Problem wird. Dies gilt für unsere Determination von Verletzungen von Gesetzesregeln; die Polizei, die Geschworenen, der Richter, die Vertreter von Verteidigung und Anklage, das Opfer und der Angeklagte, sie alle können sehr ernsthaft Urteile fällen, die zusammengenommen zugleich widersprüchlich, ineinander übergreifend und unbestimmt sind. Die Situation wird vielschichtig, wenn wir mit Urteilen über unklare nicht-legale Dinge konfrontiert sind: wechselseitige Einschätzung von Charakter, Affekt, physischer Attraktivität,

Kunstgegenständen, vom Ehepartner und dergleichen. Ich neige dazu, die »Regeln« des alltäglichen Lebens als wesentlich »unkalkulierbar« im Sinne konventioneller Messung zu betrachten wegen der Diskrepanz zwischen ihrer idealen Beschreibung und ihrem praktizierten und aufgezwungenen Charakter. Die »Nichtkalkulierbarkeit« ist nicht allein in den Urteilen des Handelnden zu finden, sondern auch in dem Modell vom Handelnden, das der Beobachter hat. Dies meint nicht, daß ein präzises Modell der Urteile des Handelnden unmöglich ist, sondern daß konventionelle Maße, wie sie zum Beispiel in zweiwertiger Logik, Ordnungsskalen und mathematischer Spieltheorie gefunden werden, Alltagsentscheidungen nicht adäquat darstellen. Um diesen Punkt weiter zu verfolgen, müssen wir den Rollenübernahmeprozeß näher untersuchen. Wir müssen bestimmen, wie der Handelnde die Rolle des anderen folgert, und welche Eigenschaften die Zeitstruktur von Alltagsentscheidungen ausmachen.

Rollenübernahme und Bedeutung

Zu sagen, daß die Grenzbedingungen von Alltagsentscheidungen »nicht-kalkulierbar« sind, ist eine irreführende Charakterisierung der Struktur von Alltagsentscheidungen. Ich behaupte, daß existierende Messungssysteme die problematischen Merkmale dieser Entscheidungen nicht in Betracht ziehen. Um dies zu tun, müßten sie vorhandene Messungssysteme erweitern, um die Messung von Urteilen einzuschließen, die den Kontingenzen der sich verändernden Situationsdefinitionen unterworfen sind, welche durch den Handelnden der sozialen Szene zugeschrieben werden. Die dem begrifflichen Problem inhärenten Schwierigkeiten können durch Erörterung des Buches von Thomas C. Schelling, *The Strategy of Conflict*[43], veranschaulicht werden, wo explizite Versuche unternommen werden, den Einfluß von Strategien sogenannten »irrationa-

43 Thomas C. Schelling, *The Strategy of Conflict*, Cambridge 1961.

len« Verhaltens auf die Wahl in Spielen zu zeigen. Was Schelling »irrational« nennt – ein widersprüchliches Wertsystem, fehlerhafte Kalkulation, geringe Kommunikation, ungezielte oder zufällige Einflüsse –, sind allgemeine Vorkommnisse im Alltagsleben und beim gegenwärtigen Stand unseres Wissens echter Messung durch konventionelle Vorrichtungen nicht zugänglich. Aber Schellings Erörterung ist nicht detailliert genug, um die Nuancen des Rollenübernahmeprozesses zu behandeln oder die Art, wie der Handelnde die Situation definiert und seine Eigenrolle formt. Die Vorstellung eines strategischen Spiels, in dem jeder Spieler seine Wahl darauf gründet, was er von dem anderen Spieler erwartet, ist grundlegend für Rollenübernahme; wie aber die Szene dann definiert und die Eigenrolle in darauffolgender Interaktion geformt wird, ist weniger klar. Obwohl Schellings Formulierung den »nicht-kalkulierbaren« Charakter alltäglicher Urteile oder Entscheidungen unterstreicht, wenn konventionelle Messungssysteme benutzt werden, nimmt seine Arbeit genau jene Merkmale des sozialen Systems als selbstverständlich an, die der Soziologe problematisieren muß. Angenommen zum Beispiel, ein Experimentator verbindet »kooperative« und »nicht-kooperative« Spieler und orientiert die Spieler auf »konsistente und inkonsistente Wertsysteme«, dann setzt er voraus, daß Normen und Werte eindeutig und leicht zu spezifizieren sind und daß der Rollenübernahmeprozeß durch ihre unterschiedliche Perzeption und Interpretation und unterschiedlich motivierte Einwilligung nicht ernsthaft affiziert ist.

Welches sind aber hier die offenbaren Schwierigkeiten? Welche Elemente der Rollenübernahme erfordern präzisere Formulierung, wenn die Messungsprobleme geklärt werden sollen? Ward Edwards veranschaulicht die problematischen Merkmale von Rollenannahme für experimentelle Situationen, wo Experimentator und Versuchsperson wahrscheinlich die gleiche Sprache sprechen und Worte verwenden, die als klar und unzweideutig angenommen werden. Er bemerkt:

Viele der in psychologischen Experimenten am allgemeinsten benutzten Instruktionen sind bestenfalls zweideutig und schlimmstenfalls innerlich widersprüchlich. Man betrachte zum Beispiel einen Geschwindigkeits-Intelligenztest. Seine Instruktionen sagen: »Beantworte so viele Fragen, wie Du kannst. Du hast zehn Minuten für diesen Teil des Tests.« Was wird von der Versuchsperson erwartet? Sollte sie sich vergewissern, daß jede Antwort korrekt ist, und so möglichst wenig Fehler machen, aber relativ wenig Fragen behandeln? Sollte sie so viele Fragen wie möglich beantworten, und raten, wenn sie die Antwort nicht weiß? Oder sollte sie zwischen diesen Strategien irgendeinen Kompromiß wählen, und wenn ja, welchen Kompromiß? Die Instruktionen sagen es nicht. Tatsächlich bedeuten ihr die Instruktionen, eine Unmöglichkeit zu vollbringen; sie sagen, sie sollte gleichzeitig die Anzahl der beantworteten Fragen vergrößern und die Zahl der Fehler verringern. Diese Instruktionen sind in sich nicht stimmig. Ein Computer würde ein mit solchen Instruktionen vorgelegtes Problem als unlösbar zurückweisen. Menschliche Wesen, leichter zu bearbeiten und weniger logisch, vollbringen solche Aufgaben jeden Tag. Die einzige Möglichkeit, dies zu tun, ist die Beschaffung irgendeiner Art von Selbstinstruktion, die die unmöglichen Instruktionen ersetzt.[44]

Edwards zeigt ferner auf, wie die gleichen Probleme in anderen experimentellen Situationen auftauchen, wo es um Zeit, Anzahl von korrekten Antworten und Anzahl von inkorrekten Antworten geht. Er bemerkt, daß nicht-stimmige oder zweideutige Instruktionen »am wahrscheinlichsten auftreten, wenn vollkommene Erfüllung als ideal spezifiziert wird (z. B., alle Fragen sollten korrekt beantwortet werden), aber keine Information geliefert wird, die es der Versuchsperson ermöglichen würde, die relative Unerwünschtheit verschiedener Arten von Abweichungen von der Perfektion einzuschätzen.«[45] Um widersprüchliche und zweideutige Instruktionen an Versuchspersonen zu vermeiden, schlägt Edwards vor, daß der Experimentator der Versuchsperson die optimale Strategie spezifiziere, wenn auch Experimente gezeigt haben, daß Versuchspersonen dieser Strategie, wenn sie ihnen kundgetan wird,

44 Ward Edwards, »Costs and Payoffs are Instructions«, *Psychological Review*, 68 (Juli 1961), 275–276.
45 *Ibid.*, p. 276.

selten folgen. Er stellt die Hypothese auf, daß die Entfernung innerer Widersprüche experimentelle Fehler reduzieren und das Experiment leichter interpretierbar machen wird. Der interessanteste Teil von Edwards Schrift liegt in seinen Äußerungen über die Rolle der von Experimentator und Versuchsperson benutzten Werturteilskriterien. Er wirft die Frage auf nach den Konsequenzen, die daraus folgen, wenn Experimentator und Versuchspersonen unterschiedliche Kriterien verwenden, und verweist auf das offenkundige Problem, die Tragweite oder Bedeutung der experimentellen Resultate zu bestimmen. Er merkt an, daß »Geld wahrscheinlich die am meisten universell benutzte und verstandene Wertdimension in unserer Kultur ist; fast alle Versuchspersonen werden die Angabe verstehen: ›Ihr Ziel in diesem Experiment ist es, soviel Geld wie möglich mit nach Hause zu nehmen.‹ «[46] Edwards Schrift weist unzweideutig auf das Problem, die Situation so zu definieren, daß der Experimentator die Eigenschaften der Objektwelt kennt, die sowohl er als auch die zu untersuchenden Handelnden in gleicher Weise wahrnehmen und interpretieren müssen und der gegenüber man von ihnen die Bekundung komplementär motivierter Einwilligung erwartet. Die Versuchspersonen sollten über die Werturteilskriterien informiert werden, an die sich zu halten von ihnen verlangt wird. Bei der Formulierung eines Experiments oder beim Aufbau eines Fragebogens zur Messung von Rollenannahme muß der Forscher irgendwie die Umwelt des Handelnden und seine kulturelle Motivation, sie wahrzunehmen und zu interpretieren, begrifflich fassen. Aber das Argument von Edwards setzt voraus, daß die *Bedeutung* des Wertkriteriums, in seinem Fall Geld, klar und geformt genug ist, daß die Forschung des Experimentators nicht durch kulturelle Variable verwirrt wird, welche in psychologischen Experimenten notwendigerweise bedacht werden müssen. Aber wenn dies für psychologische Experimente gilt, gilt es nicht gleichfalls für soziologische Experimente und Erhebungen? Wie können wir

46 *Ibid.*, p. 281.

überhaupt wissen, was unsere substantiellen Befunde *bedeuten*, wenn wir das von Edwards aufgeworfene Problem der wertbestimmenden Kriterien nicht gelöst haben? Ein Verstehen der Art und Weise, wie der Handelnde die andere Rolle folgert, setzt voraus, daß das Problem, wie er seiner Umwelt Bedeutung zuschreibt, gelöst ist. Aber die Natur der gefolgerten Rolle des anderen ist ein von Soziologen selten angesprochenes Problem. (Wie zum Beispiel bestimmt die Versuchsperson die Bedeutung von Fragebogenelementen?) Eine solche Forschung würde es erforderlich machen, daß der Soziologe für das von Edwards aufgeworfene Problem eine Lösung anderer Art bietet; nämlich indem er spezifiziert, wie der Handelnde kulturelle Bedeutungen in der Rollenannahme festsetzt, und indem er die invarianten und variablen Eigenschaften dieser kulturellen Bedingungen aufzeigt.

Bedeutung und Kommunikation

Für unsere Zwecke soll Bedeutung verstanden werden als die Interpretation irgendeines Zeichens gemäß irgendeinem Standard.[47] Nach Schütz sind die Dinge, für die Zeichen stehen, unter Bezugnahme auf vier Ordnungstypen zu bestimmen.[48] Er gliedert die von Kecskemeti indizierten »Regeln« oder »Standards« auf in verschiedene Arten von Ordnungen oder Weisen, auf die Zeichen durch den Beobachter analysiert werden können. Dies konstituiert ein Modell, durch das der Beobachter die Bedeutungen, die von den zur Untersuchung stehenden Versuchspersonen den Ereignissen zugeschrieben werden, ordnen kann. Im Alltagsleben, argumentiert Schütz, neigen wir beständig dazu, *eine* Ordnung an die Stelle

47 Paul Kecskemeti, *Meaning, Communication, and Value*, Chicago 1952, p. 7–9.
48 Alfred Schütz, »Symbol, Reality, and Society«, in L. Bryson, L. Finkelstein, H. Hoagland und R. M. MacIver (Hrsg.), *Symbols and Society*, New York 1955. Die Schrift von Schütz enthält eine detaillierte Erörterung dessen, wie Paarungen zwischen Zeichen und ihrem Bezeichneten vorkommen.

einer anderen zu setzen, aber wir werden häufig eine Ordgung in den Mittelpunkt stellen, während wir die anderen zu willkürlichen oder zufälligen machen. Hier ist interessant, daß das, was für irgendeinen Handelnden oder eine Gruppe ein wichtiges Zeichen oder Symbol für etwas sein kann, für irgendeinen anderen Handelnden oder eine Gruppe gänzlich irrelevant sein kann.[49] Die verschiedenen Arten von Ordnungen, durch die Objekte, Fakten und Ereignisse interpretiert werden, können charakterisiert sein durch vier Grundformen »vergegenwärtigender« Beziehungen (d. h. das Verbinden von Zeichen mit den Dingen, auf die sie sich beziehen), die von dem Handelnden zur Transzendierung der Welt innerhalb seiner aktuellen Reichweite verwandt werden. Die vier sind Kennzeichen, Hinweise, Zeichen und Symbole. Die ersten drei transzendieren die Welt innerhalb der Reichweite des Handelnden, sind aber in der Welt des Alltagslebens gefundene »vergegenwärtigende« Beziehungen. Die vierte transzendiert die Welt innerhalb der Reichweite des Handelnden und bietet außerdem die Basis zur Transzendierung der Welt des Alltagslebens. Diese vier Formen »vergegenwärtigender« Beziehungen versorgen uns mit einem Modell für das Verständnis von Kommunikation zwischen Personen. Anders gesagt: diese »Zeichen-Bezeichnetes-Beziehungen« sind notwendige Bestandteile für Rollenannahme, denn sie sagen uns, wie der Handelnde dazu kommt, Objekten und Ereignissen in seiner Umwelt Bedeutungen zuzuweisen.

Der Handelnde erfährt die Welt in seiner Reichweite als Teil seiner einmaligen biographischen Situation, und dies »involviert eine Transzendierung des Hier und Jetzt, zu dem sie gehört«.[50] Deshalb tritt der Handelnde an die Situation der Rollenannahme heran mit einem Hintergrund von Konventionen oder Unwissenheit[51], die seinen Abstraktionen von den

---

49 *Ibid.*, p. 150.
50 *Ibid.*, p. 156.
51 Siehe den ausgezeichneten Artikel von Louis Schneider, »The Role of the Category of Ignorance in Sociological Theory: An Exploratory Statement«, *American Sociological Review*, 27 (August 1962), 492–508.

unmittelbaren Objekten und Ereignissen in seinem Gesichtskreis vorhergeht. Schütz bemerkt, daß *eine* Weise, in der wir uns in der Welt zurechtfinden, insbesondere bei Gelegenheiten, wenn wir in einen Teil von ihr zurückkehren, von dem wir abwesend waren, das *Kennzeichen* bestimmter Objekte ist. Das Kennzeichen, z. B. die Aufzeichnung am Rande eines Buches, die kurze Bemerkung auf einem Terminkalender, dient als ein subjektiver Hinweis für den Interpreten, wenn irgendein Objekt in seiner Reichweite wiederkehrt (oder er in die Reichweite des Objektes oder Ereignisses zurückkehrt). Das Kennzeichen transzendiert die erfahrene Welt des Hier und Jetzt für den Handelnden und repräsentiert eine willkürliche Selektion bestimmter Objekte, die den Handelnden an etwas erinnern. Das Zeichen auf dem Buch wird mit seiner hinweisenden Bedeutung gepaart – »wichtige Feststellung des Autors«.

Eine andere Form des Zusammenfügens durch Vergegenwärtigung, die dem Handelnden die Welt in seiner aktuellen Reichweite zu transzendieren hilft, nennt Schütz *Indikation*. Schütz merkt an, daß das, was er Indikationen nennt, das umfaßt, was häufig unter dem Terminus »natürliche Zeichen« subsumiert wird.[52] Die Indikation setzt wie das Kennzeichen keine Intersubjektivität voraus und wird wie folgt beschrieben:

Der indizierende Teil des Paars ist nicht nur ein »Zeuge« für den indizierten, er zeigt nicht nur auf ihn, sondern er legt die Voraussetzung nahe, daß der andere Teil existiert, existiert hat oder existieren wird. Wieder wird der indizierende Teil nicht als ein »An-sich« wahrgenommen, d. h. lediglich in dem apperzeptiven Schema, sondern als den indizierten durch Vergegenwärtigung »erweckend« oder »hervorrufend«. Es ist jedoch wichtig, daß die besondere Natur der motivationalen Verbindung undurchsichtig bleibt. Wenn der Einblick in die Natur der Verbindung zwischen den beiden Elementen klar und ausreichend ist, müssen wir uns nicht mit der verweisenden Beziehung von Indikation befassen, sondern mit der gefolgerten des *Beweises*. Die in der letzten Feststellung enthaltene Qualifizierung eliminiert daher die Möglichkeit, die Fußspur eines Tigers (die als solche erkannt ist) eine Indikation oder ein »Zeichen«

52 Schütz, *op. cit.*, p. 159.

seiner Gegenwart in der Lokalität zu nennen. Aber der Hof um den Mond indiziert kommenden Regen, der Rauch Feuer . . .«53

Ein *Zeichen* bezeichnet für Schütz »Objekte, Fakten oder Ereignisse in der äußeren Welt, deren Wahrnehmung für einen Interpreten Überlegungen eines Mitmenschen vergegenwärtigt«.54 Objekte, Fakten und Ereignisse, die als Zeichen interpretiert werden, müssen sich, so sagt Schütz, direkt oder indirekt auf die körperliche Existenz eines anderen Handelnden beziehen. Der einfachste Fall ist der von unmittelbar persönlichen Beziehungen, aber auch Distanzen in Raum oder Zeit sind eingeschlossen; dies bedeutet jedoch nicht, daß aktuelle Wahrnehmung erfordert ist, weil der Handelnde das Objekt, die Tatsache oder das Ereignis erinnern oder phantasieren kann. Ferner bedeutet die Interpretation eines Objekts, einer Tatsache oder eines Ereignisses als ein Zeichen für jemandes Überlegungen nicht notwendig, daß der Kommunikator die von einer anderen Partei interpretierten Erwägungen intendierte, oder daß der Interpret als der Empfänger der Überlegungen intendiert war. Schließlich müssen die beiden Handelnden, um die es geht, einander nicht bekannt sein. Wie Schütz bemerkt, sollte jedoch klar sein, daß Kommunikation oder Rollenannahme zwischen Personen bedingt, daß sie ein gleiches Relevanzsystem miteinander teilen. »Um erfolgreich zu sein, muß jeder kommunikative Prozeß daher eine Reihe gemeinsamer Abstraktionen oder Standardisierungen einbegreifen.«55 Die Basis für gemeinsame Abstraktionen oder Standardisierungen wird durch das Vokabular und die syntaktische Struktur von Alltagssprache geliefert. Unglücklicherweise vernachlässigen Soziologielehrbücher Material über Sprache und Bedeutung als selbstverständlich. Die Art und Weise, in der der Handelnde im Alltagsleben und der Soziologe, der ihn beobachtet, gemeinsame Abstraktionen oder Standardisierungen erwerben, bleibt unklar.

53 *Ibid.*, p. 158–159.
54 *Ibid.*, p. 166.
55 *Ibid.*, p. 170.

Die letzte vergegenwärtigende Form, die Schütz erörtert, sind Symbole. Er definiert die symbolische Beziehung

als eine vergegenwärtigende Beziehung zwischen Entitäten, die zu wenigstens zwei endlichen Bedeutungsbereichen gehören, so daß das vergegenwärtigende Symbol ein Element der ausschlaggebenden Realität des Alltagslebens ist. (Wir sagen, »wenigstens zwei«, weil es viele Kombinationen gibt, etwa religiöse, künstlerische usw., die in dieser Schrift nicht erforscht werden können.)56

So weit gehören die vergegenwärtigenden und die vergegenwärtigten Glieder des Paars jeder Zeichen-Bezeichnetes-Beziehung ebenso wie der Interpret zur Realität des Alltagslebens, wohingegen symbolische Vergegenwärtigung den endlichen, im Alltagsleben vorfindlichen Bedeutungsbereich transzendiert. In höheren symbolischen Formen bezieht sich nur das vergegenwärtigende Mitglied auf alltägliches Leben, während das vergegenwärtigte Mitglied seine Realität in irgendeinem anderen Bedeutungsbereich hat, etwa der Welt der Wissenschaft, der Phantasie und dergleichen.

Die vier von Schütz beschriebenen Typen von Verbindung und die Kennzeichen, Indikationen, Zeichen und Symbole, die er diskutiert, setzen alle einige Grundmerkmale des Alltagslebens voraus, denen er beträchtliche Aufmerksamkeit gewidmet hat. Jede Diskussion der analytischen Elemente sozialer Interaktion im allgemeinen und von Rollenannahme im besonderen erfordert eine explizite Bezugnahme auf die soziale Gesamtsituation, innerhalb derer Rollenannahme auftritt. Die folgenden Elemente der sozialen Situation, die für Rollenannahme relevant, wenn auch nicht erschöpfend sind, werden als für das Schema von Schütz wesentlich vorgestellt:

1. *Die Reziprozität von Perspektiven.* Die Verbindung zwischen dem Zeichen und dem Bezeichneten setzt voraus, (1) daß der Handelnde im Alltagsleben es als selbstverständlich erachtet, daß er und die anderen Handelnden die gleiche Erfahrung hätten, wenn sie die Rollen tauschen würden; und (2) daß der Handelnde annimmt, ». . . daß die aus unserem privaten

56 *Ibid.,* p. 189.

Relevanzsystem herrührenden Differenzen für das bevorstehende Ziel außer acht gelassen werden können, und daß ich und er, daß ›wir‹ die tatsächlich oder potentiell gemeinsamen Objekte, Fakten und Ereignisse in einer ›empirisch identischen‹ Weise interpretieren, d. h. ausreichend für alle praktischen Zwecke«.[57] Unsere Welten decken sich. »Die beiden Abläufe innerer Zeit, deiner und meiner, werden mit dem Ereignis in der äußeren Zeit synchron . . .«[58] und ermöglichen unseren Handelnden eine Basis für die Kommunikation miteinander. Die Reziprozität von Perspektiven sagt uns, daß die Richtigkeit der Rollenannahme allgemeine Erfahrungen voraussetzt, wodurch solche Handlung verbunden wird mit den im Verlauf von Interaktion den Objekten, Ereignissen und Fakten von den betroffenen Handelnden zugefügten Interpretationen.

2. *Der vorhandene Wissensstand des Handelnden.* Schütz bemerkt, daß der größte Teil vom Wissen des Handelnden sozial abgeleitet ist von anderen. Wissen ist sozial verteilt, und der vorhandene Wissensstand differiert für verschiedene Handelnde.[59] Die Handelnden im Alltagsleben müssen, um über Dinge zu kommunizieren, die sozial anerkannt sind und für selbstverständlich erachtet werden, bestimmte Voraussetzungen machen über das, *was* der Nachbar weiß, und *wie* sie beide den »gleichen« Fakt kennen.[60] Deshalb wird der Wissensstand des Handelnden eine Variable dessen, wie er die Rolle des anderen folgert und wie seine Eigenrolle gehandhabt wird.

3. *Typisierung.* Sozial verteiltes, in alltäglicher Kommunikation für selbstverständlich gehaltenes Wissen wird innerhalb eines Kontextes ausgetauscht, wobei der Handelnde sowohl sein eigenes als auch das Verhalten des anderen typisiert.[61]

57 *Ibid.*, p. 163.
58 *Ibid.*, p. 164–165.
59 Siehe Schneider, »The Role of the Category of Ignorance in Sociological Theory«, *op. cit.*
60 Schütz, »Common-Sense and Scientific Interpretation of Human Action«, *Philosophy and Phenomenological Research*, 14 (September 1953), p. 10.
61 *Ibid.*, p. 11–14.

Typische soziale Rollen und typische Erwartungen werden im Austausch sozial verteilten und sozial anerkannten Wissens vorausgesetzt. »Sozial anerkanntes Wissen besteht so aus einer Reihe von Rezepten, die jedem Angehörigen der Gruppe helfen sollen, seine Situation in der Realität des Alltagslebens in einer typischen Weise zu definieren.«[62] Der Leser wird – wie Schütz es tut – feststellen, daß diese Äußerungen explizit oder implizit zurückgehen auf Simmel und Durkheim mit ihrem Interesse an individuellem und kollektivem Bewußtsein, auf Cooley mit seiner Vorstellung vom »Spiegel-Ich« und auf G. H. Mead mit seinen Begriffen des »verallgemeinerten Anderen«, des »I« und des »Me«.[63] Was in ihren Schriften jedoch fehlt, ist der eindeutige Brennpunkt und variable Status, den Schütz der Welt des Alltagslebens zuschreibt als der Basis für unser Verstehen von Objekten, Fakten und Ereignissen. Er tut dies dadurch, daß er die Arten von Verbindungen zeigt, die Zeichen mit ihrem Bezeichneten verbinden, und wie Kennzeichen, Indikationen und Zeichen die »vergegenwärtigenden« Bezüge sind, die jenes Verstehen strukturieren. Symbole als höhere Formen von vergegenwärtigenden Bezügen sind in dieser Realität des Alltagslebens verankert, strukturieren aber auch unser Verstehen von Objekten, Fakten und Ereignissen, die unsere Erfahrung von Alltagsleben transzendieren. Die Realitäten, die Alltagsleben transzendieren, wie etwa Wissenschaft, Kunst, Phantasie und Poesie, können nicht ohne Bezug auf tägliches Leben verstanden werden. Schütz notiert, daß die Welt des Alltagslebens als eine Reihe subjektiver Bedeutungsstrukturen, die sozial anerkannt sind und als selbstverständlich gegeben erachtet werden, mit der Vorstellung von Thomas über die Situationsdefinition übereinstimmt. Das Problem subjektiver Bedeutung erfordert also, daß der durch den Rollenübernahme-Prozeß erreichten Kommunikation variabler Status gegeben werde gemäß den Arten, in denen die Han-

62 Schütz, »Symbol, Reality, and Society«, *op. cit.*, p. 194.
63 Siehe Schütz, »Common-Sense and Scientific Interpretation of Human Action«, *op. cit.*, p. 13–14.

delnden zeichenbezogene Beziehungen zueinander unterhalten können und es auch tun. Die frühere Erörterung kann wie folgt weiterentwickelt werden:

1. Man nehme an, daß die Situationsdefinition das gleiche bedeutet wie der früher beschriebene »konstitutive Akzent«. Der konstitutive Akzent bietet für eine besondere Reihe von Ereignissen den »Realitätssinn«, den Schütz der Theorie von William James über viele Sub-Universa im Sinne verschiedener Realitäten beimißt.

2. Das Problem der Bedeutung tritt unmittelbar in Erscheinung, denn:

Um diese wichtige Einsicht von ihrem psychologistischen Hintergrund zu befreien, ziehen wir es vor, statt von vielen Sub-Universa der Realität, von *endlichen Bedeutungsbereichen* zu sprechen, deren jedem wir den Akzent von Realität verleihen können. Wir sprechen von Bereichen von *Bedeutung* und nicht von Sub-Universa, weil es die Bedeutung unserer Erfahrungen und nicht die ontologische Struktur der Objekte ist, die Realität konstituiert.64

Eine gegebene Reihe von Erfahrungen wird ein endlicher Bedeutungsbereich genannt, wenn sie einen »spezifischen kognitiven Stil« zeigt. Eine besondere Realität oder soziale Welt als endlicher Bedeutungsbereich, wie die Vorstellung von »konstitutiver Ordnung der Ereignisse«, versetzt den Forscher in die Lage, die Eigenschaften der Objektwelt zu spezifizieren, auf die der Handelnde reagiert.

3. Der kognitive Stil oder die konstitutive Ordnung von Ereignissen oder der Akzent von Realität, wie er vom Beobachter begrifflich gefaßt wird, ist ein Modell zur Bestimmung, wie der Handelnde seinen Erfahrungen im Verlauf sozialer Interaktion Sinn verleiht. Anders gesagt: das Modell liefert eine Basis, um vom Gesichtspunkt des Handelnden aus die »Fremdheit«, die »gewöhnlichen« oder »normalen« Merkmale seines Blickfelds und seine privaten Gedanken zu bestimmen, d. h. die Basis dafür, die Rolle des anderen zu folgern.

64 Alfred Schütz, »On Multiple Realities«, *Philosophy and Phenomenological Research*, V (Juni 1945), 551.

4. Schütz spricht von der Verlagerung von einem endlichen Bedeutungsbereich zu einem anderen als einem »Schock«. Zum Beispiel:

Es gibt ebensoviele unzählige Arten von verschiedenen Schockerfahrungen wie es endliche Bedeutungsbereiche gibt, denen ich den Akzent von Realität verleihen kann. Einige Beispiele sind: der Schock einzuschlafen als der Sprung in die Welt der Träume; die innere Verwandlung, die wir erfahren, wenn der Vorhang im Theater sich hebt, als der Übergang in die Welt der Bühne; die radikale Veränderung in unserer Haltung, wenn wir vor einem Gemälde unser Gesichtsfeld begrenzen lassen durch das, was in dem Rahmen ist, als der Übergang in die Bilderwelt; unsere Verlegenheit, die sich in Gelächter entspannt, wenn wir beim Anhören eines Witzes eine kurze Zeit lang geneigt sind, die fiktive Welt des Scherzes als eine Realität zu akzeptieren, in Relation zu der die Welt unseres täglichen Lebens den Charakter von Torheit annimmt; die Wendung des Kindes zu seinem Spielzeug als der Übergang in die Spielwelt; und so weiter.65

Diese verschiedenen endlichen Bedeutungsbereiche – die Welt der Träume, Kunst, Bildersprache, religiöse Erfahrung, verschiedene Arten von Geisteskrankheit, Wissenschaft usw. – haben ihren eigenen kognitiven Stil.

5. Jeder kognitive Stil, wie die Spielregeln oder die konstitutive Ordnung von Ereignissen, hat seine Konsistenz und Vereinbarkeit von Erfahrungen, seine Basis zur Bestimmung, was der Wahrnehmung nach normal, ungewöhnlich und dergleichen ist, und sieht etwas wie eine Reihe von Grenzbedingungen vor. Schütz stellt die Hypothese auf, daß der Terminus »endlich« darauf abzielt, die Unmöglichkeit mitzuteilen, in Begriffen einer Transformationsformel zu sprechen, die den Handelnden in die Lage versetzen würde, *einen* Bereich in Beziehung zu einem anderen zu bringen.

6. Nach Schütz »kann der Übergang von einem Bereich zum anderen nur durch einen ›Sprung‹ ausgeführt werden, wie Kierkegaard es nennt, der sich in der subjektiven Erfahrung eines Schocks manifestiert«.66 Dies läuft hinaus auf eine radi-

65 *Ibid.*, p. 553.
66 *Ibid.*, p. 554.

kale Modifizierung unserer geistigen Haltung oder Beachtung von Objekten und Ereignissen um uns.

7. Der kognitive Stil jedes endlichen Bedeutungsbereiches oder jeder konstitutiven Ordnung von Ereignissen wird durch eine Reihe von »Regeln« orientiert, die den Handelnden mit der Grundlage dafür ausstatten, die geistige Haltung oder Einstellung zu bestimmen, die angemessen und notwendig ist, mit der jeweils erforderlichen Spontaneität, einer besonderen Zeitperspektive, einer besonderen Form, sich selbst zu erfahren, und einer besonderen intersubjektiven Welt von Kommunikation und tätiger sozialer Interaktion. Die Vorstellung von vielfachen Realitäten ist für Schütz eine Basis für die Schaffung einer Typologie von endlichen Bedeutungsbereichen oder von verschiedenen sozialen Welten.

Philosophischer Hintergrund

Meine Interpretation des Materials von Schütz und Garfinkel über die Natur von »Regeln«, die Verhalten im Alltagsleben steuern, und die Eigenschaften solcher »Regeln« (oder zumindest einiger von ihnen) setzt verschiedene der Philosophie von Edmund Husserl entlehnte Begriffe voraus. Das Problem der Bedeutung ist zentral für das Werk von Husserl, und eine Skizze der phänomenologischen Bewegung ist zur Information des Lesers über Hintergrund und Motivation für das Verfassen des vorliegenden Buches wesentlich.[67] Eine Variante der Hypothese von Sapir/Whorf erscheint in Husserls Schriften, wenn er Sprache als konstitutiv für Erfahrung auffaßt und darauf verweist, daß jedes Verstehen der Kommunikation von Personen ein Verstehen der benutzten Sprache erfordert, eben ein Verstehen, durch das der Analytiker das Problem viel-

---

67 Ein ausgezeichnetes neueres Quellenbuch ist Herbert Spiegelberg, *The Phenomenological Movement, A Historical Introduction*, 2 Bände, The Hague: Nijhoff, 1960. Eine andere ausgezeichnete Übersicht ist enthalten in Richard Schmitt, »In Search of Phenomenology«, *The Review of Metaphysics*, XV (März 1962), 450–479.

facher Realitäten nur in dem Ausmaß transzendieren kann, in dem er die alltägliche Welt des Handelnden (ebenso wie seine eigene alltägliche und wissenschaftliche Welt) als Untersuchungsobjekt behandelt. Zugleich sind, wie im letzten Kapitel angemerkt, kulturelle Bedeutungen nicht synonym mit sprachlichen Äußerungen, sondern erfordern die Untersuchung von Common-sense-Kategorien der Erfahrung und ihrer sprachlichen Gegenstücke.

Eine wichtige Vorstellung ist die von »Intentionalität«, wie sie von Husserl entwickelt und von Aron Gurwitsch beschrieben wurde.[68]

Sich eines Objektes bewußt sein bedeutet, daß man sich des Objektes in der gegenwärtigen Erfahrung bewußt ist als desselben, dessen man sich in der vergangenen Erfahrung bewußt war, und als desselben, dessen sich in einer zukünftigen Erfahrung bewußt zu werden man erwarten kann, als desselben, dessen man, allgemein gesprochen, in einer unbestimmten Anzahl von präsentativen Akten sich bewußt werden kann.[69]

Das Phänomen der Objektkonstanz bezieht sich deshalb auf verschiedene Wahrnehmungsakte, die der Handelnde als identisch behandelt. Die Bedeutung einer Geste oder Reihe von Akten für einen Handelnden kann nicht durch eine wörtliche Beschreibung des Objekts als wahrgenommen von einem »objektiven« Beobachter, der unabhängige Methoden oder sein eigenes Urteilsvermögen benutzt, bestimmt werden. Intentionalität bezieht sich auf die Korrespondenz zwischen der Erfahrung und Bewußtwerdung eines Objekts und den Akten, in die das Objekt eingebettet ist. Die Beziehung ist jedoch nicht eindeutig, und die gleichen Stimuli, die benutzt werden, um die Erfahrung und Bewußtwerdung irgendeines Objekts in einem Subjekt hervorzubringen, bringen nicht notwendig die gleiche Erfahrung und Bewußtwerdung in einem anderen Subjekt hervor. Deshalb offenbart eine Verteilung von Antworten auf identische Stimuli nicht notwendig die Natur von Objekt-

68 »On the Intentionality of Consciousness«, in Marvin Farber (Hrsg.), *Philosophical Essays in Memory of Edmund Husserl*, Cambridge 1940, p. 450–479.
69 *Ibid.*, p. 66.

konstanz. Gleichwohl kann Konstanz erreicht, können die gleichen Bedeutungen zugeordnet werden, wenn verschiedenen Versuchspersonen verschiedene Stimuli angeboten werden. Die Bedingungen, unter denen Objektkonstanz auftritt, sind entscheidend, weil exakte Messung niemals erzielt werden kann – insbesondere nicht durch einfache operationale Verfahren –, solange man von der Annahme ausgeht, daß identische Stimuli oder Akte die gleiche Erfahrung und Bewußtwerdung von Objekten in Subjekten hervorbringen. Dies heißt, daß die Beziehung zwischen Sprache und Bedeutung die Bezugnahme auf Kontingenzen erfordert, die außerhalb formaler oder struktureller Anordnungen sind.

Operationale Verfahren zur Messung von Bedeutung müssen die Tatsache in Rechnung stellen, daß die Bewußtwerdung und Erfahrung eines Objektes durch den Handelnden nicht nur durch das physische Objekt, seine Erscheinung oder Gegebenheit, determiniert sind, sondern auch durch die Zuschreibungen des Handelnden. Die Vorstellung von Intentionalität und Bedeutung kann durch den Hinweis auf den Begriff des »Horizontes« geklärt werden.[70] Die folgenden Bemerkungen von Kuhn beschreiben Husserls Vorstellung des »inneren Horizontes« in Beziehung zu Intentionalität:

Der Rahmen eines Bildes hilft, obwohl er keinen Teil von ihm ausmacht, seine Ganzheit zu konstituieren. Ähnlich determiniert der Horizont das, was er einrahmt. Die Tatsache, daß das Objekt von einem Horizont eingerahmt ist, ist relevant für seinen Erscheinungsmodus. Seine Art zu sein ist wesentlich ein »Sein in«. Daher versetzt uns ein Horizont als eine Leitvorstellung in die Lage, Schatten von Bedeutung, die auf das Objekt durch seine Umgebung geworfen werden, aufzudecken ...

»Horizont« ist nur ein anderer Name für die Totalität organisierter serieller Möglichkeiten, die in das Objekt als *noema* involviert sind, d. h. als das intendierte Objekt eines »intentionalen« Aktes. Der »Bewußtseinsstrahl« illuminiert eine kleine zentrale Sphäre, das unserer visuellen, akustischen, Geruchs- oder Tastwahrnehmung unmittelbar gegebene sinnliche Substrat. Um diesen Brennpunkt gibt es einen Hof potentieller Wahrnehmungen, die die Bedeutung des

70 Helmut Kuhn, »The Phenomenological Concept of ›Horizon‹«, in M. Farber, *loc. cit.*, p. 106–123.

fokalen Zentrums abstufen. Mittelpunkt und Horizont zusammen machen den Gegenstand der Wahrnehmung oder, allgemeiner gesagt, das »Objekt in der Vorstellung« aus.71

Dem »inneren Horizont« entspricht ein »äußerer Horizont«, was bedeutet, daß das Objekt nicht isoliert ist, sondern in Beziehung steht zu anderen Objekten und den an sie gehefteten Bedeutungen und zu weiteren Bedeutungen, die an die gleichen und mit ihnen verbundenen Objekte geheftet werden.

»Darüber hinaus sind sowohl der äußere als auch der innere Horizont unentwirrbar verflochten mit dem *zeitlichen Horizont.* Die augenblickliche Wahrnehmung des Objektes vor mir ist das Glied in einer Kette aufeinander folgender Wahrnehmungen, deren jede eine eigene Gegenwart hatte oder haben wird. Dementsprechend zeigt die Auffassung des Dinges in beide Richtungen: auf die unmittelbare und entfernte Vergangenheit nach der einen Seite, auf die unmittelbare und ferne Zukunft nach der anderen. Die temporalen Merkmale des ›Bewußtseinsstroms‹, die Erinnerung an die Vergangenheit ebenso wie die Erwartung kommender Dinge, erfüllen die augenblickliche Auffassung.«72

Deshalb vollzieht und reflektiert der Handelnde jeden sozialen Akt in einem Rahmen von Erwartungen, innerhalb dessen er die typischen Elemente erfahrener Objekte lokalisiert.

Konklusion

Ich habe dieses ganze Buch hindurch die Annahme verfochten, daß die Natur kollektiven Lebens – seine sozialen Institutionen wie etwa Verwandtschaft und bürokratische Organisation, seine ökologische Anordnung, sowohl die räumliche Verteilung von Lebensbedingungen (Wohnort und Arbeit) als auch die physische Distanz, die zum Teil die Bildung primärer oder sekundärer Beziehungen determiniert, und allgemeine Normen

71 *Ibid.*, p. 107–108, 112.
72 *Ibid.*, p. 113. Siehe auch die ausgezeichnete Anwendung der Husserlschen Begriffe auf Literaturkritik durch H. D. Hirsch in »Objective Interpretation«, PMLA (Publications of the Modern Language Association), LXXV (September 1960), 463–479.

und Werte, die explizit sind – der besondere Gegenstand der Soziologie ist; und dieses kollektive Leben versieht uns mit einer Reihe von Grenzbedingungen, die, wie wir annehmen, Grenzen für soziales Verhalten und soziales Leben im allgemeinen determinieren oder setzen. Jedoch wird die Definition eines großen Teils kollektiven Lebens zusätzlich problematisch, weil es wesentlich mündlich tradiert ist, und weil selbst seine formal festgehaltene, schriftliche Tradition der unterschiedlichen Wahrnehmung und Interpretation von Handelnden unterworfen ist, die in den Sozialstrukturen verschieden verteilt sind. So beschreibt das, was über Politik, Ideologie, Werte und Normen geschrieben worden ist, und selbst die wissenschaftliche Kenntnis über natürliche Ereignisse und Objekte wegen der problematischen Merkmale in der sozialen Handlungsszene nicht das, was das Verhalten des Handelnden determiniert. Die mündliche Tradition, die institutionelle Normen und Werte und auch Ideologien charakterisiert, kann als Verfahrensbericht betrachtet werden, der manchmal explizit wahrgenommen wird, häufig aber implizit und unausgesprochen bleibt, wiewohl Unterhaltung oder konkretes Handeln ihn explizieren mögen. So können die über implizite Werte, Normen und Ideologien gestellten Einzelfragen des Fragebogens einige ihrer relativ amorphen Eigenschaften kristallisieren. Ich habe die unausgesprochenen Merkmale sozialen Handelns – einschließlich der stabilen wie der problematischen – in den Brennpunkt gestellt, weil sie vermittels methodologischer, dem Soziologen zugänglicher Einrichtungen am schwierigsten zu messen sind. Meine These war diese: Weil sie davon abhängig sind, daß der Handelnde sie gleichbleibend wahrnimmt und interpretiert, ist die Messung der ausgesprochenen und formalen Merkmale des Alltagslebens (selbst wenn man voraussetzt, daß soziale Institutionen und ökologische Anordnungen die Formen kollektiven Lebens abgrenzen) und sind insbesondere die unausgesprochenen Bedingungen des alltäglichen Lebens undeterminiert genug, um die gegenwärtig angewendeten Messungssysteme ernsthaft infrage zu stellen. Ich habe auch zu verstehen gegeben, daß einige Formen von Alltagsleben niemals sehr präzis gemessen werden können aufgrund der innovativen Elemente im sozialen Handeln.

Unser Handelnder ist ein konstruierter Typus in dem von Max Weber gebrauchten Sinn. Wir betreiben die Konstruktion eines Handelnden und die von Subtypen, die wir uns mit Bewußtsein begabt vorstellen.[73] Aber dieses Bewußtsein ist genau auf jene theoretischen Merkmale beschränkt, die für operationale Verfahren und empirische Bestätigung durch Beobachtung zuversichtlich relevant sind. Diesem fiktiven Bewußtsein weist der Beobachter typische kulturelle Motive zu: solche für zukünftiges Handeln und solche, die anderen unterstellt werden, um ihr Handeln zu verstehen. Zusätzlich konstruieren wir das, was Schütz »Handlungsverlaufstypen« nennt (d. h. typische Verhaltensmuster), die wir anonymen anderen, die wir nicht kennen, zuschreiben. Diese Handlungsverlaufs-Typen schließen invariante Motive ein, die vermutlich die Handlungen der anderen steuern. Schütz fährt fort:

Doch sind diese Modelle von Handelnden keine menschlichen Wesen, die in ihrer biographischen Situation in der sozialen Welt des Alltagslebens leben. Genaugenommen haben sie überhaupt keine Biographie oder Geschichte, und die Situation, in die sie gestellt sind, ist keine von ihnen definierte Situation, sondern definiert von ihrem Schöpfer, dem Sozialwissenschaftler. Er hat diese Marionetten oder Homunculi geschaffen, um sie für seine Zwecke zu manipulieren. Der Wissenschaftler unterstellt ihnen ein nur scheinbares Bewußtsein, welches solcherart konstruiert ist, daß sein vorausgesetzter Wissensstand (einschließlich der zugeschriebenen Reihe invarianter Motive) die daraus herrührenden Handlungen subjektiv verständlich machen würde, vorausgesetzt, diese Handlungen würden von wirklichen Handelnden in der sozialen Welt durchgeführt. Aber die Marionette und ihr künstliches Bewußtsein sind den ontologischen Bedingungen menschlicher Wesen nicht unterworfen. Der Homunculus wurde nicht geboren, er wächst nicht heran und wird nicht sterben. Er hat keine Hoffnungen und keine Befürchtungen; er kennt Begierde nicht als das Hauptmotiv aller seiner Taten. Er ist

73 Meine Erörterung lehnt sich eng an die von Alfred Schütz an: »Common-Sense and Scientific Interpretation of Human Action«. *op. cit.* p. 1–38.

nicht frei in dem Sinne, daß sein Tun die Grenzen, die sein Schöpfer, der Sozialwissenschaftler, prädeterminiert hat, überschreiten könnte. Er kann deshalb keine anderen Interessenkonflikte und Motive haben als jene, die der Sozialwissenschaftler ihm unterstellt hat. Er kann nicht irren, wenn Irren nicht seine typische Bestimmung ist. Er kann nicht wählen außer zwischen den Alternativen, die der Sozialwissenschaftler ihm als zu seiner Wahl stehend vorgelegt hat.[74]

Das von Schütz umrissene Modell des Handelnden befähigt den Sozialwissenschaftler, den inneren Horizont (»subjektiven«) sozialen Handelns, wie es von Weber definiert wurde, zu explizieren. Die Konstruktion typischer Motive, Rollen, Stimmungen, Konstanzen, unausgesprochener Bedeutungen und so weiter erlaubt ihre mögliche Manipulation unter experimentellen oder quasi-experimentellen Bedingungen.

Deshalb benutzt der soziologische Beobachter, der die Elemente von Common-sense-Akten im Alltagsleben nicht begrifflich faßt, ein implizites Modell des Handelnden, das verworren ist durch die Tatsache, daß seine Beobachtungen und Schlußfolgerungen in unbekannter Weise mit seiner eigenen biographischen Situation in der sozialen Welt interagieren. Eben die Bedingungen der Datengewinnung machen es erforderlich, daß er Gebrauch macht von typischen Motiven, Stimmungen, Rollen usw. und von typischen Bedeutungen, die er ihnen zuschreibt; doch sind die Strukturen dieser Common-sense-Handlungsabläufe Vorstellungen, die der soziologische Beobachter als gegeben hinnimmt, als selbstverständlich erachtet. Aber gerade sie sind die Vorstellungen, die der Soziologe analysieren und empirisch untersuchen muß, wenn er strenge Messung erstrebt. Die Verteilungen, die er jetzt konstruiert, relegieren solche Vorstellungen auf einen als selbstverständlich angenommenen Status oder auf irgendein latentes Kontinuum. Deshalb sind die Beobachtungen, die eine Verteilung zum Beispiel von Typen von Städten, von Antworten auf Einzelfragen in Fragebogen oder von beruflichen Prestigekategorien erzielen wollen, nur das halbe Bild. Die Verteilung

74 *Ibid.*, p. 32.

repräsentiert nur den »äußeren« Horizont, für den operationale Verfahren erdacht worden sind. Die »Bedeutung« der Verteilung aber stützt sich auf Common-sense-Wissen, einschließlich der Typisierung der Welt durch den Beobachter, wie sie begründet ist in seiner eigenen biographischen Situation, *und* seiner Formalisierung der Typisierung des Handelnden, die unentwirrbar in dessen Antwort verwoben ist. *Beide Gruppen von Typisierungen müssen Objekte soziologischer Erhebung sein.*

Der innere Horizont idiomatischer Ausdrücke, Handlungsverlaufsmotive, institutionelle und innovationale Sprache und dergleichen bleiben in den Verteilungen des Soziologen ungeklärt. Die Beobachtungen, die in Dichotomien, vierfachen Tabellen, Ordnungsskalen, Korrelationen nullter Ordnung und Verteilungen verschlüsselt werden, offenbaren gewöhnlich nur die Hälfte der Geschichte; die »zugrunde liegende Hälfte« wurde als selbstverständlich angenommen, relegiert an ein »latentes Kontinuum«; dennoch gestaltet sie die Beschreibung und die Schlußfolgerungen des Beobachters über die »obere Hälfte«, die repräsentiert ist durch »strenge« Messungsvorrichtungen. Es ist der Mangel an expliziter Konzeptualisierung und Beobachtung der »unteren Hälfte«, der die Messung in der Soziologie metaphorisch macht anstatt echt. Die Schwierigkeit ist im Mangel an adäquater Konzeptualisierung und im Gebrauch von Messungsaxiomen, die der Struktur sozialen Handelns nicht entsprechen, zu suchen.

Konventionelle Messungssysteme können eine mäßige Übereinstimmung mit den institutionellen Merkmalen von Alltagsleben haben (trotz des potentiell problematischen Charakters unterschiedlicher Wahrnehmung und Interpretation, die eine immanente Eigenschaft institutioneller Strukturen ist). Aber der Gebrauch konventioneller Messungsmodelle – mit ihren deterministischen axiomatischen Annahmen – für die formalen Eigenschaften solcher Institutionen wie Verwandtschaft, legale und korporative Strukturen bedeutet nicht, daß die Struktur sozialen Handelns mit dem gleichen Modell untersucht werden darf. Die Rezepte des Alltagslebens bestehen aus einer Reihe von Analogien, die konstant verdeckt, verändert und geschaffen werden während des Verlaufs von Interaktion. Die Untersuchung kultureller Bedeutungen mit ihren invarianten und innovativen Eigenschaften bleibt empirisch offen. Unsere Methoden folgen oft den Annahmen der Messungssysteme, die wir gerne benutzen würden, und wir werden zu ihrer Anwendung geführt, ohne zu fragen, ob alternative Arten von Messung möglich oder sogar gefordert sind wegen der Struktur der zur Untersuchung stehenden Ereignisse. Nachdem wir eine ausgearbeitete Reihe methodologischer Entscheidungen durchgeführt haben (in denen jedesmal viele unausgesprochene Voraussetzungen eingebaut sind), nehmen wir an, daß die vierfachen Tabellen oder quantitativen Maße irgendwie für sich stehen, unabhängig von den Verfahren, durch die sie hervorgebracht wurden. Die quantitativ ausgedrückten Resultate konkretisieren notwendig die zur Untersuchung stehenden Ereignisse; aber ihre Interpretation durch uns – selbst nach den üblichen formalen Entschuldigungen und Warnungen bezüglich ihrer Allgemeingültigkeit und Präzision – werden als positive Ergebnisse behandelt, von denen man fiktiv annimmt, sie seien replizierbar und gültig. All dies tendiert dahin, Sozialforschung eher zu etwas wie einem geschlossenen Unternehmen zu machen als zu einer offenen Suche nach Wissen in Beziehung zu einer gegebenen Epoche.[75]

75 Siehe Felix Kaufmann, *Methodology of the Social Sciences*, New York 1958.